21世纪中国高校法学
系列教材

商　法

（第五版）

主　编　赵万一

副主编　雷兴虎　高晋康　阮赞林

撰稿人（以撰写章节先后为序）

赵万一　孙积禄　雷兴虎　高晋康　辜明安

刘　文　耿　明　宋　豫　熊进光　际赞林　彭　虹

汪世虎　毛为民　王　斌　赵　吟

中国人民大学出版社

·北京·

图书在版编目（CIP）数据

商法/赵万一主编．—5版．—北京：中国人民大学出版社，2017.5
21世纪中国高校法学系列教材
ISBN 978-7-300-24377-1

Ⅰ.①商… Ⅱ.①赵… Ⅲ.①商法-中国-高等学校-教材 Ⅳ.①D923.99

中国版本图书馆CIP数据核字（2017）第109662号

21世纪中国高校法学系列教材
商法（第五版）
主　编　赵万一
副主编　雷兴虎　高晋康　阮赞林
Shangfa

出版发行	中国人民大学出版社		
社　　址	北京中关村大街31号	**邮政编码**	100080
电　　话	010－62511242（总编室）		010－62511770（质管部）
	010－82501766（邮购部）		010－62514148（门市部）
	010－62515195（发行公司）		010－62515275（盗版举报）
网　　址	http：//www.crup.com.cn		
	http：//www.ttrnet.com（人大教研网）		
经　　销	新华书店		
印　　刷	北京昌联印刷有限公司	**版　　次**	2003年2月第1版
规　　格	185 mm×260 mm　16开本		2017年5月第5版
印　　张	23.5 插页1	**印　　次**	2017年5月第1次印刷
字　　数	585 000	**定　　价**	45.00元

第五版修订说明

为了进一步释放改革红利，催生发展新动力，2013 年 12 月 28 日，第十二届全国人民代表大会常务委员会第六次会议审议通过了关于修改《中华人民共和国公司法》的决定，对公司注册资本制度进行了重大改革，将公司的注册资本由实缴登记制改为认缴登记制，并适当放宽了公司工商登记的其他条件。此后，其他许多法律也对涉及公司的相关制度进行了修改。最高人民法院审判委员会也于 2016 年 12 月 5 日审议并原则通过《关于适用〈中华人民共和国公司法〉若干问题的规定（四）》。为了更准确地了解我国现有法律的规定，更好地满足法学教育的需要，应出版社要求，我们组织部分同志根据最新的法律和司法解释的规定对原教材内容进行了适当修改，并对原教材中的部分错误进行了订正。具体承担修订工作的同志有西南政法大学民商法学院副教授赵吟博士和在读博士生武翠丹、武晋、欧阳丹丹等人，最后由我和赵吟同志进行了通阅和定稿。由于时间关系，错误之处在所难免。恳请各位专家和读者批评、指正。

赵万一

2017 年 1 月 13 日

序　言

作为本教材的主编，我衷心感谢学习商法学的师生们使用我们所编写的这本教材，同时也诚恳希望大家在使用教材之后提出宝贵意见，以供我们修改。

商法作为一个独立的法律部门，是调整市场经济关系的基本法律制度，其与民法共同构成现代私法的主要内容。随着市场经济体制在世界范围的逐步扩展和全球经济一体化的日益加强，商法对社会经济的调整作用愈益彰显。但商法在我国属于比较新兴的学科。由于历史的原因，商法一直没有获得其应有的地位，商法对市场经济的巨大促进作用也并没有为社会所了解，长期处于民法“婢女”的地位。

2001 年 9 月中国法学会商法学研究会的正式成立，标志着商法学为一个独立的法律部门在我国法学界已基本达成共识，商法学的发展也迎来了空前的机遇。如何充分利用商法的制度设计促进中国社会主义市场经济体制的尽快建立，既是社会经济实践对商法学研究提出的要求，也是商法学者义不容辞的神圣职责。

“21 世纪高等院校法学系列基础教材·必修课”中的《商法》一书，是严格按照教育部高教司颁布的《全国高等学校法学专业核心课程教学基本要求》中的商法教学基本要求编写而成。全书共分 7 编、31 章，其内容除总论外，主要包括公司法、证券法、票据法、保险法、破产法和海商法。与其他同类教材相比，本书在编写上有以下主要特点：

第一，语言精练。我们认为，教材不同于专著，其内容应是学生必须和应当掌握的部分，教材介绍的应该是通说而不是作者的个人研究成果。同时，教材应所涵盖的是最基础的内容而不需要著者做过多的扩展，教材必须为教师的讲课留下适度的讲授和发挥空间。有鉴于此，在这本教材编写中，参编者用最精练的语言，着力压缩了教材的内容，将纷繁庞杂的商法内容浓缩在 40 万字左右。

第二，知识点涵盖全面。我们认为，法律部门之间既有明显的区别，同时也有相当的关联性，特别是商法与民法之间有着非常密切的联系。因此在教材写作过程中，参编者将商法和其他法律部门之间的联系与区别、商法内部各种制度之间的差异性写出来。这样既便于学生掌握和理解，也便于在有限的篇幅内涵盖应有的知识点。

第三，法律应用。在本教材编写过程中，编者根据法学本科教育的特点，在相关章节后面创立了法律应用的内容板块。法律应用是指将司法实践中所遇到的疑难问题提出来，之后由教师向学生讲述如何应用法律规定来解决问题的思路和方法。司法应用的写作，是针对现状，结合法理和法律规定帮助学生完成从理论到实务的转换。

在使用本教材时，我认为，教师应注意以下几点：

(1) 应处理好理论与实践的关系。商法是一门应用性非常强的学科，商法理论与商事实践活动的联系非常密切。例如，不了解我国票据流转的过程和操作实务，就很难把握好票据流转中出现的问题，特别是有关的票据责任问题；再如，不了解我国公司运作和证券发行的基本状况和具体做法，就很难对我国公司法和证券法的相关规定理解得透彻。因此在教学过程中应充分关注司法实践中出现的新问题，使学生能够通过本课程的学习，对有关的商事活动做到基本了解。但是，法学教学与研究又不同于单纯的法律解释和运用，而应当是以理论统率、指导实践活动。有人认为商法学没有理论，商法学只是民法学的延伸和扩大。这实际上是外行学者对商法学的误解。商法不但有自己独立的调整对象、价值取向和研究范围，而且有自己的研究方法和科学体系。因此，对商法学的教学与研究也应当是以基本理论为主，通过学习使学生能够掌握商法的基本法律制度。而对于一些具体的操作性的或程序性的规定，则并不一定要求学生必须掌握。

（2）应处理好理论教学与案例教学的关系。商法学作为一门实践性学科，必要的案例讲解是学好本门课程的必要条件。但商法学又不同于商法学案例教程。因此在教学时仍应当是理论教学为主，其间可以适当穿插一些典型鲜活的案例。

（3）应处理好必学内容与选学内容的关系。商法的内容比较庞杂，涵盖的内容非常广泛，因此要想在60个学时左右的时间内讲完商法的所有内容显然有较大困难。有鉴于海商法已成为一个相对独立的学科而且在许多学校单独开课，许多商法学教材中也没有包括此项内容，此外，证券法、保险法都具有较大独立性，破产法中的破产程序部分严格说来并不属于商法内容，因此在商法的讲授上应当是以传统商法中的总论、公司法和票据法部分为主，其他部分可以根据各校的具体情况和教学安排少讲或不讲。

（4）应处理好商法与其他法律部门的关系。商法和其他法律部门特别是民法的关系非常密切。我们虽然不同意将商法视为民法的特别法，但并不因此而否认商法理论与民法理论的同源性，也不否认民法制度对商法制度所产生的重大影响。因此在讲课时既要注意理清商法与其他法律部门的关系，同时又要讲清楚商法与其他法律部门之间的牵连关系，特别是在具体法律制度上的传承创新关系，使学生通过本课程的学习既掌握必要的商法知识，又巩固并强化相关的民法知识和其他法学知识。

为了学好本教材，学生应注意以下几点：

（1）首先应了解和适应本教材的编写体例。本教材除正文外，还包括【提要】、【重点问题】、【法律应用】和【课后复习】等项内容。学生拿到本书后，首先应仔细阅读【提要】，它会告诉你本章将讲些什么问题，以便你在正式接触内容之前对本章内容有一个简略的了解。其次应浏览一下【重点问题】，该部分将告诉你在学习时应主要掌握什么问题，能够帮助你带着问题去学习。正文后的【法律应用】部分主要帮助你解决两个问题：一是帮助你分析和解决本章在司法实践中可能遇到的实际问题，从而提高你的分析和解决实际问题的能力；二是帮助你正确区分容易混淆的一些法律制度和法律概念，以便更好地理解本章的基本内容。【课后复习】的主要作用是帮助你检测对本章知识的掌握程度，同时也可以帮助你进行商法学的复习和考试。

（2）应处理好教材与教学辅导书的关系。从严格意义上说，本书只是商法学的入门书，其内容仅仅包括商法学的一些基本知识点。要想真正能够做到学以致用，所应当掌握的商法学内容远远不止这些。换言之，商法学虽不像民法学那样源远流长、博大精深，其内容仍然非常丰富。因此要系统地、全面地掌握商法学的内容，单靠本教材是不够的，而必须辅之以一些教学辅导书（包括辅导教材、专题性教材、专著、论文等）。但对初学者来说，任何形式的辅导书都应当仅仅是对本教材的延伸和深化，都应当是以学好本教材为基础，因为教材毕竟是传授知识的基础。因此，我们的基本观点是，要想掌握一门法学知识，必须切实弄懂和掌握一本基础教材，然后在此基础上通过学习一定数量的教学辅导书对所学理论进行巩固和深化。

（3）应处理好重点知识和一般知识的关系。教材中的内容并非都是必须掌握的内容，有些内容了解即可，必须掌握的内容主要限于基本的法律制度和基本的理论问题，而对那些技术性的规定、操作性的规定、意义和作用方面的问题以及制度的历史沿革等方面的内容仅作一般性了解就足够了。因此，在学习过程中对教材中所论述的内容不能平均用力，而应突出重点、有的放矢。如果能够切实做到以上几点，我相信一定会大有裨益。

本教材的编写得到了许多学校的大力支持，参编人员除西南政法大学的教师外，尚有许多学校的教授、副教授。他们大都是本领域内卓有成就的专家学者，有着丰富的教学实践经验。本教材的成功也有赖于他们的辛勤工作和一丝不苟的写作态度。教材的具体分工是：除由我担任主编之外，副主编共有三位，他们分别是：中南财经政法大学法学院副院长、经济法研究所所长、硕士研究生导师、中国商法学研究会常务理事雷兴虎教授，西南财经大学法学院院长、中国商法学研究会常务理事、硕士研究生导师、金融学博士高晋康教授，杭州商学院法学院院长、中国商法学研究会常务理事阮赞林教授。其他作者包括：重庆工商大学法学院宋豫教授，外交学院国际法系孙积禄副教授，苏州大学法学院王斌副教授，贵州民族学院法律系毛为民副教授，西南财经大学法学院刘文副教授，西南政法大学法学一系、民商法博士汪世虎副教授，云南民族学院法律系耿明副教授，广州商学院法律系彭虹副教授，西南财经大学法学院辜明安副教授，江西财经大学法律系熊进光副教授。具体写作分工为：赵万一：第一、四、五章；孙积禄：第二章；雷兴虎：第三、六章；高晋康、辜明安：第七、八章；刘文：第九、十章；耿明：第十一、十二章；宋豫：第十三、十四章；熊进光：第十五、十六、十七章；阮赞林：第十八、十九、二十章；彭虹：第二十一、二十二、二十三章；汪世虎：第二十四、二十五、二十六章；毛为民：第二十七、二十八、三十章；王斌：第二十九、三十一章。全书由我统一修改定稿。

赵万一

2002 年 12 月于西南政法大学

目　录

第一编　总论

第二编　公司法

第三编　证券法

第四编 票据法

第五编 保险法

第六编 破产法

第七编 海商法

第一编

总 论

第一章
商法概述

提 要

商法是调整市场经济关系中商人及商事活动的法律规范的总称。商法与民法及经济法具有非常密切的联系。大陆法系国家在处理民法和商法的关系时，主要有民商合一和民商分立两种立法体例。民法和商法最主要的区别在于：民法以公平为最终价值取向；商法则以效益为立法目的。商法与经济法的主要区别在于：商法比较注重个体效益和个体利益；而经济法则比较注重保护社会利益。

重点问题

1. 商法的概念与特征
2. 商法的基本原则
3. 民商立法的模式
4. 商法与民法的关系
5. 商法与经济法的关系

第一节　商法的概念与特征

一、商法的概念

（一）商的含义

按照一般理解，商法是调整商事关系的有关法律规范的总和，因而商法与“商”或“商事”有非常密切的联系。商或商事作为一个历史范畴，是人类社会生产力发展到一定阶段的产物。在原始社会后期，一方面，随着两次社会大分工的出现，社会成员的物质生产活动逐步专业化，每个商品生产者都无法生产出自己所需要的全部产品；另一方面，由于生产工具的改进和生产力的发展，商品生产者生产的商品除了能满足自身的需要之外，剩余的产品越来越多，因而产生了进行商品交换的需要。私有财产制度的确立则使得每一个商品生产者都不能无偿占有其他人生产的产品，从而使以等价交换为基本原则的商品交换制度逐步确立。并导致了最早的“商”和“商人”的出现。对于早期的“商”，《汉书·食货志》解释说：“通财鬻货曰商”；《白虎通·商贾》中则认为：“行曰商，止曰贾。商之谓言章也，章其远近，度其有无，通四方之物，故谓之商。”我国古代这些对“商”的最初解释，反映了当时社会对于商品交易和流通活动的基本认识，并近似各国对于简单商品交换活动的理解。“商”在英文中为“commerce”，在德文中为“handels”，在日文中亦为“商”。按照《韦氏新国际辞典》的解释：商事系指商品交换行为或买卖行为；《布莱克法律辞典》则认为：“商”是指“货物、生产品或任何种类的财物之交换”。与这种一般意义上的“商”不同，经济学意义上的“商”则是对现代社会生产过程中某一部分经济活动（即商品流通活动）的理论概括，是指以营利为目的，直接媒介财货交易之行为。而法学意义上的商事概念则是在对商事习惯和不同时期商事实践不断进行法律概括的基础上逐步形成的。随着现代社会经济之发达、交通工具的进步，商事的范围和种类正愈衍愈繁，形成所谓“无业不商”的局面，凡属以营利为目的、从事媒介交易的行为，皆被法律称为“商”。传统经济学意义上的“商”在法律上通常被称为“买卖商”，亦即学者所称的“固有商”。除固有商外，法律学上的“商”还包括范围更广的“非固有商”。这里的“非固有商”主要可分为三类：第一类是“辅助商”，亦称“第二种商”，指间接以媒介货物交易为目的之营业活动，实际上是某种辅助固有商营业得以实现的商事行为，如货物运送、仓储、居间、代理、行纪、包装等。第二类是虽不具有直接或间接媒介货物交易之行为目的，但其行为性质与固有商和辅助商有密切联系或者为它们提供有商业条件的营业活动，如银行、融资、信托、承揽、运送、制造、加工、出版、印刷等活动，学者又将其称为“第三种商”。第三类是仅与辅助商或第三种商有牵连关系的营业，如广告宣传、人身与财产保险、旅馆营业、饭店酒楼、戏院舞厅、旅游服务、娱乐营业、信息咨询等，此种商事营业与固有商的联系已极为间接，学者多称之为“第四种商”。由此可见，现代商法上所称的商事是指营利性主体所从事的一切营利性营业活动和事业之总称，是对营利性主体从事的各种活动之概括。

（二）商法的概念

商法是调整市场经济关系中商人及其商事活动的法律规范的总称。商法可以分为形式意义上的商法和实质意义上的商法。形式意义上的商法是指民商分立的国家所制定的并冠以“商法典”之名的法律。法国、德国、日本、比利时、意大利、西班牙、葡萄牙等国家都先后制定了商法典。据统计，迄今为止，世界上有四十多个国家制定了独立于民法典之外的商法典。实质意义上的商法，则指以商事为规范对象所制定的各种法律规范，既包括以“商事”命名的，也包括不以“商事”命名的一切调整商事法律规范的总称。就形式而言，在民商分立的国家中，除商法典外，构成其商法的还有一系列单行商事法规；在民商合一的国家中，商法的表现形式则散见于民法、行政法和其他部门法中的有关商事以及有关的判例规则等。由此可知，形式意义上的商法只存在于民商分立的国家，但实质意义上的商法不同。无论是民商合一还是民商分立的国家，也无论是大陆法系国家还是英美法系国家，均存在实质意义上的商法。

按照学者们的归纳，实质意义上的商法又可以分为两种：广义的商事法和狭义的商事法。广义的商事法包括国际和国内商事法两种。凡国际法上关于商事的规定、协议等，都属于国际商事法。国内商事法，即国内关于调整商事关系的法规的总和。由于民商分立和民商合一的国家对于商事私法的规定并不完全一致，因而商事私法的具体表现形式也会因各国立法体制的不同而有所不同。至于狭义的商事法，则专指商法中的商事私法而言，一般言及商事法，也多指狭义的商事法。就各国的立法实际来说，商法的内容非常复杂，但从总体上说不外乎组织法和行为法两大部分。商事组织法一般是关于商业交易基础条件和手段的规定，其基本内容包括商业登记、商业账簿、商事代理、商事主体、公司制度等。商事组织法是商法中最基本的内容，是确保交易安全与高效的基本法律制度。商事行为法是规定商业交易本身的法律，其内容涉及票据法、保险法、海商法、证券法等。

二、商法的性质

关于商法的性质，学者间一向有不同看法。我们认为，商法在本质上与民法是相一致的，都是市民社会的法律表现，因而都属于私法范畴；同时，商法又主要是规定商事主体权利内容的法律规范，在立法形式上主要表现为授权性规范，因而属于“权利法”或“权利保障法”。

1. 商法是私法。私法是与公法相对应的一个概念，最早关于公法和私法的划分起源于古罗马法学家乌尔比安。乌氏的划分标准主要是法律所保护的利益，其基本要求是公法的规范不得由个人之间的协议而变更，而私法规范则是任意性的，可以基于当事人的意志而更改。后世的法学家虽然对公、私法的划分标准作了一些补充和修改，出现了主体说、权力说、法律关系说等，其各自所涵盖的内容也发生了一些变化，但公、私法的划分作为一种最基本的法律分类并没有因此而发生变化，民法和商法在各种学说中也始终被看做私法的重要组成部分。其主要原因在于，商法的活动主体主要为私人，作为调整平等私人之间关系的法律，客观上就要求排除政治国家作为第三者利用行政权力恣意干预和介入。可以说，没有私法观念就没有以公平、自由、意思自治为核心的商事法律制度。

2. 商法是权利法。商法不但是私法，而且从最本质层次来说，商法还是一种以权利为本位的法。商法体系的许多组成部分都是由权利派生出来的，并受权利的决定和影响。对此我们可以通过对商法条文的剖析予以证实。在各国商法典中，大多数的商法条文都是授权性的规范，这种规范完全有别于刑法规范、行政法规范及其他一些法律部门的限制性或禁止性规范，其立足点仅在于确认和保护民事主体的自主意志，赋予其获益行为以法律上的依据，使民事主体能够按正常的经济关系实现自己的独立利益。并且分工愈细，交换愈发达，主体的这种相对独立性就愈重要，对个人利益和个人意志加以法律调整的法律要求就愈强烈，权利在商法体系中的地位和作用就愈显著。商法的权利法特质既是对个人权利和意志的承认与尊重，也是促进社会经济发展的内在因素。“法律应该让人民自己照顾各自的利益，人民是当事人，定然比立法者更了解自己的利益。”① 只要个人在追求自己利益的同时能照顾（至少不损害）社会和他人的利益，那么这种个人求益行为就能对社会有所裨益，就可以同时促进全社会经济的发展。

三、商法的特征

和其他法律部门和法律学科相比，商法具有以下几方面的特征：

1. 商法具有一定的复合性。商法的复合性又称商法的兼容性，其表现是作为私法的商法兼具某些公法的性质。传统民商法理论认为，商法与民法一样，同属于私法范畴，偏重于商事个体间的权利、义务对应关系，强调商事主体的意思自治和商事行为的营利性，因而商法规范具有很强的任意性和选择性。但是，随着自由资本主义向垄断资本主义过渡，为了遏制极端个人主义、利己主义思潮给社会带来的危害，消除生产和竞争的无政府状态，通过分配的公平、合理来调整社会各阶层的利益关系，国家不仅加强了对经济关系的直接干预，也加强了对私权的干预，开始在商法领域实行公法干预政策。传统商法被输入了一些行政法、社会法等与经济活动有关的强制性规范，当事人的自由意志受到了限制，商法从而具有了公法的特征。如公司法中对公司注册与公告的规定，票据法中对签发空头支票的刑事处罚条款，证券法中对证券欺诈犯罪的规定等，均具有强烈的公法性，出现了所谓的“商法的公法化”。但商法公法化并不

① 亚当·斯密．国富论．北京：商务印书馆，1983：252.

意味着“商法已经完全公法化”，而只是表明商法是一个渗透着公法因素的私法领域，其仍然属于私法范畴，受私法原则和精神支配。

2. 商法规范具有较强的技术性。从社会学角度观察，法律条款无非包括伦理性条款和技术性条款两大类。一般而言，民法规范为商品经济和市场经济提供了一般的行为规则，这些一般行为规则是对整个市民社会及其经济基础的抽象和概括，是人们理性思维的结果，一般较为合理，也较为稳定。正是基于这种调整对象的性质和特征以及调整手段的特点，民法条款绝大多数属于伦理性条款，即凭社会主体的简单常识和伦理判断就可确定其行为性质，而并不需要当事人必须有丰富的法律专业知识和专业判断能力。而商法则是将市场经济的基本内容、基本规则及基本运作方式翻译成法律语言而构成的法律规则，因此，市场经济的一些基本要求和基本内容都与商法规范具有直接的联系，由此决定了商法规范必然具有很强的操作性、技术性，即商法规范必然包含大量的技术性规范，并且这些技术性规范并不能简单地凭伦理道德意识判断其行为效果。商法的技术性既体现在组织法上，也体现在行为法中。商法规范中通常不仅有定性规定，更多的是定量规定。

3. 商法调整行为具有突出的营利性。营利乃是商的本质。商事主体从事商事活动，直接和主要目的就在于营利。这是为各国商法所确认的一项基本原则。从这一意义上也可以说商法就是“营利法”，或者说，商法是保护正当营利性活动的法律。营利是商人据以从事经营活动的终极目的，是商人的根本价值追求，是商法调整的市场经济的价值基础，也是评判市场主体经营活动是否合乎市场经济本质要求的标准。在这个意义上，一切商法制度的设计都必须考虑商事行为的营利性这一要求，尽可能减少市场运作过程中的交易成本和制度成本。因此，商法整个制度的设计都是为了满足商事主体的营利性要求。更进一步说，商法上有关维护社会交易安全之宗旨，诚实信用和公平交易原则之适用，以及维护交易迅捷之规定，实质上均是商法营利性特征的反映。

4. 商法发展具有显著的国际性。从历史渊源方面来看，早期商法在西欧中世纪商人习惯法时代就具有一定的国际性。商法本属于国内法，它所调整的对象主要是国内商事关系。但是随着科技的进步、国际交往的加强和国际贸易的发展，许多商事关系都涉及国外主体或其他涉外因素。而国内商法是不适宜调整有涉外因素的商事关系的。不仅如此，商法所调整的市场经济本身就具有良好的成长性和显著的跨地域性，一国国内市场经济的发展离不开他国经济的发展。特别是在全球一体化日趋明显的今天，国与国之间的经济交往越来越密切，任何一国要想采取闭关锁国的政策，不依赖其他国家而独立发展几乎已不可能。因而国内商法也就不能再局限于本国的领域内，而要顾及有关的国际公约和国际惯例。另外，与其他法律制度相比，商法的国际统一性要求有着较好的客观基础。商法的内容，如关于商号、公司、票据、保险等方面的规定，都源于中世纪的商人自治法，这些自治法主要来源于商事活动中所形成的各种商事惯例，而这些惯例在各国制定成文商事法时都曾被广泛地加以借鉴，即各国商法就其主要内容而言具有同源性。因此，商法的每一个部门法在具体操作上都具有易于统一性。

第二节　商法的基本原则

一、促进交易迅捷原则

促进交易迅捷是商法的首要原则，也是商法营利性的明显表现。商法对交易迅捷之促进，主要采取了以下规则。

1. 短期消灭时效主义。商事交易的短期消灭时效主义，是指法律对于基于商事交易行为所生之债的保护期间特别予以缩短，从而迅捷确定其行为之效果，以促成交易之迅捷。例如，各国商法对于商事契约的违约求偿权多适用 2 年以内的短期消灭时效，对于票据请求权多适用 6 个月、4 个月，甚至 2 个月的短期消灭时效；海商法上对于船舶债权人的求偿权多适用 1 年以内的短期消灭时效；保险法上对于保险金请求权通常也适用短于民事诉讼时效的短期消灭时效。

2. 交易定型化规则。交易定型化是保障交易迅捷的前提，包括交易形态定型化和交易客体定型化两个方面。所谓交易形态定型化，是指商法通过强行法规则预先规定若干类型的典型交易方式，使得任何个人或组织，无论何时从事该类交易行为，均可以获得同样的法律效果。所谓交易客体的定型化主要就是交易客体的商品化，即当交易之客体属于有形物品时，赋予其统一的规格或特定的标记，使交易者易于识别商品，从而实现交易迅捷。

3. 权利的证券化。为了加速商品的流转和权利的让渡，商法采取了权利证券化制度，即当交易的客体为无形的权利时，通过一定方式将权利证券化，以证券的流通实现权利的转移，从而简化权利转让程序。例如，公司法上的股票和公司债券、票据法上的各种票据、保险法上的保险单、海商法上的载货证券，均为权利证券化之典型，都以有价证券的形式表现了法律上的权利。不仅如此，法律还通过建立证券交易所和证券交易制度，适应大量的证券买卖及证券权利迅速交易的需求。

4. 行为的要式性。在商法领域，虽然也强调合同自由，但对于合同性商行为，在很多情况下采取了要式主义。其原因在于，虽然契约自由有利于契约迅速完成，但在商事活动领域，商事行为具有大量性、反复性和同一性的特点，如果商事契约无固定款式而完全由当事人自由协商，不但不符合经济原则，而且易生分歧，从而有碍于交易的迅捷。故商法对商事契约及有价证券的款式，多实行定型化的要求，如保险契约的定型化、有价证券的款式化等。尤其是对于各种票据和有价证券，商法上均采取严格的要式主义，以利于行为当事人迅速辨认，实现交易的迅捷。

二、强化商事组织原则

商事组织，亦即商事企业，是构成各种不同商事法律关系所必需的基本要素之一。为了强化商事组织，各国商事立法主要采取了以下几项制度。

1. 商事组织设立的准则主义。所谓准则主义，即法律明确规定商事组织成立的各项条件，只有具备商事组织成立的法定条件者方可申请设立登记。对于我国的企业法人，按照《企业法人登记管理条例》和民法的精神，从企业章程、经营场所、必要设施、资金数额和从业人员等方面规定了企业法人设立的五项条件。此外，从事矿业、保险、旅行社等特别业务者，还须经政府特许领得特许证件后，方得登记营业。法律作出这样的规定，一方面有利于国家对商事组织的宏观控制和管理，另一方面也有利于保证商事组织自身的健康发展。

2. 商事主体的财产维护规则。在商事组织的维持方面，许多国家的商法中都有对合法商事主体的营利性保护和资本保护等法律措施。资本无疑是企业赖以成立的基本条件，因此，一方面，确保企业资金是商事组织赖以生存的物质基础；另一方面，企业的维持在于其行为的营利性目的和行为结果的盈利，没有盈利，企业也就无法生存。因而商法明确规定了商事组织的营利性质。

3. 企业破产、解散的风险回避规则。避免企业的解体，是维持和强化商事组织的重要措施，也是维持正常的市场交易秩序的基本要求。为了保障市场主体的永续存在，各国商事法采取了许多措施，包括从法律上严格商事主体特别是公司的设立条件；规定企业合并和有限责任公司变更为股份有限公司的法律效果，以确保公司的同一性；限定企业解散的原因，避免和防止企业的任意解散等。

4. 有限责任原则。企业作为由一定数量的自然人组成的营利性经济实体，其所有资本均来源于股东的投资。股东一旦将其财产投资于企业，该财产就变成了企业的财产，企业股东因放弃对投资财产的所有权而只对企业债权人承担有限责任，即以自己的出资额为限对公司债务承担责任。典型者如有限责任公司股东、股份有限责任公司股东等。有限责任制度的出现不但会促进和鼓励股东积极地将自己的财产投资于公司的经营活动，而且减少了投资者在投资时的顾虑，从而有利于企业的设立和发展。

5. 风险分散规则。商事法中对于企业可能面临的一些危险设有分散负担制度。股份有限公司制度的创立本身就体现了风险分散规则。其他如保险法中各种财产保险（火灾、海运、陆运、空运）责任及其他风险责任的规避制度，又如海商法中规定的共同海损制度等。这些风险分散措施，可以在一定程度上防止企业因风险而趋于倒闭，以维持其主体人格的永续存在和发展。

三、维护交易安全原则

从理论上说，商事交易行为贵在简便、迅速，并应具有较大弹性，因此，当以商主体活动自由为要旨。但是，商事交易尤其注重安全。鉴于此，各国商法对商行为法律控制往往采取强制主义、公示主义、外观主义及严格责任主义。

1. 强制主义。强制主义，又称“干预主义”“要式主义”，是指国家运用公法手段对商事关系施以强行法规则。这一规则主要表现在以下几个方面：首先，现代各国商法多设有商业登记、消费者保护、不正当竞争之禁止、商业垄断之限制等一系列规则，这些规则均体现了国家干预和宏观调控职能。其次，现代各国的商法日益偏重于适用强行法规则对商事活动加以控制。最后，通过强行性法律条文对某些商行为予以严格规范，任何交易当事人都不得任意加以变更。

2. 公示主义。所谓商事公示主义，是指商事活动的交易当事人，对于涉及利害关系人利益的所有营业上的事实，须进行登记并负有公示告知义务的一种法律要求。这一规定的主要目的在于保护交易相对人或不特定第三人的合法权益。公示主义主要通过以下具体制度加以落实：(1) 登记制度，包括商事主体的设立和变更登记、船舶登记等。(2) 公告制度，包括登记公告、债券募集办法的公告等。实行公告制度，可以使社会了解企业情况，把握商事主体财务真相，以保证交易上的安全。(3) 上市公司的信息披露制度。股份公司中的上市公司，应当将有可能涉及公司股东利益的所有有关事项进行公告，主要包括招股说明书的公告、股票上市报告的公告、定期财务报告的公告和重大事项的公告等。

3. 外观主义。所谓外观主义，是指以交易当事人行为的外观为标准，来确定其行为所产生的法律效果，即公示于外表的事实与真实的情形不符时，对于依该外表事实所进行的商行为，亦需加以保护，以维护交易的安全。例如，公司法规定，设立登记后有应登记之事项而未登记或已登记之事项有变更而不为变更登记者，不得以其事项对抗第三人；隐名合伙人如参与合伙事务的执行或为参与执行的表示，纵有相反的约定，对于第三人仍应负出名营业人的责任。票据上所载的发票地和发票日即使与真实的发票地和发票日不符，也不影响票据行为的效力。同样，对于有价证券，法律强调的是该证券的文义，而非取得该证券的非文义的原因。另外，各国商事法关于不实登记的责任，表见代理人、表见代表董事、自称股东和类似股东者责任，票据的文义性和要式性，背书连续的证明力等规定，都体现了外观主义的要求，赋予行为外观以优越效果，以保护交易之安全。

4. 严格责任主义。实行严格责任主义是保障交易安全的一个重要举措。商事交易的严格责任主义，主要包括连带责任和无过错责任。连带责任系连带之债的一种责任承担方式，较之于民法上通常的单一民事责任更为严格。连带责任在民法中是作为一种个例而存在的，而在商法中其适用范围则要广泛得多。如在公司法中，无限公司的股东及两合公司的无限责任股东对于公司债务负连带责任。不仅如此，无限责任股东纵使退出公司或将出资转让于他人，对于退股或转让前公司的债务，于登记后一定时间内仍应负连带责任。公司负责人在执行业务时违反法律规定造成他人损害的，公司负责人与公司对受害人负连带责任。公司设立后未能成立时，发起人对于公司设立所为之行为所需的费用，均应负连带责任。票据法上，不仅两个以上共同签名者须对票据负连带责任，出票人、承兑人、背书人及其他票据债务人对于持票人亦须负连带责任。在商法上，严格责任被广泛适用于许多具体的法律规定中，即在商事交易中，债务人无论是否有过错均应对债权人负责。如保险法上，保险人对投保人或被保险人的责任即便是不可抗力所致，亦应承担。

四、维护交易公平原则

在本质上属于道德观念范畴的交易公平，在商事法中主要表现为平等交易、诚实信用及情事变更等原则。

1. 平等交易原则。商事法中的平等交易原则，主要是指商事交易的主体间地位平等。此种地位平等是实现交易公平的前提，是商品经济作用于商法的体现。商事法中体现此项原则的规定，不乏其例。例如，各国公司法中关于股权平等的规定，商业登记法中关于准则主义的规定，商事契约法中关于不当免责的禁止、非适当影响限制，消费者权益保护法中对消费者利益的维护以及对附合合同的限制等。总之，从理论上说，平等交易是市场经济必不可少的规则，离开了商事主体之间的地位平等，商事活动中的公平、公正、等价有偿都难以实现。

2. 诚实信用原则。诚实信用原则是现代民商法中一个“帝王条款”，对民事活动和商事活动的公平进行具有普遍性的控制作用。在商事法中，诚实信用原则要求交易行为当事人应尊重交易习惯，依诚实信用的原则为交易活动，以维护公平。所以，各国商事法中对限制欺诈和各种不正当行为的规定甚多。例如，公司法规定公司设立登记后，若登记机关发现有虚假登记情事，得撤销其登记，并处以罚款甚至刑事处罚；又如，票据法规定票据的签发、取得和转让应当遵循诚实信用原则，具有真实的交易关系和债权债务关系；再如，保险法规定，投保人于订立保险合同时应遵循最大诚信原则，对保险的重要事实如实告知等。以上这些规定，皆为禁止欺诈和不正当交易而设，以增进交易信用，确保交易的真实与公平。

第三节　民商立法体制

商法和民法是私法中两大法域，有着十分密切的关系。如何认识和处理商法与民法的关系，取决于国家采取的私法体制。在现代市场经济国家中，有采取民商分立体制的国家，也有采取民商合一体制的国家。在民商分立体制中，商法是私法领域中独立于民法的部门法；在民商合一体制中，商法为民法的特别法。

一、民商分立体制

所谓民商分立，又称民商分离，是以商人或商行为观念为立法基础，将商事与民事分别立法，即于民法典之外另外制定商法典以规范商事组织和调整商事关系。在法典化国家中，目前采用民商分立体制的国家有法、德、日、比、卢、西、葡以及斯堪的纳维亚各国和拉丁美洲一些国家，共计四十多个。

在民商分立体制下，在法学理论和立法体例上将民法与商法区别对待。在理论上，它强调民事和商事的差异性，认为民法调整的内容极其广泛，涵盖了市民社会私人生活的各个方面，包括财产关系、人身关系、继承关系和婚姻家庭关系；而商法调整的内容则主要是以营利为目的的动态财产关系。就法律属性而言，民法是纯粹的私法，而商法则具有某种公法化的趋向。就法律的规范形态而言，民法有通俗化的要求，而商法则具有较强的技术性要求。在立法体例上，将商事和民事分别立法，除制定民法典外还制定有专门的商法典。民法主要调整单纯的民事关系，商法则调整商人以及商人在商业上所从事的行为。其所称“商事”，系指商人在商业上所为之法律行为，该行为称为商事行为。商事行为与民事行为相对立，受商法典及特别法和习惯法的调整。为与民事法律行为相区分，商事法律行为通常被称为“商行为”。1807 年《法国商法典》的颁布，标志着民商分立体制的形成。实行民商分立的主要立法依据是：(1) 商法以商人及其活动作为调整内容，商事活动不同于民事活动，完全以营利为目的，注重行为的迅捷性。民商分立便于对商人利益进行倾斜保护。(2) 商事立法重在进步，民事立法则重在稳定，实行民商分立便于在保持民法基本体例不变的情况下，随时依据日新月异的经济变化情况对商事立法进行修改。(3) 商法具有明显的国际性趋向，而民法则具有较强的民族性和地域性。(4) 民法的适用具有普遍性，而商法的适用则具有特定性。(5) 民事纠纷的处理基本上有赖于诉讼手段，而在商事纠纷的处理中，商事仲裁或民间仲裁则起着举足轻重的作用。

二、民商合一体制

所谓民商合一，是指在立法观念上采取大民法主义，将商法视为民法的一个组成部分，在立法上由民法统率商法，在民法典中吸收基本商事规范，于民法典外不制定商法典，只根据需要制定单行商事法规的立法体制。在法典化国家（地区）中，采用民商合一立法体系的主要有瑞士、意大利、前苏联、泰国和我国台湾地区。我国现行立法体例基本上也属于民商合一模式。采取民商合一体制的国家将商事观念纳入民事观念并以此作为立法基础，在法学理论和立法体例上将民法与商法合二为一：在法理上，它强调民事与商事的共同性，认为民法与商法均以私人生活作为调整对象，同属私法范畴，且具有极强的不可分割性；在立法体例上，将商事法和民事法结合起来进行统一立法，只制定民法典而不另行制定商法典，或虽专门制定商事的单行法规，如公司法、票据法、海商法、保险法等，但将其作为民法的组成部分。其所称“商事”，系指以营利为目的以及与之相关的一切行为，属于广义的民事行为范畴，与狭义的单纯民事行为对应。无论商事行为抑或狭义的民事行为，皆属民法上的法律行为，除适用特别法优先于普通法的原则外，行为所产生的法律效果完全相同。从采民商合一的国家和地区的法律内容来看，在民商合一的法典中，商法规则仍然有其独立的位置和体系，民商法典仍须确认商主体特别法上的资格，并须对商主体的营业性商行为适用不同于民事主体的民事活动的特别法规则。民商合一立法体制的形成，根植于社会、经济条件变化的需要。具体而言，主要立法依据是：(1) 作为传统商法调整对象的商事关系或商事活动不外乎债权、债务行为，这些内容完全可以规定在民法典债编中，没有必要另外制定商法典。(2) 现代社会商业职能与生产职能逐步融合，导致立法上民事行为与商事行为难以区分，民法关于商品经营的一般准则完全可以适用于商事行为。商事行为与一般的民事行为在司法实践中没有明确的界限，都会产生一定的权利义务关系，民商分别立法可能引起适用法律上的困难。(3) 另外制定商法典对商事关系和商事行为进行特别保护，有可能会偏袒商人的利益，有悖于公平保护当事人这一民事立法的根本宗旨。(4) 民商分立有人为割裂同一法律关系之嫌，既有害于私法体系的统一性，也不利于私法理论的深入发展。

三、我国的民商立法模式选择

对于中国是否需要制定商法典，学者间有较大争议。有的学者从商法独立的历史轨迹出发，提出在经过商事习惯法和国家单行商事法以后，商法典是商法独立与发展的高级阶段。但大多数学者均认为中国目前并没有制定独立商法典的必要，主要理由是：(1) 目前我国并不具备制定商法典的社会经济条件。(2) 当下中国所缺乏的不是商法典，商法典并不代表一个国家商事活动的发展水平；中国目前所需要的是商法意识，是实质上的商法精神。(3) 民法与商法固有的紧密联系，导致在立法理念和审判观念上未将民法与商法严格区分。首先，商法和民法在基本价值追求上具有重合性，受某些相同价值规则和价值取向，如平等、意思自治、合法性等的约束，二者在调整手段和调整方法上也有明显的相同之处。民法的公平与商法的效益在目的追求上有相互交融的一面，并且有较强的趋同性。现代社会公平的满足应建立在对效益的追求和效益实现的基础上，而效益的实现也越来越有赖于公平原则的制约。其次，民法和商法在调整对象上具有不可区分性。民法和商法都调整市场主体及其活动，市场经济必须依赖于商品经济而存在，以承认和实施商品经济的基本要求为条件。现代社会的商人和一般社会主体之间已没有实质性区别，已不存在严格的商人阶层，传统商法的调整内容事实上已适用于普通的社会主体，商法存在的社会基础已不存在。再次，法律性质、属性上具有相同性。民法和商法在性质上都属于私法范畴，在规范内容上都属于权利法。最后，民法和商法的区别主要是一种形式上的差别，实质性的差别比较小。所以，基于民法与商法特殊的关系，无论是采取民商合一还是采取民商分立，在法律适用上都是采取特别法优于普通法的原则。(4) 中国目前实行民商分立的立法条件并不具备。一般言之，民商分立必须以民法的高度民主、发达为条件，在民法发展到一定阶段后，现有的民法规范无力调整纷繁复杂的社会经济关系时才产生对商法的渴求。目前我国的实际情况是民法典正处于编纂的进程中，本身尚有待完善和弘扬，民法观念也有待于进一步深化。在民事立法尚待进一步发展，实行民商分立，无异于在沙滩上修建摩天大厦。但民商合一并不是简单地将商法并入民法之中，或是将商法完全融入民法之中，或是完全由民法取代商法。民商合一这个概念本身就表明商事并不完全等同于民事，即民商合一是以承认民商有别为条件的，而只是强调民法对商事法规的指导和统率作用。现代意义上的民商合一应是在充分承认民法和商法各有其特殊性的基础上，将民法内容和商法内容进行充分整合，以最大限度地发挥民法和商法在促进社会经济发展方面的作用。(5) 民法法典化与商法单行法并行的立法例，乃为符合本土化要求的理性选择。[①] 基于我国商法单行化的立法现实和民法法典化的立法目标，由民法典和单行商事法构成的统分结合的民商立法体系，符合我国民商立法的发展规律，属于真正本土化的中国创制。这种模式既满足了民法各个部分聚集整合再加以完

① 赵旭东. 民法典的编撰与商事立法. 中国法学，2016 (4).

善、补充法典化的需求，又保障了商事立法的开放性和机动性，在保持各个商事单行法独立运行的同时，针对特定商事领域适时制定新的单行法，包括尽快制定统一的商法通则等，亦为尊重实践、顺势而为之举。

第四节 商法与其他法律部门的关系

一、商法部门的独立性

商法是调整市场经济关系中商人及其活动的法律规范的总称。商法是否具有独立性，是决定商法是否能够独立发挥作用和是否具有持久生命力的基础。而商法的独立性主要取决于商法能否在内容上区别于民法而独立存在。商法的法律地位问题主要研究的是商法在我国社会主义法律体系中是否可以作为独立的法律部门，以及商法与其他法律部门的关系。商法是调整商人或商行为的行为规范，即调整平等商事主体之间的市场交易关系，保护的是商事主体的营利利益，强调商事主体的经济属性，以公司法、票据法、证券法和保险法为其主要内容。从这个意义上说，商法特殊的功能成就了其在法律体系中不可替代的独立地位。所谓独立，就是说商法有自己的调整对象，有自己的丰富内容和体系，这些对象和内容与民法之外的其他法律部门有不同的性质。所谓相对，是指与民法的关系而言。商法调整的平等的商事主体之间的市场关系的性质与我国民法调整对象的性质并无二致，民法是市场经济的前置性法律，商法是市场经济的运行法。商法的规范内容不过是民法内容的具体化和扩大化；商事组织中的独资企业、合伙企业事实上是民法自然人人格的一种放大，公司法则是民法法人制度的具体体现。至于说票据法、保险法和信托法，它们分别是民法债权制度以及法律行为制度的特殊表现形式。对于商业登记法和破产法，虽然从法律本身的性质看，前者系社会法或行政法的范畴，后者应属民事诉讼程序法的范畴，但是作为企业行为的前提和后果，它们与商事平等主体之间具有不可分割的法律关系，加之为了教学和研究的需要，我们仍将其列入商法原理之中。这样做，即便它们与商法的主体部分及本质略有不同，但作为商法内容的一个局部，它们不能改变商法整体的性质。

二、商法与民法

1. 商法与民法的联系。商法与民法的关系是特别法与普通法的关系。民法是市民社会的基本法，是调整商品经济关系的基本法律制度，所规定的内容是一般社会生活的原则性规范。就其本质而言，民法是对公民基本权利提供保护和对基本行为提供价值指引的法律制度。不过，民法对商品经济的一般性调整为商事关系的调整提供了基础性规范，商法在此基础上，把营利视为自己的宗旨，是对市场经济的直接调整，所规定的内容则是特殊社会生活的具体性或技术性规范，故对于民法，商法处于特别法的地位。此外，民法是对整个市民社会基于主体平等和意思自治而建立的各种社会关系的法律调整，具有基础性和普适性，有着由一系列抽象规则组成的完备体系；商法是市场经济的法律表现，是对构成市民社会基础的市场经济中基于营利而建立的特定社会关系的法律调整，具有直接性和实用性，它是由众多具体的市场组织规范和市场交易规范集合而成。[①] 就对市场经济的法律调整而言，民法提供的是一般规则，商法提

① 赵万一，赵吟．论商法在中国社会主义市场经济法律体系中的地位和作用．现代法学，2012（4）．

供的是具体规则，所以民法是一般私法，而商法则是特别私法。民法和商法的联系具体可以归结为以下几点：

第一，民法的所有权制度是对从事商品经济活动的正常条件的一般规定。正如马克思所指出的："流通是商品所有者的全部相互关系的总和。"[①] 凡是商品货币以及它们的转化形式（如票据等）都不过是所有权的另类表现形式，其结果都会导致所有权的让渡与取得。因而公司的财产权的确认与行使、股票的发行与股票权利的行使、作为商品所有权凭证的票据的保护、财产的投保与保险金的支付、破产后财产的清算等，都要适用民法中关于财产所有权的一般规定。

第二，民法的主体制度是对商品经济活动主体资格的一般规定。任何个人和经济组织，凡是从事带有营利性的商品经济活动者，其法律地位的最终确定都是由民法上的主体制度来完成的。而商法中的公司制度只不过是民法中法人制度的一种最典型形式，对公司法律地位的确认、公司的权利能力和行为能力、公司的财产责任以及公司的国家监督等，都不过是法人制度的具体化，都适用法人制度的基本规定和要求。

第三，民法的债权制度是关于流通领域中商品交换活动的一般规定。票据权利的设定、移转、担保、证明以及付款和承兑等，都不过是债权制度的具体化。同样，商法中的保险制度也是债权制度的具体发展，保险合同是民法中典型的格式合同，保险法中的投保与承保、保险理赔与索赔、海损的理算和补偿等，都要适用民法中关于债的一般规定。

2. 民法与商法的区别。关于民法与商法的区别，我们认为主要有以下几点：

第一，立法价值取向不同。民法和商法在立法价值取向上的主要差异表现在：在民法的诸项价值目标中，最基本的价值取向是公平。当公平原则与民法的其他基本原则发生冲突与矛盾时，民法首先会选择公平，在处理公平与其他民法原则的关系时，采取的是公平至上，兼顾效益与其他。由于世界上根本就没有绝对的公平，因而民法的公平主要强调和保护的是个体公平，仅局限于经济个体之间的公平和平等。它仅仅是形式上的公平和机会上的平等，而不能从社会整体利益出发去追求实质的公平和平等。民法只能是个人利益的本位法和个人权利的维护法。公平的实现虽然会有助于个人利益的实现，但并不当然有利于整个社会的公共利益，在有些情况下甚至会对抗社会的公共利益。民法既强调形式上的公平，又强调实质的公平，因此，公平虽然强调对法律规则的严格适用，但并不拘泥于对法律条文的机械理解，而是更加注重立法的主旨，强调探究当事人内心真实的意思表示，以实现实质的公平。而商事立法中，为了达致促进社会财富增加和资源有效利用的立法目的，以效益为最高价值取向，在处理效益与其他法律原则的关系时采取的是效益至上，兼顾公平与其他。效益就其本质含义来说，是指对经济利益的追求和经济利益的实现。效益包括个人效益（个人收益）和社会效益（社会收益）两部分。"个人收益率是经济单位从事一种活动所得的总净收入款。社会收益率是社会从这一活动中获得的总净收益（正的或负的）。它等于个人收益率加上这一活动使社会其他个人的净益。"[②] 效益体现了社会活动实现的利益和耗费之比，对个人利益的追求是推动社会进步的主要动力之一。正是这种对效益的强烈追求和对效益追求的充分尊重与保护，促进了社会的进步和经济的发展。古典经济学家认为，自利行为具有合理性，对这种合理性可以从两个方面来理解：一个方面是因为自利行为可以服务于有用的目的，这是所谓的结果主义者的市场合理性；

① 马克思恩格斯全集．第23卷．北京：人民出版社，1972：188.

② 诺思．西方世界的兴起．北京：学苑出版社，1998：1.

另一个方面认为个人有权利按照自我利益去行动，这一推论是以权利观念为基础的。[①] 诺思认为："有效率的经济组织是经济增长的关键因素：一个有效率的经济组织在西欧的发展正是西方兴起的原因所在。"[②] 商法只不过是将这种对效益的追求通过一定的法律规则的形式表现出来，将社会经济主体的行为限定在一定的制度范围内，即"通过经验来发现并通过理性来发展调整关系和安排行为的各种方式，使其在最少的阻碍和浪费的情况下给予整个利益方案以最大效果。"[③] 值得注意的是，商法不但以效益作为其最高价值目标，而且为了实现效益甚至在某种程度上会牺牲公平，典型的如有限责任制度。有限责任制度的出现主要是为了鼓励社会财富的拥有者积极进行投资行为，通过对这种个人逐利行为合法性的肯定和保护，来实现个人财富增加基础上的社会财富的不断增值。但这一制度以出资人的有限责任来对抗债权人的无限求偿权，实际上是将出资人的部分生产、经营风险转嫁给了债权人。

第二，两者产生的经济基础不同。民法产生的经济基础是商品经济，有商品经济就应当有法律，就应当有调整商品经济的基本法律——民法。商品经济的存在必须有两个条件：一是社会分工使每一个社会主体都不能生产出自己所需要的所有商品，从而使商品交换成为必要。二是财产分属于不同的人所有，使每个人都不能无偿地占有他人的劳动产品，而必须承认他方的财产所有权，并进行等价劳动交换。与此适应，所有权制度和合同制度就产生了。而商法产生的经济基础则是市场经济。市场是商品交换的固定场所，既是商品生产的必然产物和实现商品价值的必要条件，又是市场经济的重要组成部分，是社会分工和商品交换的伴生结果。所谓市场经济就是以市场机制调节社会资源的配置和市场行为的一种经济运行方式或模式。商品经济和市场经济的主要区别在于：商品经济是与自然经济相对应的概念，指的是一种社会经济形态，强调的是社会产品的实现方式，即必须进行等价劳动交换以满足各自的生存和发展需要。而市场经济作为一种经济实现方式所对应的是非市场经济（主要是计划经济、国家垄断经济、独裁经济等），主张市场是实现社会资源配置、满足人们需要的手段和场所。市场包括人的要素、物的要素和行为要素几个方面，其中人的要素即市场主体是纯粹的经济人，物的要素是货币资本。货币资本不同于单纯的货币，它具有强烈的逐利性趋向。市场经济的基本要求完全与商法的基本内容相吻合，因而可以笼统地说，民法是商品经济的基本法，而商法则是市场经济的基本法。

第三，适用主体不同。民法在适用主体上具有广泛性，可以适用于一切社会大众，是所有市民主体的基本权利保障法。因而民法就其基本属性而言，应当最大限度地满足社会主体的最基本生存要求。而社会大众的最基本要求就是生命、财产、个人尊严和公平对待，也就是说，只有满足了社会主体的公平等要求之后，社会才能够和谐发展。而商法的适用对象通常仅限于商人。作为商事主体，商人最主要的特征在于以营利为目的，是以从事营利性活动为唯一存在目的的经济人。所谓经济人，按照资产阶级古典经济学家穆勒的观点，就是会计算、有创造性、能寻求自身利益最大化的人。经济人在有多重行为选择时的基本行为特征是具有排列和择优的倾向与能力，这种多中取优的价值取向可以导致自我利益最大化地实现。斯密说："我们每天所需的食物和饮料，不是出自屠户、酿酒家或烙面师的恩惠，而是出于他们自利的打算。我们不说唤起他们利他心的话，而说唤起他们利己心的话。"[④] 除此之外，商人范围比较特定，

① 拉尔斯·马格努松主编．重商主义经济学．上海：上海财经大学出版社，2001：86-87.

② 诺思．西方世界的兴起．北京：学苑出版社，1998：1.

③ 庞德．通过法律的社会控制．北京：商务印书馆，1984：71.

④ 亚当·斯密．国民财富的性质和原因的研究．北京：商务印书馆，1981：14.

要求有较高的专业知识和技能，这些都直接影响到商法的规则体系和规则内容。

第四，法律规范的表现形式不同。从社会学角度观察，法律条款包括伦理性条款和技术性条款两大类。与商法侧重于技术性规范不同，民法规范具有强烈的伦理性。原因在于，民法规范为市场经济提供了一般规则，这些一般规则是对整个市民社会及其经济基础的抽象和概括，是人们理性思维的结果，一般较为稳定。正是由民法条款所调整的社会关系及本身的性质所决定，绝大多数的情形下，社会主体仅凭简单的伦理判断就可确定其行为性质，并不需要丰富的法律专业知识和专业判断能力。而商法规范具有较强的技术性特点，商法技术性规范的设计大多是出于对主体营利性行为的保护，并且社会主体并不能简单地凭伦理道德意识来判断其行为效果。商法的技术性既体现在其组织法，也体现在其行为法。

三、商法与经济法

1. 商法与经济法的交叉。经济法作为一个法律概念出现后，国内外理论界对经济法的性质、调整对象和范围等众说纷纭。所谓经济法，是国家为了克服市场调节体制缺陷，弥补和矫正遭到破坏的市场条件和市场环境，而制定的以经济性手段为内容的强制性法律规范的总称。其主要作用机理在于通过国家的强制性手段，保障市场经济赖以正常运行的外部条件和环境符合市场的要求，并克服市场调节机制本身所隐含的缺陷。经济法在性质上属于社会法的范畴。从法自身的发展来看，“经济法是政治法和市民法的补充和必然产物”①；从经济法的本质来看，“经济法为国家对经济干预之法”②；从经济法与商法及行政法等部门法的关系来看，“经济法应位于商法与行政法之间，它与商法分享对经济事务的调整，与行政法分享政府管理经济的职能”③。从这个意义上说，经济法与商法的交叉可以归纳为以下几点：

第一，调整内容的重叠。商法是市场经济的运行法，经济法是市场经济的保障法，两者均是对市场经济的直接调整，均是以经营活动为规范对象，并且都是以促进市场经济的发展、社会财富的增长为最终目的。不过，商法侧重于私人权益的保护，强调商事主体利益的重要性，而经济法侧重于市场经济秩序的维护，强调的是社会本位和社会利益至上，保护的是以全体社会成员作为受益主体的社会公共利益，这种社会公共利益带有普遍性和公共性。

第二，调整手段的互补。商法以保护商事主体财产安全为己任，在倚重市场无形之手调节力度的基础之上，以个人的资源配置和额度分配为基准对经营活动进行调控。经济法以保障社会公众利益为己任，强调的是商事主体对经济秩序造成危害之后的救济，所以，经济法是对市场调节失利的补足，倚重的是国家有形之手的宏观调控。不过，经济法对社会关系的调整既可以通过规制手段，将市场主体的行为限制在市场许可的范围内，也可以通过引导性、促进性规范，为市场主体的行为指明方向，并促进社会总体经济目标的实现；对有害于市场运行的一些行为，则通过矫正性规范和制裁性规范进行强制性矫正与救济，使之符合社会总体利益的要求。

2. 经济法与商法的区别。由于调整范围、立法目的有诸多不同，商法和经济法在相关的法律理念、法律机能上也是明显不同的：商法以个别经济主体的利益为基础，主要调整的是经济主体之间的利益关系；经济法则以社会经济利益为基础，着眼于整体经济利益的协调和保护，即着重于所有商事主体利益的全局性调整。因而，商事法和经济法应作为两个不同的法域

① 李昌麒主编．经济法学．北京：中国政法大学出版社，1994：4.

② 金泽良雄．经济法概论．兰州：甘肃人民出版社，1985：24.

③ 王继军等．经济法是市场中规制法与市场调控法的有机结合．法律科学，1999（1）.

而存在，两者的区别主要体现在以下几个方面：

第一，商法和经济法所调整的社会经济关系的性质不同。商法主要调整的是商人之间的以平等性为特征的社会经济关系；经济法则调整的是国家与公民、国家与企业（商人）之间的社会关系，这种关系主要体现为管理与被管理、指挥与被指挥的纵向关系。

第二，商法和经济法调整对象的内容不同。商法主要规定的是商人和其他经营者的法律地位、组织形式、商事交易行为规则和行为后果等，这些内容反映在法律上即为公司法、票据法、信托法和保险法等法律制度。经济法主要规定了商事活动中商事主体的竞争行为规范、竞争规则，以及政府如何对不正当竞争行为和垄断行为进行调整，以维护正常的经济运行环境和运行条件，反映在法律上则为计划法、投资法、反垄断法、反不正当竞争法、生产振兴法、消费者保护法以及资源法等。

第三，商法和经济法的作用内容与作用基点不同。商法的作用内容和作用基点是确认、保护商人的（经营者）合法地位和利益，侧重于保护作为商人的企业和自然人之间的平等利益关系，以满足商人的营利性要求。经济法的作用内容和作用基点则是平衡个体利益与社会利益之间的矛盾，侧重于保护社会的整体经济生活和整体经济利益。

第四，商法和经济法的法律性质与法律理念不同。商法属于具有公法因素的私法，其自由、平等、公平、效益、安全等法律理念侧重于从私法方面来理解和阐释，即强调个体的自由、个体之间的平等、个体相互关系的公平以及个体行为的效益和安全。经济法是具有公法内容的社会法，其对自由、平等、公平、效益、安全、秩序等一些法律的基本理念，侧重于从社会的角度去理解和阐释，强调社会整体效益和交易安全。

四、商法与行政法

所谓行政法，乃关系行政权力及其行使的法律规范。行政法主要调整和保护的是国家的政治生活，其立足点是限制国家的行政权力。严格意义上的行政法是近代民主政治的产物，以国家权力的划分、国家机关的分工为条件，调整对象是行政主体在行政管理活动中和其他国家机关、社会团体、企业事业单位以及公民之间的关系，即行政关系，所要保护的是国家利益。而商事法则不同，它调整的对象是商事关系，表现为主体平等；商事法调整该种社会关系所采用的是营利性机制，所要保护的主要是商事主体的合法利益。因此，商法、行政法两者之间的界限是清晰的。但是，商法与行政法之间亦有联系，尤其是在市场经济条件下，为了平衡社会经济运作中各方的利益和协调性地维护权利，保障社会经济的正常秩序，促进商事交易的发展，国家不仅从行政的角度对商事交易实施管理，而且从宏观调控的角度介入商事自治领域进行行政干预，出现了商事法的公法化趋势，使商法和行政法之间发生了密切的关系。这种关系主要表现在：

1. 商法本身即含有行政法的成分。例如，商业设立之核准、商业公司的登记和外国公司的认许、船舶的登记、商业税负、商事交易的管理、商事主体对行政处分的行政诉讼法适用等，均属行政法范畴。

2. 商法之中规定了诸多行政处罚条款。无论是商业登记还是票据关系，也无论是破产法还是公司法，对违法乱纪行为都规定有不同程度的行政处罚（如罚款等）条款。尽管这不是商法的主体，即并非商法的主要内容，但它标志着商法受到行政法的巨大影响。

虽然商法与行政法的关系日益密切，乃至行政法条款大量商法化，辅助商法对商事关系及相关事宜进行调整，但两者分属于不同的法律部门，两者在法律归属上是不同的，行政法的命令与服从的调整方法亦不得和商法的调整方法相混淆或代替。

法律应用

1. 和民法一样，英美法系国家并没有严格的商法概念，也没有完整的商法体系。因而通常所说的商法指的是大陆法系国家以商法典为代表的商法规范的总和。

2. 由于法律观念和立法技术上的原因，各国对商法的具体调整内容是不一样的。国内学术界对我国商法的调整内容也有不同的看法，因而，各教材无论是对商法的编排体例还是对商法的法律应用设计，都有一定差异，例如，对于海商法是否应当继续保留在商法内，学者之间就有不同看法。

3. 与民法相比，商法更具实用性，是所有法律学科中应用性最强的学科之一，因而对商法的学习除了要掌握相关理论之外，更应当关注如何将法律规定与实务操作相结合。

4. 商法在应用上比较注重行为的外在表现形式，强调行为的外观效力，而不像民法那样比较注重探究当事人的内心真实意思，因此，在商事司法实践中，通常是根据表意形式而不是根据真实的意思表示来确定商事行为的效力。

课后复习

1. 简述商法的概念和特征。
2. 简述商法的私法性质。
3. 试述商法在社会主义市场经济中的作用。
4. 简述民法和商法的主要差异。
5. 简述商法和经济法的主要区别。

第二章 商事主体

提要

商事主体是商事活动的参加者，其本质特征在于对利益的追求，既有民事主体的共性，又有自身的个性。早期商法强调商主体的形式特征，以登记为资格要件，现代商法则强调商主体的行为特征，以从事商事经营活动为要件。随着经济的发展，商事主体种类日益繁多，各国根据其经济、法律和文化传统确定商主体的类型、行为规范和调整手段，以发挥其积极的作用。我国已颁布、实施了《公司法》《合伙企业法》和《个人独资企业法》，商事主体制度已经建立，但尚有待进一步完善。

重点问题

1. 商事主体的构成要件
2. 商法人的特征
3. 商个人的种类
4. 商合伙与民事合伙
5. 代理商与经理人

第一节 商事主体概述

一、商事主体的概念与特征

商事主体，是指依法独立参加商事活动，享有商事权利并承担商事义务的人。简言之，商事主体是商法上的权利与义务归属者。传统商法典中，称商事主体为“商人”。早期的商法为商人法，属身份法，商法与商人密不可分。随着社会的发展，商主体范围不断扩大，商人的特殊地位日渐消失。现代各国商法对商主体进行概括时，除注重商主体的形式特征外，更强调商主体的实质要件。法律上要求商主体必须以持续地从事营利性行为为基本要素，规定凡以从事商行为作为经常性职业的个人或组织，均可以依法取得商人资格。法国、德国、日本的商法典及意大利民法典的规定如出一辙，都重视商主体的行为特征，反映了各国商法从早期商人法向现代商行为法的转变。商事主体不完全等同于民事主体，具有以下特征：

1. 商事主体须同时具备权利能力和行为能力。民事主体以权利能力和行为能力统一为前提，但权利能力是民事主体之必备要件，行为能力为非必备要件，权利能力可以独立于行为能力而存在，即具有权利能力就可以成为民事主体。商法对商事主体有特别规定，要求两者必须同时具备，有权利能力而无行为能力者不得从事商行为，如各国商法均规定未成年人不得从事商事活动。

2. 商事主体以从事商事经营为要件。商事经营是商事主体概念的本质和核心，是把握商事主体概念的关键。[①] “商事”，是指进行商务活动的行为，既包括生产、买卖业，也包括服务、中介业。“经营”，是指以营利为目的，持续不间断的职业性经济活动。从事非营利性活动者不属于商人之列。

3. 商事主体应符合商法规定，此为主体法定原则。商事主体是民事主体的特殊类型，各国商法对此均作了严格的规定。主要表现为：(1) 商事主体资格须依法取得，一般须经国家主管机关认可，履行商业登记手续。考察各国商法对商事主体的要求，无论是自然人还是法人，凡欲取得商事主体资格者，首先必须履行特定的商业登记程序，并通过商业登记明确具体的经营范围。(2) 商事主体类型须符合法律规定，不得任意设立，如有些国家不允许设立无限责任公司或两合公司。(3) 商事主体的范围有明确限制，各国大都奉行政府部门不得直接经商的原则。

二、商事主体的构成

商事主体是法律关系的参加者，本质含义就是能够享受商事权利、承担商事义务。商事主体的构成包括四项内容：(1) 具有独立名义。无论何种商事主体类型，是商自然人还是商法人，首先必须拥有自己的姓名或名称，并能够以此名义与第三人发生法律关系。对于商自然人而言，既可以以自己的姓名作为商号，也可以另起商号。对商法人意味着能够以组织的名称，而非以法定代表人或组织成员的名义，与第三人进行商事活动。(2) 具有独立意志，指按照自己的意愿，自主选择活动。对商个人强调不受他人制约；对商组织体强调对外发生商事关系，是组织体的共同意志而不是个人意志或成员意志的简单相加。(3) 具有独立财产。商事主体必须拥有独立的财产，独立财产是商事主体从事商事活动的物质基础。商个人的财产应该能与他人的财产相分离，商事组织的财产应与其成员的个人财产相区别，为组织体共同利益而支配。(4) 承担独立责任，即自己对自己的行为后果承担独立责任。商个人以其财产依法承担无限责任，商事组织以其全部财产承担责任。

三、商事主体的种类

商事主体的类型在不同的历史时期有所不同。中世纪时代的商法被称为“商人法”，其性质属于习惯法、自治法、身份法，并非国家立法。此时期商人所从事的活动大多以商品交易为核心，且交易主体是自然人，除从事海上贸易的商人受海商法的调整，从而在身份上具有一定的特殊性外，其他商人则一视同仁。随着资本主义制度的确立和商品经济的极大发展，一方面，商法演变成为国家制定法；另一方面，商事活动的主体呈现多样化，合伙、公司大量涌现，商事经营者成为一个特殊的社会阶层，商人的社会地位日益提高，在法律上细化商人身份、强化管理、明确其法律地位成为必然。观察各国商事立法与理论研究，商事主体的形式是多种多样的，依不同的标准可以分为以下三类：

1. 依照商事主体是自然人还是组织体，可以分为商个人、商法人和商合伙。

第一，商个人。商个人又称商自然人，原则上，具有权利能力和行为能力的自然人，均可

① 范健．德国商法．北京：中国大百科全书出版社，1993：50.

以从事商事活动，享有权利并承担义务。商个人可以表现为一个自然人，也可以表现为一户家庭，或一个自然人投资设立的独资企业。对于商个人从事商事活动所发生的债务，个人或独资经营的，以个人财产承担责任；家庭经营的，以家庭财产承担责任。依照我国民法的规定，自然人从事商事活动须依法履行核准登记手续。

第二，商法人。商法人又称营利性法人，是指依法成立的从事商事活动的具有法人资格的组织体。法人有私法人与公法人之分：私法人除公益法人外一般可依法从事商事活动，成为商法人；公法人也可以成为私权主体，但限制较多。在我国，企业法人当然属于商法人，事业法人可以依法律、法规的规定成为商法人，机关法人和非营利性社团不得成为商法人。关于国家能否从事商事活动，各国规定不一。依《德国商法典》，国家可以是商主体；依《意大利商法典》，则不允许国家作为商主体；依《日本商法典》，“关于公法人的商行为，只有在法律无另外规定，才适用本法”。在我国，国家不得直接从事商事活动，但依据《公司法》第65条的规定，由国家单独出资成立的国有独资公司可以成为商主体。

第三，商合伙。商合伙是指两个或两个以上的合伙人以营利为目的，按照法律和合伙协议的规定共同出资、共同经营、共享收益、共担风险，合伙人对合伙经营所产生的债务依据合伙协议承担无限连带责任或有限责任的商事组织。在大陆法系民商法理论中，合伙被视为一种合同关系，而非法律上的主体。近年来部分学者认为，应将合伙，特别是商合伙视为法律主体。

2. 依照商事主体是否以履行注册登记为要件，可以分为法定商人、注册商人和任意商人。

第一，法定商人，又称必然商人，是以法律规定的特定商行为为营业内容，并经特别程序而设立的商主体。该种商人不以登记为要件，而以从事特定的商事行为为要件，只要是从事法律规定的特定的商事行为，即自动取得商事主体的资格。依各国商法规定，法定商人包括从事不动产交易、有价证券、保险、银行、海事运输等业务的商人。

第二，注册商人，又称应登记商人，此商人以注册登记为要件，只有在登记后才能从事商事活动。商人资格的取得须以登记为原则，故商人多属注册商人。

第三，任意商人，又称自由登记商人，是指依法不需要进行商业登记而存在的商主体。任意商人所从事的活动就其性质来说，或者不当然具有营利性，如从事农、林业者，或者不具有营业性组织特征，如实践中个人的临时组合，其活动往往变动性大，缺乏持续性。

3. 依照商事主体的经营规模，可以分为大商人、小商人。

第一，大商人，又称完全商人，是指以法律规定的商行为为营业范围，并根据商业登记的程序和条件而设立的商主体。大商人的资本金、规模达到一定的条件时，应当履行商业登记、账簿管理等手续。大商人一般以企业的形式出现，强调主体的组织因素，以实现利益最大化为基本目标，从事职业性经营活动。

第二，小商人，又称不完全商人，是指其资本金、条件未能达到一定规模者。小商人所从事的主要是农牧业、服务业和手工业。依日本商法之规定，公司资本金未满50万日元的商人为小商人，商法中有关商业登记、商号和商业账簿的规定，不适用于小商人。在现代社会中，由个人提供有偿服务、摆设摊点的营利活动对于解决社会就业、提高经济收入是不可缺少的，因此，小商人的权利也必须予以保护。

四、商事主体概念确立的意义

1. 有利于确立商事主体的法律地位。在现代社会，经商者应当具备哪些条件以及可以享受哪些权利、承担哪些义务，均必须通过主体制度予以确立，从而赋予商主体参与商事活动的法律资格。

2. 有利于正确适用法律规范。商事主体类型不同，适用法律规范不同，法律后果有别。公司与合伙在法律责任上相距甚远。大商人与小商人的分类，体现了立法对不同营业规模的商主体采取不同管理的立法政策。一般而言，对大商人的管理较为严格，而对小商人的管理较为灵活、宽松。

3. 有利于政府对商事主体加强管理。当今社会，商业的兴盛与繁荣、国际往来的频繁与交错、商事交往的纷繁庞杂与商业纠纷的不可测风险，影响到社会秩序的运行和国民经济的发展以及国家的对外交往，这种影响所涉及的社会关系日益超出了商法的范畴。为此，各国均对商事主体实行行政干预。

4. 有利于定位商事主体的身份属性。研究商事主体在于揭示其本质特征。行政行为的主体是行政机关，司法行为的主体是司法机关，商事行为的实施者只能是商主体。通过立法予以确立商主体，便于做到政企分开。

第二节　商法人

一、商法人的概念与特征

商法人，是指按照法定构成要件和程序设立的，参与商事法律关系，依法独立享有权利和承担义务的法人。法人制度历史久远，但是，我国真正以商法人的标准所建立的法人制度的出现，应是在公司制度建立之后。商法人应具有以下三个特征：

1. 法人性。商法人属于法人的一种，应当具有法人的基本特征，包含四个方面：（1）依法设立。依法定的程序和条件，履行法人登记而取得主体资格，获得权利能力和行为能力，以自己的名义与第三人发生法律关系。（2）具有一定的财产。商法人的财产来源于其成员的投资，但独立于其成员的财产，商法人可以独立地占有、使用和处分。商法人独立的财产是其独立进行商事活动、承担独立责任的前提和保障。（3）设有组织机构。商法人是一个法律拟制体，必须设有健全的组织机构，按照自己的意愿，通过自己的选择来活动，以实现团体意志。例如，我国公司法对公司的组织机构作了规定，包括公司的权利机关、业务执行和经营意思决定机关及监督机关。商法人对外进行商事活动，是按照组织体的共同意志，而不是某个成员或某几个成员的个人意志。（4）有责任能力。商法人以其全部财产对债务承担独立、无限清偿责任，资不抵债时实行破产，而不需要由其成员承担责任。这种责任独立是绝对的，不能涉及他人。

2. 团体性。所谓团体性，通常是指商法人应由两个以上的出资人组成。根据我国《公司法》的规定，普通有限责任公司由 2 个以上 50 个以下的股东共同出资设立，股份有限公司应当有 2 人以上 200 人以下的发起人。作为例外，一人有限责任公司和国有独资公司仅有一个股东。这可以理解为是对团体性的突破，亦可对团体性作更广意义上的解读，即公司所有参与者皆是团体之有效组成部分，共同构成商法人所要求的团体性。

3. 营利性。商法人的营利性是指商主体必须从事以营利为目的的经营活动。当然，实践中存在以公益事业为目的的公司，其经营活动并非以营利为目的，只是客观上存在为维系基本运作所从事的获取一定收益的行为，这类公司并不是通常意义上的商法人。

二、商法人的分类

商法人依不同的标准有不同的分类。从世界各国立法来观察，商法人在责任形态上主要分为无限公司、有限责任公司、两合公司、股份有限公司及股份两合公司。对于无限公司、两合公司及股份两合公司是否属于商法人，学者尚有分歧。

1. 域外立法例的商法人分类。外国商法中的商法人主要分为无限公司、有限责任公司、两合公司、股份有限公司及股份两合公司。无限公司，是指由两个以上的股东共同出资组成，股东对公司的债务承担无限责任的公司。这种公司是各类公司中出现最早的公司，存在于大陆法系国家，英美法系国家将这类企业视为普通合伙。有限责任公司，是指由两人以上，一定人数以下的股东共同组成，股东以其出资额对公司负责，公司以其全部资产对外承担民事责任的公司。两合公司，是指由有限责任股东与无限责任股东共同组成的公司。无限责任股东负无限责任，有限责任股东负有限责任。两合公司在英美法系国家被视为有限合伙。股份有限公司，是指由一定人数以上的股东组成，公司全部资产划分为等额股份，股东以其出资为限对公司负责，公司以其全部资产对外承担责任。股份两合公司，是指由有限责任股东和无限责任股东组成的公司。

2. 我国立法的商法人分类。根据我国的有关法律规定，商法人按所有制性质可以分为国有企业、集体企业、合营企业、私营企业和外商投资企业，但是随着经济的发展，企业的投资主体已经多元化，此划分方法已无法律意义。实际上，有些企业的所有制性质很难确定。在我国以往的法学分类和立法研究中，对商法人的划分大多沿袭经济学意义上的分类方法，即将商法人依所有制形式、规模大小、组织方式、地域或城乡差别、行业和部门、对总体经济所提供的产品种类等分类区别，这些分类在经济学上有经济意义，但在法学上，采用这样的分类标准就容易造成企业法律的重叠和体系的混乱，带来法律适用的困难，也与主体地位平等原则相矛盾。

三、商法人与公益法人的区别

商法人的对应概念是公益法人。所谓公益法人，是指以社会公共利益为目的而成立的法人，如学校、医院等。两者的区别可以归纳为以下几点：

1. 设立目的不同。商法人设立的目的是营利，而公益法人设立的目的是社会公益。这是两者最根本的区别。

2. 设立准则不同。商法人设立依据是商法或商事特别法，如公司设立依公司法；而公益法人的设立除依特别法外，一般依民法的规定而设立。

3. 成立基础不同。商法人以人为基础，因而必须有组成人员或社员；而公益法人以财产为基础，因而无须社员、管理人员代表团体进行活动。

4. 法律形式不同。商法人只能采取社团法人形式，而不能是财团法人；而公益法人则两者均可。

5. 权利能力不同。商法人可以从事营利事业，而公益法人则不得进行经营性活动。

四、商法人的意义

企业是市场经济的基本元素，是独立的商事主体，可以根据自身的利益和判断作出生产、经营决策，并对其后果承担责任。反映在法律上，就是要使其真正成为自主经营、自负盈亏、自我发展和自我约束的法人。我国在现阶段认清法人的本质具有积极的意义：既有利于理清政府与企业的关系，又有利于完善法人制度。

第三节　商个人

一、商个人的概念与特征

商个人，又称商个体、商自然人，是指依法取得商事主体资格，独立从事商行为，享受权利并承担义务的个体。其特征表现为以下四点：

1. 商个人身份的双重性。商个人应当具有商人和自然人双重身份。作为自然人应当具有权利能力和行为能力，作为商人应当具有与其经营规模相适应的资本金或物质基础。

2. 商个人资格的适法性。个人从事商事活动必须符合法定程序，一般须经过登记，获得法律认可，只有通过法律认可后方可实施商行为。

3. 商个人责任的无限性。商个人的出资以单个为特征，所以，商个人须以个人的财产承担无限责任。商个人无论是自然人、个体工商户，还是农村承包经营户、私营企业，均须承担无限财产责任。

4. 商个人行为的营利性。个人参加商业活动时可能以消费者的身份进行商品交易，也可以经营者的身份参与。只有当个人以营利的动机参与商业活动时才受商法的规范，成为商个人。如果个人以消费者的身份进行商品交易，则受民法调整。

二、商个人的分类

在我国，有关商个人的法律规范主要有民法、《个人独资企业法》以及国务院和国家工商行政管理局颁布的《个体工商户条例》等。各种法律规范的调整对象互不相同，进而形成不同类型的商个人，主要有：

1. 个人独资企业。依我国《个人独资企业法》第2条的规定，个人独资企业是指“……依照本法在中国境内设立，由一个自然人投资，财产为投资人个人所有，投资人以其个人财产对企业债务承担无限责任的经营实体”。个人独资企业的特点突出表现为：(1) 投资人为自然人，法人、其他经济组织和社会团体不能作为个人独资企业的投资人。因此，国有企业和集体企业虽然也是单独投资经营的，但不能视为个人独资企业。(2) 投资企业由一个投资人投资设立，即个人独资企业在投资主体上具有唯一性，这是个人独资企业区别于合伙和公司等多元投资主体企业的基本属性。(3) 投资人以其个人财产为限对企业债务承担无限责任，个人独资企业不具有法人资格。个人独资企业不是独立的法律主体，没有自己独立的法律人格，所以，在财产上，个人独资企业债务等于投资人个人债务，投资人以其个人全部财产，而不是仅以其投入该企业的财产为限对债务负责，即承担无限责任。(4) 个人独资企业是一个经济实体，属于企业的一种形式。企业是依法设立，从事经营性活动的组织，应当有企业名称、固定的生产经营场所和必要的生产经营条件，以及必要的资金和从业人员。

2. 个体工商户。根据民法的规定，自然人经依法登记，从事工商业经营的，为个体工商户。个体工商户是指公民个人或家庭依法经登记，以个人财产或家庭财产为经营资本，在法律允许的范围内从事经营的一种商事主体。他们或走街串巷，或临时设点摆摊，或家庭经营，多为资本少、人员少、无组织形态、无固定经营场所的“行商”。个体工商户与个人独资企业不同，表现为：（1）个体工商户可以起字号，也可以不起字号，而个人独资企业必须有企业名称。（2）从业人员或雇工的数量要求不同。个体工商户雇工人数不得超过8名，而个人独资企业不受限制。（3）经营管理形式不同。个体工商户的经营活动只能由公民个人或家庭自己进行，而个人独资企业可以聘用他人进行管理。（4）生产经营场所的要求不同。个体工商户无固定场所，只是一种生产经营单位；而个人独资企业是经营实体，必须具有生产经营场所。

3. 农村承包经营户。农村承包经营户是指农村集体经济组织的成员，在法律允许的范围内，按照农村承包合同的规定，使用集体所有的土地和其他生产资料，独立从事经营活动的商事主体。

三、商个人与自然人的区别

商个人与自然人紧密相连，主要表现在自然人的身份、财产、信誉、行为等对商个人有着直接的影响，商个人可以以自然人的姓名为商号，故各国均规定商个人以个人财产或家庭财产承担无限责任。但是商个人与自然人有所不同，主要体现在以下几个方面：

1. 表现形式不同。自然人是自然存在的一个独立的生命体；而商个人是一个法律拟制体，在表现形式上不仅包括自然人，还包括家庭、个人独资企业、农村承包经营户。

2. 权利能力不同。一方面，权利能力的缘起不同。自然人的权利能力始于出生，终于死亡；而商个人的权利能力必须以具备行为能力为要件。另一方面，权利能力的范围不同。自然人基于身份属性而享有的抚养权、亲属权等，商个人不可能享有，商个人的权利与商事活动紧密相连，不能享有与商事活动无关的权利。

第四节　商合伙

一、商合伙的概念与特征

商合伙，是指为实现共同营利之目的，由两个或两个以上的合伙人按照合伙协议的约定，共同出资、共同经营、共享收益、共担风险，合伙人对合伙经营所产生的债务依据合伙协议承担无限连带责任或有限责任的商事组织。商合伙是合伙的一种，具有以下基本特征：

1. 商合伙成立的基础是合伙契约。商合伙是合伙人之间的自愿联合，合伙存在的前提是合伙人就出资、利润分享等事项达成一致协议。与其他契约不同的是，合伙协议的目的不是在合伙人之间转让财产或提供劳务，而是建立一种长期合作关系。

2. 商合伙契约的标的是共同经营。商合伙的目的就是向社会提供有偿服务以获取利润。

3. 商合伙人之间存在受托信托关系。每个合伙人都是合伙体的主人，都有权对内经营管理合伙事务、对外代表合伙进行交易。因此，每个合伙人既是合伙体的代表人，也是其他合伙人的代理人。

4. 合伙人对合伙体的债务承担无限连带责任或有限责任。合伙是自然人之间的联合，自然人对自己的债务承担无限责任。我国合伙企业法规定了有限合伙，有限合伙人承担有限责任。

5. 合伙体不具有法人资格。在法律上，合伙为自然人的联合体，非为独立的法律主体。合伙财产为全体合伙人的财产，合伙责任由全体合伙人承担。

二、商事合伙与民事合伙的区别

在传统的合伙立法及合伙法理论上，依合伙人合伙目的的不同，合伙被分为商事合伙与民事合伙两种。《合伙企业法》所规定的合伙显然属于商事合伙。两者的区别表现在以下方面：

1. 设立目的不同。民事合伙仅仅是为了确定并维持合伙人相互之间的特定关系，其宗旨在于合伙人相互之间的互助协作，因而具有互助性。商事合伙的目的不仅在于此，还在于营利。

2. 成立根据不同。民事合伙的构成是一种合伙合同关系；商事合伙是一种营利实体，基于营利目的之实现及营业之必要，商事合伙不仅要有合伙人之合伙合同，还必须有合伙企业之组织规范、商业名称、商业账簿、营业资本、营业场所等。

3. 业务重心不同。民事合伙体现的是互助精神，所以，仅有内部业务，原则上不具有对外业务；商事合伙业务既对内又对外，并以对外为重心。

三、合伙协议

1. 合伙协议的概念。合伙协议又称合伙合同，是合伙人就合伙事务之目的实现而达成的协议。合伙协议是确定合伙人之间权利与义务关系的基本依据，也是合伙成立的要件之一。我国《合伙企业法》第 4 条规定，设立合伙企业应当订立书面合伙协议。

2. 合伙协议的法律特征。合伙协议具有以下法律特征：(1) 合伙主体的团体性。合伙协议的当事人至少为两人以上。不过，由于合伙是以合伙人之间的相互信任为基础的，合伙体的人数不宜太多。(2) 合伙人之间的利益是共同的而非对立的。合伙人收益共享，风险共担，休戚相关。(3) 合伙协议以共同经营为目的。合伙人之间不存在对价交易。(4) 合伙合同是双务、有偿合同。表现为每个合伙人都负有依照合伙协议的约定缴付出资、经营管理、承担风险的义务，同时享有利益分配、财产支配、参与经营的权利。

3. 合伙协议的性质。对于合伙协议的性质，学理上一般认为属于合同关系；各国法律虽然有关于合伙企业内部关系的法律规定，但多属于授权性规范或者任意性规范，由合伙人参照合同法的原则自愿确定。如果合伙协议已经作出了约定，按约定执行；如果未作约定，依相关法律的规定执行。我国《合伙企业法》第 18 条规定的合伙协议事项属于“应当载明”的事项，并非强制性规定。

四、合伙企业的内部关系

合伙企业的内部关系主要是指基于合伙协议而产生于合伙人之间的权利与义务关系。合伙企业为人合企业，其最大特点表现为合伙人共同管理、共同经营，合伙人对合伙企业的内部事务均享有充分的民主权利，包括合伙企业经营管理事务的决策权、执行权、监督权、利益分配权、优先购买权等。合伙人同时承担以下主要义务：(1) 合伙人负有出资义务，既可以用货币、实物、土地使用权、知识产权等财产权出资，也可以以劳务出资；(2) 为保证合伙企业财产的整体性和稳定性，合伙人在合伙期间不得分割合伙企业财产；(3) 合伙人未经全体合伙人一致同意，不得以其在合伙企业中的财产份额出质，或将其在合伙企业中的全部或者部分财产份额转让于第三人。

五、合伙企业事务的执行

合伙企业事务的执行是指合伙人在合伙经营中，对于共同问题的处理决议与实施，既包括对合伙企业事务的决策权，也包括对合伙企业事务的执行权；既包括对合伙企业内部关系的处理，也包括对合伙企业外部关系的处理。合伙企业是合伙人之间的共同经营联合体，每个合伙人都有管理权，都可以参与合伙企业事务的执行。依据合伙企业法的规定，执行合伙企业事务的合伙人，对外代表合伙企业。

合伙企业的事务执行方法分为以下四种：(1) 全体合伙人共同执行。对于涉及合伙企业的重大事务，应由全体合伙人共同执行。主要包括：处分合伙企业的不动产，以合伙企业名义为他人提供担保，转让合伙企业的知识产权等。(2) 数名合伙人共同执行。合伙企业的非重大事务，没有必要由全体合伙人共同执行的，可依合伙协议或由全体合伙人决定，委托数名合伙人执行。(3) 一名合伙人独立执行。合伙企业的日常事务，可以由合伙人协商由一名合伙人执行。(4) 授权非合伙人执行。经全体合伙人同意，合伙企业还可以将合伙企业的事务授权合伙人以外的第三人执行。

无论是由全体合伙人执行合伙企业事务，还是委托一名或数名合伙人单独或共同代表合伙企业，或者合伙企业聘任他人担任合伙企业的经营管理人员，他们对外都代表合伙企业，合伙企业的代表人执行业务所产生的法律后果，应由合伙企业和全体合伙人共同承担，任何一个合伙人都不能因代表人的过错而推卸责任。

第五节　商中间人与商辅助人

一、商中间人

（一）商中间人的概念

以从事间接商行为或中介商行为为业者，称为商中间人。在商事登记中，其名称中常冠以“中介公司”“代理公司”或“经纪公司”等，以示职业特征。

在工商业高度发达的社会，商中间人已经成为商品交换不可缺少的一环。商中间人为商事主体之一，从事经营性行为，但与直接从事商品生产和商品交换的商主体在经营方式、权利能力、行为能力和责任能力方面有明显的差异。因此，确立商中间人的法律地位具有十分重要的意义。

（二）商中间人的类型

商中间人主要包括以下三种：

1. 代理商。代理商为独立的商人类型，通行于世界，在我国也大量存在，但要给它下一个统一的定义并非易事。这不仅因为商事代理与其他一些法律制度相比较为稚嫩，有待完善，更因为各国对之有着不同的认识和规定，难以概括。在大陆法系国家，代理商是指接受他人委托，固定地为其他业主促成交易或以其他业主的名义缔结交易。商事代理顺应了商事活动的客观要求，是对民事代理的革新与发展。具体而言，商事代理具有以下特点：(1) 商事代理权来源于被代理人之委托，即商事代理只能是委托代理，无法定代理、指定代理之类型。(2) 代理商的行为具有营利性，被代理方可以是商人，也可以是非商人。代理人在营利的前提下，向被代理人提供服务。这是区别于民事代理的根本所在。(3) 代理商须经过注册并进行连续性经营。(4) 代理商不以显名为必要，既可以以被代理人名义，也可以以自己的名义从事商事活动。(5) 代理商须受商事习惯之约束。(6) 代理商是完全商人，其行为具有独立性。

2. 居间商。居间商是指为获取佣金而积极促成契约缔结的商人。居间是一项重要的商行为，对于促进商事交易发挥着举足轻重的作用。大陆法系国家商法典对其均有明确的规定。我国合同法对居间合同仅作了一般性规定，对居间商之立法尚有待完善。从法律规定及行为特征来分析，其特点为：（1）居间商是合同缔结的积极促成者。居间商追求行为结果之报酬，因此，其能充分利用机会并寻找机会，表现出相当的灵活性和积极性。（2）居间商是合同的中介人，并不受委托人与第三人所订合同之约束。居间人仅给委托人提供订约的机会，或充当委托人与第三人订立合同的媒介、桥梁，使双方得以订立合同，并不参加委托人与第三人的订约洽谈过程，对其促成活动所导致的后果也不负有义务。（3）居间商有权收取佣金。居间活动是一种经营性活动，具有有偿性，委托人应当依合同约定或法律规定向居间人支付报酬。一般情况下，合同成立后，居间商才有资格获取佣金。（4）居间商应承担据实介绍的义务，不得恶意促成或从中盘剥渔利。

3. 行纪商。行纪商是指以自己的名义为委托人从事贸易活动的商主体。其特点为：（1）行纪商以自己的名义实施商行为。行纪商与第三人进行贸易时，必须以自己的名义，而不以委托人的名义进行。这是行纪商与代理商及居间商的根本区别。行纪商在接受委托后，是以自己的名义与第三人进行交易，独立享受权利和承担义务，委托人与第三人不发生直接法律关系。（2）行纪商为委托人的利益从事贸易活动。行纪商虽然以自己的名义从事贸易活动，与第三人直接发生法律关系，但其所产生的权利和义务最终由委托人承受，风险也由委托人承担，因此，行纪人在实施行纪行为时，必须对委托人负责。（3）行纪商必须遵从委托人的指示。行纪商在办理受托的行纪事务时，必须在委托人指示的权限内进行，不得超越权限、自作主张，否则就应自行承担责任。（4）行纪商在办理行纪事务时所产生的一切费用由委托人负担。

二、商辅助人

商辅助人又称为商使用人，是指受商事主体委任或雇佣，辅助从事商事经营活动的人。商使用人可以分为经理人和代办商。

1. 经理人。经理人是指接受他人授权而为他人进行商务管理及经营的人。《日本商法典》第 37 条规定："商人可以选任经理人，使其经营本店或分店的营业。"经理人是以其所有的经理权为基础的，我国公司法对此有相关规定。从法律上讲，经理权以民法上的代理权为基础，但又有其特殊性，主要表现为：（1）经理人的经理权来源于商人的直接授权，并非法律规定，是典型的直接代理人，并以被代理人的名义为商行为。经理人的选任及解任，由商主体依规定进行。（2）经理人的主要职责是对内管理商人的日常经营活动，对外代理商人处理各类业务，如企业的生产计划、投资方案、规章制度、人员聘任等。（3）经理人对外全权代表商人。在其营业范围内，经理人的权限原则上不受限制。经理人对于第三人视为具有管理上的一切权利。如对经理人的代理权加以限制的，不得对抗善意第三人。[①]（4）经理人在行使代表权时，其签名应与商号同时使用，以示与个人行为相区别。（5）经理人应尽心尽责，谨慎履行职责，维护商人利益，不得谋私利，因失职造成损失的，应承担赔偿责任。（6）依各国立法及商业惯例，经理人除特别授权外不得处分商人的不动产，目的在于防止权利滥用，维护商人核心财产的稳定性。

2. 代办商。代办商是指受商人委托，于一定处所或一定地区内，以商人的名义办理其事务之全部或一部分的非经理人。代办商与经理人相似，其权利均来源于商人的直接授权。但两

① 参见《日本商法典》第 38 条.

者具有较大的区别：(1) 经理人的权利广泛，对内有管理权，对外有代表权，在法律上，经理人的行为对商人直接生效，所以，一旦授予他人经理权，商人便承担由此产生的风险和责任；而代办商的权限较小，一般均被限定在对外业务范围内。法律上对代办商的权利也予以限制。(2) 经理人的权利必须通过明示授予，代办商的权利则可以通过默示授予。(3) 代办商可以为数商号代理或介绍，而经理人仅隶属于一个商号。

法律应用

1. 商事主体是民事主体的一种特殊形式，以同时具有权利能力和行为能力为要件，有权利能力而无行为能力者，不得从事商事活动，或所从事商事活动无效。

2. 不同的商事主体所应当承担的法律责任是不同的：商自然人承担无限责任；商合伙的各合伙人之间承担连带责任，但合伙人内部承担的是按份责任，合伙人对合伙债务承担无限责任；商法人以其全部财产承担清偿责任。

3. 商事主体不同会导致适用不同的法律规范。公民之间的借款与银行所从事的贷款不同，如我国《合同法》第 211 条规定，自然人之间的借贷合同对支付利息没有约定或者约定不明确的，视为不支付利息。依《合同法》第 196 条关于借款合同定义的规定，商人或银行参与的借款合同推定为有利息，其利息比照人民银行的标准利息计算。

4. 商事主体以追求营利为目的，因而从原则上讲，商事主体在进行商行为时，即使双方没有约定报酬，依商事惯例应推定为有偿。

5. 商事主体在进行商事活动时，应承担更多的义务和责任，如买卖中的瑕疵通知义务。

6. 商事主体原则上须经登记方可取得主体资格，未经登记者不得从事商事活动。

课后复习

1. 试述商法人与商自然人之区别。
2. 商个人的主要表现形式是什么？
3. 试述个人独资企业与个体工商户之区别。
4. 商合伙的特征是什么？
5. 试述代理商的法律地位。
6. 经理人的权利与义务有哪些？

第三章 商行为

提 要

商行为是大陆法系国家商法中的特有概念。在大陆法系诸国，商行为制度和商事主体制度是构成商法的两大基本制度。一般来讲，商行为是指商事主体为了设立、变更、终止商事权利和商事义务而实施的合法行为。商行为必须以商人为主体，以营利为目的，必须是具有反复性和持续性的营业行为。对众多的商行为，各国商法典或理论界依据不同的标准作了不同的分类，主要是：单方商行为与双方商行为，绝对商行为与相对商行为，基本商行为与附属商行为，完全商行为与推定商行为。商事代理是商事实践活动发展的必然结果，商事代理行为是商事代理人以营利为目的，接受被代理人（委托人）的委托，在一定的区域或处所代替被代理人同相对人（第三人）建立商事法律关系，其法律后果直接归属于被代理人的商行为。商事代理涉及商事代理人、被代理人和相对人三方面的利益关系，是商行为之一种重要形式。

重点问题

1. 商行为的含义
2. 商行为的构成
3. 商行为的分类
4. 商行为的意义
5. 商事代理行为的本质特征与基本内容

第一节 商行为概述

一、商行为的概念与特征

（一）商行为的概念

商行为是大陆法系国家商法中的特有概念。商法规范的对象是商行为，而非其他行为。在大陆法系诸国，商事主体制度和商行为制度构成商法的两大基本制度。凡是商事法律规范，要么为规范商事主体而设，要么为规范商行为而设。

在民商分立的国家，认定商行为的原则并不相同。有的采用“主观主义”或“商人法主义”原则，以商人概念为立法基础，并在此基础上推导出商行为，即先确定商人的概念，再将商人的行为定义为商行为。采用这种原则的国家有德国、瑞士等。它们均认为商人所从事的行为就是商行为，从而商人的主体身份或经营方式在确定商行为时具有十分重要的意义。有的采用“客观主义”或“商行为主义”原则，以商行为为立法基础，并在此基础上推导出商人的概念，即先确定商行为的客观性质，再将实施商行为的人界定为商人。法国是这一原则的最早采用者，现已改采折中主义。西班牙则继承和发展了这一原则。在西班牙，确定商行为应根据行为的客观内容和形式，而不问该行为是否由商人实施。有的则采用“折中主义”原则，将商人和商行为共同作为立法基础，即实行主观主义和客观主义相结合的原则：有的商行为是根据行为的客观性质确定的，有的则是根据商人的主体身份或经营方式确定的。采用这种原则的国家以法国和日本为代表。按照这种原则，认定商行为既应根据行为的客观内容和形式，也要适当考虑行为人的主体身份。如日本商法首先规定了绝对商行为和营业商行为，并规定以自己的名义实施这些行为的人就是商人。这是“客观主义”的做法。然后，把商人为了营业而附带进行的行为界定为商行为。以营利为目的的社团、店铺经营者和矿业营业者，虽非以从事商行为为业，也被视为“虚拟商人”，“虚拟商人”的行为也类推为商行为。这又是“主观主义”的做法。

由于立法原则和体系的差异，各国对商行为的理解和认识也不尽相同，但都认为商行为是商事主体所为之法律行为，是与民事法律行为相对应的一个概念。[①]

在民商合一的国家，商行为被认为是民事法律行为的有机组成部分，在本质上仍是民事法律行为，只是要适用作为民法特别法的商事法而已。

大陆法系各国关于商行为的法律界定模式也不相同，大体可以划分为概括主义、列举主义和概括主义与列举主义相结合三种立法体例。采用概括主义的国家对商行为概念直接作出简洁的立法解释，也就是下一个归纳性的抽象定义。如《瑞士债法典》规定，凡经营商业、工厂或其他依商人之方法为营业，而为商业登记者所实施的行为即是商行为。采用列举主义的国家对商行为没有下归纳性的抽象定义，而是依法列举出若干种类的商行为，用具体行为来界定商行为的概念。如《西班牙商法典》没有明确规定商行为的定义，而是将商行为列举为三类：一是证券交易、票据、保险、运输、代理、居间等基本商行为；二是与基本商行为类似的其他交易行为；三是公司的营业行为。采用概括主义与列举主义相结合的国家对商行为概念既下归纳性定义，又列举出若干种类的商行为。如《德国商法典》第 343 条不仅将商行为界定为“属于营业商人的营业的一切行为”，而且列举了大量商行为，主要可以分为五类：一是商业买卖，二是行纪营业，三是货运营业，四是运输代理营业，五是仓库营业。

上述关于商行为的三种立法体例，由于产生背景的不同，各有其特点：概括主义具有高度的抽象性，但不够具体，不便于操作。列举主义将概念具体化，可操作性强，但难以穷尽所有商行为。概括主义和列举主义相结合，既有抽象定义，又有具体行为界定，能够形成严谨的逻辑关系，避免了单独使用概括或列举方法的不足之处，不失为一种较为科学的概念界定体例。商行为或商事行为，在国外商事立法中一般称为“商行为”，有的则称为“商业行为”“经营行为”“营业行为”“企业行为”。按照《德国商法典》第 343 条和第 344 条的规定，商行为是指属于经营商人的营业的一切行为，如无其他规定，由商人所为的法律行为，视为经营其营业：由商人签署的债据，以证书上无相反的规定为限，视为在经营其营业中签署的。

综合以上概念，我们可以将商行为定义为商事主体为了设立、变更、终止商事权利和商事义务而实施的合法行为。

---

① 张国键．商事法论．台北：三民书局，1980：6.

（二）商行为的法律特征

一般来讲，商行为具有以下四个法律特征：

1. 商行为以意思表示为基本要素。商行为既然是商事主体有目的、有意识的行为，意思表示就是构成商行为不可缺少的基本要素。所谓意思表示就是行为人内在意志的外部表现，即商事主体将要求设立、变更、终止商事法律关系的内在意志用一定的方式表示于外部。由此可见，意思表示有两层含义：一是要有内在意志，即行为人必须具有追求某种商事法律后果的主观愿望。这是行为人进行商事法律行为之前的心理状态，是行为的出发点和归宿。其目的就是设立、变更、终止某种商事权利和商事义务。二是要有表示行为，即行为人将其内在意志通过一定的方式表现于外部，使他人能够了解。行为人的内在意志只有表现于外部，才有可能获得法律上的意义。因此，意思表示是产生商行为的基本要素或前提，没有意思表示，也就没有商行为。

2. 商行为能够引起商事主体预期的法律后果。商行为是以取得商事权利、设定商事义务为预期目的的表意行为。因此，商行为除要求行为人所为的行为以意思表示为核心外，还要求必须能够引起行为人预期的法律后果，即商事法律关系的设立、变更或终止。能否引起行为人预期的法律后果，是判断行为人的行为是否为商行为的一个重要标志。

3. 商行为是一种合法行为。行为只有同一定的法律联系起来，才是法律行为。因此，并非商事活动中的一切行为都是商事法律行为，只有上升为商事法律规范调整的行为，才是商行为。这就使商行为获得了不同于其他行为的法律意义。商行为是以商法规范的存在为前提条件的。只有内容和形式符合商法的要求或者不违背商法的规定，商行为才能受到商法的承认和保护，也才能产生行为人所预期的法律后果。因此，商行为就其本质而言，是一种合法行为。这种法制要求体现了国家对商行为进行法律指导与监督的实际情况。商行为的合法性，既体现为行为内容的合法性，也体现为行为形式的合法性。只有这样，商行为的效力才能得到法律的承认和保护，并产生行为人预期的法律后果。

4. 商行为具有自主性。各国商法对商行为大多适用任意性规范，充分体现了当事人的意思自治原则。商人有权依法在国家宏观调控下，按照市场需求自主组织商事交易，不受他人非法干预。如我国《海商法》第127条规定："本章关于出租人和承租人之间权利、义务的规定，仅在船舶租用合同没有约定或者没有不同约定时适用。"这一规定充分体现了商行为的自主性。

二、商行为的构成

商行为是法律对商事实践活动中最为普遍的营利性行为的高度概括，是商法规范的最为普遍、最为重要、最为典型的行为。一般来讲，商行为应该具有以下三个构成要件：

1. 商行为必须以商人为主体。商行为以商人为前提，商人在商事交易中具有十分重要的意义。因为商行为不仅是依照商人的经营方式确定的，而且是依照商人的经营方式分类的。

不具有商事权利能力和行为能力的公民个人或社会组织不是商人，自然不能进行商行为。如我国公司法规定，未依法登记为有限责任公司或者股份有限公司，而冒用有限责任公司或者股份有限公司名义从事商行为的，责令改正或者予以取缔，并可处以1万元以上10万元以下的罚款；构成犯罪的，还要依法追究刑事责任。

2. 商行为必须以营利为目的。商行为的根本目的在于营利，这是商品交换价值规律的集中反映。商品交易如果不讲究成本核算，不讲究营利，就不是商行为，而是其他行为。营利是商行为的出发点和归宿，商法是以营利为主线规范商行为的法律、法规和规章的总称。判断某行为是否为商行为，一个基本的标准就是是否以营利为目的，营利是商行为内在的本质特征。

3. 商行为必须是持续性的营业行为。营业一般是指经营业务的意思。持续性营业则是在有效期间内连续不断地、反复经营同一性质的业务。商行为就是一种持续性的营业行为。一般主体从事一次或为数不多的几次营利行为，不构成商行为。如公民偶尔出售自家的生活用品，就不能算作商行为。另外，一般主体从事的营利行为虽然有连续性，但如其从事的不是同一性质、同种类型的营利行为，也不构成商行为。因此，商行为不仅是一种营利行为，而且是一种具有连续性和同一性的营利行为。

三、商行为的分类

商行为依据不同的标准，可以有不同的分类。我国台湾地区“商业登记法”根据营业内容的不同，将商行为分为32种：(1) 农林业经营行为；(2) 畜牧业经营行为；(3) 渔业经营行为；(4) 矿业经营行为；(5) 水、电、煤气业经营行为；(6) 制造业经营行为；(7) 加工业经营行为；(8) 建筑业经营行为；(9) 运送业经营行为；(10) 金融业经营行为；(11) 保险业经营行为；(12) 担保信托业经营行为；(13) 证券业经营行为；(14) 银楼业经营行为；(15) 当业经营行为；(16) 买卖业经营行为；(17) 国际贸易经营行为；(18) 出租业经营行为；(19) 仓库业经营行为；(20) 承揽业经营行为；(21) 打捞业经营行为；(22) 出版业经营行为；(23) 印刷、制版、装订业经营行为；(24) 广告传播业经营行为；(25) 旅馆业经营行为；(26) 娱乐业经营行为；(27) 饮食业经营行为；(28) 行纪业经营行为；(29) 居间业经营行为；(30) 代办业经营行为；(31) 服务业经营行为；(32) 其他营业性经营行为。由此可见，商行为的范围是十分广泛的。对众多的商行为，各国商法典或理论界依据不同的标准作了不同的分类，下面仅就较为重要的几种分类予以介绍。

(一) 单方商行为与双方商行为

以行为主体双方是否都是商事主体为标准，可以将商行为分为单方商行为与双方商行为。这一分类主要存在于德国商法和日本商法。

1. 单方商行为。单方商行为是指在商事交易中，行为的一方当事人为商事主体而另一方为非商事主体，或者一方当事人所实施的是商行为，而另一方所实施的是非商行为。学界将他们之间所进行的商行为，又称为“混合交易行为”，如销售商与消费者之间的买卖行为，运输商与旅客之间的交易行为，商业银行与顾客之间的存款、取款行为等。对于单方商行为的法律性质和法律适用，各国商法的规定和实践存在一定的差异。一般认为，单方商行为在本质上仍是商行为，行为主体均应受商法的调整。例如，《德国商法典》第345条规定：“对于双方中的一方为商行为的法律行为，对双方均适用关于商行为的规定，但以此种规定无其他规定为限。”《日本商法典》第3条也规定：“当事人一方实施商行为时，本法适用于双方。当事人一方有数人，其中一人实施商行为时，本法适用于其全体。”这种规定虽然为适用法律带来许多方便，但对非商人来说增加了不少商法上过高的义务。而法国、英国和美国等国家的法律则认为，单方商行为在本质上是商行为与一般民事行为的结合，商法中关于商行为的规定只能适用于商事主体一方，而对于非商事主体一方则只能适用民法的相应规定。

2. 双方商行为。双方商行为是指行为的双方当事人都具有商事主体资格，他们所从事的活动都属于商事交易行为，例如，制造商与销售商之间的买卖行为，批发商与零售商之间的购销行为，还有代理行为与居间行为等。对于双方商行为的法律性质和法律适用问题，各国商法的理论与实践多无分歧，这些行为适用商法自不待言。至于双方商行为的主体是商自然人还是商法人，并不影响其性质的认定和法律适用。商法主要是规范商人和商人之间的法律，所以，对双方商行为也就提供了更多的法律保障。

这种分类对实体法与程序法适用的意义，主要在于解决商行为的法律性质和法律适用问题，而这一问题所体现的则是各国对民法与商法的关系和民法一般规则与商法特殊规则的关系的认识和主张。

（二）绝对商行为与相对商行为

依据行为的性质和确认条件，商行为可以分为绝对商行为与相对商行为。这一分类仅在实行客观主义或折中主义的国家具有法律意义。

1. 绝对商行为。所谓绝对商行为，是指商法规定的具有明显的营利性质，即便不是作为营业，或虽然只做了一次，也当然属于商行为的行为。绝对商行为，又称“客观商行为”，具有客观绝对性、法律确定性和事实推定性，并不以行为主体是商人或行为采用营业方式为构成要件。由于它是由商法“限定列举”，并非“例示列举”，故不允许作类推性的扩大解释，只有商法明文规定的，才能认定为商行为，适用商法。绝对商行为基本上属于传统的商事活动。根据《日本商法典》第501条的规定，绝对商行为主要是指：(1) 以获利而转让的意思，有偿取得动产、不动产、有价证券的行为或者有偿转让其取得物的行为；(2) 缔结供给自他人处取得的动产或有价证券的契约，以及为履行此契约而实施的以有偿取得为目的的行为；(3) 于交易所进行的交易行为；(4) 有关票据或其他商业证券的行为。

2. 相对商行为。所谓相对商行为，又称“主观商行为”或“营业商行为”，是指在商法规定的范围内，由商人作为营业而进行的行为。相对商行为具有相对性和条件性，以行为主体是商人和行为采用营业方式为构成要件，如此才能认定为商行为，否则就不能算作商行为。相对商行为必须是商人所为，而且是作为营业而进行，即在营业条件下所实施的行为。

所谓“作为营业”，是指反复、持续从事营利活动。这里的营业既包括主观意义上的营业（营业活动），也包括客观意义上的营业（营业组织），可以依主体、行为方式和法律规定的不同而有所不同。根据《日本商法典》第502条的规定，下列行为作为营业而进行时为商行为，但是，专以取得工资为目的而从事制造物品或付出劳务的行为，不在此限：(1) 以租赁的意思，有偿取得或承租动产或不动产的行为，或者以出租其取得物或承租物为目的的行为；(2) 为他人实施的制造或加工行为；(3) 供应电或煤气的行为；(4) 运输行为；(5) 作业或劳务的承揽；(6) 出版、印刷或摄影行为；(7) 以招徕顾客为目的所实施的场所交易；(8) 兑换及其他银行交易；(9) 保险；(10) 寄托的承受；(11) 居间或代办行为；(12) 商行为代理的承受。

这种分类的意义主要在于解决商行为的标准和条件问题，为司法实践确认商行为带来了方便，有利于解决民法和商法的适用顺序问题。

（三）基本商行为与附属商行为

依据行为所处的地位不同，商行为可以分为基本商行为与附属商行为。

1. 基本商行为。基本商行为包括绝对商行为和营业商行为，是构成商人概念的基础，即根据基本商行为可以导出商人的概念。换言之，凡是以自己名义，以从事商行为为业者就是商人。由于这两类商行为在整个商行为中属于基本形式，且符合商行为的基本要求，故合称为基本商行为。在传统商法学者看来，基本商行为具有“直接媒介商品交易”的属性，是直接以营利性为目的的商行为。

2. 附属商行为。附属商行为又称“辅助商行为”，是指商事主体（固有商人和虚拟商人）为了自身的基本营业而附带进行的行为。这是采用“商人法主义”而作的规定。这种行为虽然也适用有关商行为通则的规定，但它不是以商人概念作为基础的，而是由商人概念导出的。换言之，附属商行为是以行为人即商人的存在为前提条件的，并非客观的商行为。在整个商行为中处于辅助地位，对基本营业行为的实现起辅助和推动作用。我们通常所说的主营就是基本商行为，而兼营则是附属商行为。对于买卖商来说，销售是基本商行为，而仓储和运送则是附属商行为。而对于承运商来说，运送为基本商行为，而原材料的购买则是附属商行为。商事主体为开业而进行的准备活动，也是附属商行为。

这一分类对于在理论和司法实践中确认具体商行为的性质具有十分重要的意义。

（四）完全商行为与推定商行为

依据适用商法的情况不同，商行为可以分为完全商行为与推定商行为。

1. 完全商行为。完全商行为又称“传统商行为”“固有商行为”“纯然商行为”，即依照商法的规定或列举可以直接认定的商行为。它理所当然地完全适用商法有关商行为的规定，主要是指绝对商行为和与商人营业直接有关的商行为。

2. 推定商行为。又称“准商行为”“非完全商行为”“非固有商行为”，是指不能直接依照商法的规定或列举加以认定，而必须通过事实或法律推定方可确认其商行为性质的行为，即准用商法有关商行为规范的行为。一般是指虚拟商人（在日本包括民事公司、店铺经营者和矿业营业者等）的营业行为。虚拟商人所从事的行为本身并不是商法所规定的商行为，所以，只能当做准商行为对待。这里也是采用“商人法主义”而作的规定。根据《日本商法典》第522条和第523条的规定，依商法规定设立的以营利为目的的社团，虽然不以实施商行为为业，也视为公司；该公司的行为，准用有关商行为的规定。

这种分类的意义，既突出了完全商行为这一重点，又增强了商法的稳定性和覆盖面，使商行为制度更加适应现代复杂的商事活动和市场经济的发展需要。

四、商行为的意义

（1）商行为是最为重要、最为广泛的商事法律事实。在现代生活中，绝大多数商事法律关系的设立、变更和终止都是通过商事法律行为实现的，如订立各种商事合同，从事各种商事活动。

（2）商行为是构成现代商法的立法基础之一。商法的规定或者是为规范商主体而设，或者是为规范商行为而设，而其他规定则具有辅助意义。正如我国台湾地区学者所言：“就规范而言，无论大陆法系或海洋法系皆以能充分规范商主体与商行为为归依。”① 因此，商行为是商法中十分重要的概念，如《德国商法典》第四编和《日本商法典》第三编均为有关“商行为”的规定。

（3）确定商行为的内涵与外延有利于商行为的认定和对其适用商法的规则。在民商分立的国家，民事行为适用民法，而商行为则适用商法。商行为制度所体现的正是各国对民法与商法的关系和民法一般规则与商法特殊规则的认识问题。

（4）商法确认的商行为制度，对于繁荣工商业、防范交易风险、促进经济发展和维护市场秩序具有十分重要的意义。

第二节　商事代理行为

一、商事代理行为的概念

商事代理是商品经济进一步发展的产物。在古罗马时代，尚无代理制度。这主要是由于简

① 张东亮．法学论集．第9册．台北：文化大学出版社，1983：506.

单商品经济没有为适用代理提供客观的经济条件，同时也与古罗马家族制度有关。一般认为，商事代理萌芽于11世纪至12世纪的欧洲地中海沿岸。当时，自治城市形成了独立阶层的商人，他们不仅自己亲自经商，而且应手工业者之托，从事代为购销等商事代理业务。13世纪至15世纪的欧洲海上贸易有了长足的发展，对商事代理起到了较大的促进作用，当时，许多商人并不亲自出海，而是将货物或业务委托于代理商经营。随着资本主义商品经济的飞速发展，经济生活的日益复杂和科技手段的不断进步，对于自然商人来说，由于个人知识、才能以及时间、地点和健康状况等原因，就更有委托他人代理经商的需要。对于公司、企业来说，面对广泛的经营业务和频繁的交易活动，单纯依靠自己的机关较难完成，通过他人代理参与商事交易活动，不仅十分必要，而且十分经济。通过代理，可以使商自然人、商法人在同一时间、不同地区甚至不同国家进行频繁的商事交易活动，从而打破时间、空间的限制，大大增强其竞争实力。为了适应商事代理的发展需要，1897年的德国新商法典正式确立了商事代理制度。此后，各国纷纷仿效，如今商事代理已风靡全球。在现代市场经济条件下，商事代理更是无时不在、无处不有，而且发挥着越来越重要的不可或缺的作用。概括起来，商事代理主要有以下五个方面的作用：(1) 商事代理有利于搞活商事交易活动；(2) 商事代理有利于开展国际商事交易；(3) 商事代理有利于解决与商事交易相关的问题；(4) 商事代理有利于转换企业经营机制，改善企业经营管理；(5) 商事代理有利于简化交易手续，节约成本，提高企业经济效益。

代理本是民法规范的民事法律行为中的概念，将其适用于商法领域中的商行为之后，因其内容发生了质的变化，便成了商事代理。商事代理是民事代理派生出来的特殊形式，是民事代理在商事活动中的应用。因此，商事代理与民事代理存在着一定的渊源关系，但商事代理绝不是民事代理的简单再现，而是对民事代理的革新与发展。

可见，只有将代理行为的本质特征和商事活动的客观要求结合起来，才能正确理解商事代理行为的确切概念。代理行为的本质特征是代理人以自己的行为为他人利益服务，而商事活动的客观要求则是简便、迅捷、公平、安全，商事代理是商事实践活动发展的必然结果，商事代理行为的概念必须反映代理行为的本质特征和商事活动的客观要求。基于这种考虑，我们认为，商事代理行为是指商事代理人以营利为目的，接受被代理人（委托人）的委托，在一定的区域或处所代替被代理人同相对人（第三人）建立商事法律关系，其法律后果直接归属于被代理人的商行为。由此可见，商事代理行为是商行为之一种，涉及商事代理人、被代理人和相对人三方面利益关系。没有相对人就不能产生商事代理行为，只有商事代理人接受被代理人的委托，与相对人进行商行为时，商事代理人与被代理人之间的商事代理关系才能实现。故被代理人与商事代理人之间为商事代理委托关系，商事代理人与相对人之间为商事代理行为关系，被代理人与相对人之间则为商事代理行为的法律后果承受关系。

二、商事代理行为的特征

根据我们对商事代理行为所下的定义，并结合国内外商事代理行为立法的有关规定，商事代理行为同民事代理行为相比，主要有以下四个特征：

1. 商事代理只能来源于被代理人的委托。民事代理有委托代理、法定代理和指定代理三种类型，因此，民事代理既可以来源于被代理人的委托，也可以来源于法律的直接规定，甚至可以来源于人民法院或有关单位的指定。而商事代理仅系委托代理，所以，商事代理只能来源于被代理人的委托，否则商事代理就无从产生。

2. 商事代理的代理人必须是依法成立的代理商。民事代理的代理人既可以是公民，也可以是法人，只要具有民事行为能力即可。而商事代理行为是一种营业性行为，故行为人须是经过商事登记成立的代理商，对从事银行、运输、专利、商标、证券、广告、外贸等业务的代理商，往往有较为严格的专业技术人员资格要求。

3. 商事代理均属于有偿代理。民事代理既可以是有偿的，也可以是无偿的。但商事代理均属于有偿代理，因为商事代理是代理人的经营性行为，代理本身就是实施商行为，必须以营利为目的，营利始终是商事代理的动因和归宿。因此，各国商法一般规定，代理商得依合同请求报酬，或请求偿还其费用。

4. 商事代理不以"显名"为必要。民事代理行为只有以被代理人的名义进行，才能为被代理人取得权利、设定义务。如果以自己的名义进行，就不是民事代理行为，而是自己的行为。这就是民事代理的"显名主义"原则。商事代理既可以以被代理人的名义进行，也可以以代理人自己的名义进行，此即商事代理的"非显名主义"原则。这是商事代理同民事代理的主要区别。

三、商事代理行为的分类

商事代理行为依据不同的标准，可以有不同的分类。

（一）直接代理与间接代理

依据代理名义的不同，商事代理可以分为直接代理与间接代理。

1. 直接代理。直接代理亦称"显名代理"，是指商事代理人在代理权限范围内，以被代理人的名义同相对人进行商事交易活动，其法律后果直接由被代理人承担的商事代理。在直接代理的情况下，商事代理人实施的代理行为是以被代理人的名义进行的，法律后果直接归于被代理人，第三人亦直接与被代理人发生权利义务关系。

2. 间接代理。间接代理亦称"非显名代理"，是指商事代理人在代理权限范围内，以自己的名义同相对人进行商事交易活动，其法律后果间接由被代理人承担的商事代理。在间接代理的情况下，商事代理人实施的代理行为是以自己的名义而非被代理人的名义进行的，故该代理行为的法律后果仅间接地归于被代理人，第三人并不能直接同被代理人发生权利义务关系，只有在代理人将该代理行为所形成的法律后果移交给被代理人后，第三人与被代理人才能发生权利义务关系。

（二）一般代理与全权代理

依据代理权限的大小，商事代理可以分为一般代理与全权代理。

1. 一般代理。一般代理是代理权限受到一定限制的商事代理。一般代理有地区及业务范围的限制，必须在被代理人明确的授权范围内实施代理行为。在实务中，如果没有特别说明，商事代理即为一般代理。

2. 全权代理。全权代理是指代理人的代理权限不受特别限制，可以实施法律允许的一切行为的商事代理。全权代理必须由被代理人在授权委托书中明确规定，否则只能是一般代理。

（三）总代理与分代理

依据代理业务的范围，商事代理可以分为总代理与分代理。

1. 总代理。总代理亦称"全部代理"，是指商事代理人在确定的区域内可以代理被代理人从事全部业务活动的商事代理。

2. 分代理。分代理亦称"部分代理"，是指商事代理人在确定的区域内只能代理被代理人从事某些业务活动的商事代理。

（四）独家代理与多家代理

依据代理权是否具有排他性，商事代理可以分为独家代理与多家代理。

1. 独家代理。独家代理是指具有排他性的商事代理。在独家代理的情况下，被代理人在约定的地区只能将代理权委托给一个代理人，该代理人独自享有代理权，其代理权具有排他性，被代理人不得另行委托其他代理人为其办理商事代理业务。

2. 多家代理。多家代理是指不具有排他性的商事代理。在多家代理的情况下，被代理人可以将代理权委托给两个或两个以上的代理人，各代理人的代理权限都不具有排他性，各代理人只能在各自的授权范围内实施代理行为，相互间并不发生任何法律关系。

（五）缔约代理与媒介代理

依据代理人是否享有缔约权，商事代理可以分为缔约代理与媒介代理。

1. 缔约代理。缔约代理是指代理人有权与第三人订立契约的商事代理。在缔约代理中，被代理人授权代理人对外签订商事合同，代理人一般应显示自己缔约代理人的身份。

2. 媒介代理。媒介代理是指代理人仅有权促成被代理人与第三人订立契约，而无权代理被代理人直接与第三人订立契约的商事代理。在媒介代理中，代理人只起媒介作用，并不能以被代理人的名义直接与第三人订立契约；契约上一般也不显示媒介代理人的身份。

四、商事代理行为的实施

商事代理人在商事代理关系中起承上启下的作用，其商事代理行为的实施是否得当，直接影响被代理人和第三人的合法权益。因此，代理人实施商事代理行为必须遵守以下三个规则：

1. 实施商事代理行为必须在授权范围内进行。商事代理人在实施商事代理行为之前，必须同被代理人订立代理协议，明确自己的代理事项、代理权限和代理期限。如果授权范围不够明确，代理人应主动向被代理人征询清楚，在没有征询清楚之前，不得随意实施。同时，代理人在实施商事代理行为过程中，若遇到新的情况，应及时请示被代理人。任何超越授权范围的商事代理行为，若未由被代理人追认，对被代理人不产生法律效力，其后果只能由代理人自己承担。

2. 实施商事代理行为必须维护被代理人的合法权益。为被代理人的利益服务，是法律创设代理制度的主要宗旨，也是代理制度的本质特征。因此，代理人在实施商事代理行为时，必须自觉维护被代理人的合法权益。在商事代理过程中，代理人应以被代理人的利益为重，绝不能放弃甚至侵占被代理人的利益。代理人必须承担对被代理人的善良管理人之注意义务，忠实、严格地履行代理职责，不得懈怠。如果发现情况有变，继续代理的结果对代理人不利，则应停止实施商事代理行为，并及时告知被代理人，否则，代理人就要承担相应的法律责任。

3. 实施商事代理行为绝不能滥用代理权。代理人在实施商事代理行为时，必须正确使用被代理人授予的代理权，而不能滥用代理权。滥用代理权是指代理人利用享有代理权的便利条件损害被代理人的利益。实务中，滥用代理权主要包括以被代理人的名义与自己进行商事交易、同时作为双方当事人的代理人和与第三人恶意串通等类型。滥用代理权实施的商事代理行为被代理人不承担后果，而应由代理人独自承担或由代理人与第三人共同承担后果。

法律应用

1. 商行为就其本质而言是一种合法行为。这种法制要求体现了国家对商行为进行法律指导与监督的实际情况。商行为的合法性既体现为行为内容的合法，也体现为行为形式的合法。只有这样，商行为的效力才能得到法律的承认和保护，并产生行为人预期的法律后果。

2. 商行为必须具备相应的法定要件，否则就不是商行为。商行为的构成要件有三个：一是商行为必须以商人为主体；二是商行为必须以营利为目的；三是商行为必须属于反复性和持续性的营业行为。

3. 在民商分立的国家，民事行为适用民法，商行为则适用商法。在民商合一的国家，商行为被认为是民事法律行为的有机组成部分，在本质上仍是民事法律行为，但也要适用作为民法特别法的商事法。

4. 商事代理行为与民事代理行为具有明显的法律区别。商事代理只能来源于被代理人的委托，商事代理的被代理人只能是商人，商事代理的代理人必须是依法成立的代理商，商事代理属于有偿代理，商事代理不以“显名”为必要。

课后复习

1. 什么是商行为？它有哪些法律特征？
2. 试析商行为的构成要件。
3. 试述商行为的分类与法律意义。
4. 商事代理行为同民事代理行为的法律区别主要表现在哪些方面？

第四章
商业登记

提 要

商业登记是商事组织获得合法商主体资格的必要前提，是保障商主体依法进行正常经营活动的必要形式，是国家对商主体实施有效管理的重要一环，也是保障市场交易安全、维护第三人利益和社会公共利益的基础。商业登记在性质上属于公法行为。商业登记的对象一般是从事营利性行为的各种企业组织，登记的内容主要包括开业登记、变更登记和注销登记。另外，我国还规定了一种比较特殊的公司名称预先登记。一旦经过商业登记即可以授予申请人商法上的主体资格，并可以对第三人产生对抗效力。根据各国的通例，登记的程序主要包括申请、审查、核准和公告四个阶段，其中审查又可以分为形式审查、实质审查和折中审查三种立法例，不同立法例在审查内容、审查要求和登记效力上都有明显的不同。一般认为，我国目前的登记制度采取的是折中审查制度。

重点问题

1. 商业登记的概念与特征
2. 商业登记的意义
3. 商业登记的程序
4. 商业登记的效力

第一节　商业登记概述

一、商业登记的概念与特征

（一）商业登记的概念

商业登记，是指当事人依照法律规定，向主管机关提出旨在设立、变更或终止商事主体资格的申请，并被主管机关核准予以注册登记的一系列法律行为的总称。商业登记是申请人的申请登记行为和主管机关的审核登记注册行为相结合的一种综合性行为，是国家对商事活动实施法律调整与进行宏观控制的必要手段和环节。

综观世界各国的商业登记制度，有强制登记主义与任意登记主义、准则主义与特许主义之别。在采取强制登记主义的国家，任何商事主体非依商业登记，不能取得商法上的权利能力和行为能力，即商事能力，不能以商事主体的资格进行营利性营业活动，不能参与商事法律关系，因此，商业登记是取得商事主体资格的必要前提。在采取任意登记主义的国家，商事主体原则上亦须履行商业登记注册义务方能从事商事活动，但商业登记并非从事营利性营业活动的必需条件，从事营利性活动的当事人可以先行开业，继而再进行商业登记，但非经商业登记而从事的营利性营业活动通常不具有对抗善意第三人的法律效力。随着社会经济的日益复杂化，为了维护商业道德及诚实信用原则，防止商人恶意利用任意登记原则虚设企业，损害第三人的合法权益，危及交易安全，许多原本采取任意登记主义的国家纷纷转向强制登记主义。在采取准则主义的国家，通常对商业登记的条件预先规定明确标准，由主管机关对登记事项进行形式审查和注册备案，符合标准者，即可获得登记。在采取特许主义的国家，通常不完全依据公示之标准核准登记，往往还依据国家管理机关的政策性规定或国家最高统治者的敕令，由商业登记主管机关对申请者进行实质性审查和批准备案。特许制度是早期商事主体取得合法资格的主要方式，随着社会经济关系的日益非政治化，现已没有国家单纯采取特许主义，特许主义目前主要适用于金融机构、保险机构和某些特种行业的登记。

在我国，目前尚无统一的商业登记法，调整商业登记关系的法律散见于众多的民事、商事实体法、程序法中，如《私营企业暂行条例》《中外合资经营企业登记管理办法》《企业法人登记管理条例》《公司法》及《公司登记管理条例》等。

（二）商业登记的特征

商业登记法律制度主要有以下五个法律特征：

第一，商业登记的基本目的在于为商事活动的参加人设立、变更或者终止商事主体资格谋求法律确认。商业登记的主要法律效力在于使商事主体取得、变更或终止其商事权利能力和商事行为能力。对商人来说，有了商业登记，即可以取得商法上的主体资格，使自己的合法经营受到法律保护。商事登记是商事主体取得主体资格的必要和唯一的途径。

第二，商业登记在本质上属于一种带有公法性质的行为。与商事主体所从事的众多以表意为特征的民事行为不同，商业登记行为主要体现的是一种国家意志，在性质上属于作为公法主要内容的行政法律行为或行政经济法律行为。

第三，商业登记行为是一种要式法律行为。商业登记注册的内容和事项往往由商事特别法以强行性条款的形式加以规定并具体列明。因为商事活动涉及社会的各个领域，尤其是与生产和消费密切相关，所以必须规定一定的程序，表示商事的运作状态。这是为了维护生产者、商品经营者和消费者的合法权益，同时也有利于加强对商事活动的管理。

第四，商业登记是申请人依照法定程序，向法定商业登记主管机关申请履行的行为。商业登记的主管机关是代表国家对商事主体的登记申请行为进行审查和批准的专门机构，只有它才有权受理登记申请，履行登记行为。

第五，商业登记是强化对商事主体的监督和控制，保护消费者权益的有效手段。对国家来说，有了商业登记，可以掌握商事主体的全面情况，便于统筹规划和安排商业布局，并对其加强管理和监督：对消费者来说，有了商业登记，可以了解商人的经营范围、服务内容，便于有所选择地与之进行交易，接受各项服务，并不必有不安全之感。

二、商业登记的作用与意义

商业登记制度是社会公共权力对营利性主体的营业活动实施管理的基础，是商法对社会经济关系进行综合调整的不可或缺的必要环节。商业登记作为国家管理商事主体活动的主要手段，不仅可以赋予商事主体合法资格，保障商事主体的合法权益，而且有利于维护正常的社会经济秩序和交易安全。具体说来，商业登记主要具有以下五个方面的作用：

(1) 实行商业登记是国家对商事主体的商事行为进行各种法律调整的重要前提。从一方面看，无论是大陆法系还是英美法系，商事活动都主要受私法自治等原则的规范和调整。从另一方面看，商事活动不仅仅是商事主体之间纯粹“私”的活动，作为一种社会经济关系，商事活动与社会公共利益、社会交易安全、社会交易秩序休戚相关。正因为如此，现代国家都很重视通过法律对商事领域的经济生活进行必要的干预，商业登记就是国家对私法领域进行公法干预的重要表现。这种干预不仅是必要的，而且对规范商事活动还起着巨大的作用。

(2) 商业登记是国家对商事主体进行行政管理的重要手段。通过商业登记，国家不仅可以取得各项必要的统计资料，从而实现国家对经济的宏观调控，而且便于对各种不同类型的商务行业的开业和经营进行必要的国家监督。同时，商业登记还是国家依法对各类不同的商事主体进行税收征纳的主要依据。

(3) 商业登记是商法维护商事主体的合法地位、保护第三人合法权益和社会公共利益的重要手段。商业登记可以为社会经济活动的所有参加人提供准确、翔实的有关信息资料，可以使其他社会主体据以了解商人的经营范围、服务内容；便于有所选择地与之进行交易，接受各项服务，无须有不安全之感；便于保护相对人的合法权益和保证交易安全。商业登记还赋予登记申请人对登记商号的排他性使用权，从而便于保护登记人对商号的专有使用权。

(4) 商业登记是保障商事主体依法进行正常经营活动的必要形式。对商人来说，有了商业登记，既可以使自己取得合法的、商法上的主体资格，也可以使自己的合法经营受到法律保护。国家通过商业登记，可以核准商事主体的名称、住所、法定代表人、注册资本、企业类型、经营范围、营业期限等，使其取得合法的商事主体资格，并在法律规定和确认的范围内独立从事商事活动，享有商法上的权利，承担商法上的义务和责任，维护自己的合法权益。

(5) 商业登记是维护第三人利益和社会公共利益的基础。现代商业登记制度的基本作用不仅在于通过法律程序创制或确定经营性主体，而且在于确认登记事项的法律效力，向社会公布经营性主体的信用、能力和责任。商主体的登记事项与事实有实质性差别者，将构成商业欺诈，非经商业登记的事项不具有对抗第三人的效力。这些规定显然有助于保护社会交易人，维护社会商业秩序。

第二节　商业登记的种类和效力

一、商业登记的种类

商业登记的种类在各国法上不尽相同。在我国，根据《企业法人登记管理条例》及其施行细则和《公司登记管理条例》的规定，企业法人（包括公司）的商业登记可以分为开业登记（设立登记）、变更登记和注销登记三类，其他商事主体的商业登记散见于其他有关法律、法规、条例之中，其登记种类与此大体相似。另外，还有一种比较特殊的公司名称预先核准登记。下面分别述之。

1. 开业登记（设立登记）。开业登记是登记主管机关以赋予商事主体合法主体资格为目的而进行的登记活动，是所有登记中最基础、最重要的登记类型。目前我国公司设立登记时，应由登记申请人提交以下文件和证件：(1) 公司法定代表人签署的设立登记申请书；(2) 有限责任公司全体股东（股份有限责任公司为董事会）指定代表或者共同委托代理人的证明；(3) 公司章程；(4) 有限责任公司股东（股份有限责任公司为发起人）的主体资格证明或者自然人身份证明；(5) 载明公司董事、监事、经理的姓名、住所的文件，以及有关委派、选举或者聘用的证明；（6）公司法定代表人任职文件和身份证明；（7）企业名称预先核准通知书；（8）公司住所证明（公司住所证明是指能够证明公司对其住所享有使用权的文件）；（9）国家工商行政管理总局规定要求提交的其他文件。

2. 变更登记。企业法人已经合法登记注册的事项在登记注册后发生变化的，企业法人应当在法定期限内向原登记主管机关申请变更登记，未经核准变更登记的，公司不得擅自改变登记事项。根据《公司登记管理条例》的规定，公司改变名称、住所、法定代表人、注册资本、经营范围等，应当在规定的时间内向原公司登记主管机关提出申请变更登记。如《公司登记管理条例》第28条和第30条规定，公司变更名称、法定代表人的，应当自变更决议或者决定作出之日起30日内申请变更登记。第31条规定，公司减少注册资本的，应当自公告之日起45日后申请变更登记，并应当提交公司在报纸上登载公司减少注册资本公告的有关证明和公司债务清偿或者债务担保情况的说明。第32条规定，公司变更经营范围的，应当自变更决议或者决定作出之日起30日内申请变更登记；变更经营范围涉及法律、行政法规或者国务院决定规定在登记前须经批准的项目的，应当自国家有关部门批准之日起30日内申请变更登记；公司的经营范围中属于法律、行政法规或者国务院决定规定须经批准的项目被吊销、撤销许可证或者其他批准文件，或者许可证、其他批准文件有效期届满的，应当自吊销、撤销许可证、其他批准文件或者许可证、其他批准文件有效期届满之日起30日内申请变更登记或者办理注销登记。第27条规定，公司变更登记事项涉及修改公司章程的，应当提交由公司法定代表人签署的修改后的公司章程或者公司章程修正案；变更登记事项依照法律、行政法规或者国务院决定规定在登记前须经批准的，还应当向公司登记主管机关提交有关批准文件。第29条规定，公司变更住所的，应当在迁入新住所前申请变更登记，并提交新住所使用证明；公司变更住所跨公司登记主管机关辖区的，应当在迁入新住所前向迁入地公司登记主管机关申请变更登记，迁入地公司登记主管机关受理的，由原公司登记主管机关将公司登记档案移送迁入地公司登记主管机关。

3. 注销登记。当出现法律规定的公司应予以撤销的情况时，企业法人应当向原登记主管机关申请办理注销登记手续。《公司登记管理条例》第43条规定：公司申请注销登记，应当提交下列文件：（1）公司清算组负责人签署的注销登记申请书；（2）人民法院的破产裁定、解散裁判文书，公司依照《公司法》作出的决议或者决定，行政机关责令关闭或者公司被撤销的文件；（3）股东会、股东大会、一人有限责任公司的股东、外商投资的公司董事会或者人民法院、公司批准机关备案、确认的清算报告；（4）企业法人营业执照；（5）法律、行政法规规定应当提交的其他文件。国有独资公司申请注销登记，还应当提交国有资产监督管理机构的决定，其中，国务院确定的重要的国有独资公司，还应当提交本级人民政府的批准文件。有分公司的公司申请注销登记，还应当提交分公司的注销登记证明。企业法人领取企业法人营业执照后，满6个月尚未开展经营活动或停止经营活动满1年的，视同歇业。企业法人申请注销登记时，应依法律规定提交有关文件，登记主管机关核准注销登记的，企业法人即行终止。对于经注销的企业法人组织，登记主管机关应当收缴其企业法人营业执照及其副本、公章，并将注销登记情况告知其开户银行。

4. 名称预先核准登记。《公司登记管理条例》第17条规定，设立公司应当申请名称预先核准。法律、行政法规或者国务院决定规定设立公司必须报经批准，或者公司经营范围中属于法律、行政法规或者国务院决定规定在登记前须报经批准的项目的，应当在报送审批前办理公司名称预先核准，并以公司登记主管机关核准的公司名称报送批准。之所以要求必须进行公司名称预先核准，主要有以下两个方面的意义：第一，有利于确保公司名称的登记质量。公司名称对公司、社会至关重要。公司名称具有极强的标志性，且一经选定就不能轻易更改。采用公司名称预先核准制，可以使公司的名称在公司申请注册登记之前就具有合法性、确定性。第二，有利于加快公司的登记进程。在公司的成立过程中，公司的各项法律文件中无不包含公司名称的要求，如有关主管部门的批准文件需要写明公司名称，公司章程中必须有公司名称，验资报告中需要涉及公司名称。假设没有采用名称预先核准制，在进行公司登记时如果发现公司所选定的名称不恰当、不规范或者不合法，那么，公司的各种申请文件都需要予以更换，这样将耗费大量的时间和精力，造成很大的浪费。预先核准的公司名称保留期为 6 个月。预先核准的公司名称在保留期内不得用于从事经营活动，不得转让。保留期届满，不办理公司设立登记的，其公司名称自动失效。公司应当在期限届满后的一定期限内将企业名称预先核准通知书退还公司登记主管机关。

二、商业登记的效力

商业登记的效力主要表现在，通过商业登记授予申请人商法上的主体资格，同时对第三人产生一定的效力：

1. 商业登记对登记人的效力。对于商业企业经注册登记后可以取得什么样的法律地位，已登记的事项与未登记的事项对第三人各具有何种效力，各国立法不尽一致。从我国的规定来看，登记注册既是企业与经营单位取得法人资格的前提条件，也是不具备法人条件的企业与经营单位能够从事商业经营活动的前提，法律禁止商业主体未经登记手续而进行无照经营。

2. 商业登记对第三人的效力。商业登记及公告，一方面可以使政府实现调整、监督、控制和保护商业的职能，另一方面可以使相对方及社会公众了解商事主体的营业状况、经营状况，以期商业交易之安全。

第三节 商业登记的程序

商业登记的程序，是指法律规定的在办理商业登记时，登记申请人和商业登记主管机关所应共同遵守的法定实施步骤。商业登记程序对于保证商业登记的真实性及维护社会经济秩序的稳定具有重要意义。一般认为，商业登记的程序应包括四个阶段：申请、审查、核准、公告。

一、申请

申请是商业登记程序的起始阶段。申请人为商业负责人，亦可以为代理人（应附委托书）。申请人应依法律规定提交有关文件、证件。由登记主管机关进行初步审查，所需文件、证件齐备的，登记主管机关应发出受理通知书。在我国，根据法律规定，申请法人登记（不包括外商投资企业），应具备下列条件：(1) 有符合规定的名称和章程；(2) 有符合与经营范围相适应的注册资金；(3) 有与生产经营规模相适应的经营管理机构、财务机构、劳动组织，以及法律或者章程规定必须建立的其他机构；(4) 有必要的并与生产经营范围相适应的经营场所和设施；(5) 有与生产经营规模和业务相适应的从业人员；(6) 有健全的财会制度，能够实行独立核算，自负盈亏，独立编制企业资金平衡表或者资产负债表；(7) 符合国家法律、法规和政策规定的经营范围；(8) 法律、法规规定的其他条件。

二、审查

登记主管机关对于收到的申请人的申请，应进行审查以确定其是否具备登记条件。目前各国对于商业登记的审查，主要存在三种立法例：

1. 形式审查主义。所谓形式审查主义，是指登记主管机关对于申请人提交的申请及相关文件，仅审查其形式上是否符合法律要求。换言之，登记主管机关对于申请人提交的有关文件、证件等，仅审查其形式上是否适法，而对其所记载事项的真实性，则不负进行审查的责任。这种做法的主要缺点在于，过于注重形式上的合法性而不注重实质上的真实性，因此，申请人虽然经合法登记，亦不能证明其登记事项的真实性。这种做法不但有违商业登记之精神，而且容易产生商业欺诈行为，故大多数国家不予采用。

2. 实质审查主义。所谓实质审查主义，是指登记主管机关不但要审查有关申请文件是否符合法律要求，而且还要审查登记事项的真伪，并且要对登记结果负责。依此主义，凡经登记之事项，皆有证明其为真实、合法之效力。其主要优点是，可以保证登记事项的真实性、合法性，防止出现商业欺诈行为。其主要缺点在于，登记主管机关要承担较多的工作量，实际操作困难较大，并会延缓商业登记的进程。

3. 折中审查主义。依此主义，登记主管机关虽然有实质审查之职权，却无进行实质审查之义务，唯对登记事项产生疑问时，登记主管机关依职权加以审查。所以，已进行登记之事项，虽然经过登记，仍不能推定其真伪，其证据效力如何，由法院自由裁判。此种主义集前两种之所长，较好地避免了两者之所短。依我国有关法律的规定，登记主管机关必须对申请人提交的文件、证件和填报登记注册的信息的真实性、合法性、有效性进行审查，核实有关登记事项。可见，我国系采实质审查主义。但在商业登记的实践中，由于人力等方面的原因，一般仅能进行形式上的审查，只要形式上各种文件、证件齐备，即予以登记。在此基础上通过年检制度，审查和确认企业（包括公司）继续经营的资格。

三、核准

登记主管机关通过审查，认为申请人申请登记的事项符合法律规定的，应在法定期间内作出予以核准登记的决定，颁发登记证明和营业执照，并及时通知申请登记的企业。我国《公司登记管理条例》第 53 条规定，公司登记主管机关对决定予以受理的登记申请，应当分别情况在规定的期限内作出是否准予登记的决定：（1）对申请人到公司登记主管机关提出的申请予以受理的，应当当场作出准予登记的决定。（2）对申请人通过信函方式提交的申请予以受理的，应当自受理之日起 15 日内作出准予登记的决定。（3）通过电报、电传、传真、电子数据交换和电子邮件等方式提交申请的，申请人应当自收到受理通知书之日起 15 日内，提交与电报、电传、传真、电子数据交换和电子邮件等内容一致并符合法定形式的申请文件、材料原件。申请人到公司登记主管机关提交申请文件、材料原件的，应当当场作出准予登记的决定；申请人通过信函方式提交申请文件、材料原件的，应当自受理之日起 15 日内作出准予登记的决定。（4）公司登记主管机关自发出受理通知书之日起 60 日内，未收到申请文件、材料原件，或者申请文件、材料原件与公司登记主管机关所受理的申请文件、材料不一致的，应当作出不予登记的决定。公司登记主管机关需要对申请文件、材料核实的，应当自受理之日起 15 日内作出是否准予登记的决定。

四、公告

商业登记事项经核准登记之后，应及时予以公告。至于公告的具体方法，各国立法例及商业习惯各有不同：有的是在专门设立的公告场所进行公告，有的是在当地的商业报纸上进行公告，有的则是将登记事项登载于政府的官方公报。我国现行法律、法规和条例等对公告的方法未作具体规定，实践中多通过登记主管机关指定的报纸、期刊或通过其他方式进行公告。《公司登记管理条例》第 56 条规定，公司登记机关应当将公司登记、备案信息通过企业信用信息公示系统向社会公示。

法律应用

1. 登记是登记主管机关专属性的行政行为，不属于当事人可以自由协商的范畴。登记主管机关、登记程序和登记内容都必须直接来源于法律和行政法规的规定。非法定机关的登记行为不产生法律约束力。

2. 登记并非商法中特有的制度，民法中也涉及大量的登记制度，如物权登记、合同登记、担保登记、婚姻登记等。

3. 不同登记内容由于登记目的的不同，其要求和效力都有所不同。有些登记属于权利的取得要件，如物权登记；有些登记属于行为的有效要件或成立要件，如涉外合同的登记、婚姻登记；有些登记属于主体资格的取得要件，如公司登记、法人登记；有些登记属于权利或行为的加强要件，如普通合同的公证登记；有些登记属于行为或权利的对抗要件，如抵押登记；有些登记则仅具有备案性质。

4. 登记遗漏或登记事项的欠缺（即登记瑕疵）通常可以通过补正的方式加以弥补，如物权登记，但在未弥补前通常不能产生完全的效力。但有些登记具有相当的实效性，不能通过事后补正而使其效力溯及既往，如法人登记或公司登记。

5. 登记是行政机关的具体性行政行为，登记的效力直接来源于登记的内容，因此，对于登记内容错误的，在登记错误没有改正前，仍应按登记内容发生效力。但登记申请人有义务在知晓后及时申请对登记错误进行改正。

6. 任何登记都必须由登记主管机关根据申请人的申请进行审查和审批，因此，在一般情况下，登记主管机关不能依职权主动进行登记，但注销性质的登记除外。

课后复习

1. 简述商业登记的概念和特点。
2. 简述商业登记对于维护社会主义经济秩序的作用。
3. 简述不同登记审查立法例的不同法律意义。

第五章 商业名称

提要

商业名称作为商人在营业活动中所使用的，用以表彰自己的独特法律地位的名称或名号，对商人业务活动的开展具有非常重要的作用。商业名称不同于商标：前者从营业上代表商人，而后者则从产品或服务上代表商人。商业名称一般不能单独转让。进行名称或商业登记是使用人取得商业名称权的前提。

重点问题

1. 商业名称的概念与特征
2. 商业名称与商标的区别
3. 商业名称权的含义

第一节 商业名称概述

一、商业名称的概念

所谓商业名称，是指商事主体在营业活动中所使用的，用以表彰自己的独特法律地位的名称或名号。我国现行法律法规对个体工商户的名称，仍沿用“字号”的称谓，个体工商户可以起字号。对于法人，现行立法则使用“名称”一词，法人对已经登记注册的名称享有专用权。在外国，根据《德国商法典》第 17 条的规定，“商号”是商人的特定名称，商人以“商号”的名义对外从事营业活动，其“商业名称”与“商号”是同一语。各国法律对于商业名称的调整往往没有系统规定，而是根据其作用的不同，在不同的法律中分别予以规定。一般来说，公司、企业的商业名称由公司法或合伙法等特别法加以规定，而商业名称的基本规则，则由有关的普通法予以规定。比如，《日本商法典》第一编专设“商号”一章。在瑞士，商业名称与商业登记制度连为一体。《瑞士债法典》第四编的标题便是“商业登记、商业名称、商业账簿”。在德国，商法典关于商人的一般法律地位和商业资产两部分中均有对商业名称的规定。在西班牙，商业名称规定在其 1929 年《工业产权法》当中，该法第 196 条规定：“凡从事商业、个人职业或其他各种商业事务的个人、公司或其他组织所使用的祖先名字、商业名称、合伙字号，均可看做商业名称。”1883 年的《保护工业产权巴黎公约》（以下简称《巴黎公约》）在修订以后，亦已将其保护范围从专利、注册商标扩展到了商业名称。

商业名称在商法实践中具有极为重要的意义，是商事主体人格化、特定化的标志，商事主体在经营活动中使用特定商业名称，能够使其与其他商事主体作出明显区分。同时，商业名称能够维系和表彰商事主体的商业信誉，具有一定的经济价值，构成商事主体无形资产的主要内容。

二、商业名称的法律特征

作为商主体在营业上所使用的名称，商业名称具有以下法律特征：

第一，商业名称是商主体用以代表自己的名称。为了使其营业和活动具有个性，各国法律都要求商人必须有自己的商业名称。商业名称最重要的机能就是在营业上代表商人，并作为商主体的外在表征在营业过程中依附于商主体。

第二，商业名称是商主体在营业活动中必须使用的名称或标志。营业主的经济活动可以分为两部分：一部分是营业主为自己及家庭谋生的活动，另一部分是其追求营利的企业活动。前者称为“家计”，后者称为“营业”。营业主可以使用商业名称来表示其营业活动与家计的分离和独立，即商人在营业上所为的行为应使用商业名称，但在营业外的行为则不能，也不应使用其商业名称。

第三，商业名称与商主体的特定经营对象和信誉密切相连。商业名称是与特定的商主体紧密联系在一起的，从总体上或营业上代表商主体，而每一个商事主体都有自己的经营对象和经营范围，因此，任何商业名称都与一定的经营活动联系在一起。另外，商事主体在长期的实践中会形成一定的业务关系和信誉，而这些信誉在一定程度上又直接和商事主体的名称有牵连关系。

第四，商业名称是商人所使用的独立于自然人之外的名称。自然人经营营业（独资或合伙），必须以商业名称表彰自己在营业上的活动。假若商人以自己的姓名作为商业名称，应当添加字样以示区别，实践中往往使用表明其营业性质的字样。总之，自然人原有的姓名代表了其各方面的生活，自然人在营业时，必须另立一商业名称代表其在营业上的活动。

三、商业名称与商标

商标是生产者、销售者用以表明自己的商品可以区别于他人的同种或类似商品的一种独特标志，通常由文字、图形及其组合构成。在《巴黎公约》中，商号和商标同属工业产权的范畴，并且商事主体以自己的商号作为文字商标申请注册的情况比较常见，因此，人们很容易将商业名称误认为商标。实际上，作为表现商人营业本身标志的商业名称，与表现特定种类商品的商标之间存在着显著的差异，主要表现在以下几点：

1. 构成要素不同。商标通常由文字、图形、线条、记号或颜色等组成，而商号只能由文字构成，而不能使用图形、记号等表示，并且各国立法均要求商号必须使用本国文字。在我国，法律、法规规定商号（商业名称）应使用规范的汉字。民族自治地方商主体的商号可以使用本民族通用的文字。如果需要使用外文表示商号，其外文名称应当与中文名称相一致，并报工商行政管理机关登记注册。

2. 表彰对象不同。商号必须与特定企业、厂商相联系而存在，其表彰对象是商事主体的特定的营业行为，即从总体上代表商主体。而商标不能脱离其所依附的特定商品而存在，其表彰对象是特定商品和服务项目，即从商品或营业上代表商主体。

3. 法律依据不同。商业名称受企业法、公司法、商业登记法等法律、法规的调整，商主体依据这些法律规定向国家授权的各级工商行政管理机关申请登记；而商标则必须依商标法的有关规定统一由国家商标局核准注册。商号专用权原则上仅在登记管理机关的辖区内具有专有性，商标专用权则在全国范围内具有专有性。除此之外，商标专用权在商标注册有效期内发生效力，而商业名称则没有法定期限的限制，一般只能随商事主体及其营业的消亡而终止。

第二节　商业名称的取得与转让

一、各国有关商业名称的立法例

各国有关商业名称选定的法律规定，主要有真实主义和自由主义两种立法体例。

1. 商业名称的真实主义。指商人所使用的商业名称必须能够真实反映商人的基本营业情况和权属情况。依照真实主义原则，对商业名称的选定必须严格加以限制，商业名称与商事主体的营业种类、经营范围及资金状况等必须相符，否则禁止使用。

2. 商业名称的自由主义。指商人对商业名称的使用可以根据使用人的需要确定，法律原则上不加限制。依照自由主义原则，商事主体可以自由地选择商业名称，至于商业名称是否与商事主体的姓名、营业种类或经营范围相符合，法律原则上不加过问。但必须指出的是，在采取自由主义的国家，这种商业名称的选择自由具有相对性，并非选择上的绝对自由。只不过相对于采真实主义的国家，其选择商业名称的余地较大而已。具体说来，为维护商业信用和社会交易安全，防止名不副实之危害，在采自由主义的国家通常采取以下限制：（1）不允许非法人营业主体使用公司等商法人名称；（2）公司名称中必须标明公司的种类，而不允许只使用单纯的“公司”字样；（3）同类业务公司不得使用相同或类似的名称；（4）不允许使用国名、国际、联邦字样和可能造成公众误解或有欺骗性的字样，以及法律明文禁止使用的其他字样；（5）法律虽然允许商人使用与其营业主不同的姓名作为商业名称，但在此种情况下必须进行商业登记。

二、我国有关商业名称的法律规定

我国在商业名称选定上属于大陆法系国家的真实主义，法律上也对商业名称的选用作了一些特别的限制和规定。这些限制和规定主要包括：

1. 对商业名称结构的法律规定。所谓商业名称结构，是指商业名称的组织成分和各成分的组成顺序。商业名称的类型不同，其结构也不同。根据我国的有关规定，公司的商业名称应由以下四部分组成，其构成顺序为：（1）企业所在地省（包括自治区、直辖市）、市（包括州）或县（包括市辖区）行政区划名称。但是经国家工商行政管理总局核准的下列企业的名称中可以不冠以企业所在地行政区划名称；经申请并获同意在企业名称中使用“中国”“中华”或者冠以“国际”字样的企业；历史悠久、字号驰名的企业；外商投资的企业。（2）可以区别于其他企业的特有文字，即通常所说的字号（或称狭义的商号）。（3）经营对象、经营范围、所处行业或经营的特点。（4）企业的组织形式。

2. 对商业名称的特别要求。主要体现在三个方面：（1）对公司名称的特别规定。依照公司法设立的有限责任公司，必须在公司名称中标明“有限责任公司”字样；依照公司法设立的股份有限公司，必须在公司名称中标明“股份有限公司”字样。依特别法设立的公司，商号的表示应依特别法的规定。如商业银行、保险公司、证券公司的商号中，应分别有“银行”“保险”“证券”的字样。(2) 对联营企业名称的特殊规定。联营企业的名称可以使用联营成员的字号，但不能使用联营成员的商业名称。联营企业应当在名称中标明“联营”或者“联合”字样。(3) 商事名称中使用“总”公司或其他类似字样的法律规定。商事名称中使用“总”公司或其他类似字样的，必须下设三个以上分支机构。不能独立承担民事责任的分支机构，其名称应当冠以其所从属的商事主体的名称，并缀以“分公司”“分厂”“分店”等字样，并标明该分支机构的行业和所在地行政区划名称或者地名，但其行业与所从属的企业一致的，可以从略。能够独立承担民事责任的分支机构，应当使用独立的名称，并可以使用其所属企业的商业名称。能够独立承担民事责任的分支机构再设立分支机构的，所设立的分支机构不得在其名称中使用总机构的名称。

3. 对商业名称的限制。我国立法上主要体现在四个方面：(1) 商业名称单一制原则的限制。为了维护商事交易的正常秩序，商事主体原则上仅能使用一个商业名称。在一般情况下，不允许一个商事主体使用或变相使用一个以上的商业名称。但是，确有特殊需要的，经省级以上工商行政管理局核准，企业可以在规定的范围内使用一个从属的商业名称。(2) 商业名称不得违背公序良俗。《企业名称登记管理规定》第 9 条规定，企业名称不得含有有损于国家、社会公共利益的内容和文字。(3) 不得使用不具有唯一性或可辨认性的商业名称。《企业名称登记管理规定》第 9 条规定，企业名称不得含有下列文字：可能对公众造成欺骗或者误解的；外国国家（地区）名称、国际组织名称；政党名称、党政军机关名称、群众组织名称、社会团体名称及部队番号；汉语拼音字母（外文名称中使用的除外）、数字；其他法律、行政法规规定禁止的。(4) 禁止以不当目的使用商业名称。使用人不得以不正当目的使用可能使人们误认为是他人营业的商业名称。依《企业名称登记管理规定》，企业只准使用一个名称，在登记主管机关辖区内不得与已登记注册的同行业企业名称相同或者近似。擅自使用他人已经登记注册的企业名称或者有其他侵犯他人企业名称专用权行为的，均属违法行为，应依法追究侵权人的法律责任。

三、商业名称的登记

商业名称是商人信用的外在标志，商业名称登记制度旨在防止他人滥用商业名称，从而影响商业信誉。商业名称一经合法登记，使用人对该商业名称即取得专有使用权，其他商事主体负有不侵犯其商业名称专用权的义务。商业名称一经登记，即产生以下三种效力：

1. 创设效力。商业名称权是使用人因登记而获得的法定权利，换言之，进行登记是取得商业名称权的必要前提。非经登记，商业名称仅为事实上的商业名称，不产生专用权，不受法律保护。登记是商业名称受法律保护的法定要件。

2. 排他效力。商业名称权是一种绝对权、对世权，具有一定的排他效力。商业名称一经登记，即在一定区域内产生排斥他人为相同或类似的商业名称的登记或使用之效力，其他任何企业或个人均负有不得假冒其登记的商业名称的义务。根据我国《企业名称登记管理规定》的规定，在登记主管机关辖区内不得使用与已登记注册的同行业企业名称相同或者近似的商业名称。商业名称登记对其他商业名称产生排他效力需要满足两个条件：一是两个以上的商事主体使用的不同商业名称相互雷同，即在名称的结构、文字、含义或读音上相同或近似。二是两个以上的商业名称必须是被同一行业中的企业所使用。

3. 救济效力。商业名称经登记而取得商业名称专用权，并可以据以排斥他人使用相同或近似商业名称为同一性质的营业行为。在同一区域内，如果其他商事主体冒用其商业名称，或用以进行不正当竞争，商业名称的专用权人可以请求其停止侵权行为；造成损害的，权利人可以请求损害赔偿。

第三节　商业名称权

一、商业名称权的概念与特征

所谓商业名称权，又称商号权，是商业名称合法使用人基于商业登记而对其使用的名称所享有的排他性专有使用权。在我国，商业名称权以登记为要件，即商业名称权以商业名称登记为发生效力的条件。于同一商业名称，按登记的先后顺序，登记在先的可以排斥登记在后的使用人而独自享有商业名称专有使用权。商业名称权主要具有以下法律特征：

1. 商业名称权是通过商业登记而取得的法定权利。商业名称权的取得必须履行登记注册手续，即只有经过依法登记注册后，商事主体才取得对该名称的专有使用权。未经登记的商业名称一般不受法律保护。

2. 商业名称权利人对商业名称享有专有使用权。商业名称一经登记，其所有人即成为商业名称权利人。商业名称权利人对已登记的商业名称享有排他性的使用权，他人不得妨害。未经商业名称权利人同意，他人不得使用权利人已登记的商业名称。对于以不正当竞争为目的使用与已登记的商业名称相同或近似的商业名称的第三人，商业名称权利人可以请求其停止使用并可以请求赔偿因此给自己造成的损失。

3. 商业名称权兼具人格权和财产权的双重特点。商业名称权是法律赋予的商主体本身固有的权利，是商主体具有独立人格所必需的权利。可以说，商业名称权是商主体存在的基础，没有商业名称使用权及专有权，商主体将不可能从事营业活动。因此，商业名称权具有较强人格权的属性。在大陆法系国家，信誉是商业资产的一部分。正是基于商业名称与商业信誉的特殊关系，商业名称权才得以体现财产利益，可以被转让或继承；在商主体破产后，可以作为破产财产的一部分。从这种意义上说，商业名称权又具有财产权的性质。

4. 商业名称权具有公开性。商业名称必须登记注册，登记的目的之一便是使商业名称公之于世，为人所知。日本、我国台湾地区相关法律均规定，商业名称变更、废止、转让、继承等，未及时办理登记者，不得对抗善意第三人。我国有关法律规定，企业的印章，银行账户、文件、会计报表、审计报表、所订立的合同，所开出的票据、票证等，都应公开载明自己的商业名称，不得故意隐瞒或使用其他商业名称，以免造成误解。

二、商业名称权的性质

对于商业名称权究竟具有何种性质，理论界一直有不同的看法，概括说来主要有三种观点：

1. 人格权说。根据人格权说的观点，商业名称权是公民姓名权在商事领域的延伸，其权利属性为人格权之一种。该说认为商业名称权同商事主体本身紧密联系在一起，是商事主体在营业上用以表彰自己的名称，商业名称权与商事主体的存在相始终；商业名称权一经取得，即在一定区域内排斥其他商事主体使用相同或类似的商业名称，而与财产无关。这些特点符合人格权的一些基本要求。所以，商业名称权本质上是一种人格权（人身权）。

2. 财产权说。根据财产权说的观点，商业名称权是一种主要以财产权为内容的民事权利。该说认为商业名称权取得后，权利人即取得商业名称的专用权，这种商业名称权不但可以给使用人直接带来经济上的利益，而且还可以转让、继承，成为转让和继承的客体，权利人也可以享有转让利益。因此，商业名称权应属于无体财产权的一种，而不能被认为是人格权，因为属于人格权的公民姓名权是不能作为转让或继承客体的。

3. 折中说。根据折中说的观点，商业名称权兼具人格权和财产权的双重性质，即商业名称权既具有姓名权的排他效力，又具有财产权的创设效力，可以转让或继承。所以，既不能将其划入单纯的人格权范畴，也不能将其划入单纯的财产权范畴。这实际上是对前两种观点的折中或融合。商业名称权是商事主体为表示自己的名称所生之权，和自然人的姓名权有同样的性质。同时，商业名称权又是商事主体在营业上表示自己的外在表象或客体，可以成为转让的对象，具有财产权的性质。因此，无论将其划入人格权还是财产权都有失偏颇。

上述第三种观点无疑比较符合商业名称权的实际情况。

法律应用

1. 对于商业名称和商号的关系，理论界有两种观点：一种认为商业名称就是商号；另一种则认为商号来源于我国古代的字号，应是商业名称中具有独特标志内容的部分。

2. 按照各国的规定，商业名称不能单独转让，而只能和企业一起转让。但在实践中，商业名称权的所有人通常采取联营、加盟连锁、许可使用的方式变相地转让自己的名称权。

课后复习

1. 简述商业名称的法律特征。
2. 简述商业名称与商标的区别。
3. 简述商业名称登记的作用。
4. 简述商业名称权的性质。

第六章
商业账簿

提 要

商业账簿是商事主体依法置备的，记载其营业状况及财产状况的书面簿册。商业账簿有形式和实质之分，商法所称的商业账簿乃指广义的、形式意义上的商业账簿，即广义的必备商业账簿。置备商业账簿是商事主体的一项法定义务，必须依法进行。商业账簿是由账户构成的，账户是账簿的实质内容，而账户须设在账页上。在我国，商业账簿可以分为会计凭证、会计账簿和财务会计报告三种类型。公司的财务会计制度是指利用货币价值形式，反映公司财务状况和经营成果，加强内部经营管理，提高经济效益的一项十分重要的商业账簿制度。

重点问题

1. 商业账簿的含义、法律意义
2. 商业账簿的种类与内容
3. 公司的财务会计制度

第一节　商业账簿概述

一、商业账簿的概念与特征

（一）商业账簿的概念

商业账簿是商事实践的产物，与商事活动具有内在的必然联系。商事活动是以营利为目的的活动，商人为了考核其营利状况与财产状况，必须借助商业账簿这一工具。一般认为，商业账簿起源于欧洲10世纪的海商贸易。① 随着海商贸易的发展，商船主因运输及海事的需要而在商船上设立了专门的“书记”，对营业及相关事项作册记载，遂形成了商业账簿的最初形态。在繁荣的简单商品经济条件下，商业账簿虽然有一定的发展，但仅由商人自便采用，法律尚无强制性要求。在资本主义时期，由于同业行会的诞生和商业联盟的拓展，商事管理日趋成熟和规范，商业账簿也随之完善和制度化。随着商事生活的日趋复杂，商人之间的联系日渐密切，这就在客观上要求商人编制商业账簿，借以维护自身利益和社会公共利益，确保商事交易的安全、有序。为了适应这一客观要求，各国立法逐渐确认和建立了商业账簿制度，对商业账簿的

① 任先行，周林彬．比较商法导论．北京：北京大学出版社，2000：259.

内容和编制规则予以规范，使之由商事习惯走向了法制化轨道，并形成了当代商法中一项十分重要的制度。

商业账簿，是指商事主体依法造具的记载其营业及财产状况的书面簿册。按照商法理论，商业账簿有形式和实质之分。形式意义上的商业账簿，也称必备商业账簿，专指商事主体依照商事立法的规定必须置备的那些账簿；实质意义上的商业账簿，也称广备商业账簿，是指商事主体所置备的一切账簿，既包括法律规定必须置备的账簿，也包括商事主体依据需要额外设置备用的账簿。对形式意义上的商业账簿又有广义和狭义两种理解：广义的商业账簿是指按照商事立法所置备的各种账簿，而狭义的商业账簿则专指依照商业会计法及有关法规所置备的账簿。商法所称的商业账簿乃指广义的、形式意义上的商业账簿，即广义的必备商业账簿。

（二）商业账簿的特征

1. 商业账簿的置备者必须是商事主体。商业账簿的置备者只能是商事主体，而不是一般的民事主体，更不可能是政府或政府有关主管部门。这是由商业账簿的性质所决定的，但这并不意味着所有的商事主体都必须置备商业账簿，至于哪一种商事主体必须全部置备、部分置备或者不必置备，法律应根据商事主体的不同情况和实际需要，作出明确具体的规定。

日本和我国台湾地区均规定，小商人没有设立商业账簿的义务。《日本商法典》第 8 条明确规定，本法中有关商业账簿的规定，不适用于小商人。我国台湾地区“商业登记法”第 69 条则明确规定，小规模的合伙和独资商业、沿门沿路叫卖者、在市场外设摊营业者、家庭农林渔牧业者、家庭手工业者以及其他小规模经营者，不适用商业账簿的规定。我国会计法明确规定，企业必须依法设置会计账簿，并保证其真实性和完整性；公司法则明确要求公司必须制作会计报表。对一些小规模的经营者，国家不要求其必须建立完整的商业账簿。根据 1986 年财政部发布的《关于个体工商户账簿管理的规定》，个体工商户必须按税务机关的规定，建立、使用和保管账簿、凭证；但经营规模小，确无建账能力，而聘请财会人员又有实际困难的，可以报经税务机关批准，暂缓建账，但购货簿、发票和其他收支凭证粘贴簿则必须建立。根据 1999 年《会计法》，个体工商户也要按规定建立相应的商业账簿。由此可见，我国法律不准搞无账会计，不允许无账商人的存在。

2. 商业账簿的置备必须依法进行。依法置备商业账簿是一项十分重要的商法制度，但各国立法对商业账簿所采取的立法主义有所不同，归纳起来，大致有以下三种立法主义：(1) 放任主义原则，亦称自由主义原则，即商业账簿是否置备、如何置备，纯粹是商事主体的自由，由其自己决定，法律并不直接规定，不加干涉。英美法系一般采用这种立法主义，如《美国统一商法典》中对商事主体是否设立账簿就未作出强制性的规定。但由于不置备商业账簿，在诉讼或破产程序中，对商事主体自身极为不利，所以，在商事实践中，商事主体几乎没有不置备商业账簿的。(2) 干涉主义，亦称干预主义，即国家法律要求商事主体必须置备商业账簿，并对商业账簿的种类、内容和记载方法作出明确规定，甚至政府主管部门会随时派员监督、检查商业账簿的置备情况。法国法系诸国多采用这种立法主义。如《法国商法典》对商业账簿作了详细规定，并要求商事主体必须履行在商业账簿方面的法定义务。(3) 折中主义，即法律仅规定商事主体有置备商业账簿的义务，而不规定商业账簿的内容和记载方法，政府主管部门也不加干涉。德国法系诸国采用这种立法主义。

随着市场经济的飞速发展，干涉主义的优点日益突出，而放任主义和折中主义的弊端则日趋明显，于是，采用放任主义和折中主义的国家逐渐对立法作出修正，明确规定了商业账簿的内容和编制方法，以适应对日益社会化的商事主体加强监管的客观需要。在我国，商事主体置备商业账簿，必须严格按《公司法》《证券法》《会计法》《企业会计准则》和《企业财务通则》

等法律、法规的规定进行。若法律、法规规定有关商事主体应当置备商业账簿，那么，有关商事主体就必须置备商业账簿。商事主体在置备商业账簿时，必须依照法定类型、内容、格式和方法进行，不得擅自而为，否则就要承担相应的法律责任。

3. 商业账簿的置备日趋准则化和国际化。为了加强对商业账簿的规范化和标准化管理，许多发达国家于20世纪70年代纷纷成立了会计职业团体，如英国于1970年成立了“会计标准筹划委员会”，荷兰于1970年成立了“三方会计准则委员会”（三方即雇主、雇员和会计师），美国于1973年成立了“财务会计准则委员会”等。这些组织成立后，制定了不少会计准则，这些准则一般由会计职业界的专家学者制定，从而具有很高的权威性，成为会计工作的指南。各国的会计准则一般具有法律约束力，德国、日本等国家的会计准则由国家或政府颁布确认，具有强制的约束力。美国的会计准则虽然由民间团体颁布，但它受到权威机构的支持，尤其是受到政府部门的支持，实质上也具有法律约束力。因为在美国，只有按会计准则编制的会计报表才被认为是合法的报表，否则，就得不到注册会计师的签字认可。随着国际贸易的发展，特别是跨国公司的产生，商事活动日益国际化，由于各国的会计准则存在一定的差异，故而产生了制定国际会计准则的必要。1973年6月，在英国伦敦成立了“国际会计准则委员会”，该委员会自成立以来已颁布了三十多项国际会计准则。该委员会已有三十多个成员国，虽系民间组织，但其会计准则被不少国家所承认和接受。

二、商业账簿的种类与内容

（一）国外商业账簿的种类与内容

根据会计原理，商业账簿是由账户构成的，账户是账簿的实质内容。账户既是会计科目在账簿中设置的具体户名，又是自身账页格式结构的体现。会计科目按资本运作的内容分为资产和负债两大类，其分类的依据就是会计核算和经营管理之需要。以会计科目的纵向相互关系为标准，会计科目又可以分为总分类科目和明细科目。关于会计科目的设置，有的国家规定由企业根据需要自行设置，有的国家规定依照会计准则设置，有的国家则规定按中央财政部门或主管部门的统一要求设置。下面分别就法国、德国和日本商业账簿的种类与内容予以扼要说明。

1. 法国商业账簿的种类与内容。根据《法国商法典》第二编“商人会计”和1994年第94～750号法令关于实施商法典第1条至第17—4条的有关规定：每个商人必须设置会计登记账簿（日记账、总账）、财产清册和年度账目；影响企业财产的活动，应逐项逐日记入日记账；每项财产记录均应载明每一笔账目的出处、内容、入处及所依据的凭证。日记账的记录内容应记入总账，并按商人的账目设置方案分类核算。日记账和总账细分为根据贸易需要的册数设置的辅助日记账和辅助账簿。记入辅助日记账和辅助账簿的数据，至少每月一次集中记入日记账和总账。财产清册系指所有资产和负债要素，并载明每项要素在清点日的数量和价值的清单。

财产清点数据集中记入财产清单，并按数据所代表的资产或负债的性质和计价方式进行分类登记。任何具有商人身份的自然人或法人，在会计年度终了时，还应根据会计登记和财产清单，建立年度账目。年度账目是由资产负债表、损益账目和一个附件构成的有机整体。年度账目应当真实、合乎规定，并真实反映企业的财产、财务和盈亏状况。资产负债表分别记载企业的资产和负债要素，并应清楚地显示其净资产状况。损益账目概括记载年度收益和费用，但无须记载其收纳或支出的日期。收益和费用应分类整理，并以图表或列单方式予以说明。附件则要补充并说明资产负债和损益账目提供的情况。

2. 德国商业账簿的种类与内容。根据《德国商法典》第三编“商业账簿”的有关规定：商人应设置商业簿记、财产目录、资产负债表和损益表。商业簿记的设置应符合通常簿记的原则，并必须做到完整、正确、及时和有序。财产目录由商人在其营业开始时和每个会计年度终了时编制，记录其土地、债权和债务、现金的数额以及其他财产，并注明各项财产和债务的价值。资产负债表由商人在其营业开始和每个营业年度结束时编制，记载表现其财产和债务关系的决算情况。损益表是商人在每个营业年度结束时编制的该营业年度费用和收入的对照表。资产负债表和损益表共同构成商人的年度决算。

3. 日本商业账簿的种类与内容。根据《日本商法典》第一编“总则”第五章“商业账簿”的有关规定，日本的商业账簿主要是指会计账簿和资产负债表。商人制作会计账簿及资产负债表，应体现公正的会计惯例，真实反映营业上的财产及损益状况。会计账簿应完整、明确地记载商人的财产及其份额以及影响交易及营业财产的事项。资产负债表则应装订成册或记载于特设的账簿上，且制作人应在表上签名。

（二）我国商业账簿的种类与内容

从我国现行的法律、法规和有关规定来看，我国的商业账簿主要有会计凭证、会计账簿和财务会计报告三种类型。

1. 会计凭证。所谓会计凭证，是指记录商事主体日常经营活动，明确经济责任，作为会计记账依据，具有法律效力的书面证明。商事主体进行各种经营业务，必须由经办人取得或填制会计凭证，并在会计凭证上签字、盖章，借以明确其经济责任或法律责任。没有会计凭证，就不能收支款项、动用资产，更不能进行财务处理。经审核无误的会计凭证才能作为制作会计账簿的依据。按填制程序和用途的不同，会计凭证可以分为原始凭证和记账凭证两种：(1) 原始凭证。原始凭证又称单据，是在经营活动发生或者完成时取得或填制的，用来证明经营活动已经发生或者完成的情况，明确经济责任，并作为记账原始依据的一种书面凭证。它是进行会计核算的原始资料。原始凭证按来源又可以分为外来原始凭证和自制原始凭证两种。外来原始凭证是同外单位发生业务往来关系时，从外单位取得的原始凭证，如发票、收据、银行结算凭证等。而自制原始凭证则是由商事主体在营业活动发生或完成时自行编制的原始凭证，如收货单、发货单、领料单、产品入库单、现金收据等。(2) 记账凭证。记账凭证是指根据审核无误的原始凭证或原始凭证汇总表，用来记载经营活动简要内容，确定会计分录，直接作为制作会计账簿依据的一种会计凭证。记账凭证按所反映的经营业务内容的不同，可以分为收款凭证、付款凭证和转账凭证。一般来讲，原始凭证记载的是经营信息，而记账凭证记载的则是会计信息，因此，从原始凭证到记账凭证是经营信息转化为会计信息的一个质的飞跃。由于原始凭证只表明经营业务的具体内容，而不能反映其归类的会计科目和记账方向，且内容、格式不一，故不能直接入账。这就需要将原始凭证或原始凭证汇总表归类、整理，并编制成记账凭证。为了保证会计凭证内容的真实性、合法性和正确性，充分发挥会计的监督职能，对会计凭证必须进行形式和实质上的审核。

2. 会计账簿。会计账簿是以会计凭证为依据，由有专门格式并互有联系的账户所组成的，对商事主体的各项经营活动进行全面、系统、综合记录和反映的书面簿册。会计账簿全面、系统地提供了会计信息，归类、总结了会计资料，是编制财务会计报告的主要依据，对于保障商事主体的财产安全和资金的合理使用具有十分重要的意义。按照性质和用途的不同，会计账簿可以分为序时账簿、分类账簿和备查账簿三种类型：(1) 序时账簿。序时账簿也称为日记账，是按照经营业务发生的先后顺序，逐日逐笔连续登记的账簿。序时账簿可以用来登记全部经营业务，也可以用以登记某一类经营业务。因此，根据其用途的不同，又可以将日记账分为普通日记账和特种日记账两种。普通日记账又称为分录簿，是用来登记全部经营业务，按照时间先后和复式记账原理，列出账户名称和借贷金额的一种账簿。该账簿登记的工作量大，查阅也不太方便。特种日记账是用来登记某一类经营业务的增减变化及结果，按照时间先后登记的一种账簿，如现金日记账、银行存款日记账等。（2）分类账簿。分类账簿是按照会计科目对经营业务进行分类登记的账簿。分类账按反映内容的详细程度，可以分为总分类账（总账）和明细分类账（明细账）两种：总分类账是包括全部账户，分类记载经营业务总体情况的账簿；而明细分类账是分户记载某一类经营业务的明细情况的账簿。（3）备查账簿。备查账簿又称为辅助账簿，是对某些在日记账和分类账等主要账簿中不能记载或者记载不全的经营业务进行补充登记的一种账簿。备查账簿与其他主要账簿之间不存在严密的依存关系，但可以为某些经营业务活动的内容提供相应的参考。

3. 财务会计报告。财务会计报告是根据会计账簿的记录，按照规定的内容、格式和方法编制的一种书面文件。本章第二节将专门介绍，此处不再赘述。

三、商业账簿的法律意义

1. 商业账簿是商事主体记载自身营业及财产状况的法定文件。依法制作商业账簿是商事主体的一项法定义务。法律之所以规定商事主体要置备商业账簿是为了确保会计资料和会计信息能够得到真实、准确、完整、合法的反映。对于商事主体自身而言，通过置备的商业账簿可以全面知晓自己的经营状况和财产状况，计算盈亏、分配利润，也可以通过对商业账簿的分析，及时制定和调整企业的经营方针、发展计划和决策战略。

2. 商业账簿是第三人选择交易对象和投资渠道的重要依据。对于商事主体以外的第三人来讲，通过商业账簿可以了解账簿设立人的经营状况、资信情况、经济实力和发展潜力，以便作出是否与其交易、是否向其投资的决定，从而维护第三人的利益和交易的安全。

3. 商业账簿是政府主管部门监督、检查商事主体的经营状况和征收税款的主要依据。对于政府主管部门而言，无论是对商事主体进行营业的年度检验、物价的检查、财务的审计，还是对税款的征收和对税务的稽查，无不依赖于商事主体依法编制的商业账簿。

4. 商业账簿是司法裁判中具有法律效力的证据材料。商业账簿是商事主体依法对其营业状况和财产状况的真实、全面、系统的记载和反映，因此，商业账簿是具有法律效力的事实依据，是当事人在诉讼中最为有力的证据材料。商业账簿的法律效力在各国立法中都得到充分的肯定。如《法国商法典》第 17 条规定："依法编制的账目可以被法院接受作为商人之间商行为的证据。账目未依法进行编制的，其编制人不得为自己利益作为证据予以引用。"《日本商法典》第 35 条规定："法院可以依据申请或依职权，命令诉讼当事人提供商业账簿的全部或一部。"英美法系国家过去长期不承认商业账簿的法律效力，现在承认商业账簿具有证据效力，但要求必须具备以下三个条件：（1）由专门负有此项义务的人员进行记载；（2）必须按企业通常的会计方式记载；（3）记载要及时、正确。在我国，商业账簿如果依法制作且内容属实，则是具备证据效力的一种书证，而且比其他证据具有更强的证明力。商业账簿的证据效力意味着，当事人可以要求以商业账簿作为举证材料，法院也可以要求商事主体在诉讼过程中出示该商业账簿。

第二节　公司的财务会计制度

一、公司财务会计制度的含义

我国的公司作为企业的一种组织形式，其财务会计活动自应适用《会计法》《企业财务通则》《企业会计准则》和《企业财务会计报告条例》等财务会计法律、法规和规章的一般规定。由于公司与其他企业相比，在许多方面仍然有其特殊性，因而各国公司法大都对公司的财务会计制度作出了特别规定，并优先于一般财务会计法律、法规而适用。为了完善公司的经营管理制度，提高其经济效益，保护股东和债权人的合法权益，维护国家和社会公共利益，我国《公司法》也特设了“公司财务、会计”一章，对公司的财务会计制度作出了相应规定。公司的财务会计制度是指利用货币价值形式，反映公司财务状况和经营成果，加强内部经营管理，提高经济效益的一项重要制度。公司的财务会计制度由公司的财务制度和会计制度两部分构成。公司财务制度是运用财务手段处理货币资金的筹集、支配和使用活动的法律制度；而公司会计制度是公司办理会计事务应遵循的规则、方法和程序的总称。公司的财务会计制度虽然由两种制度构成，但它们在实质上是紧密结合在一起，甚至是融为一体的。公司是以资本为基础而建立起来的一个经营实体，任何一项经营活动都是和公司资产的运行相联系的，所以，公司的财务会计在公司的各项活动中是至关重要的。公司财务会计活动的主要作用就在于采用价值形式，对公司的经营活动进行记录、核算、分析和管理，以期获得最佳经济效益，实现公司设立的目的。

二、公司的财务会计报告

为了规范企业的财务会计报告，保证财务会计报告的真实、完整，根据《会计法》，国务院于 2000 年 6 月 21 日颁布了《企业财务会计报告条例》。公司财务会计报告是指公司对外提供的反映公司某一特定日期财务状况和某一会计期间经营成果、现金流量的文件。根据我国有关规定，公司的财务会计报告应当在每一会计年度终了时制作，并依法经审查验证。

（一）公司财务会计报告的构成

公司的财务会计报告由以下财务会计报表及附属明细表构成：资产负债表、损益表、财务状况变动表、财务情况说明书和利润分配表。

1. 资产负债表。资产负债表是反映公司在某一特定日期财务状况的报表。资产负债表应当按照资产、负债和所有者权益（或者股东权益，下同）分类分项列示。

2. 损益表。损益表又称为利润表，是反映公司一定会计期间内经营成果的报表。损益表应当按照各项收入、费用以及构成利润的各个项目分类、分项列示。

3. 财务状况变动表。财务状况变动表又称为资金表或资金来源与运用表，是综合反映公司一定会计期间内营运资金来源、运用及增减变动情况的报表。

4. 财务情况说明书。财务情况说明书是对公司资产负债表、损益表、财务状况变动表等财务会计报表所列示的内容，以及未能列示的但对公司财务状况有重大影响的其他重要事项所作出的必要说明。财务情况说明书是人们了解公司财务状况、经营成果及会计情况的重要依据。

5. 利润分配表。利润分配表是反映公司一定会计期间对实现净利润以及以前年度未分配利润的分配或者亏损弥补的报表。利润分配表应当按照利润分配各个项目分类、分项列示。

6. 会计报表附注。会计报表附注是为便于会计报表使用者理解会计报表的内容，而对会计报表的编制基础、编制依据、编制原则和方法及主要项目等所作的解释。

（二）公司财务会计报告的编制

1. 公司财务会计报告编制的负责人。财务会计报告的编制属于公司经营管理范畴的事项，而董事会是公司的经营管理机构，故董事会应是公司财务会计报告的编制者。董事会也可以依照公司法，授权公司经理直接负责公司财务会计报告的编制工作。依照国务院有关规定，公司负责人应对本公司财务会计报告的真实性、完整性负责。

2. 公司财务会计报告编制的原则。公司编制财务会计报告必须遵循真实性、完整性、规范性和及时性原则。公司编制财务会计报告，应当根据真实的交易、事项以及完整、准确的账簿记录等资料，并按照国家统一的会计制度规定的编制基础、编制依据、编制原则和方法进行。公司不得违反国家有关规定，随意改变财务会计报告的编制基础、编制依据、编制原则和方法。公司应当按照国家有关规定，对会计报表中各项会计要素进行合理的确认和计量，不得随意改变会计要素的确认和计量标准。

3. 公司财务会计报告编制的时间。根据我国公司法的规定，公司应当在每一会计年度终了时编制年度财务会计报告。国家统一的会计制度规定公司应当编制半年度、季度和月度财务会计报告的，从其规定。这是因为每一会计年度终了时，公司必须进行决算，而决算结果主要是通过财务会计报告反映出来的，所以，公司决算开始进行之日即为公司财务会计报告编制之时。

4. 公司财务会计报告的审核、确认和审查验证。由于“检查公司财务”是公司董事会的法定职权之一，所以，公司财务会计报告在提交股东会确认之前，监事会应当予以审核。审核内容主要包括财务会计报告是否真实、是否遗漏重大事项、是否与会计账簿相一致，编制方法是否得当，编制内容是否违反国家有关规定或公司章程。监事会认为必要时，还可以聘请中立的会计师对财务会计报告进行审核，费用由公司负担。公司财务会计报告经监事会审核后，董事会应将财务会计报告提交股东会确认。公司财务会计报告经股东会确认后，公司对其真实性、完整性和合法性负责。公司财务会计报告经股东会确认后，还应依法提交验证机构进行审查验证，即由依法成立的注册会计师、会计师事务所审计公司的财务会计报告，由其出具验证报告，并对出具的验资报告负责。

（三）公司财务会计报告的提供

编制公司财务会计报告，主要是为了向有关人员和部门提供公司的财务会计信息，满足有关各方了解公司财务状况和经营成果的需要。因此，公司财务会计报告编制好以后，还要及时提供给有关人员和部门。

1. 有限责任公司应当按照公司章程规定的期限将公司财务会计报告送交各股东。

2. 股份有限公司的财务会计报告应当在召开股东大会年会的 20 日以前置备于本公司，供股东查阅。

3. 以募集设立方式成立的股份有限公司必须公告其财务会计报告。

4. 公司应当依照法律、行政法规和国家统一的会计制度有关财务会计报告提供期限的规定，及时对外提供其财务会计报告。企业对外提供的财务会计报告应当依次编定页数，加具封面，装订成册，加盖公章。

5. 公司对外提供的财务会计报告反映的会计信息应当真实、完整。

6. 财务会计报告须经注册会计师审计的，公司应当将注册会计师及会计师事务所出具的审计报告随同财务会计报告一并对外提供。

7. 接受公司财务会计报告的组织或者个人，在公司财务会计报告未正式对外披露前，应当对其内容保密。

8. 违反国家有关规定，要求公司提供部分或者全部财务会计报告及有关数据的，公司有权拒绝。

法律应用

1. 商业账簿的置备者只能是商事主体，而不能是一般的民事主体，更不可能是政府或政府有关主管部门。这是由商业账簿的性质所决定的，但这并不意味着所有的商事主体都必须置备商业账簿，根据日本和我国台湾地区的规定，小商人没有设立商业账簿的义务。至于哪一种商事主体必须全部置备、部分置备或者不必置备商业账簿，法律将根据商事主体的不同情况和实际需要，作出明确、具体的规定。

2. 依法置备商业账簿是商事主体的一项法定义务。法律之所以规定商事主体要置备商业账簿，就是为了确保会计资料和会计信息能够得到真实、准确、完整、合法的反映。若法律、法规规定有关商事主体应当置备商业账簿，则有关商事主体就必须置备商业账簿。商事主体在置备商业账簿时，必须依照法定类型、内容、格式和方法进行，不得擅自而为，否则，就要承担相应的法律责任。

3. 商业账簿在诉讼上具有证据的法律效力。由于商业账簿是商事主体依法对其营业状况和财产状况的真实、全面、系统的记载和反映，因而，商业账簿是具有法律效力的事实依据，是当事人在诉讼中最为有力的证据材料。

4. 我国的公司作为一种典型的商事主体，其财务会计活动自应适用《会计法》《企业财务通则》《企业会计准则》和《企业财务会计报告条例》等财务会计法律、法规和规章的一般规定。但公司与其他商事主体相比，在许多方面仍然有其特殊性，因此，我国公司法对公司的财务会计制度作了特别规定，应优先于一般财务会计法律、法规而适用。

课后复习

1. 什么是商业账簿？它有什么法律特征？

2. 试述我国商业账簿的主要类型及内容。

3. 商业账簿的法律效力主要表现在哪些方面？我国的公司财务会计报告主要由哪些部分构成？

第二编

公司法

第七章 公司法概述

提要

公司作为现代企业的主要形式，在经济生活中发挥着举足轻重的作用。公司依照法律的规定组织和运行是市场经济的必然要求。作为规范公司组织和活动的基本法律制度，公司法不仅要对公司的种类进行规定，更要对公司的设定、公司的能力、公司股东的权利和义务以及公司的组织机构等作出规定。公司一经设立成功，就在法律上成为具有独立人格的法人实体，具有主体资格，享有相应的权利并独立承担责任。依据我国公司法的规定，我国的公司形式为有限责任公司和股份有限公司。

重点问题

1. 公司的概念与特征
2. 公司章程
3. 公司能力的基本内容
4. 公司人格与公司人格否认制度
5. 公司财产权的含义与内容
6. 公司股东的权利与义务
7. 公司的组织机构

第一节　公司与公司法

一、公司的概念与特征

（一）公司的概念

公司的概念是研究公司法的起点。在大陆法系国家，一些国家的公司法以概括式方法规定了公司的定义；另一些国家的公司法以分类式方法分别规定各种公司的定义与特征；还有一些国家的公司法只是规定了各类公司的设立目的、性质等，但从中可以概括出公司的含义。在英美法系国家，“公司”则有极广泛的含义，而且没有明确的法律定义。我国《公司法》没有对公司概括性的定义，只在第 2 条规定，本法所称公司是指依照本法在中国境内设立的有限责任公司和股份有限公司；在第 3 条具体规定了前述两种公司的含义。可见，我国公司法将公司的内容和特征融入了两类公司的规定之中。综合各国立法的基本精神及学者界说，我们认为，公司是指两个以上的股东依公司法的规定，经登记设立的以营利为目的的企业法人。

（二）公司的特征

公司具有以下三个特征：

1. 社团性。公司的社团性，又称为集合性，是指公司由两个以上的成员集合而成。我国公司法规定，有限责任公司由50个以下的股东共同出资设立；设立股份有限公司应当有2人以上200人以下的发起人。传统公司法均确认了公司的社团属性。但各国对一人公司在不同程度上予以承认，我国公司法亦规定了一人有限责任公司和国有独资公司，这在一定程度上突破了公司的社团性。

2. 法人性。公司是法人，具有独立的法律人格。这是各国公司法的普遍规定。我国《公司法》第3条规定，公司是企业法人，有独立的法人财产，享有法人财产权。公司以其全部财产对公司的债务承担责任。作为法人，公司须满足以下要件：(1) 依法经登记成立；(2) 有独立于股东的财产；(3) 须具有健全的组织机构，有自己的名称和住所；(4) 依法独立承担责任。

3. 营利性。营利性是指公司设立的最终目的是为获得利益而从事经营活动，并将所获利益分配给股东。正是公司的营利性，使其区别于公益性社会团体，也表明公司是一种企业组织形式。

二、公司的历史沿革

（一）公司的产生、发展

公司是商品经济发展的产物。据史学家研究，早在中世纪以前的罗马帝国时期，就存在着公司或类似公司的组织。但通说认为，现代意义的公司起源于中世纪意大利沿海都市的船舶共有与康孟达（Commonda）契约。在船舶共有制中人们共同出资、共担风险，合伙从事海上贸易。因船舶共有制适应海运业所需求的资本集中与风险分担的特点，故被广泛采用，并逐渐形成了一种企业形态，被视为股份公司的雏形。康孟达契约是资本所有者以其商品或资本委托航海者（船舶所有者、商人或其他人）代为买卖，受托者以自己的名义从事贸易活动，所获之盈利，依契约分配；发生亏损时，受托人承担无限责任，委托人仅在出资范围内负有限责任。康孟达契约初具两合公司的雏形，是后来的隐名合伙和两合公司的前身。此种营业后来逐渐在陆上贸易中被广泛采用。与此同时，地中海沿岸各都市的商人在经济活动中形成的由家族成员或亲朋共同经营、共担风险的家族经营团体也逐渐及于亲族之外，并经由德国和意大利推广于整个欧洲，被认为是无限公司的原始形态。在这一时期产生的企业形式虽然还不能称为现代意义的公司，但它毕竟奠定了现代公司的基本形态。

随着资本主义的发展，公司作为一种企业组织形式也有了长足的进步，并逐步地走向成熟。特别是股份有限公司的出现，在公司制度的发展史上，具有划时代的意义。1600年，东印度公司成立，首开公司制度的先河，为现代股份公司的发展奠定了基础。应当指出的是，当时的东印度公司还不完全是现代意义的股份公司，最初它只是一种临时性的组织。直到1657年，英国才出现了较为稳定的公司组织，传统的、近代的股份公司才逐步地过渡为现代意义的股份公司，公司组织才有了质的飞跃。19世纪末20世纪初，资本主义国家的生产力以前所未有的速度发展着。生产的发展、资本的集中，使公司这种企业组织形式也得到了空前的发展。为加快资本的集中，股份公司这种企业组织形式被广泛采用。德国还创造了一种新型的公司组织形式，即股东人数有限、股东均负有限责任、出资转让有限制的有限责任公司，并迅速地普及于西方各国，使公司类型和公司制度日趋完备，公司成为一种占统治地位的企业组织形式。随着公司发展的巨型化和多元化，产生了各种垄断公司和跨国公司。迄至今日，公司已成为举足轻重的社会角色。

（二）我国公司的产生和发展

由于自然经济始终占据主导地位，清末前的中国基本上没有现代意义上的企业，更无公司这种企业组织形式。鸦片战争以后，海禁大开，外国商人纷纷来中国建立各种各样的洋行，并发行股票，筹集资本。当时也有中国人应募入股投资，更有先行者自行创办公司。于是，公司这种企业组织形式才逐步在中国盛行开来。但由于当时的社会现实，公司发展极其缓慢。新中国成立后，随着对资本主义工商业改造的完成，传统的公司类型已经基本绝迹。后来组建的一些专业公司，虽然在历史上也起过积极的作用，但基本上是行政机构的附属物，而没有成为真正的企业，虽然名为公司，却与传统公司具有本质的不同。改革开放以来，伴随着经济发展，我国开始出现了传统公司类型，如有限责任公司、股份有限公司等。随着市场经济体制的确立和发展，国有企业的股份制改革试点深入进行，一大批国有企业被改组为有限责任公司或股份有限公司，不同所有制经济蓬勃发展。自此，我国的公司进入了新的发展阶段。

三、公司的分类

对公司可以从不同的角度，依照不同的标准进行分类。

（一）公司的学理分类

学理上依不同的标准可以将公司分为若干种类，通常按其成立基础的不同，公司可以分为人合公司和资合公司；按公司股东结构可以分为一元公司和二元公司；按公司之间的隶属关系可以分为母公司和子公司；按公司国籍，可以分为本国公司、外国公司和多国公司（跨国公司）；按公司之间的管辖关系可以分为总公司和分公司。

（二）公司的法律分类

大陆法系国家将公司分为无限责任公司、有限责任公司、两合公司、股份有限公司以及股份两合公司。

（1）无限责任公司，是指全体股东就公司债务对公司债权人负连带责任的公司。无限责任公司股东对公司债务承担无限责任，而且股东要公开自己的姓名。实际上，这是将股东信用与公司信用相结合。无限责任公司股东之间有较强的人身关系，有些国家视无限责任公司为独立法人；有些国家则不将其视为法人，而准用合伙的法律规定；我国目前没有无限责任公司的法律规定。

（2）有限责任公司，是指出资人仅以自己的出资额为限对公司债务承担责任，公司以其全部资产对其债务承担责任的公司。各国根据自己的不同情况规定有限责任公司的特殊存在方式或变异形态，例如我国的一人有限责任公司和国有独资公司。

（3）两合公司，即指由承担有限责任和无限责任的股东混合组成的公司。两合公司实际是有限责任公司和无限责任公司的混合，类似于合伙当中的隐名合伙和有限合伙。这类公司在世界范围内已不多见。我国公司法没有规定这种公司。

（4）股份有限公司，是指将资本划分为均等股份，股东以其认购的股份为限对公司债务承担有限责任，公司以其全部资产对其债务承担责任的公司。股份有限公司是现代企业的典型形式，是我国现行公司法规制的重要公司形式，在经济生活中备受关注。

（5）股份两合公司，是指由无限责任股东和有限责任股东共同投资设立的股份公司形式。

它是股份有限公司和两合公司的混合，既吸收了股份有限公司招募资本的优点，还有有限责任公司强调个人信誉的特点，它的基本要求和这两类公司一样。但它在实际运用中使用较少。我国不承认该类公司。

英美法系国家则将公司分为封闭型公司、开放型公司，以及保证责任公司。前两种公司类似于大陆法系国家的有限责任公司和股份有限公司，而后者则是大陆法系国家所没有的，其股东也承担有限责任，但股东的责任承担不是基于其认购的股份，而是基于其允诺。

四、公司法的概念与特点

（一）公司法的概念

公司法是调整公司在设立、组织、活动和终止过程中所发生的社会关系的法律规范的总称。形式意义上的公司法即公司法法典；实质上的公司法即调整有关公司的特定社会关系的法律规范的总和，除公司法外，还应包括民法、《公司登记管理条例》等所表现出来的调整公司对内、对外关系的法律、法规。

（二）公司法的特征

从公司法的基本内容及与其他法律的区别来看，公司法具有以下特征：

（1）公司法是组织法和行为法相结合的法律。所谓组织法，是指规范某种社会组织的产生和消灭、组织机构及其运行规则的法律规范。所谓行为法，是指约束或规范某种行为的法律规范。公司法确定了公司的法律地位、公司类型、设立条件及组织机构等，同时还规定了公司的内部行为规则以及与公司组织的运作和发展相关的外部行为规则，因此，公司法兼具组织法和行为法的特征。

（2）公司法是实体法和程序法相结合的法律。公司法中既有大量的实体法规范，如公司组织机构及其权限，股东的权利、义务等，同时也规定了若干程序性规则，如公司设立、变更、清算和解散程序，公司机关的议事规则和程序等。亦即公司法具有实体法和程序法的双重属性。

（3）公司法是兼具强制性规范与任意性规范的法律。公司法有鲜明的管理性，因此，其规范多以强制性为主，目的是保证主体适格，以维护交易安全和经济秩序，同时也以一定的任意性规范体现股东和公司的“意思自治”。

（4）公司法是具有一定国际性的国内法。公司法是由一国的立法机关制定实施的，主要在该国内施行，因而属于国内法。但由于经济交往的频繁以及经济活动对主体的共性化要求，各国公司法在保留其固有的特色的同时，其内容带有明显的国际性。

第二节　公司的设立

一、公司设立的概念

公司的设立即公司的组建和创设，是指公司的创办人为使公司成立而依照法律规定的条件和程序所进行的一系列行为的总称。

公司设立有四种立法主义：（1）自由设立主义，指公司的设立不需要任何条件，也不必经过许可批准，完全由设立人自由为之。在公司刚兴起时，不少国家均采此主义，但因其易导致公司滥设，遂改特许设立主义。（2）特许设立主义，是指公司设立须经由国家元首颁布命令，或基于立法机关的立法予以特许。该主义过于严格，手续复杂，因而已很少采用。(3) 核准主义，指公司的设立，依法由国家主管机关批准。当今许多国家对涉及国计民生的公司的设立采此主义。(4) 准则主义。法律对公司设立的条件作出规定，申请人以此为准则，向登记主管机关申请注册登记，而无须国家主管机关审批即可设立公司。

根据我国公司法的规定，有限责任公司和股份有限公司的设立原则上采用准则主义，除非法律有特别规定。

公司的设立不等于公司的成立。公司设立是始于公司创办人进行公司筹备而终于公司获得法律人格的活动过程，而公司成立是公司已获得法律人格的事实状态。换言之，公司成立是公司设立活动结束的标志和积极成果。

二、公司的章程

(一) 公司章程的概念和特征

公司章程是依法制定的规定公司的组织和活动基本规则的书面文件，是股东共同意志的体现，对公司、股东、董事、监事及高级管理人员都具有约束力。其法律特征主要有：

(1) 公司章程是特定的法律文件，是公司设立与运行的根本规则。公司设立时，依法必须以“公司章程”对公司的设立及未来运行作出规范。公司章程所确认的公司行为准则是其他内部规章的依据，公司的其他规章不得与公司章程相抵触。

(2) 公司章程必须全面反映法律的强制性规定。对于涉及公司根本问题的重大事项，公司章程必须全面反映，不得改变，不得遗漏。公司发起人对拟设立公司仅可以在与法律规定相吻合的前提下增加特殊事项的规定和其他任意性规定。

(3) 公司章程是公司的自治性规范。公司章程是由公司自行制定的，由公司自己来执行且效力仅及于公司和相关当事人的内部规章，具有自治规范的特征，无须国家强制力保证其实施，亦不具有普遍的约束力。

(二) 公司章程的内容

公司章程的内容，指公司章程所记载的事项。在公司法理论上，一般将公司章程的内容分为三类：

(1) 绝对必要记载事项，即法律明确规定每个公司章程都必须记载的法定事项，缺少其中任何一项或其中任何一项记载不合法，公司章程均将归于无效。各国法律都明确地规定了绝对必要记载事项。我国《公司法》第 25 条、第 81 条分别规定了有限责任公司章程和股份有限公司章程应当载明的事项。

(2) 相对必要记载事项，即由法律列举的，由公司章程制定人自行决定是否予以记载的事项。该类事项非经记载于公司章程不发生法律效力，如果记载违法，则该记载事项无效，但该事项无效并不导致整个章程无效。有些国家的法律列举规定了相对必要记载事项，我国公司法没有规定相对必要记载事项。

(3) 任意记载事项，是指法律并无规定，是否记载于章程由公司章程制定人根据公司实际予以抉择的事项。任意记载事项在公司章程中予以记载，将发生效力，如果某事项记载违法，则仅该事项无效；如果公司章程中没有任意记载事项，也不影响公司章程的效力。

(三) 公司章程的修改

公司章程的修改，是指对公司章程内容的变更。公司章程一经生效即不得随意变更，但随着社会经济状况或公司本身情况的变化，在不违反公司设立目的、法律和社会公共利益的前提下，对公司章程作适时、适当的修改，实属必要。修改章程是公司的重大事宜，必须按法律规定进行，若涉及登记事项的修改，应申请变更登记。

三、公司的名称和住所

（一）公司的名称

1. 公司名称的意义。公司的名称即公司的称谓，是公司借以区别于其他民事主体的标记。各国法律都规定，任何公司都必须有自己的名称，以保障公司经营活动正常进行，维护社会经济秩序。公司名称具有唯一性和排他性。每个公司只能有一个名称，而且公司设立时必须有公司名称并进行相应的登记，所以，公司成立后就对其名称拥有专用权并排除他人非法使用。

2. 公司名称的选定原则与构成。公司名称原则上应适用商业名称的选定原则，但公司名称的确定，不能依传统“商业名称”的真实主义原则，也不适用自由主义原则，国家不可能完全不予以干预。多数国家的法律要求将公司名称作为绝对必要记载事项在公司章程中载明，并经登记主管机关审查，作为公司登记的必要事项予以登记。根据我国《企业名称登记管理规定》，公司名称由四部分组成：公司所处行政区域、字号或商号、行业或经营特点、公司的组织形式。

3. 公司名称的转让与变更。公司注册成立后，其名称受法律保护。由于具有财产价值，公司名称可以转让。为避免单独转让造成公司名称的混淆、雷同，我国法律规定，公司的名称可以随公司或者公司的一部分一并转让。公司名称只能转让给一个受让人，而且公司名称转让后，转让人应停止使用原来的公司名称。公司的名称经法定程序可以进行变更。公司名称变更一般须经股东会决议、修改公司章程，经登记主管机关办理变更登记后，方具有法律效力。我国公司名称经核准登记后，无特殊原因，在1年以内不得申请变更。

（二）公司的住所

公司的住所，是指法律上确认的公司经营活动的主要场所和中心地，是公司设立和存续必不可少的要素。国际上通常依两种方法确定公司的住所：一是以公司的主要经营场所为公司住所；二是以公司的主要办事机构所在地为公司住所。根据我国法律规定，公司以其主要办事机构所在地为住所。公司住所是公司章程的绝对必要记载事项之一，也是公司注册登记事项之一，公司住所变更必须办理变更登记。公司的住所应在其登记主管机关管辖范围之内。

四、公司设立的撤销

外国公司法十分重视公司设立无效制度。公司设立在形式上已经完成后，由于其在设立条件或程序上存在实质性缺陷，法律上认为该公司的设立应确认为无效，从而消灭公司法人资格。

公司设立除被确认无效外，亦可因法律上认为其设立违法而予以撤销，丧失其法人资格。公司设立的撤销，通常有两种情形：一是行政撤销，亦即公司成立后，登记主管机关发现公司登记中有违法、弄虚作假及隐瞒重要事实等情况时，依职权撤销公司的设立登记。二是司法撤销，即依法院判决撤销公司的设立行为。一般在设立人意思表示存在严重瑕疵而实施设立行为时，特定的股东或其代理人可以对公司提起设立撤销的诉讼请求，由法院判决是否予以撤销。公司撤销的效力及于第三人，但无溯及力，不影响判决前公司、股东及第三人之间的权利义务关系。当原告败诉时，如果有重大过失或恶意，则应对公司负连带赔偿责任。

我国公司法对公司设立中的违法行为通常采用事后补救的办法，一般不否认公司人格，如公司投资者提供的实物出资低于公司章程所确定价额时，由投资者补交其差额；办理公司登记时，虚报注册资本、提交虚假证明文件或者采取其他手段隐瞒重要事实而取得公司登记的，责令改正，处以罚款。只有在《公司法》第 198 条规定的少数违法行为情节严重的，才由公司登记主管机关撤销该公司登记。

第三节 公司的能力

公司的能力，是指公司依法享有权利、承担义务并以自己的意思取得权利和承担义务与责任的资格，是公司主体资格在法律上的表现。公司能力可以分为权利能力、行为能力和责任能力。

一、公司的权利能力

公司的权利能力，是指公司依法享有权利和承担义务的资格。公司与自然人的本质差异决定了公司权利能力的特殊性：

（1）公司权利能力受其固有性质的限制，不享有自然人基于自然性质而具有的权利能力，因而公司无从取得专属于自然人的权利与义务，如生命权、身体权、婚姻权、隐私权和亲属权等，但公司可以享有非专属于自然人的具有人身性质的权利，如名称权、名誉权等，还可以接受遗赠，成为其他公司的发起人和股东等。

（2）公司权利能力受法律上的限制，包括公司法和其他法律的限制。1）公司转投资行为的限制。我国公司法规定，除法律另有规定外，公司不得成为对所投资企业的债务承担连带责任的出资人。2）公司担保行为的限制。3）公司贷款行为的限制。我国《公司法》第 16 条和第 148 条有相关规定。

二、公司的行为能力

公司的行为能力，即公司以自己的行为独立取得权利与承担义务的资格。公司的行为能力与自然人的行为能力相比，其特点有：

（1）公司行为能力与其权利能力在时间上具有一致性，即与权利能力一样，均始于公司成立，终于公司消灭；而自然人的行为能力受其年龄及健康状况影响，有权利能力未必有行为能力。

（2）公司行为能力与其权利能力在范围上具有同等性，即公司的行为能力取决于它的权利能力，原则上不能超越它的权利能力，因此，公司的行为能力同样受其性质、目的及法律的限制。

（3）公司行为能力的实现对其机关具有依赖性。公司作为一种社会组织，凭借其机关完成意志与行为，依法独立从事经营活动，实现行为能力。没有机关公司将无法正常活动。

三、公司的责任能力

公司的责任能力，又称为公司的侵权行为能力，是指公司据以独立承担民事责任的资格或法律地位。从理论上讲，只有具备责任能力的主体才能对自己的行为后果承担责任，如果没有责任能力，即使其行为给他人或社会造成损害，行为主体也不受法律的追究。责任能力通常以意思表示能力为前提，因而有行为能力者亦应有责任能力。我国民法和公司法都规定，法人必须独立承担民事责任，亦即明确肯定公司的责任能力。公司的责任能力有以下特点：

（1）公司的责任能力与其投资者的责任能力相分离。公司的责任能力属于公司本身，与其投资者的责任能力没有直接关系。

（2）公司的责任能力与其权利能力和行为能力同时产生、同时消灭。公司一经成立，就同时取得权利能力、行为能力和责任能力；公司消灭时，三者一同消灭。

（3）公司的责任能力平等。公司作为具有行为能力的独立主体，均应对自己的行为承担相应的法律后果，即各公司之间均有平等的责任能力。

（4）公司的责任能力仅与公司自身行为相联系。作为独立主体，公司当且仅当对其自身行为承担相应的责任。公司的行为，通常是指由公司机关或其代理人在其职权或授权范围内以公司的名义实施的行为。

第四节　公司人格

一、公司人格的含义

公司人格，是指公司在法律上独立享有权利和承担义务的主体资格，简言之，公司为法律意义上的人，是法律权利和义务人格化的主体。公司人格具有以下法律特征：

（1）公司是独立于其成员的法律实体。公司一经依法成立，便在法律上获得独立人格，成为一个独立的实体并与其成员的人格相互独立。这是公司人格的最基本内容。

（2）公司具有独立的权利能力和行为能力。公司的权利能力和行为能力不依赖其成员，而是取决于其自身。由法律赋权，公司通过其机关为意思表示，以其代表人体现公司意志，由执行机关予以具体落实。

（3）公司财产与其成员的财产相分离。公司具有独立财产是公司人格不可或缺的要素和标志之一。公司财产虽然来自于成员的投资，但其成员一旦把财产投入公司，就与这些财产相分离，使这些财产成为公司财产，由公司支配。

（4）公司独立责任与其成员的有限责任，即公司对其自身的债务负责，其成员仅以出资额为限对公司负责。正是这种公司成员承担有限责任和公司独立责任使公司人格得到了充分体现，被誉为现代公司制度的基石。

公司能取得独立的人格所应具备的条件，我们称为公司人格的要素，即公司资本、章程及组织体系。

二、公司人格的意义

公司人格不仅是一种法律设计，而且是社会经济发展和法律的必然选择，具有十分重要的意义。

1. 公司人格的法律意义。公司人格使公司在法律上成为一个独立主体，犹如罩在公司头上的“面纱”，将公司与股东以及股东和债权人之间的直接联系阻隔开来，从而廓清了它们之间的权利、义务，确立了公司主体独立的法律地位，明晰了公司的独立责任和投资者的有限责任，确立了有效的法律责任机制。

2. 公司人格的经济意义。公司人格使得公司独立地享受权利和承担义务，将投资者的责任限制在投资的范围内，从而控制了投资风险，有效地刺激了投资，进而促进了资本的迅速集中和企业经营规模的扩大，并带动了资本市场的形成和经济管理的革命性变革，对社会经济的发展起到了十分巨大的推动作用。正因如此，才有人赞叹以独立人格为基础的“有限责任公司是当代最伟大的发明，就连蒸汽机和电的发明都不如它来得重要”。可以说，公司人格通过有限责任制度得到了充分展现，具有不可估量的经济意义。

3. 公司人格的社会意义。公司人格奠定了公司的主体地位，并在衡平投资者与债权人利益的基础上，使公司在现代社会迅速发展、壮大而具有重大的社会影响。时至今日，公司对社会的影响已超出了经济领域，而及于政治、文化、科技与教育诸方面，具有重要的社会意义。

三、公司人格否认制度

公司独立人格与股东有限责任在发挥积极作用的同时，也存在着对债权人保护不足的极大局限性。为矫正其不足，各国在司法中采取公司人格否认制度。我国《公司法》第 20 条和第 63 条也作了相关规定。

（一）公司人格否认制度的含义

公司人格否认制度，在英美法系国家中被称为“揭开公司面纱”“刺穿公司的面罩”，在德国被称为“直索”，在日本被称为“公司人格形骸化理论”，是指具有独立人格的公司法人，在其人格被滥用，并因而使债权人利益或社会公共利益受到损害的情形下，法院基于公平、正义的理念，否认公司的独立人格，令不当行为人直接面对公司的债权人，对公司法人的债务承担连带责任的一种法律制度。该制度有以下特征：

（1）公司须具有合法、有效的法人资格。一方面，公司已经依法取得了法人资格；另一方面，该公司的法人资格自始合法、有效。这是该制度确立的前提。

（2）公司成员滥用公司的法律人格，即公司成员利用公司人格与有限责任的有利条件实施损害债权人利益和社会公共利益的行为，从而损害了公司人格的独立性。

（3）公司成员滥用公司人格，客观上损害了债权人利益或社会公共利益。这表明，公司成员对公司人格的利用已违背了公司法人制度的根本目的，若不予以矫正，则违背相关各方之利益平衡和公平、正义的法律理念。

（4）该制度仅对特定个案中的公司实施，即只就某一特定的、具体的法律关系而否定公司的法律人格，具有相对性、部分性，效果及于特定当事人和特定法律关系，并不一般、永久地否认公司的人格而导致公司人格的消灭。

可见，公司人格否认制度的价值在于矫正传统的公司法人人格制度，维护法人制度的本质，完善有限责任，防止欺诈，保护债权人利益，实现市场竞争的公正、有序。

（二）公司人格否认制度的实施范围

关于公司人格否认制度的实施，除少数情况下法律有明确的规定外，多数情况下各国均以司法审判的方式予以施行。公司人格否认制度通常适用于以下范围：（1）公司资本显著不足或股东人数低于法律要求；（2）利用公司人格规避法律义务或合同义务及其他债务；（3）公司法人与其成员的人格混同；（4）股东利用公司法人人格实施诈害行为；（5）股东对公司过度操纵、规避法律的行为；（6）一人有限责任公司的股东不能证明公司财产独立于股东自己的财产等。

第五节　公司法人财产权

一、公司法人财产权的概念与特征

我国公司法规定，公司是企业法人，有独立的法人财产，享有法人财产权，公司以其全部财产对公司的债务承担责任。因此，我们认为，公司法人财产权，是指公司依法享有的以法人财产所有权为核心的一系列综合性财产权利，它不仅包括由股东投资以及经营过程中产生的收益形成的全部物权，而且包括公司享有的债权、法人股权及无形财产权。其法律特征如下：

1. 公司法人财产权是以公司名义享有的独立的财产权，具有独立性和排他性，即公司作为法人实体是其财产权的唯一主体，享有独立于其他民商事主体、公司创办者及公司成员的财产权。

2. 公司法人财产权的客体是公司的全部财产，包括有形财产和无形财产。前者如货币、各种动产与不动产等具有经济价值和实体存在的财产，后者如智力成果、公司商誉及债权等具有经济价值但不具有实体存在的财富。

3. 公司法人财产权是以公司法人财产所有权为核心的综合性财产权。对于由股东投资以及公司经营中产生的收益等形成的财产，公司享有排他的独占性支配权，可以依法进行占有、使用、收益及处分，是为公司财产所有权，是公司法人财产权的核心。此外，公司还享有其他权利，如他物权、债权、知识产权、股权等。

4. 公司法人财产权的存续具有永久性。公司法人财产权既是公司法人人格的基础，也是其人格的集中体现，只要公司法人人格存续，其法人财产权就存续。

二、公司法人财产权的内容

公司法人财产权的内容，是指公司所享有的各项具体财产权利。我们认为，公司法人财产权在内容上具有多元性，表现如下：

1. 公司法人财产所有权。关于公司是否享有财产所有权，学术界认识并不统一。但我们认为，公司享有法人财产所有权是市场经济条件下公司法人制度发展的必然结果。公司依独立人格进行经营活动，其应当享有财产所有权；公司作为独立主体也有能力享有和行使所有权；同时，我国现行法律、法规及相关部门的解释也明确了法人财产权为一种“独立的支配权”，从侧面承认了公司法人财产权的所有权性质。因此，公司对其股东投入的以及公司经营取得的能作为所有权客体的财产享有的占有、使用、收益、处分等权利就是公司法人财产所有权。这是公司作为法人进行经营活动并有独立人格的必要条件。只有具备这一法人财产所有权，公司才能作为“人”对“自己”的财产独立支配，也才能真正确定公司独立经营者的主体地位。所以，公司法人财产所有权是法人财产权的核心。

2. 他物权和债权。公司不仅享有土地使用权及抵押权、质权、典权等物权，在经营中还享有对债务人的债权。

3. 知识产权及某些与人身有关的财产权。这些权利包括公司所享有的商标权、专利权以及著作权。此外，公司还享有企业名称权及商誉等无形财产权。

4. 股权。公司作为投资者成为其他公司股东而享有股权。

综上可知，公司法人财产权实质上是以法人财产所有权为基础的一系列权利，公司得依其权利的不同性质依法行使法人财产权。

第六节 公司股东

一、公司股东的概念和特征

一般来说，股东是指向公司出资或持有公司股份，并对公司享有权利和承担义务的人。但由于公司的类型、投资人向公司出资的时间以及取得股权的方式不同，对股东可以作不同的表述，即有限责任公司的股东是指在公司成立时向公司投入资金或在公司存续期间依法继受取得股权，且其名字登记在股东名册而享有权利和承担义务的人；股份有限公司的股东就是在公司成立时或在公司成立后合法取得公司无记名股份或记名股票，且将其姓名或名称、住所记载于股东名册而对公司享有权利和承担义务的人。

我国公司法在有关股份有限公司的规定中使用了发起人的概念，发起人与股东是两个既有联系又有区别的概念。公司的发起人，是指参加订立发起人协议，提出设立公司的申请，认购公司股份，并对公司设立承担责任者。由于发起人必须认足一定比例的股份，所以发起人是公司的当然股东。但公司的股东并不以发起人为限，发起人只是公司股东中的一小部分。任何在公司设立阶段和公司成立后认购或受让公司股份的人都可以成为公司的股东。在有限责任公司，股东一般都是公司的发起人，除非公司在成立后又吸收新的股东，否则，股东就是公司的发起人，发起人也就是公司的全部股东。按各国公司法的规定，公司股东通常有以下特征：

1. 股东是公司的投资人。作为股东的先决条件是向公司投入一定的资金，尽管其投资动机各异，但股东首先是公司的出资人。

2. 股东享有股权。股权是股东与公司之间的法律关系和股东法律地位的集中体现，尽管股权内容因公司类型有异，但各国无不充分肯定股东享有股权。

3. 股东承担有限责任。除少数无限责任股东外，多数国家的公司法明确地规定股东仅以其出资额为限对公司债务承担责任，这既是股东责任的普通法则，也是公司股东区别于其他投资人（如合伙人）的显著特征。

4. 股东之间一律平等。股东基于股东资格，按其所持股份的性质和数额享受平等待遇，是为股东之间关系的股东平等原则。我国公司法规定的同股同权、同股同利、一股一表决权等均体现了该原则的精神。当然，这不是说每位股东均享有同样的权利和承担同样的义务，它是指在股份平等的基础上，同样类别的股份股权相同，持有同等数量股份的股东有同等待遇。

二、公司股东的权利

1. 投资受益权。是指股东按其出资比例或所持股份请求分配公司盈余，从而取得股利的权利。我国《公司法》第 4 条规定了公司股东资产受益权。此种权利能否实现，取决于公司是否有可供分配的利润，以及股东会是否作出将可分利润在股东之间分配的决议。

2. 参与公司经营管理权。在有限责任公司和股份有限公司，公司的经营管理交由公司的董事会行使，股东直接享有的是一种有限的参与权。我国公司法规定，股东参与公司经营管理时有以下权利：(1) 重大问题决策权；(2) 公司经营建议或者质询权；(3) 选择管理者的权利。

3. 股份或出资的转让权。各国公司法在禁止股东在公司经营期间抽逃出资的同时，规定股东可以通过转让其出资或持有的股份转移风险。

4. 知情权。知情权是股东知晓公司经营的重要信息的权利。其内容除质询权外，通常还包括：(1) 公司财务会计报告查阅权；(2) 公司其他重要文件的查阅权。

5. 剩余财产的分配请求权。公司依法进行清算时，其全部财产在向公司全体债权人清偿债务之后尚有剩余的，股东有权请求分配。我国《公司法》第 186 条规定，公司财产在分别支付清算费用、职工的工资、社会保险费用和法定补偿金，缴纳所欠税款，清偿公司债务后的剩余财产，有限责任公司按照股东的出资比例分配，股份有限公司按照股东持有的股份比例分配。公司财产在未按照前列顺序清偿完毕前，不得分配给股东。

6. 优先认股权。(1) 股东对转让的出资的优先购买权。这项权利一般仅限于具有较强的人合性的无限公司、有限责任公司的股东享有，而股份有限公司因为是彻底的资合公司，股东之间的人身信任关系极为淡漠，公司股东无优先购买权。(2) 股东对公司发行新股的优先购买权。我国《公司法》第 34 条明文赋予有限责任公司股东该项权利。然而，股份有限公司股东的新股认购优先权，则法无定例。有的国家直接以立法赋予股东该项权利，是为法定主义立法例；有的国家则将股东是否享有新股认购优先权委由公司章程或公司机关予以决定，此即任意主义立法例。在法定主义立法例下，对于股东的该项优先权除法定情形外，不得以公司章程或公司机关的决议剥夺或限制。

7. 诉权。除前述实体权利外，在股东的权利受到侵害时，股东还享有依法提起诉讼，寻求法律救济的权利，是为股东的诉权。对于侵害股东权的行为，股东应同样享有诉讼的权利。

三、公司股东的义务

股东享有权利，同时也负有义务。各国公司法对股东义务的规定没有太大的差异。概括地说，股东的义务主要体现在以下两个方面：

1. 向公司缴纳股款的义务。又称出资义务，即股东应按其所承诺的出资额或所认购的股份金额，向公司缴纳股款。这一义务的履行，是认股人取得股东资格的前提条件。认股人在尚未履行这一义务前，还不能成为公司股东；当他成为公司股东时，就表明他已经履行了缴纳股款的义务。因此，在不允许分期缴纳股款的情况下，该义务事实上只是认股人的义务，而非股东义务；在允许分期缴纳股款的情况下，认股人只要缴纳了首期出资，即取得了股东资格，他此后所负的出资义务，则为股东义务。

2. 对公司所负债务的义务。有限责任公司和股份有限公司的股东对公司的债务仅承担有限责任，即除履行出资义务外，除非特别例外，如揭开公司面纱，股东对公司债务不承担任何责任。因此，股东对公司承担有限责任实际上只是股东的出资义务在公司债务责任上的表现，股东一旦完成了出资义务，即完成了对公司的所有义务。

此外，股东还要承担遵守公司章程的义务以及在公司登记后不得抽回出资的义务等。

股东不能履行上述义务时，应承担相应的法律责任。如认股人逾期不能缴纳股金的，应视为自动放弃所认购股份；若因此对公司造成损害的，应负赔偿责任。

第七节 公司的组织机构

一、公司组织机构的概念与特征

公司的组织机构，是指公司依法设置的实现公司权利能力和行为能力的公司经营与管理组织体系。其特征如下：

(1) 公司的组织机构直观地表现为公司不同机关的设置。通常包括公司的意思机关——股东会，公司的执行机关——董事会，公司内部监督机关——监事会。

(2) 公司机构的设置必须依照法律的规定进行。公司机构设置的法律设计是强制性规范，股东不得违反这些规定而任意设置公司机构。同时，各机构的职能和权限也主要是由公司法予以规定。

(3) 公司机构以分权——制衡机制实现其管理和经营的职能。按公司法的规定，公司各机构分别享有不同的权力，通过权力行使而相互制衡，以实现公司的管理和经营活动，并进而实现公司的权利能力和行为能力，以实现投资者利益最大化。

二、股东会

(一) 股东会的概念和特征

股东会即由股东组成的公司议事和决策机关，是股东在公司内部行使股东权的法定组织。股东会具有下列特征：

(1) 股东会是由股东组成的公司机关。这是其作为股东行使权利的机关的性质使然，只有全体股东组成才能体现股东主权，这是各国立法的通例。

(2) 股东会是公司的最高权力机关。我国公司法不仅规定了股东会是公司权力机关，而且其权限极大。股东会有权选举和罢免董事、监事，有权决定公司的增资与减资，有权修订公司章程，有权对公司的重要事项作出决定，董事会和监事会均要对股东会负责，因此，股东会是公司最高权力机关，在公司中不存在凌驾于其上的机关。

(3) 股东会是公司必要的但非常设的机关。作为法人，公司意志必须通过其机关方能形成，股东会就是公司法规定的必须设立的公司意志机关。在我国，除一人有限公司和国有独资公司外，无论是有限责任公司抑或股份有限公司，均须设立股东会，但它并非常设机构，而是以年会和临时会议的形式行使职权。

(二) 股东会的职权

作为公司权力机关，股东会享有对某些重大事项作出决议和审批的权力。根据我国公司法的规定，我国公司股东会的职权有：(1) 决定公司的经营方针和投资计划。(2) 选举和更换非由职工代表担任的董事、监事，决定有关董事、监事的报酬事项。(3) 审议批准董事会的报告。(4) 审议批准监事会或者监事的报告。(5) 审议批准公司的年度财务预算方案、决策方案。(6) 审议批准公司的利润分配方案和弥补亏损方案。(7) 对公司增加或减少注册资本作出决议。(8) 对发行公司债券作出决议。(9) 对公司合并、分立、变更公司形式、解散和清算等事项作出决议。(10) 修改公司章程。(11) 公司章程规定的其他职权。

(三) 股东会的类型及召集

股东会（股东大会）分定期会议和特别会议。定期会议又称股东年会，是指公司依照法律和章程规定一年一次必须召开的股东会议。有限责任公司的股东年会依章程规定的时间召开。股份有限公司的股东年会一般于每一会计年度终结后 6 个月内召开。特别会议又称临时股东会，是在两次年会之间不定期召开的股东会议。

我国公司法规定，公司股东会由董事会负责召集，董事长主持；董事长因特殊原因不能履行职务时，由副董事长或者推举的董事主持。

(四) 股东会表决权的行使与股东会决议

我国法律规定，股份有限公司股东表决权的行使一般采取一股一表决权的原则。股东大会选举董事、监事，可以依照公司章程的规定或者股东大会的决议，实行累积投票制。累积投票制是指股东大会选举董事或者监事时，每一股份拥有与应选董事或者监事人数相同的表决权，股东拥有的表决权可以集中行使。

股东可以亲自出席或委托代理人出席股东会，委托代理人应向公司提交股东的授权委托书，并在授权范围内行使表决权。有限责任公司股东权的行使具体由公司章程规定。股东（大）会决议分为普通决议与特别决议：普通决议是对公司一般事项作出的决议，按出资比例行使表决权，通常以过半数同意即可；特别决议是对公司的特别事项作出的决议，如修改公司章程、公司增加或减少注册资本、分立、合并、解散或者变更公司形式，必须经代表 2/3 以上表决权的股东通过。

三、董事会

（一）董事会的概念和特征

董事会是由股东会选举产生的董事组成的，行使经营决策管理权的业务执行机构。它是公司的业务执行机关、经营决策和领导机关，是法定的常设机构。其基本特征如下：

（1）董事会是由董事组成的公司机关。公司董事会是由股东会选举产生的董事组成，按一定的方式形成机关意志而对公司进行管理。非董事不能成为董事会成员，更不能参与董事会事务。

（2）董事会是公司的常设机关。在公司的各种机构中，董事会是一个常设机构。自公司成立伊始，董事会即作为一个稳定的机构存在。

（3）董事会是公司的业务执行机关。股东会作出的各项决议，必须由董事会负责主持实施和执行。

（4）董事会是公司的经营决策和领导机关。董事会不仅是业务执行机关，而且有独立的权限和责任，是公司的领导机关和经营决策机关，领导公司的经营活动，除由股东会决议的事项外，对公司的其他事项均可以作出决定。

（5）董事会是公司的对外代表机关。在股份有限公司中，董事会的董事长为公司的对外代表；在有限责任公司中，董事长或执行董事为公司的对外代表。

（二）董事会的职权

董事会享有除法律或章程规定的必须由股东会行使的权力以外的较为广泛的权力，主要包括对内经营管理权及对外代表权。我国《公司法》第 46 条采用列举的方式明确地规定了董事会的职权：（1）召集股东会会议，并向股东会报告工作；（2）执行股东会的决议；（3）决定公司的经营计划和投资方案；（4）制订公司的年度财务预算方案、决算方案、利润分配方案及弥补亏损方案；（5）制订公司增、减注册资本以及发行公司债券的方案；（6）制订公司分立、合并、解散或者变更公司形式的方案；（7）任免包括公司经理、会计主管人员在内的高级管理人员，决定其报酬和支付方法；（8）决定公司内部管理机构的设置；（9）制定公司的基本管理制度；（10）公司章程规定的其他职权。

（三）董事会的组成

董事会由全体董事组成。我国公司法规定，有限责任公司董事会的成员为 3 人至 13 人，但公司规模较小或股东人数较少时可不设董事会，而设 1 名执行董事。股份有限公司董事会成员为 5 人至 19 人。董事任期为 3 年，期满可以连选连任。董事会设董事长 1 人，副董事长 1 人至 2 人。两个以上国有企业或其他两个以上国有投资主体投资设立的有限责任公司，董事会成员中应有由公司职工民主选举产生的职工代表；其他公司的董事会可以有公司职工代表。

董事不限于股东，一般也不限于自然人，但法人担任董事的，必须指定一名有行为能力的自然人为其代表。董事一般也无国籍限制。我国《公司法》第 146 条规定了不能担任公司董事、经理和监事的五种情形。

（四）董事会会议

董事会会议分为普通会议和特别会议。普通会议按章程规定定期召开，每年不少于两次。特别会议是必要时临时召开的会议。我国公司法规定，代表 1/10 以上表决权的股东、1/3 以上的董事或者监事会，可以提议召开董事会临时会议。股份有限公司董事会会议应由 1/2 以上董事出席方可举行，其决议须经全体董事过半数通过。有限责任公司董事会决议方式和表决程序由公司章程规定。董事会应对会议所议事项的决定作会议记录，出席会议的董事和记录员应在记录上签名。若董事会决议存在瑕疵，即违反法律、行政法规或者章程，使公司遭受严重损失的，参与决议的董事对公司负赔偿责任，但能证明在表决时曾表明异议并记录于会议记录的董事可以免责。

四、监事会

（一）监事会的概念及组成

监事会是公司依公司法或章程设立的，对公司经营管理实施监督的公司内部监督机构。我国公司法规定，监事会为股份有限公司的必设机构。有限责任公司设监事会，其成员不得少于 3 人；股东人数较少或者规模较小的有限责任公司，可以设 1 名至 2 名监事，不设监事会。监事会应当包括股东代表和适当比例的职工代表，其中职工代表的比例不得低于 1/3，具体比例由公司章程规定，职工代表由公司职工通过职工代表大会、职工大会或者其他形式民主选举产生。董事、高级管理人员不得兼任监事。监事任期 3 年，期满可以连选连任。

（二）监事会的职权

根据我国公司法的规定，我国公司监事会的职权主要是：（1）检查公司的财务；（2）对董事、高级管理人员执行职务时违反法律、法规或者公司章程的行为进行监督，对违反法律、行政法规、公司章程或者股东会决议的董事、高级管理人员提出罢免的建议；（3）当董事和高级管理人员的行为损害公司的利益时，要求董事和高级管理人员予以纠正；（4）提议召开临时股东会会议，在董事会不履行公司法规定的召集和主持股东会会议职责时召集和主持股东会会议；（5）向股东会会议提出提案；（6）依法对董事、高级管理人员提起诉讼；（7）公司章程规定的其他职权。

五、公司经理

（一）公司经理的概念及设置

经理是公司中负责具体业务和行政工作的高级职员，是辅助董事会进行工作并有权为其管理的事务签署法律文件的行政负责人。外国公司法规定经理多由公司章程任意设置，设置后即为公司常设的辅助业务执行机关。我国《公司法》第 49 条规定，有限责任公司可以设经理，由董事会决定聘任或解聘；第 113 条规定股份有限公司设经理，由董事会决定聘任或者解聘。可见，在我国，经理是股份有限公司的必设机构，但非有限责任公司的必设机构。

（二）公司经理的职权

在多数国家，公司经理并非必设职位，因此，其职权均由公司章程予以规定。我国公司法将公司经理视为公司执行机关，并对其资格、义务及责任作出了规定，赋予公司经理以广泛的职权：(1) 主持公司的生产经营管理活动，组织实施董事会决议；(2) 组织实施公司年度经营计划和投资方案；(3) 拟定公司内部管理机构设置方案；(4) 拟定公司的基本管理制度；(5) 制定公司的具体规章；(6) 聘任或解聘其有权任免的人员；(7) 章程和董事会授予的其他职权。非董事公司经理列席董事会会议。

六、公司负责人的法律义务

公司负责人，主要是指在公司组织机构中担任一定职务并对公司负责的人员，主要包括公司董事、经理、监事。公司负责人的法律义务是指法律规定这些相关人员所应承担的义务。

（一）董事的义务

董事的义务即董事对公司所负的法律义务。各国公司法对公司董事的义务的规定，概括起来主要有以下两个方面：

1. 忠实义务。是指公司董事必须忠诚地为公司利益最大化履行职务，并且不得使自己个人的利益与公司利益相冲突。此项义务要求董事首先必须认真、正当地行使职权，在法律和公司章程以及股东会决议授权的范围内行事，不得越权；在履行职务时必须将公司利益放在首位；不得使个人利益与公司利益发生冲突；竞业禁止（限制）以及自我交易的限制。根据我国公司法的规定，董事的忠诚与竞业禁止义务主要有以下内容：(1) 董事应遵守公司章程，忠实履行职务，维护公司利益，不得利用在公司的地位和职权为自己牟取私利、收受贿赂或其他非法收入及侵占公司财产。(2) 不得挪用公司资金或将公司资金借贷给他人，不得将公司资产以个人名义或其他个人名义开立账户存储，不得以公司资产为本公司股东或者其他个人债务提供担保。(3) 不得自营或为他人经营与其所任职公司同类的营业或从事损害本公司利益的活动，否则，其所得收入应归公司所有。除公司章程规定或股东会同意外，不得同本公司订立合同或进行交易。(4) 除法律规定或股东会同意外，不得泄露公司秘密。

2. 勤勉义务。是指公司董事必须谨慎、尽力履行职务，尽善良管理人的注意义务，依照法律、法规和公司章程履行职责，维护公司利益。这是与董事忠诚义务相联系的对董事履行职务的更高的要求。换言之，如果董事在履行职务时没有尽到合理的谨慎，将对公司承担赔偿责任。

（二）经理的义务

作为董事会聘任的公司高级管理人员，经理在行使执行公司具体业务的权力的同时，与董事一样，对公司负有忠诚与勤勉义务。我国《公司法》第 147 条规定了公司高级管理人员的忠实义务和勤勉义务。经理如果违反法定义务，就应对公司承担责任，包括损害赔偿的责任等。

（三）监事的义务

基于信任而被公司赋予经营监督权的监事，与董事一样，对公司具有忠实和勤勉义务。外国公司立法对监事的义务与责任的确认，适用关于董事义务和责任的规定。根据我国公司法的规定，监事与公司的关系原则上同董事与公司的关系相同，只不过监事不执行公司业务，因而无竞业禁止的义务。监事违反其对公司的义务的，也要承担赔偿责任及其他责任：构成犯罪的，依法承担刑事责任。

法律应用

1. 我国公司法调整的范围仅限于在中国境内设立的有限责任公司和股份有限公司，不涉及在境外设立的公司，也不调整无限责任公司和两合公司。

2. 公司的设立必须符合公司法规定的条件，并经登记方能成立。对法律、法规规定必须报经审批的，在设立登记前必须办理审批手续。公司名称必须依法标明“有限责任公司”或“股份有限公司”字样。

3. 设立公司的活动包括发起人达成发起人协议、订立公司章程、认购股份及缴纳股款或出资、确立公司机关、向登记主管机关申请设立登记等一系列行为，兼具民事行为和行政行为双重性质。

4. 有限责任公司股东之间得自由转让其出资；股东向股东以外的人转让其出资时，须经全体股东的过半数同意，不同意转让的股东仅能通过购买该转让的出资而阻止其转让；如果不购买该转让的出资，则视为同意转让。

5. 公司享有由股东投资形成的全部法人财产权，包括公司财产所有权、债权、知识产权等一系列权利，公司得依法支配其全部法人财产，自主经营，不受非法干预。股东依法行使股权而不是行使财产所有权，实现自己作为投资者的权益。

6. 公司股东只要缴纳股款、遵守公司章程即履行了股东义务，就应享受股东权，并不再对公司债务承担直接责任。

7. 公司章程对公司、股东、董事、监事、经理具有约束力。公司经营范围由公司章程规定并依法登记，公司依法定程序修改公司章程并经公司登记主管机关变更登记，可以变更其经营范围，但若公司有“越权行为”也并非当然无效，即不能对公司的经营范围与行为能力作机械理解。

课后复习

1. 公司的概念及法律特征是什么？
2. 公司章程有哪些内容？
3. 公司的能力有哪些？其特点分别是什么？
4. 试述公司人格否认制度及其适用。
5. 试述公司法人财产权的概念与特征。
6. 公司股东权有哪些内容？
7. 股东会的职权有哪些？
8. 董事有哪些义务？

第八章

有限责任公司

提 要

有限责任公司是我国公司法的重点内容之一，也是现实生活中发挥着极为重要作用的公司形式。它与股份有限责任公司相比，既有股东责任有限的共同魅力，又有设立简便及人资两合的特点。我国国有企业借鉴有限责任公司的长处和优势，形成了国有独资公司这一有限责任公司的特殊形态，因而是特殊的一人公司。外国公司的分支机构虽然不具有独立的中国法人资格，但其设立、撤销与清算也必须遵循相应的法律程序。

重点问题

1. 有限责任公司的特征及设立
2. 一人公司的概念与特征
3. 国有独资公司的特征及组织机构
4. 外国公司分支机构及其设立

第一节　有限责任公司概述

一、有限责任公司的概念与特征

有限责任公司，是指由 50 个以下股东出资设立的，每个股东以其所认缴的出资额为限对公司承担责任，公司以其全部资产对其债务承担责任的企业法人。

实际上，各国立法对有限责任公司概念的表述不尽相同。作为大陆法系国家代表的德国和日本均是从公司设立目的的角度加以界定的。日本《有限责任公司法》第 1 条第 1 款规定：“本法所称有限责任公司，谓以实施商行为或其他营利行为为目的，依本法设立的社团。”德国《有限责任公司法》第 1 条亦规定：“有限责任公司可以根据本法之规定，基于任何合法的目的，由一名或多名股东设立。”

根据我国公司法的规定，我国有限责任公司具有以下特征：

1. 股东责任的有限性。有限责任公司各股东对公司所负的责任，仅为足额的出资责任，对公司债权人不负直接责任。因此，有限责任公司所称“有限责任”系对公司的股东而言，即股东对公司的债务不直接承担责任，仅负担足额的出资责任。如果公司的财产不足以清偿全部债务，股东也没有以自己出资以外的个人财产为公司清偿债务的义务。但公司对于其债务则不是承担有限责任，而是要以公司全部法人财产独立承担清偿责任。

2. 股东出资的非股份性。这是有限责任公司与股份有限公司的重要区别之一。股份有限公司的资本要划分为等额的股份，股东的出资额是以股份为单位计算的，股东的权利与义务的大小及范围也是以股份数额计算的，同股同权、同股同利；而有限责任公司的资本一般不分为等额的股份，股东出资并不以股份为单位计算，而直接以出资额计算。我国《公司法》第42条明确规定，“股东会会议由股东按照出资比例行使表决权”，而不是以一股一权为标准。

3. 公司资本和经营活动的封闭性。有限责任公司的资本只能由全体股东认缴，而不能向社会公开募集股份，不能发行股票，具有资本来源的封闭性。公司发给股东的书面出资证明被称为“出资证明书”，亦称股单。股单只是一种权利证书，不能在证券市场上流通转让。同时，股东转让出资也受到限制。我国公司法规定：有限责任公司的股东向股东以外的其他人转让其出资时，必须经全体股东的过半数同意。不同意转让的股东应购买该转让的出资。在同等条件下，其他股东对该出资有优先购买权。股东转让其出资，必须将受让人的姓名或名称记载于股单，并将受让人的姓名或者名称、住所及受让的出资记载于股东名册，否则，其转让不能对抗公司。此外，有限责任公司由于股东之间的信任关系且股东参与经营，其经营活动也具有封闭性，除接受有关部门的监督检查和向有关部门报告外，公司的财务及其他活动均无须向社会公开。

4. 股东人数有最高数额的限制性。关于有限责任公司的股东人数，各国立法一般都有上限规定。我国公司法规定，股东人数为50人以下。规定股东人数上限，一方面是由有限责任公司的性质决定的，有限责任公司在一定程度上具有人合的特点，股东相互间必须有信任关系，这就决定了股东人数不可能太多；另一方面是为了区别于股份有限公司，股东人数突破上限，就应考虑公司形态发生变更。

5. 公司设立程序和组织的简便性。有限责任公司的设立程序简便，只有发起设立，而无募集设立，一般只要有公司章程，股东出资达到要求，经登记即可。有限责任公司的组织机构相对于股份有限公司来说也比较简单、灵活，可以设董事会、监事会，也可以只设1名至2名董事或监事行使董事会、监事会职权。其中设立股东会的，股东会的召集方法及决议的形成也比较简便。

二、有限责任公司的设立

各国公司法都要对公司设立规定其条件，只有满足了相应的条件并履行了法定的设立程序，公司才能成立。

（一）有限责任公司设立的条件

有限责任公司的设立条件分为实体条件和程序条件。前者指公司章程的签署及相应资本、股东人数及组织等基本条件，后者则指按法定程序进行设立登记。根据我国《公司法》第23条的规定，我国有限责任公司的设立必须满足以下实体要件：

1. 股东符合法定人数。《公司法》第24条规定，有限责任公司由50个以下股东出资设立。我国公司法对一人有限责任公司和国有独资公司的承认取消了在股东人数方面的下限。

2. 有符合公司章程规定的全体股东认缴的出资额。公司资本是公司人格要素之一，也是公司具有权利能力、责任能力的财产基础。公司资本不仅要在章程中予以明确规定，而且要进行注册登记，注册资本是公司责任能力最低限度的保证，同时也是贯彻资本确定原则的一项具体表现。尽管2013年《公司法》废除了注册资本最低限额制，但并未废除注册资本，仍然属于法定资本制的范畴。《公司法》第25条第1款第3项规定公司章程应当记载公司的注册资本，表明公司设立时发起人仍然应当满足出资的要求，只是法律不再作强制性规定，由公司章程自治。

3. 股东共同制定公司章程。有限责任公司章程的制定，在外国立法中有两种做法：一是共同订立主义，即有限责任公司章程必须由全体股东共同订立；二是委托订立主义，即有限责任公司章程可以由一名或数名股东接受全体股东委托而起草，再由全体股东同意及签名并使之成立。我国《公司法》第23条第3项规定，股东共同制定公司章程。可见，对有限责任公司章程的制定，我国奉行共同订立主义，即公司章程必须由公司的全体投资者共同签署。

4. 有公司名称，建立符合有限责任公司要求的组织机构。公司名称是公司具有独立人格和对外经营活动的标志，公司组织机构是公司组织生产经营活动的核心，适当的名称和机构设置对公司的设立与运行至关重要。公司名称除按预先核准登记制度登记外，还应标明“有限责任公司”字样。至于组织机构，依据我国公司法的规定，除一人有限责任公司和国有独资公司外，有限责任公司的组织机构通常为股东会、董事会、监事会；但人数较少或经营规模较小的有限责任公司，可以不设董事会和监事会，而只设1名执行董事和1名至2名监事。

5. 有公司住所。公司的主要办事机构所在地为公司的住所。公司住所是公司章程的绝对必要记载事项，对于确定某些法律关系和诉讼管辖具有重要意义。

（二）有限责任公司的设立程序

我国《公司法》及《公司登记管理条例》对有限责任公司的设立程序作出了明确的规定。同股份有限公司相比，有限责任公司设立程序较为简单：

1. 发起人发起。有限责任公司只能发起设立，投资者通常首先签署发起设立协议，对公司的投资者、各方投资比例、公司名称等基本事项予以明确约定。

2. 办理公司名称的预先核准登记手续。

3. 起草和签署公司章程。公司章程应由全体股东共同制定，在具体操作上可以由投资者一方起草，亦可以共同起草，还可以委托他人起草。但其内容应符合公司法的规定，并经投资者酝酿同意，其最终文本应由投资者共同签署。

4. 投资者缴纳其认缴的出资。有限责任公司章程订立后，股东即应按照公司章程的约定履行出资义务。在我国，股东以货币出资的，应当将足额的出资货币存入准备设立的有限责任公司在银行开设的临时账户；以实物、知识产权或土地使用权出资的，应当依法办理其财产权的转移手续。不过，2013年修订后的《公司法》删除了第29条即股东履行出资义务后，还必须经法定的验资机构进行验资并出具证明的规定，排除了验资义务的强制性。

5. 申请公司设立登记。设立有限责任公司，应当由全体股东指定的代表或者共同委托的代理人向公司登记主管机关申请设立登记，并按《公司登记管理条例》第20条的规定，提交相关法律文件。

6. 公司登记主管机关审查登记并颁发营业执照。公司登记主管机关对于公司设立登记的申请应进行审查，符合法定条件时予以登记并发给营业执照，不符合法定条件时则不予以登记。有限责任公司营业执照的签发之日，既为有限责任公司的成立之日，也是其设立程序的完结之时。公司自成立之日起，即具有法人资格，并可以对外开展业务。

第二节　一人公司与国有独资公司

一、一人公司

（一）一人公司的概念与特征

一人公司，是指股东仅为一人的有限责任公司或股份有限公司，包括原生型一人公司与继发型一人公司：前者指公司设立时股东即为一人；后者是公司设立时股东非为一人，但在公司存续期间，因公司出资或股份全部转移而归于一人。在理论上，将这种只有一个股东的一人公司叫做形式上的一人公司；将表面上有多个股东，但实际上公司的股份或出资只为一人持有，其他股东只为配合真正股东而充任挂名股东的公司叫做实质上的一人公司。一人公司的特征主要有：

(1) 股东仅为一人，即全部股份或出资由一名股东持有。

(2) 具有法人资格。对此尽管理论上不无争议，但通说认为一人公司作为企业法人之一种，应有法人资格，独立享有民事权利、承担民事责任，而股东对公司债务承担有限责任。

(3) 股东控制着公司经营。因一人公司股东的单一性，股东通过对董事会的控制而控制着公司的经营。

（二）我国公司法对一人公司的态度

我国公司法允许设立一人有限责任公司。《公司法》第 57 条第 2 款规定："本法所称一人有限责任公司，是指只有一个自然人股东或者一个法人股东的有限责任公司。"但是我国不承认一人股份有限公司。以下所称一人公司仅指一人有限责任公司。

我国公司法对于一人有限责任公司的规定较之其他有限责任公司而言，更为严格：一是对于自然人设立一人有限责任公司进行了限制。《公司法》第 58 条规定，一个自然人只能投资设立一个一人有限责任公司，该一人有限责任公司不能投资设立新的一人有限责任公司。二是对于一人有限责任公司规定了股东严格责任。

二、国有独资公司的概念和特征

国有独资公司，是指国家授权投资的机构或者国家授权的部门单独投资设立的有限责任公司。国有独资公司是我国公司法专门针对我国国情而规定的一种特殊类型的有限责任公司。与一般意义上的有限责任公司相比，国有独资公司具有以下特征：

1. 国有独资公司的投资主体具有单一性和特定性。所谓单一性，是指国有独资公司的股东只有一人，国家是设立国有独资公司的唯一主体，其他法人或个人均不得设立国有独资公司。所谓特定性，是指国有独资公司的单一股东只能是国家授权投资的机构或国家授权的部门。它包含两层含义：一是投资主体只能是从事投资业务的机构或部门，二是该投资机构或部门必须经国家特别授权，没有国家授权，任何投资机构或部门不得投资设立国有独资公司。

2. 国有独资公司股权的国有性。国有独资公司是由国家授权的投资机构或国家授权的部门作为唯一投资者，所以其股权也为国家独有，是所谓的"国有公司"。

3. 国有独资公司作为有限责任公司的特殊性。国有独资公司的组织形式符合有限责任公司的一般特征，是有限责任公司，因此，国有独资公司本身作为具有法人资格的企业，其财产与股东的财产是严格分离的，作为股东的投资者也仅在出资范围内承担有限责任。同时，由于其股东的特殊性和唯一性，公司法对其作了专门规定，因此，国有独资公司又是一种特殊的有限责任公司，在组织机构、公司章程、财产管理等许多方面，都不同于普通的有限责任公司。

三、国有独资公司的设立

我国公司法并未就国有独资公司的设立条件和程序作出专门规定，但因其为有限责任公司之特殊类型，故除应符合有限责任公司的一般规定外，其设立方式、条件及程序有特殊之处。

（一）国有独资公司的设立方式

根据公司法的规定，国有独资公司的设立方式有以下两种：

（1）单独发起新建设立，指国家授权投资的机构或者国家授权的部门依公司法规定单独投资开办国有独资的有限责任公司。通过新投资开办国有独资公司，国家可以从发展国民经济重要产业、基础产业和重要生产经营项目的需要出发，在一定程度上直接实现国家的产业政策和资源的合理配置，并达到国有资产保值、增值的目的。

（2）国有企业改建设立，即依法将国有企业改组为国有独资公司。国有企业改建为国有独资公司的根本目的是解决长期困扰国有企业的政企不分，经营自主权难以落实，约束机制不健全，经济效益不高以及企业负担过重等影响企业活力的问题，彻底转换企业经营机制，使之真正成为自负盈亏、自主经营的市场主体。改建设立国有独资公司必须按公司法和国务院规定的步骤与具体办法进行。

（二）国有独资公司设立的条件和程序

国有独资公司的设立条件与一般有限责任公司大体相同，根据《公司法》第23条的规定及国有独资公司的特点简述如下：

（1）投资者符合法定条件。国有独资公司由国家授权投资的机构或国家授权的部门代表国家投资，并行使股东权。国家授权的部门或国家授权投资的机构与以往的政府部门对国有企业的投资不同，不直接对公司进行控制和干预，而是以股东的身份，依公司法和公司章程享有权利、承担义务。

（2）股东出资须符合公司章程约定的出资要求。国有独资公司设立时，国家授权的投资机构或国家授权的部门必须依法且按照章程自主约定的要求进行投资，而不能有任何超越法律规定的特权。

（3）制定公司章程。国有独资公司的章程由国家授权投资的机构或国家授权的部门直接制定或者由公司董事会制定并报其批准。公司章程是国有独资公司组织和行为的准则，对公司和公司的出资人、董事、监事、经理等都具有约束力。

（4）有公司名称，建立符合公司法要求的组织机构。

（5）有公司住所。

除满足以上条件外，国有独资公司的设立还必须履行相应的程序。在制定章程、足额缴纳出资并经法定验资机构验资后，由国家授权投资的机构或国家授权的部门作为申请人，向公司登记主管机关申请设立登记。公司登记主管机关对符合法律规定条件的，予以登记；对不符合法律规定条件的，不予以登记。公司营业执照签发的日期，为国有独资公司的成立日期。

四、国有独资公司的组织机构

（一）国有独资公司的权力机关

由于投资主体的单一性，国有独资公司不设股东会，由国家授权投资的机构或国家授权的部门作为公司权力机关，行使包括委派和更换董事会成员，决定公司合并、解散、增减注册资本和发行公司债券等在内的部分股东会的职权，还有相当部分的职权则授予董事会行使。

（二）董事会

公司法规定，国有独资公司设立董事会，每届任期不得超过3年。其中，部分董事由国有资产监督管理机构委派，部分董事由公司职工民主选举产生。委派和选举的比例由公司章程具体规定。在国有独资公司中，董事会具有因授权而取得的股东会的部分决策权限，还因其是公司的执行机构和对外代表机构而负责公司的日常经营管理工作。换言之，国有独资公司董事会除享有一般有限责任公司董事会的职权外，还享有国有资产监督管理机构授予的部分股东会的职权，主要有：(1) 决定公司的经营方针和投资计划；(2) 决定公司的年度财务预算方案；(3) 决定公司的利润分配方案和弥补亏损方案等。

董事会设董事长 1 人，可以设副董事长。董事长、副董事长由国有资产监督管理机构从董事会成员中指定。

国有独资公司设经理，由董事会聘任或解聘。经国有资产监督管理机构同意，董事会成员可以兼任经理。经理的职权与一般有限责任公司经理的职权相同。

(三) 监事会

根据《公司法》第 70 条的规定，国有独资公司设立监事会，其成员不得少于 5 人，主要由国有资产监督管理机构委派的人员组成，并有公司职工代表参加。

国有独资公司监事会除行使《公司法》第 53 条第 1 项、第 2 项和第 3 项规定的检查公司财务，对董事、高级管理人员执行公司职务时违反法律、行政法规或者公司章程的行为进行监督，当董事、高级管理人员的行为损害公司的利益时，要求董事、高级管理人员予以纠正的职权外，还可以行使国务院规定的其他职权。

五、国有独资公司与一人公司

国有独资公司是特殊的一人公司。就一人公司股东仅为一人这一根本特征以及股东与公司人格各自独立等特点来说，我国公司法规定的国有独资公司当然是一人公司。

国有独资公司与通常的一人公司相比，具有明显的差异，主要体现在：(1) 立法目的不同。一人公司的法律规制是基于社会的现实需要和维护法律的尊严，在对传统公司重新认识和突破固有公司观念的基础上确立的；而国有独资公司是在我国特殊的社会经济条件下，为适应国有企业改制和建立现代企业制度的需要产生的，目的是为国有企业改革创制一种有效的法律形式，以实现其独立的市场主体地位。(2) 公司的存在形态不同。一人公司的形态较为复杂，既可以有原生型的一人公司，或继发型的一人公司，也可以有形式上的一人公司或实质上的一人公司；而国有独资公司都是原生型和形式上的一人（独资）公司。再次，产生原因不同。大多数国家的一人公司都是因股份转让或股权转移逐步演化而成，而我国的国有独资公司是在设立时即被界定为如此。(3) 股东身份不同。在西方国家，一人公司的股东既可以是国家，也可以是法人或自然人；而我国的国有独资公司则只能由国家授权的投资机构和国家授权的部门设立。此外，根据我国公司法的规定，国有独资公司的适用范围具有明确的限定性，其管理体制也强调职工参与性等。总之，国有独资公司是特殊的一人公司。

第三节　外国公司的分支机构

一、外国公司的分支机构概述

外国公司是相对于本国公司而言的，按我国公司法的规定，外国公司是指依照外国法律在中国境外登记成立的公司。简言之，外国公司为具有外国国籍的公司。外国公司在东道国从事经营活动通常是以分支机构的形式进行的。按我国公司法的规定，外国公司的分支机构是指外国公司依照我国公司法的规定，在我国境内设立的从事经营活动的不具有法人资格的机构。其主要特征有：

(1) 设立主体为外国公司。外国公司的分支机构不能独立于公司而存在，应由已成立的外国公司设立。

（2）设立依据为我国法律。外国公司分支机构必须按东道国法律设立，在我国设立的外国公司分支机构应依我国法律的规定办理设立手续。

（3）设立目的为从事经营活动。外国公司的性质决定了其设立分支机构必须从事经营活动而非其他目的。

（4）不具有中国法人资格。外国公司分支机构从属于外国公司，不具有独立民事主体的法律地位，不是民事权利主体，也不能独立承担民事责任，其责任由设立它的外国公司承担。外国公司的分支机构通常有分公司和办事处。

外国公司的分支机构与外国公司在我国投资设立的公司是不同的概念：外国公司在我国投资设立的公司与设立它的外国公司是不同的法人，两者不具有从属和依附关系。外国公司在我国投资设立的公司是依我国法律在我国境内登记的具有中国法人资格的中国公司，外国公司仅为其投资人，对其债务外国公司也仅以投资者的身份承担有限责任。

二、外国公司分支机构的设立、撤销与清算

（一）外国公司分支机构的设立

外国公司分支机构的设立，是指外国公司按照东道国法律规定的条件和程序，在东道国为其分支机构取得营业资格的法律行为。

1. 外国公司在我国设立分支机构的条件。根据我国公司法的规定，外国公司在中国境内设立分支机构应具备的条件主要包括：（1）外国公司分支机构必须有标明其外国公司国籍和责任形式的名称。（2）外国公司必须按照规定向其在中国境内的分支机构拨付业务活动所需要的资金，国务院规定了营运资金最低限额的，必须达到该最低限额标准。（3）外国公司必须指定在中国境内负责该分支机构的代表人或者代理人，作为公司在中国境内的代表。（4）外国公司分支机构必须在本机构中置备所属的外国公司的公司章程。

2. 外国公司在我国设立分支机构的程序。对外国公司分支机构的设立，有些国家实行准则主义，即依法直接办理设立登记手续即可营业；而有些国家则实行许可主义和核准主义，即经东道国政府主管机关审批后方可办理登记注册手续，我国就采取这种方式。（1）审查批准程序。外国公司在中国设立分支机构，必须向中国政府主管机关提出申请，并提交其公司章程、所属国登记证书及有关文件。主管机关在接到申请之日起 90 日内决定批准或不批准。外国公司设立分支机构时提交的申请书的内容应包括：分支机构所属公司的名称、国籍、住所、法定代表人、业务范围、公司形式，以及所设立分支机构的形式、业务范围、经营方式、拟向其拨付的营运资金数额、设立地区、经营场所等。其他有关文件主要包括：由该外国公司所在国或所在地区的有关主管机关核发的营业执照或其副本，由同该外国公司有业务往来的银行或金融机构出具的资信证明书，该外国公司委任分支机构代表人或代理人的授权书和负责人的简历，该外国公司最近两年或若干年经注册会计师审计或验证的财务会计报告，该外国公司在中国营业的计划书等。（2）登记程序。外国公司设立分支机构的申请获得批准后，应当由该外国公司指定在中国境内负责该分支机构的代表或者代理人，向公司登记主管机关依法办理登记手续，领取营业执照。其登记程序原则上与中国公司设立分支机构的登记程序相同。外国公司分支机构办理登记时，应向登记主管机关提交：审批机关签发的批准证书；验资报告；报审批机关批准时的全部文件。登记主管机关依法核准登记或驳回登记申请。依法登记并颁发营业执照的日期为外国公司分支机构成立的日期。

（二）外国公司分支机构的撤销

外国公司分支机构的撤销，是指业已成立的外国公司分支机构因发生法律或章程规定的撤销事由，而停止其积极的业务活动并着手处理其未了事务的行为。外国公司分支机构的撤销主要有以下情形：

1. 外国公司自行撤销其分支机构。外国公司因完成了在我国从事投资和经营的预定目标，或无意在我国继续投资经营，或其分支机构发生严重亏损，无力继续经营，或其分支机构在我国遭受不可抗力，无法继续经营，或因其分支机构经营期限届满等，可以自行决定向我国政府主管部门申请撤销其分支机构，经批准后予以撤销。

2. 外国公司依法解散。当外国公司被依法宣告破产，被其本国以行政命令或法院判决强制解散时，或者因出现合并、分立、经营期限届满、经营目的实现、股东决议解散、因不可抗力遭受损失等原因无法存续而解散时，外国公司所属的分支机构也必须随之解散并进行清算。

3. 外国公司向我国主管机关申请设立分支机构的批准证书被撤销。当外国公司向我国主管机关申请设立分支机构的批准证书被撤销时，依据该批准证书设立的分支机构随之丧失存在的法律根据。工商行政管理部门可以根据审批机关的通知，吊销该外国公司分支机构的中华人民共和国营业执照，并责令其撤销。

4. 外国公司的分支机构无故歇业。外国公司的分支机构成立后无正当理由超过 6 个月未开业，或者开业后自行停业连续 6 个月以上的，由公司登记主管机关吊销其营业执照。

5. 外国公司的分支机构因违法经营被撤销。这是指外国公司的分支机构违反中国的海关、工商行政管理、金融、财税、外汇、环境保护等法律、法规，情节严重，被有关主管部门责令关闭而予以撤销。

（三）外国公司分支机构的清算

外国公司分支机构因其撤销而丧失了在我国境内继续营业的能力，为保护债权人、雇员利益和我国国家利益，按照《公司法》第 197 条的规定，必须依法进入清算程序。所谓外国公司分支机构的清算，是指外国公司分支机构撤销后，为终结其现存的各种法律关系、了结分支机构债务，而对其债权债务所为的清理处分行为。

按照我国公司法关于公司清算的规定，外国公司分支机构被撤销或获准撤销后，应成立清算组，清理其财产，编制资产负债表和财产清单，制订清算方案，报我国主管机关确认。外国公司分支机构在清算期间，不得基于非清算目的处分其财产，在偿还债务之前不得将分支机构的财产以任何方式转移至中国境外。外国公司分支机构的财产能够清偿债务的，按顺序分别支付清算费用、职工工资和劳动保险费用，缴纳所欠税款，清偿其债务。其财产不能清偿所欠债务时，应由设立该分支机构的外国公司承担全部责任。如果该外国公司在其本国被宣告破产，对其分支机构享有债权的我国债权人和其他债权人，有权申报债权，参加对该外国公司的清算。

外国公司的分支机构依法清算完毕后，应在法定期限内向原公司登记主管机关办理注销登记手续，由登记主管机关发布公告，缴销营业执照。此后方可将其剩余财产转移到中国境外。

法律应用

1. 有限责任公司由50个以下股东共同出资设立，有限责任公司设立时股东人数必须符合法定的限额。

2. 有限责任公司成立后，应当向股东签发出资证明书，备置股东名册，如果发现作为出资的实物、知识产权、非专利技术、土地使用权的实际价额显著低于公司章程所定价额的，应由交付该出资的股东补交其差额。公司设立时的其他股东对其承担连带责任。

3. 我国公司法承认的一人有限责任公司，是指只有一个自然人股东或一个法人股东的有限责任公司。较之一般的有限责任公司，《公司法》对一人有限责任公司的规制更为严格。

4. 国有独资公司设立董事会，并行使一般有限责任公司董事会职权及股东会的部分职权；董事会设董事长一人，并可以设副董事长。董事会成员除投资者委任的外，通常应当有公司职工民主选举的职工代表。

5. 国有独资公司设置监事会，其成员除国有资产监督管理机构委派的外，必须有职工代表。监事会依法对公司经营者的行为实施监督。

6. 外国公司可以在中国境内设立分支机构进行经营活动。外国公司办理分支机构的设立申请通常由其代表董事或执行业务的股东负责，或者授权委托在我国的代表人、经理或代理人办理。

课后复习

1. 简述有限责任公司的特征和设立的条件。
2. 试述国有独资公司的概念、特征及董事会的组成、职权。
3. 简述一人公司的概念、特征以及我国公司法对一人公司的态度。
4. 国有独资公司与一人公司的关系是什么？
5. 简述外国公司分支机构的设立及法律地位。

第九章 股份有限公司

提 要

股份有限公司是典型的公司法人形态。为加强对股份有限公司的管理，各国法律均作出了不同于其他类型公司的更为严格的设立条件和设立程序的规定。作为典型的资合公司，股份有限公司的资本是其血液和灵魂，是公司存在的物质基础和债务担保。不同法系的国家均遵循一定的资本立法原则，实行不同的资本制度，因而在不同的资本制度下资本的含义也有所不同。股份有限公司是通过发行股份（股票）筹集资金的，故股份的发行是股份有限公司制度中重要的内容。由于股份有限公司募集资本的公开性，股份可以转让，由此吸引了众多的投资者，使之具有生命力和活力。股份的财产性质又使之具有担保价值，可以设置抵押。

重点问题

1. 股份有限公司的概念和特征
2. 股份有限公司的设立条件和设立程序
3. 股份有限公司的资本立法原则
4. 股份的发行与转让

第一节 股份有限公司概述

一、股份有限公司的概念与特征

股份有限公司是由一定数量股东出资设立的，公司全部资本分为等额股份，股东以其认购的股份对公司债务承担有限责任，公司以其全部资产对公司债务承担责任的公司。股份有限公司具有以下法律特征：

1. 股东人数设置低限额。各国公司法均规定股份有限公司的股东最低法定人数，对其上限则不作限制，使得公司股东具有最大的广泛性和不确定性。

2. 股东出资等额性。这是股份有限公司区别于有限责任公司的重要特征。公司资本必须分为等额股份，这使得公司股东的地位具有平等性。

3. 募集资本的公开性。股份有限公司采用公开发行股票的形式募集资本。股票一般可以自由转让、流通，这决定了公司的经营状况和财务会计报告必须公开。公示性是股份有限公司区别于有限责任公司的一个重要特征。

4. 设立要求严格。股份有限公司在经济地位、组织活动等方面的特点，决定了国家必须严格对其进行管理、监督。因而法律对其设立条件、设立程序等均作了严格规定。

5. 典型的资合公司。股份有限公司的信用基础是公司资本，与股东的信誉、地位、声望没有必然联系，股东不得以个人信用和劳务出资，一般也不直接参与公司的经营管理活动。

二、股份有限公司与有限责任公司的区别

股份有限公司与有限责任公司的区别主要表现在以下四个方面：

1. 公司设立时的股东人数要求不同。股份有限公司对股东人数没有上限要求，从而可以广泛筹集资金，扩大公司资本规模。有限责任公司对股东人数一般有上限要求，如法国、日本规定为 50 人，我国规定为 50 人，我国台湾地区规定为 21 人。

2. 公司筹集资本的方式和公示程度不同。股份有限公司可以通过向社会发行股票的方式筹集资本，这使得公司的股东具有广泛性，股东出资转让自由，公司的经营和财务必须向社会公示。有限责任公司不能向社会募集股份、发行股票，只能由全体股东认缴公司资本，股东出资转让受限制，公司的经营和财务会计情况也无须向社会公示。

3. 公司机关的完善程度不同。股份有限公司的股东会、董事会、经理及监事会是必设的，公司机关健全，可以保证公司经营活动的正常、有序开展。有限责任公司中一般只有董事会与经理是必设的，公司机关不太健全。

4. 公司的信用基础不同。股份有限公司的信用基础在于公司的资本，与公司成员的信用无关，是典型的资合公司。有限责任公司虽然本质上为资本联合的公司，但股东人数的上限、募集资本的不公开，使股东之间具有人身信任性，从而具有人合因素，是人合兼资合统一的公司。

三、股份有限公司的设立

（一）设立的条件

股份有限公司的设立条件主要包括以下四个方面：

1. 发起人要件。发起人也称创立人，是订立发起人协议，提出设立公司申请，向公司出资或认购股份并签署公司章程，对公司设立承担法律责任的人。鉴于股份有限公司的资合性，为保证设立行为的完成，维护认股人的利益，国外立法通常仅规定股份有限公司的最低人数限额而没有最高人数限制。如日本、法国规定为 7 人，德国规定为 5 人。我国公司法则不同，不仅规定不得低于 2 人的下限，也不得高于 200 人的上限。至于发起人国籍的限制要求，各国法律规定不一，但多数国家不加限制。我国公司法规定，发起人中应有过半数的人在中国境内有住所。发起人必须具有民事权利能力与民事行为能力。自然人、私营企业、外商投资企业及外国企业均可以作为股份有限公司的发起人，法律有特别规定的除外，如党政机关和军队不能经商的法律禁止性规范。一般认为，发起人为设立中的公司的机关，其对外代表设立中的公司，对内履行设立的各项义务。当公司设立无效，不能成立时，发起人对公司设立行为所产生的后果承担连带责任；当公司依法成立后，公司设立行为所产生的后果由成立后的公司承担。

2. 资本条件。对于作为资本企业的股份有限公司，公司资本或股本是公司生存运营的物质基础，也是公司债务的总担保，故有些国家的公司法规定了设立股份有限公司的最低注册资本额。我国公司法也只是在 2013 年《公司法》修订时废除了最低注册资本限额的规定。不过《公司法》第 26 条但书条款规定，法律对注册资本的最低限额有规定的从其规定。根据国务院

《关于印发注册资本登记制度改革方案的通知》（国发［2014］7号），实行最低注册资本制度的公司有商业银行、金融资产管理公司、财务公司、金融租赁公司、货币经纪公司、保险公司、小额贷款公司以及募集设立的股份有限公司等。

3. 行为要件。它是指公司发起人为设立公司所进行的一系列连续性准备行为，包括签订发起人协议、制定公司章程、认缴出资、确定公司机关、申请注册登记等。这些设立行为均必须符合法律规定，否则公司不能成立。

4. 组织条件。它是指股份有限公司必须有符合法律要求的公司名称、组织机构和住所。

（二）设立的程序

股份有限公司的设立程序依公司设立的方式不同分为发起设立程序和募集设立程序。

1. 发起设立程序。以发起设立方式设立股份有限公司的，其设立程序如下：（1）订立发起人协议。发起人协议是发起人之间就设立公司有关事项所达成的书面协议，是规范、约束发起人行为，明确其权利与义务的协议，其性质近似于合伙协议。（2）制定公司章程。公司章程由全体发起人制定后即生效。（3）发起人认足股份并缴纳股款。发起设立股份有限公司的，由发起人认足公司全部股份。对于所认股份的股款缴纳，各国规定不同，如日本规定须全部缴足，法国、德国等国家则允许分期缴纳。我国公司法规定可以按照公司章程的约定分期缴纳。出资方式多元化，以现金、实物、知识产权、土地使用权等可以用货币估价并可以依法转让的非货币财产均可以作为出资。（4）选举公司机关成员。发起人在缴付全部出资后，应选举董事会、监事会成员。（5）申请设立登记。选举产生的董事会应向公司登记主管机关报送设立公司的申请及批准文件。登记主管机关在收到相关文件的法定时间内，作出是否予以登记的决定。对符合法定条件的，予以登记注册，发给公司营业执照，公司至此成立。

2. 募集设立程序。以募集设立方式设立股份有限公司的，其设立程序如下：（1）订立发起人协议。（2）草拟公司章程。发起人草拟公司章程，由日后召开的创立大会通过。（3）发起人认缴股份。对募集设立的股份有限公司，各国都对发起人所认购的股份作出一定规定。我国公司法规定，以募集设立方式设立的股份有限公司，发起人认购的股份不得少于公司股份总数的35%，其余股份应当向社会公开募集。（4）公告招募股份及缴纳股款。为防止滥发股份、欺诈社会公众的行为发生，发起人在向公众募股前，一般须经国家主管部门审核批准后才能募股。募股申请获批后，发起人向社会公告招股说明书，制作认股书，并与证券经营机构签订协议，由其代为承销股份，同时与银行签订委托其代收股款的协议。认股人须按所认股份缴纳股款，否则应承担违约责任。（5）召开创立大会。股款缴足后，发起人应主持召开创立大会。创立大会由发起人、认股人组成，应由代表股份总数一定比例（我国公司法规定为过半数）的发起人、认股人出席方可举行，并在创立大会上通过公司章程，决定是否成立公司，选举公司首届董事会、监事会成员。（6）申请设立登记并公告。董事会向公司登记主管机关报送设立公司的有关文件并由登记主管机关作出是否予以登记的决定。公司经登记成立后，应当进行公告。

第二节　股份有限公司的资本

一、公司资本的概念与特征

股份有限公司的资本又称注册资本或股本，是指公司成立时由章程所确定的并由股东出资构成的公司财产总额。由于各国公司法确立了不同的资本制度，所以，在外国公司法中，“公司资本”一词还有多种含义：在法定资本制下，公司资本又称注册资本，是指公司章程确定的，在公司登记主管机关登记的由全体股东实缴的出资额或公司实收的股本总额。在授权资本制下，注册资本又称名义资本或核定资本，是公司章程中规定的，授权公司最高可以发行或筹集的公司资本或股本。在授权资本制下，由于资本不需要全部认足公司即可成立，所以，公司资本呈现出下列形态：（1）发行资本，是指公司已经招募并由认股人认购的股份总数。在公司名义资本发行完毕前，它总是低于名义资本。（2）实缴资本，又称实收资本，是指认股人已经向公司缴纳股款而形成的股本总和。由于有的国家允许分期缴纳股款，所以，它可能会低于发行资本。（3）催缴资本，是指股东已经认购但尚未缴纳股款，公司随时可以向股东催缴的资本。（4）保留资本，又称储备资本，是指经公司股东会同意，在公司正常营业期间内不向股东催缴，直至公司终止清算时才向股东追缴的发行资本的保留部分。名义资本、发行资本和实缴资本等资本概念是外国公司制度中公司资本的具体表现形式，它们具有时间上的延续性，表明了公司资本在不同阶段的状态。在我国公司法中，股份有限公司的资本具有以下法律特征：

（1）公司资本是公司成立时确定的资本总额。但在实行授权资本制和折中资本制的国家，公司的注册资本为名义资本，无须在公司成立时一次发行认足，可以分期发行缴纳股款。

（2）公司资本须记载于公司章程中。各国公司法均规定公司资本是公司章程的绝对必要记载事项，记载内容包括资本总额、发起人认购的股份数额、公开发行的股份数额等。

（3）公司资本必须是在公司登记主管机关依法登记的股款总额。各国登记主管机关均要求公司在进行设立登记时须登记公司的资本数额。公司资本登记的目的在于公示以产生公信力，对于维护公司的合法权益、保护交易安全和维护正常的社会经济秩序具有重要的意义。

二、公司资本的立法原则

为保护债权实现和交易安全，大陆法系国家公司立法中确立了一系列关于公司资本的法律条文，学者将这些具有共同法理的条文归纳综合，称为“资本三原则”，即资本确定原则、资本维持原则、资本不变原则。

（一）资本确定原则

它是指股份有限公司设立时，资本必须具有确定性，必须是确定的数额并应在公司章程中加以记载并须由股东全部认足，否则公司不能成立。它是股份有限公司资本的首要立法原则。

（二）资本维持原则

又称资本充实原则或资本拘束原则，是指公司在其成立后的存续期间内，应当经常保持与其确定的资本额相当的实有财产。目的在于维持公司资本，保证公司经营能力及偿债能力，保护债权人利益和交易的安全，同时也可以防止股东过高的盈利分配要求，确保公司自身正常经营活动的开展。从我国公司法的有关规定来看，资本维持原则体现在以下五个方面：（1）发起人、股东的出资可以转让但不得抽回；（2）在公积金提取前，不得分配公司利润；（3）股票发行价格不得低于票面金额；（4）公司一般不得收购本公司的股票；（5）公司的原始股东对货币之外的出资价值承担保证责任。

（三）资本不变原则

资本不变原则，是指公司资本一经确定，非依严格的法定程序，不得随意增减。资本不变原则与资本维持原则的实质一样，都是为了防止因公司资本总额的减少而导致公司责任能力的缩小，进而强化对债权人利益和交易安全的保护。两者相互关联，各有侧重。资本不变原则强调非经履行严格的法定程序，公司资本不得任意改变。它体现了对公司资本的静态维护。资本维持原则则重视公司应保持与其章程相一致的资产，体现了对公司资本的动态维护。两者相互作用，以保证公司建立在稳定的财产基础上。我国公司法中的公司资本增减须经股东大会形成决议，减资公告以及股份有限公司发行新股等有关规定都体现了这一原则。

大陆法系国家以“资本三原则”为指导原则，确立了法定资本制（又称确定资本制）。它是大陆法系国家早期确立的资本制度，是指公司在设立时，必须在章程中对公司资本总额作出明确的规定，并由股东全部认足，否则公司不能成立。由于章程中记载的资本是公司全部发行的资本，故在公司成立后，资本如果要变更，则须依法定程序进行并办理相应的变更登记手续。这一制度能有效地保证公司资本的真实、可靠，防止公司设立中的投机、欺诈行为，保证交易的安全。但其存在公司成立后资本变更需要履行烦琐的变更登记程序，筹资的困难和公司成立之初资本闲置相对过剩，使股东权益受损等弊端。

与大陆法系国家实行法定资本制不同的是，英美法系国家创设了授权资本制。它是指公司设立时，只需在章程中记载注册资本额和设立时发行的股本额，而不要求股东认足全部资本，公司即可成立。未发行或缴足的部分，授权公司董事会在公司成立后根据需要随时发行新股募集，而不必经过股东会批准，无须变更公司章程，也不必履行变更登记程序。这一制度适应了市场经济对公司设立、决策快速和高效的客观要求，使发行股份的时间具有极大弹性，便于公司适时筹资，降低了投资经营的风险，同时也简化了公司资本变更的程序。但其不足是，容易产生欺诈投机行为，削弱了对债权人利益的保护，董事会权力的扩张会使对股东权益的维护有失周全。

大陆法系国家在权衡前两种制度利弊的基础上，将两者有机融合而形成一种新的资本制度——折中资本制。它是介于法定资本制和授权资本制之间的一种资本制度。根据这一制度，公司章程中不仅要记载公司的资本总额，而且应规定符合法定标准的首期股份发行数量（如法国规定不得少于资本总额的1/2，日本规定为1/4）。在首期股份认足、缴足后，公司即告成立，其余股份由公司董事会根据实际情况在规定的期限（如德国规定为5年）内随时发行完成。我国现行公司法也采用折中资本制度。

总之，公司资本的立法原则既是股份有限公司法律制度的核心，又是公司法的重要内容。而从法定资本制到折中资本制的发展，也体现了股份有限公司作为典型的商事组织，在追求盈利最大化的公司资本制度设置上采取安全与效率兼顾的立法取向。

三、公司资本的变动

股份有限公司虽然要遵守资本确定、资本维持、资本不变的原则，但由于公司成立后各种客观情况的变化，故公司的资本也不可能一成不变。随着公司生产经营情况和市场状况的变化，公司的资本也要相应地增加或减少。这就是公司的资本变动制度。

1. 增加资本。增加资本，简称增资，是指公司成立后在存续期间内，为筹集资金、扩大营业，依照法定的条件和程序增加公司的资本总额的行为。由于增加资本能够增强公司的实力，不会对债权人的利益造成威胁，所以，各国公司法对此限制较少。股份有限公司增加资本的方式主要有三种：一是增加股份的数额，发行新股，即公司在原定股份总数之外发行新的股份。这种方式既可以采取向原有股东配股、送股的形式，也可以采取向社会公开募集，吸收新股东加入公司的形式，还可以采取将可转换公司债转换成公司股份的形式。此种发行新股的方式由于不受公司原股本总额的限制，因而与授权资本制下的发行新股不同。二是增加股份金额，即公司在不改变原定股份总数的情况下增加每股的金额。此种方式的增资，实际上是增加了原有股东的股份出资数额，因此，只能在原有股东内部进行，不能向社会发行。三是既增加股份的数额，又增加每股的金额，即同时采用前两种方法进行。我国股份有限公司增资常采用第一种方法。同时，我国公司法还规定，可以将公司的公积金转增为公司资本，但法定公积金转为资本时，所留存的公积金不得少于注册资本的25%。

2. 减少资本。减少资本，简称减资，是指公司成立后在存续期间内，资本过剩或经营亏损严重，基于公司营业的实际需要，依法定条件和程序减少公司资本总额的行为。依资本不变原则，公司成立后一般不允许减少资本，但当资本过剩或经营亏损致使公司的资本额与实际资产相差悬殊时，如果机械地恪守资本不变原则，不但会造成资本在公司中的停滞，不利于发挥财产的经济效用，而且使资本丧失了作为公司运营的物质基础和昭示公司信用状况的作用。因此，依法减少公司资本，不仅不是对资本不变原则的违背，而且是资本维持原则的体现。与增资方式相对应，股份有限公司的减资方法也有三种：一是减少股份数额，即每股金额不减少，只是减少股份总数。具体又分为消除股份和合并股份两种，消除股份如实践中的股份有限公司依法购回其发行在外的股份。我国《公司法》第142条对此作了明确的规定。二是减少股份金额，即不改变股份总数，只减少每股的金额。具体又分为免除股东未缴足的股款、发还股东已缴的部分股款和注销每股部分金额。三是既减少股份数额，又减少股份金额，即同时采用前两种方法进行。

股份有限公司资本的变动必须履行法定的程序，即由股东大会作出资本增减的决议（我国公司法规定，股份有限公司增减资本，须由出席股东大会的股东所持表决权的半数以上通过），修改公司章程并办理相应的变更登记和公告手续。为了维护债权人的利益，我国公司法还规定：公司减资时必须编制资产负债表及财产清单，自作出减资决议之日起10日内通知债权人，并于30日内在报纸上公告。债权人自接到通知书之日起30日内，未接到通知书的自第一次公告之日起45日内，有权要求公司清偿债务或提供相应的担保。自登记之日起，公司的资本变动发生法律效力。

第三节　股份有限公司的股份

一、股份的概念与特征

股份有广义和狭义之分。广义的股份，是指各类公司的股东对公司的出资，是公司资本的构成部分。英美法系国家和地区采用之。狭义的股份，专指股份有限公司资本构成的最小单位。多数大陆法系国家采用之。股份有限公司的股份含义有两种：第一，它是公司资本的最小计量单位，即公司的全部资本分为均等的股份，全部股份金额的总和即为公司的资本总额；第二，股份又是股东权利与义务的基本计量单位。股东权利与义务的大小及范围取决于其拥有的股份数额的多少。与其他类型公司的股东出资相比，股份有限公司的股份具有以下特征：

1. 股份具有平等性。股份所代表的资本额一律相等，每一股份代表一个独立存在的股东权。股东权的增减与持股数的多少呈同一比例，同类股份代表同质同量的股东权。同股同权，同股同利。

2. 股份具有不可分性。股份有限公司的资本分为股份，股份则不可以再分，它是资本构成的最小单位。但股份的不可分性并不排除某一股份可以为数人“合手共有”。当股份为数人共有时，股权一般应由共有人推选一人行使。共有人对股份利益的分享，不是对股份本身的分割。

3. 股份具有证券性及可转让性。股份有限公司的股份以股票为表现形式，故具有证券性。除法律对特定股份的转让有限制外，股份可以自由转让和流通。股份的转让和流通，是通过股票交易进行的。

二、股份的分类

依据不同的划分标准，可以将股份有限公司的股份分为不同的种类。

(1) 依股份所代表的股东权的内容不同，可以将其分为普通股和优先股。普通股，是指股东权利平等而无差别待遇的股份，是公司资本构成中最基本、也是风险最大的股份。特别股，是股东权利由法律和章程作出有别于普通股股权的规定的股份。它又可以分为在股息/红利分配、剩余财产分配和表决权行使等方面的权利优于普通股的优先股和前述权利劣于普通股的劣后股。普通股具有股息不固定，红利/股息及公司剩余财产的分配次于优先股，股东享有表决权等特点。而优先股则具有股息/红利及剩余财产的分配优先于普通股，股东一般不享有表决权的特点。我国公司法无关于特别股的明确规定，但法律并无禁止特别股发行的意图。

(2) 依股份是否以金额表示，可以将其分为额面股和无额面股。额面股，是在股票票面表示一定金额的股份。无额面股，又称比例股或部分股，是指股票票面不表示一定金额，而只表示其占公司资本总额一定比例的股份。无额面股的价值随公司财产的增减而增减，其实际上占公司资产总额比例的价值也是一个变量。无额面股的优点在于公司增资时，无须再发行或增加新的股份，只需增加每股代表的资本额即可；其弊端在于股份所代表的金额常处于不确定状态，增加了股份转让及交易的难度。允许发行无额面股的国家现已为数不多，仅有美国、日本等国家，且大都对其发行加以限制。我国公司法禁止发行无额面股，只允许发行额面股。

(3) 依是否在股票上记载股东的姓名或名称，可以将股份分为记名股和无记名股。记名股，是将股东的姓名或名称记载于股票上的股份。记名股的权利只能由股东本人享有，非股东持有股票并不享有股权。记名股东的姓名或名称须记载于公司股东名册中。记名股的转让须由股东以背书方式或法律、行政法规规定的其他方式进行，并将受让人的姓名或名称记载于公司股东名册之中，否则，转让不产生对抗效力。无记名股，是股票上不记载股东姓名或名称的股份。无记名股份与股票不可分离，凡持有股票者即为公司股东，享有股东权；在转让股份时，将股票交付给受让人即可发生转让的效力。

三、股份的发行

股份发行是股份有限公司以募集资本为目的，分配或出售自己股份的行为。依股份发行目的的不同，可以分为设立发行和新股发行。

（一）设立发行

设立发行，是指为使公司成立而募集资本，并以此为目的所进行的股份发行。依公司设立方式的不同分为发起设立和募集设立。在采用发起设立方式时，首期发行的股份由发起人全部认足而不向社会募集；在采用募集设立方式时，首期发行的股份除由发起人认缴一部分（我国公司法规定为不得少于公司股份总数的35%）外，其余部分应向社会公开发行。

（二）新股发行

新股发行，是指在公司成立后以增加公司资本或募足公司资本为目的所进行的股份发行。依发行目的、要求及方式的不同，新股发行又可以分为：(1) 增资发行与非增资发行。增资发行是公司资本超过原注册资本所进行的股份发行。在法定资本制下，公司成立后所进行的股份发行即为增资发行。非增资发行是指就公司章程记载的资本与公司成立时首次发行的股份之差额部分，在公司成立后为募足资本而进行的股份发行。在授权资本制下，公司成立后所进行的股份发行即为非增资发行。(2) 通常的发行与特别的发行。通常的发行即以增资为目的所进行的新股发行；特别的发行则不以增资为目的，而是为了分配盈余，将公积金转为资本或将可转换公司债转变为股份所进行的新股发行。特别的发行虽然不以增资为目的，其结果却是公司资本的必然增加。(3) 不公开发行与公开发行。不公开发行也称定向发行，是指只由特定的法人、股东或公司内部职工（公司雇员）认购股份，而不向社会公众发行股份。公开发行是指向社会公众发行股份。因公开发行涉及社会公众的利益，其法定要求较之不公开发行更为严格。

四、股份的转让

（一）股份转让的含义

股份的转让是股东将自己的股份让与他人，从而转让股东权的法律行为。股份的转让不会改变公司的股份总数，仅是改变公司的股东。由于股份有限公司的资合性，股东的改变不会影响公司的信用，相反，股份的转让会给公司增加经营能力及业绩提高的压力，也赋予股东根据证券市场转移投资风险的权利。故各国公司立法上均确立了股份自由转让的原则。

（二）股份转让的方式

股份以股票为表现形式，股票不同，其转让方式也不同。

1. 记名股份的转让。各国对记名股份一般采用背书、交付转让的方式。有的国家规定除背书转让外，也可以采用书面形式转让，如美国、法国。有的国家规定须附有转让证书和正式过户申请方得转让，如英国。有的国家则规定必须办理过户登记手续进行转让，如德国、瑞士等。无论采用何种形式，记名股份的转让均须变更公司股东名册上的股东姓名或名称及相关记载。我国公司法规定，记名股票由股东以背书方式或者法律、行政法规规定的其他方式转让。

2. 无记名股份的转让。各国多以交付的方式为无记名股份的转让方式。无记名股份的转让以股票的交付为成立要件，无须登记。我国公司法规定，无记名股票的转让，由股东在依法设立的证券交易场所将该股票交付给受让人后即发生转让效力。

（三）股份转让的限制

股份转让并非绝对。各国立法在赋予股东自由转让股份权利的同时，为保护公司、股东及债权人的利益，也对股份的转让进行了一定的限制。这种限制除由法律明文规定外，也可以由公司章程或股东之间或股东与公司之间的协议加以限制。我国公司法对此加以限制的规定主要有：(1) 股东转让其股份，必须在依法设立的证券交易场所进行。(2) 发起人持有的本公司股份，自公司成立之日起 1 年内不得转让。(3) 持有本公司股份的董事、经理和监事须向公司申报所持有的股份及其变动情况，在任职期间每年转让的股份不得超过其所持有本公司股份总数的 25%，所持本公司股份自公司股票上市交易之日起 1 年内不得转让。(4) 公司一般不得收购自己的股票，但为减资而注销股份或者与持有本公司股票的其他公司合并时除外。

五、股份的质押

股份具有财产价值，且可以转让、流通，因而可以作为债权的担保。股份在设置担保时比不动产和动产担保更简便、快捷，因而在融资活动中作为有效的担保手段得到广泛运用。股份担保的方式一般采用股份质押。各国商法、公司法或其他法律对股份质押均作出了具体规定。在我国，根据担保法的规定，依法可以转让的股票可以质押。出质人和质权人应当订立书面合同，并向证券登记机构办理出质登记，质押合同自登记之日起生效。出质人依法转让股票的价款应当向质权人提前清偿所担保的债权或者向与质权人约定的第三人提存。

但各国法律普遍对股份的质押作出了限制，即公司不得接受本公司的股票作为质押权的标的。这是因为如果允许公司接受本公司的股票作为质押权的标的，当债务人无力偿债时，公司有权将其质押的股票变卖或折价受偿，此时将可能出现公司购买自己的股票的情形，而此种情形一般为各国公司法所禁止。我国公司法也规定公司一般不得接受本公司的股票作为质押权的标的。

六、股份与股票

股票是由股份有限公司签发的证明股东权利的书面凭证。股票与股份具有密切的联系，两者形同表里：股份是股票的实质内容，股票是股份的表现形式。有关股票的种类、发行及转让等问题实际上就是股份的种类、发行及转让问题。但作为股份的表现形式，股票具有不同于股份的自身特征：

1. 股票是一种有价证券。有价证券是设定并证明持券人取得一定金额的权利凭证，体现的是一种财产权利。股票所代表的股东权含有财产权的内容，加之股票可以流通、质押，具有投资价值和市场价格，故为一种有价证券。

2. 股票是一种证权证券。股票是证明股东权利的凭证。股东权是基于股东向公司出资而获得的权利，它不是由股票设定的，股票仅是对股东权存在的一种证明。因此，股票具有权利证书的效力，而不具有创设权利的效力，非设权证券。

3. 股票是一种要式证券。作为要式证券，其形式、制作程序、记载的事项和方式均须符合法律规定。各国公司法对股票的记载事项均有明确规定。我国公司法规定，股票采用纸面形式或者国务院证券监督管理机构规定的其他形式。股票应载明下列事项：(1) 公司名称；(2) 公司登记成立的日期；(3) 股票的种类，票面金额及代表的股份数；(4) 股票的编号。股票须由董事长签名、公司盖章后生效。

4. 股票是一种风险证券。除非公司终止，股票没有到期日。在公司存续期间，股东可以转让股票，但不能要求公司还本付息或者退股。由此，股票投资具有高风险性，是典型的风险证券。我国公司法规定，记名股票被盗、遗失或者灭失时，股东可以依照民事诉讼法规定的公示催告程序，请求人民法院宣告该股票失效，在人民法院依照公示催告程序宣告该股票失效后，股东可以向公司申请补发股票。而无记名股票被盗、遗失或者灭失时，不能采取公示催告程序宣告该股票失效并由公司补发，股东的损失无法挽救。

法律应用

1. 在股份有限公司的设立中，各发起人之间的关系适用民法上的合伙关系。当公司不能成立时，发起人对设立公司所产生的费用和债务负连带清偿的责任和返还认股人缴纳的股款并加算银行同期存款利息的责任。公司成立后，发起人应负有资本充实责任和损害赔偿责任。

2. 公司资本来自股东的出资，法律对发起人股东和社会公众股东的出资方式有不同的规定，发起人可以以现金、实物、知识产权、土地使用权等可以用货币估价的财产出资。鉴于股份有限公司的资合性，劳务、信用、经营能力等不能作为出资构成公司资本。

3. 公司成立以前，依法订立的发起人协议有效，发起人依其协议缴纳出资后，在公司成立前，发起人可以抽回出资，但由此造成的损失，抽回出资的发起人应承担相应的赔偿责任。募集设立的股份有限公司在创立大会召开并决定成立公司前，认股人可以抽回其出资；创立大会召开并决定成立公司后，认股人不得抽回其出资。

4. 记名股票一经背书转让即产生股权转让的法律效力，至于办理过户登记手续应为对抗要件而非生效要件，即只有经过过户登记的股票才能对抗公司。记名股票的遗失、被盗或灭失后的法律补救手段只能是公示催告，仅仅公告声明、挂失不能产生股票失效的法律效力。

5. 只有依法发行且可以流通转让的股票才能设置质押。公司为减少注册资本依法收购的自己的股票，必须在收购之日起10日内进行注销且办理相关手续。我国现行法律不允许将收回的股票作为库存股票保留，否则其行为违法。

课后复习

1. 试述股份有限公司与有限责任公司的不同法律特征。
2. 简述股份有限公司的设立条件和设立程序。
3. 试述股份有限公司资本的含义、“资本三原则”的内容及在我国公司法中的体现。
4. 试比较不同资本制度的利弊。
5. 简述股份有限公司增减资本的主要方式。
6. 简述股份有限公司股份转让的方式及股份转让的限制。

第十章

公司债券

提要

公司债券是表彰公司与不特定的社会公众之间形成的金钱债务关系的有价证券。作为公司重要的融资方式之一，公司债券具有与其他有价证券不同的法律特征。为保护投资者利益和稳定社会经济秩序，各国立法除对公司债券的发行主体有所限制外，还对债券的发行条件和发行程序作了明确的规定。作为可流通的有价证券，法律对公司债券的转让场所和转让方式作了规定。可转换公司债券是一种重要的公司债券，具有债券股权化的特征。鉴于可转换公司债券的特殊性，法律对其发行主体和发行条件均作了严格于普通公司债券的规定。

重点问题

1. 公司债券的概念与特征
2. 可转换公司债券的特征与转换

第一节　公司债券概述

一、公司债券的概念与特征

公司债券是公司为筹集资金向社会公众发行的，约定到期还本付息的有价证券。公司债券是公司债的表现形式，公司债是公司债券的实质内容，两者形同表里。因此，在各国（地区）公司法中，有的国家和地区采用“公司债券”表述，如德国、意大利、我国香港地区等；有的国家和地区采用“公司债”表述，如法国、日本、我国台湾地区等。我国公司法采用第一种表述。作为表彰公司债债权人权利的凭证，公司债券具有以下法律特征：

（1）公司债券是要式有价证券。公司债券表明债券持有人对公司拥有一定数量的债权，且其具有较强的流通性。这使公司债券与公司一般金钱债务的债权凭证仅以契约或其他证据形式表现且不具有流通性有所不同。

（2）公司债券是公司依法发行的有价证券。它表明公司债券必须是依法成立的公司依公司法或其他相关法律规定的条件和程序发行的。这使公司债券区别于企业债券、金融债券和国家债券。

（3）公司债券是集中发行、内容定型且以不特定的社会公众为发行对象的有价证券。公司债券的发行是以筹集大规模的资金为目的，在一定时期内，将借入总额依一定金额予以划分，与不特定的公众分别形成发行条件和方法等内容具有定型性的契约，即标准契约。而一般金钱债务是公司与特定的债权人（如银行或其他金融机构）之间形成的不具有集中性和内容定型性的债务。

(4) 公司债券是定期还本付息的有价证券。公司债券的持有人对公司拥有的债权是有期限的，公司在规定期限到达时，须向持券人无条件还本付息。否则，持券人可以以公司支付不能为由，请求法院依法宣告公司破产。这使公司债券与股票具有不同的性质，前者是一种低风险的投资表现。

二、公司债券的种类

依不同的划分标准，可以对公司债券进行不同的分类。各国公司法或证券法对公司债券的分类主要有以下三种：

（一）记名公司债券和无记名公司债券

这是依公司债券中是否记载持有人的姓名或名称而作的分类。在公司债券上记载持有人姓名或名称，并在置备的公司债券存根簿上载明持有人的姓名或名称及债券编号等事项的公司债券为记名公司债券，反之，则为无记名公司债券。这种分类的法律意义在于：

(1) 两者转让的程序不同。记名债券转让应以背书方式进行，并由公司在公司债券存根簿上记载受让人的有关事项，否则不发生转让效力。而无记名债券的转让只需在依法设立的证券交易场所将债券交付给受让人即发生转让效力。

(2) 两者被盗、遗失或灭失时的补救方法不同。记名债券发生被盗、遗失或灭失时，债券持有人可以通过公示催告程序申请法院宣告其无效后，由公司补发债券。而无记名债券发生被盗、遗失或灭失时，不能采取公示催告程序宣告债券无效并由公司进行补发，持券人的损失无法补救。

(3) 两者在付息时提示证券的要求不同。各国公司债券普遍采取附息票方式定期支付债券利息。记名债券持有人在领取利息时，不仅要出示债券，而且还要出示能证明其为债券存根簿上载明的持有人的相关证件。无记名债券持有人可以凭息票领取利息，也可以凭债券领取利息。

（二）担保公司债券和无担保公司债券

这是以公司债券是否设置担保为标准而作的分类。担保公司债券是公司对债券本金的偿还提供财产担保或第三人担保的债券。根据担保方式的不同，可以分为：抵押债券、担保信托债券、保证债券、设备债券等。无担保公司债券又称普通债券、信用债券，是指不设置任何担保而仅以公司信用作为基础发行的债券。这种分类的法律意义在于，当公司债券不能按期受偿时的法律后果不同：担保公司债券到期不能受偿时，债权人可依担保权的行使优先获得清偿。而无担保公司债券的债权人仅为一般债权人，公司到期不能还本付息时，持券人只能以普通债权人的身份提出偿债要求。因此，与无担保公司债券相比，担保公司债券更能保障债权人的利益。有鉴于此，各国公司法对无担保公司债券发行的程序和条件均作了严格规定。

（三）可转换公司债券和不可转换公司债券

这种分类一般是以公司债券是否可以转换为公司股票为标准的。前者是指债券持有人可以依自己的意志，在一定期限内按事先确定的办法，将其持有的债券转换为股票的公司债券。后者是指不能转换为公司股票的公司债券。这种分类的法律意义在于，公司债券的持有人享有的权利不同：可转换公司债券的持有人享有是否将其所持债券转换为股票的选择权，并由此享有不同的权利，即非股权即债权。而不可转换公司债券的持有人只能享有到期受偿的债权。

除上述几种分类外，公司债券还可以分为：参加公司债券和非参加公司债券（这是以公司债券持有人是否有权参加公司股东会或公司红利分配为标准而作的分类）；可赎回公司债券和不可赎回公司债券（这是以公司是否有权在到期日之前收回债券并清偿债务为标准而作的分类）等。

依我国公司法的规定，公司可以依法发行记名公司债券与无记名公司债券以及可转换公司债券和不可转换公司债券。对于其他公司债券种类，法律未作明确、具体的规定。

三、公司债券与股票的异同

（一）公司债券与股票的相同点

公司债券与股票的相同之处在于：（1）作为公司融资的方式，两者都以公司作为发行主体，以社会公众作为发行对象；（2）两者都属于表示投资者权利的有价证券、要式证券，具有流通性；（3）两者均具有集中发行、内容定型的标准契约的性质。

（二）公司债券与股票的不同点

尽管有许多相同之处，但在法律性质上，公司债券与股票仍具有本质的区别。其主要表现是：

1. 权利人的法律地位不同。公司债券持有人是公司的债权人，权利人除享有债权外，无其他权利；股票持有人是公司的所有人，对公司享有股东的权利并承担股东的义务。

2. 权利的性质与内容不同。公司债券是债权的凭证，债权人在债权到期时，对公司享有本金偿还请求权、利息给付请求权；股票是股权的凭证，在公司存续期间，股东无本金偿还请求权，股权也没有到期日与偿还期，只有在公司解散、清算时，股东才享有剩余财产的分配请求权。但股权除具有上述财产性质的权利外，还具有公司经营管理参与权和重大决策权等管理性质的权利。

3. 权利行使的先后顺序不同。债权优先于股权得到满足。在公司存续的场合，只有在公司利润弥补亏损、提取储备金后尚有盈余的情况下，股东才享有利润分配请求权；在公司终止的场合，只有当债务得以清偿后，股东才享有剩余财产的分配请求权。

4. 获得权利的对价形式不同。公司债券的认购仅限于金钱给付；而股票的认购、股权的获得，其对价可以是现金、实物、无形资产或其他权利。

5. 投资者承担的风险大小不同。股票的风险大于公司债券。股票的认购是一种出资行为，具有永久投资的性质，只能转让，不能退股。当公司经营亏损或资不抵债而破产时，投资者将难以收回其出资，故风险较大。债券持有人购买债券是一种出借行为，债券到清偿期时，债权人可收回本金，故风险较小。

第二节 可转换公司债券

一、可转换公司债券的概念与特征

（一）可转换公司债券的概念

可转换公司债券有广义和狭义之分。广义的可转换公司债券，是指赋予债券持有人将其所持债券转换为其他种类公司债券的权利的公司债券。如记名债券与无记名债券的转换，短期债券与长期债券的转换。狭义的可转换公司债券，是指发行人依照法定程序发行，在一定期间内持券人可以依照事先确定的条件将债券转换为股票的公司债券。一般所称可转换公司债券指狭义上的可转换公司债券，本节亦采狭义之说。可转换公司债券最早由美国于1843年创设并使用，随后大陆法系国家也相继采用这种公司债券。我国公司法和证券法对发行这类公司债券作了相应的规定。

（二）可转换公司债券的法律特征

可转换公司债券是一种介于普通公司债券与股票的债券，具有以下法律特征：

1. 可转换公司债券具有债券和股票的双重属性。可转换公司债券在转换为股票以前具有债券的性质，持有人是公司的债权人，享有债权人的权利并承担相应的义务。一旦转换为股票，就具有股票的所有属性，持有人为公司的股东，享有股东的权利并承担相应的义务。因此，它是一种潜在的股票，具有债券股份化的特征。

2. 可转换公司债券的持有人享有的转换请求权是一种形成权。作为一种形成权，可转换公司债券持有人转股权利的行使与债券发行公司无任何关系，它依持有人的单方意志而发生转换与否的效力。可转换公司债券在发行时，发行人就赋予债券持有人在将来确定的转换期内，享有转换与否的选择权。转换是一种权利而非义务，持有人可以行使这种权利，以债券抵缴认股款取得公司股票，也可以放弃这种权利，在债权到期后收回本金，取得固定利息。债券发行人不能强迫债券持有人转换或者不转换为股票。

3. 可转换公司债券的投机性和风险都大于普通公司债券。由于可转换公司债券附加了转换为股票的权利，所以，其发行价格比普通公司债券高，其票面利率则通常低于银行贷款利率和普通公司债券的利率。因而，对于发行公司而言，发行可转换公司债券是一种低成本的融资方式。对债券持有人而言，当发行公司业绩良好且股票市场价格上涨时，选择将债券转换为股票可以获得较高的收益；但是，当公司业绩不佳且股票市场价格下落时，持有人可能获得的投资收益还不如普通公司债券。因此，与普通公司债券相比，可转换公司债券具有投机性较强、风险较大的特征。

二、可转换公司债券的发行

（一）发行主体

可转换公司债券的发行主体一般限于股份有限公司。由于可转换公司债券具有转换为股票的可能性，所以，无论大陆法系国家还是英美法系国家，均允许股份有限公司发行这种债券，且绝大多数国家都认为，只有股份有限公司才能发行可转换公司债券。在一些国家和地区，如我国台湾地区，还规定只有上市公司才可以发行可转换公司债券。我国公司法严格限制可转换公司债券的发行主体资格，规定只有上市公司在经过股东大会决议并报请国务院证券监督管理机构批准后才可以发行可转换公司债券。

（二）发行条件

根据我国公司法的规定，可转换公司债券的发行条件如下：

1. 上市公司的发行条件。（1）最近3年连续盈利，且最近3年净资产利润率平均在10%以上，属于能源、原材料、基础设施类的公司可以略低，但是不得低于7%；（2）可转换公司债券发行后，资产负债率不高于70%；（3）累计债券余额不超过公司净资产的40%；（4）募集资金的投向符合国家产业政策；（5）可转换公司债券的利率不超过银行同期存款的利率水平；（6）可转换公司债券的发行额不少于人民币1亿元；（7）国务院证券监督管理机构规定的其他条件。

2. 重点国有企业的发行条件。(1) 最近3年连续盈利，且最近3年的财务报告已经具有从事证券业务资格的会计师事务所审计；(2) 有明确、可行的企业改制和上市计划；(3) 有可靠的偿债能力；(4) 有具有代为清偿债务能力的保证人的担保；(5) 累计债券余额不超过公司净资产额的40%；(6) 募集资金的投向符合国家产业政策；(7) 可转换公司债券的利率不超过银行同期存款的利率水平；(8) 可转换公司债券的发行额不少于人民币1亿元；(9) 国务院证券监督管理机构规定的其他条件。

3. 发行条件的丧失。凡有下列情形之一的，发行主体不得再次发行可转换公司债券：(1) 前一次发行的公司债券尚未募足的；(2) 对已发行的公司债券或其他债务有违约或者延迟支付本息的事实，且仍处于继续状态的。

(三) 发行方式

可转换公司债券的发行方式一般包括公募发行和私募发行。公募发行以社会公众为发行对象，发行人须向政府主管部门提出申请，并将发行债券的说明书在政府主管部门进行登记，发行人在说明书中应进行充分的信息披露。英、美等国对债券流动性要求高的大规模筹资市场通常采用这种发行方式。私募发行以投资银行、保险公司、养老金基金等机构投资者为发行对象，许多国家的法律对其不作登记注册和充分信息披露的要求。对债券的流动性要求不高、债券无须上市的小规模筹资市场采用这种发行方式。

在我国，可转换公司债券的发行，应当由证券经营机构承销，证券经营机构应当具有股票承销资格。承销方式由发行人与证券经营机构在承销协议中约定。可见，我国法律禁止可转换公司债券的私募发行，只允许公募发行。

(四) 发行程序

在我国，可转换公司债券的发行程序如下：

1. 由法定机构作出发行可转换公司债券的决议。上市公司由股东大会作出特别决议，重点国有企业由其主管部门作出发行可转换公司债券的决定。

2. 经有关机关批准。上市公司应当由省级人民政府或国务院有关企业主管部门推荐，报中国证监会审批；重点国有企业应当由发行人提出申请，经省级人民政府或国务院有关企业主管部门推荐，报中国证监会审批，并抄报国家发改委、中国人民银行、国家国有资产管理局。

3. 可转换公司债券发行的公告和通知。发行可转换公司债券的申请得到批准后，发行人应当在发行前2至5个工作日内，将可转换公司债券募集说明书刊登在中国证监会指定的至少一种全国性报刊上。证券经营机构应当将可转换公司债券募集说明书置于营业场所，并有义务提醒认购人阅读该说明书。

4. 可转换公司债券的发行。在我国，可转换公司债券的发行由证券经营机构承销。发行人和证券经营机构应当在可转换公司债券承销期满后的15个工作日内，向国务院证券监督管理机构提交承销情况的书面报告。

三、可转换公司债券的转换

1. 转换期间。转换期间，是指可转换公司债券转换为股票的起始日至终止日的期间。通常，转换期间可以有以下五种情形：(1) 发行日或发行经过一段时间后开始，至公司债券到期日；(2) 发行日或发行经过一段时间后起数年期间；(3) 发行日起，至公司债券到期日之前若干年止；(4) 发行日起经数年后才开始，至公司债券到期日止；(5) 限于发行日后一个或数个确定期间内行使。在上市公司发行结束 6 个月后，持有人可以依据约定的条件随时将债券转换成股份；在重点国有企业改制为股份有限公司且其股票上市后，持有人可以依据约定的条件随时将债券转换成股份。

2. 转换价格。转换价格也称转股价格或转换比率，是指可转换公司债券转换为股票所支付的价格。通常采用发行公司在发行可转换公司债券时的股票的市场价格为基准来确定其转换价格。这样，既可以使发行公司在转换时获得相应的转换溢价，降低发行成本，也可以使投资者在投资时注重发行公司的业绩和未来的获利能力，做到理性投资。上市公司发行可转换公司债券，以发行可转换公司债券前一个月股票的平均价格为基准，上浮一定幅度作为转换价格。重点国有企业发行可转换公司债券的，以拟发行股票的价格为基准，折扣一定比例作为转股价格。

3. 转换后的法律后果。可转换公司债券一旦转换为股票，就意味着公司债务的减少和公司资本的增加，公司必须修改章程并进行变更登记。债券持有人无须公司承诺，因其向公司提出转换请求而当然发生转换效力，其身份由债权人转为股东，享有股东的权利并承担股东的义务。若可转换公司债券到期未转换的，发行人应当按照可转换公司债券募集说明书的约定，于期满后 5 个工作日内偿还本息。可转换公司债券发行人未按期偿还本息的，除支付本息外，应当按每日 1‰的比例向债权人支付赔偿金。

法律应用

1. 公司债本质上属于公司债务之一种，在公司资产负债表负债栏中反映。公司债之债权人与一般公司债务的债权人一样，都享有民法上债权人的一般权利。但公司债与一般公司债务在产生的原因、权利主体、标的、偿还办法及权利凭证的性质方面均不同。

2. 可转换公司债券的发行主体仅限于上市的股份有限公司。其他股份有限公司和国有企业及所有的有限责任公司均不具有可转换公司债券的发行主体资格。

课后复习

1. 试比较公司债券与股票的不同法律特征。
2. 试述可转换公司债券的特征及发行。
3. 简述可转换公司债券的转换。

第十一章
公司的财务与会计

提要

公司的财务与会计是公司法人人格的物质载体中非常具体的制度形态。公司的财务会计法律制度是规范公司财务管理和会计核算的基本规则，功能在于以货币价值形式及时、准确地反映公司的财务状况和经营成果，向经营者、投资者和管理者等相关各方提供可以依赖的财务会计资料与信息，并在宏观与微观上对公司运作起整合作用。公司的财务制度主要包括资金筹集、固定资产、流动资产、无形资产、成本费用等管理内容。公司的会计制度重点在于财务会计报告的内容、制作及法律要求。公司盈余分配是公司财务会计制度的关键内容，法律所确定的分配顺序以及公积金的提取必须贯彻资本维持原则，保证公司资本的充实。

重点问题

1. 公司财务与会计制度的法律界说和特点
2. 公司财务会计管理的内容与法律要求
3. 公司财务报告的法律意义
4. 公司盈余分配的法律原则

第一节 公司财务、会计概述

一、公司财务、会计的概念与特征

（一）公司财务、会计的概念

公司的财务、会计，是公司利用货币形式组织生产和进行分配、交换的必要手段，其目的在于加强公司内部经营管理，提高经济效益。公司财务，是指公司对有关资产的管理经营及资金的出纳、保管等事务。公司会计，是指以货币为主要计量单位，通过一系列专门方法，对公司的经济活动进行核算、监督和管理等工作，主要包括填制各种记账凭证，处理账务，编制各种报表等。财务与会计对公司的资金营运情况、经营活动等所进行的连续、系统、全面、综合的反映和监督，是通过以货币为主要计量单位，运用专门的会计学原理与知识，进行各种会计凭证、账簿、报表的制作来实现的。为了保护债权人和公司股东的权益，同时也为了政府部门管理和投资者投资的便利，各国公司法无不要求公司内部必须建立一套较为合理、科学的财务会计制度，进行账务处理，编制、置备、报送公司财务会计报告，以公示公司财务状况和经营成果。这是现代公司制度中强化法律控制以及现代商法公法化的表征之一。

我国公司法规定，公司应当依照法律、行政法规和国务院财政主管部门的规定建立公司财务、会计制度。我国有限责任公司和股份有限公司，都必须依据上述规定，建立规范、严谨的财务制度和会计制度。公司的财务与会计制度，除遵循国家有关法律、法规的规定外，还可以在公司章程中对适用于本企业的财务会计规则加以规定，同时也可以在章程之外依法建立具体的工作规程。

（二）公司财务会计制度的特征

公司的财务会计制度不仅反映一个公司的生产经营状况和公司信誉，同时还涉及公司的股东、债权人和其他第三人的关系，与整个社会的信用基础相联系。公司财务会计制度具有以下特征：

1. 公司财务会计制度具有规范性。作为经济运行微观基础之一的公司，其资金主要来源于股东出资和发行债券，这使得公司投资者的数量不断增加，公司的债权债务关系日趋复杂，加之公司资产所有权与经营权的分离，为保护股东和公司债权人的权益，就必然要求公司的财务会计制度规范化。同时，国家出于税收等目的，对公司的关注和影响程度也在不断增加，也要求公司的财务会计制度必须规范化。为了使公司财务活动和各种报表具有可理解性，相关人员通过阅读公司的有关报表即可获得有关公司生产经营能力和财务状况的信息，进而作出符合自身利益最大化的决策，同时也为了避免公司经营管理人员在编制财务报表时弄虚作假和主观臆断，保证投资者和债权人等的利益不致因财务报表的失真而蒙受其害，公司的财务会计报表的用语及制作必须规范，使公司财务会计准则成为人所共知的普遍准则。随着市场化程度的加强和市场交易的复杂化，各国尤其是西方国家对公司财务会计及其行业的监管正不断加强。

2. 公司财务会计制度具有时效性。所谓时效性，主要是指公司财务会计报表或信息必须及时、有效，并在规定时间内向有关方面提供。公司财务会计的规范性也决定着公司财务会计的时效性。因为企业的财务状况和经营成果总是随着公司业务的发展而不时地变化，财务会计报表或信息总是反映企业某一时刻或某一期间的情况，因而，公司财务会计报表或信息是有时效的。如果财务会计信息不能及时提供，再重要的信息都可能变成无关的信息，再真实的信息也会变成无用的信息。

3. 公司财务会计制度具有统一性。这种统一性不仅来源于公司资合性的要求，而且来源于市场经济的平等竞争法则的客观要求和国际经济贸易一体化要求。公司财务会计制度的统一性，一方面体现为不同类型公司之间财务会计制度的统一，包括会计处理方法、会计报表的编制程序、财务会计用语、利润分配原则等的统一；另一方面体现为与国际公司财务会计制度的统一。我国于1997年年初加入国际会计准则委员会并成为观察员，1998年被选为发展中国家和体制转换国家会计指导委员会委员。从我国已颁布实施的《企业会计准则》等具体会计准则来看，无论是准则的结构还是内容，都将国际会计准则作为重要的参考，随同具体会计准则一同颁布的国际比较部分，就包括具体会计准则与国际会计准则的比较。

二、公司财务会计的功能

公司财务会计的功能，从宏观上讲在于维护股东利益，吸引公众投资；保护债权人利益，维护交易安全；保障公司高效运转，提高公司管理水平；确保政府宏观调控职能的实现等。从微观上讲，其功能在于：

1. 财务预算。财务预算是根据一定标准，预先测算财务收支的详细计划，包括现金预算、费用预算、收入预算等。预算主要是用于测算未来一年的收支状况，也是公司业绩评价的基准。

2. 会计核算。主要是公司把所发生过的一切经济业务往来，通过一定方式记录在案，并累计出一定时期的业务量及投资项目的经济效益指针，据此说明公司经营活动结果的行为。计账、算账、报账，是会计最基础的工作。对于会计核算来说，可靠的资料是生命。没有会计核算，就不会有综合、分类、汇总的资料，也就没有公司的整个财务会计工作。

3. 筹划资金。公司运行的资金，通过公司财务会计筹划，主要通过三种渠道获得：一是向银行或其他金融机构贷款；二是可以经过国家有关部门批准发行债券；三是由他人进行投资或追加投资，其中，国有企业或有限责任公司可以通过国家批准改造为股份有限公司来募集股本。

4. 运用资金。公司运用资金，一是根据企业生产经营计划，编制现金预算，安排日常经营活动所需要的资金，如购买原材料、商品，发放工资，支付差旅费、办公费用，缴纳税金等；二是根据投资计划，编制资本预算和现金预算，如添置设备，对外进行长期投资，利用富余现金购买股票、债券等进行短期投资。不论处于哪种情况，公司财务会计专业人员都需要进行投资分析，特别是对于长期投资，财务会计人员应当编制若干个方案，比较各个方案的投资效益指针（净现值、回收期、内含报酬率等），择优而行。

5. 业绩评价。所谓业绩，就是成绩、效益、效果。公司业绩评价本质上是一个财务会计考核问题，对于不同规模、行业的公司来讲，其业绩评价采用的方法也不相同；对于内部结构组织较复杂的公司，一般都采用分层管理的办法，授予各子公司、分公司或各部门一定的权限，分层、分级考核管理。为了考核各个分权单位的经济效益，必须制定一套科学、合理的评价指针，以切实反映各个单位在控权范围内的成绩。

6. 纳税管理。纳税是公司的一项法定义务，又是一项专业性、政策性很强的工作。从企业与政府的博弈分析来看，公司往往把纳税看成是一种负担，一般都尽可能地争取税收上的好处，如申请减免税，或在法定范围内推迟交税。因此，公司的纳税管理较为复杂。税务同财务会计是不可分割的，纳税的基础条件是公司的会计账簿。我国法律规定，公司必须建立、健全会计核算制度，使政府征税有案可稽，所以，公司财务会计人员必须承担计算、缴纳税款管理工作。

三、公司财务会计的管理

公司财务会计制度是公司财务制度和会计制度的合称。财务制度是指公司在其业务活动中有关资金的筹集、使用和分配方面所应遵守的规则。会计制度是公司进行会计核算，实行会计监督所应遵守的规则。公司的财务管理涉及公司的资本与股份，运营资金的筹集与管理，固定资产与流动资金的管理，经营成本的管理，利润分配的管理，审计及监事会的监督等。公司的会计管理，不仅包括进行会计核算的科目、报表，还包括会计工作的组织、基本规则、成本核算、会计检查监督和会计人员依法行使的职权等。我国公司法规定，公司应当在每一会计年度终了时制作财务会计报告，并要审查验证，审查验证应当聘请国家批准的注册会计师进行，并要出具查账报告。公司应当向查账人员提供所需要的凭证、账簿和其他有关资料，回答查账人员提出的询问，对有关事项作出解释。法律禁止公司私设其他会计账册或收入不入账的行为。公司法规定，公司除法定的会计账册外，不得另立会计账册；对公司资产，不得以任何个人名义开立账户存储。

（一）资金筹集管理

这是公司财务管理的首要任务和管理起点。公司筹集资金有直接融资和间接融资两种渠道，具体有公司的资本金管理和公司负债管理。

1. 资本金管理。财务制度上的资本金是指公司在工商行政管理机关登记的注册资本。资本金制度是现代公司制度的基石，也是公司财务管理的重要内容。资本金管理主要包括：(1) 对投入股本的管理。设立公司时必须依法筹集法定的资本金，公司的财务会计人员要据实登记股份的种类，发行股数，每股面值，认缴、实缴股本的数额，以及其他需要记录的事项。(2) 计算股东权益。股东权益在财务上是指股东对公司净资产的权利。公司的全部资产减去全部负债后的净资产属于股东权益，包括股本、资本公积金、盈余公积金、公益金和未分配利润。股东应按投入的资本金比例分享收益和承担经营风险，或者按公司合同、章程的规定分配收益和分担风险。

2. 公司负债管理。公司负债是指公司所承担的能够以货币计量，需要以资产或者劳务偿付的债务。公司的负债，除了向银行或其他金融机构的贷款外，相当一部分是公司在经营过程中自然形成的，例如，应交的税款、工资、账款等。公司负债一般按偿还期限的长短分为流动负债和长期负债。流动负债是指可以在 1 年内或者超过 1 年的一个营业周期内偿还的债务，包括短期借款、应付及预收货款、应付票据、应付税金、应付短期债券、预提费用等。长期负债是指偿还期限在 1 年以上或者超过 1 年的一个营业周期以上的债务，包括长期借款、应付长期债券、应付引进设备款、融资租入固定资产应付款等。

公司负债管理中，企业流动负债的应计利息支出，计入财务费用。企业长期负债的应付利息支出，筹资期间的，计入开工费；生产经营期间的，计入财务费用；清算期间的，计入清算损益；但其中凡是与购建固定资产或者无形资产有关的，在资产未交付使用或者虽然交付使用但未办理竣工决算之前，计入购建资产。这种把利息支出作为筹资成本，或计入资产价值，或计入公司当期费用的做法是科学的，也有利于公司的发展。

（二）固定资产管理

固定资产是指使用年限在 1 年以上，单位价值在规定的标准以上，并在使用过程中保持原来物质形态的资产，包括房屋及建筑物、机器设备、运输设备、工具器具等。它以供公司生产、经营使用为目的，具有单位经济价值较高、使用期限长的特点。固定资产是公司进行再生产的主要资本，是从事生产经营活动的物质保障。科学管理、合理配置固定资产，有利于提高公司的经济效益，准确核算公司应缴税金。因此，固定资产的管理历来是公司财务制度的重要内容。

固定资产管理中，首先是固定资产的计价。一般通行的固定资产计价方法有三种，即原始价值计价、重置价值计价、净价值计价。可以按照固定资产的不同来源，分别使用这三种计价方法。其次是固定资产折旧，即按权责发生制的要求，逐年提取一定比例的资金补偿固定资产的损耗，以合理计算产品成本，使消耗掉的固定资产价值能够得到补偿。在管理中，固定资产折旧的方法有很多，有直线法、加速折旧法等。最后是固定资产的大修费用的核算。固定资产的大修费用，可以采取预提或待摊办法进行核算，不另设大修理基金。

资产负债表中的固定资产合计数包括三个项目：固定资产、固定资产清理和在建工程。

（三）流动资产管理

流动资产，是指可以在 1 年内或超过 1 年的一个经营周期内变现或运用的资产，一般包括现金及存款、短期投资、应收及预收款项、存货等。与固定资产相比，流动资产只参加一个经营周期，其价值一次性地转入产品或劳务之中，也应在一个经营周期内体现在公司的成本和费用中。流动资产是公司日常经营的保障，如果流动资产不足，就会造成周转不灵，使公司日常经营陷入困境；流动资产太多，又会造成浪费，使效益下降。管好、用好流动资产是公司经营管理过程中的重要一环。通常对流动资产按其分类进行管理，可以分为：货币资金；短期投资；应收票据和应收票据贴现；应收账款和坏账准备；预付账款；其他应收款；存货；待摊费用；待处理流动资产净损失；1年内到期的长期债券投资等。

（四）无形资产和递延资产管理

1. 无形资产管理。无形资产是指由公司所有，没有实物形态而长期使用的资产，包括专利权、商标权、专有技术、版权、土地使用权及商誉等。公司可以通过三种方式取得无形资产：股东投入、购买和自行开发。对于股东投入的无形资产，应按有关部门评估确认的价值计价；对于以购买方式取得的无形资产，应以购买该项无形资产而实际支出的现金额计价；对于自行开发并按法律程序申请取得的无形资产，则按在开发过程中实际发生的支出费用计价。商誉只有在公司合并、接受投资或从外购入时，方可作价入账，否则不能作为无形资产入账。

2. 递延资产管理。递延资产是指不能全部计入当年损益，应当在以后年度内分期摊销的各项费用，包括开办费、搬迁费、固定资产改良及大修理支出等。递延资产本质上是一种费用，但由于这些费用的效益要期待于将来，并且这些费用支出的数额较大，若把它们与支出年度的收入相配比，就不能正确计算当期经营成果，所以，应当作递延处理，分期摊销。

递延资产与待摊费用有相同的地方，即它们都是要在以后摊销的费用。两者的区别就在于年限。待摊费用的摊销期是1年，递延资产的摊销期超过1年，即摊销的时间不同；递延资产是长期资产，财务制度要求在不短于5年的时间内摊销；待摊费用是流动资产，要求在今后1年的时间里摊销。

（五）成本、费用管理

成本和费用，是产品生产和销售中所耗费的生产资料价值与必要劳动价值的货币表现，即公司有关生产、经营的各项耗费。成本和费用计算得是否准确、客观，对公司的生产、经营影响很大：如果多计成本和费用，就会少计利润，可分配的利润就会减少；反之，可分配的利润就会虚增，侵蚀公司资本金，甚至造成公司潜亏。因此，公司成本、费用管理的重点就是确定相应的标准，即核定成本和费用的范围。

在财务会计管理中，严格地讲，成本、费用、支出都有不同的含义：成本是计入某一对象里的支出，一般是与实物资产计价有关的，如固定资产成本、原材料成本、产品成本等。成本会随着资产的使用逐渐转化为费用，如固定资产通过折旧转化为费用，无形资产和递延资产通过摊销转化为费用，产品成本在产品销售后转化为销售成本计入当期费用。成本在转化为费用之前，作为资产项目在资产负债表中反映。成本何时转化为费用，应当遵循配比原则；属于当期费用的，不能作为资产；反之，属于资产的，也不能作为费用。例如，不能为了提高利润，将当期的费用列作“递延资产”或“待摊费用”，或者不提、少提折旧费用。

费用是公司在营利过程中发生的，表现为资产的减少或负债的增加。《企业会计准则》对费用的解释是“生产经营过程中发生的耗费”，如以现金支付的工资、差旅费、办公费用、水电费，固定资产折旧，销售的商品中所含的成本等，费用一般是要在本期收入中扣减的。生产、经营过程中发生的耗费分为两部分：一部分是要用当期收入扣减的，叫做期间费用。我国会计制度规定，管理费用和财务费用都是期间费用。另一部分是要计入产品成本的，如原材料消耗、直接人工费用、车间发生的制造费用，这部分耗费随产品销售逐步转为费用（销售成本）。

凡是付出资产都可以叫做支出，但支出不一定就会形成费用或成本，如还债也是一种支出。所以，支出可以分为两种：一部分是将要形成费用的支出，还有一部分是不形成费用的支出，如还债支出。将要形成费用的支出又分为两种：一是资本支出，如购买固定资产、无形资产等；二是收益性支出，即应当从本期收入中扣除的费用。

四、公司财务会计报告

（一）公司财务会计报告的概念和特征

公司财务会计报告，是指公司于每一会计年度终了时按照财务会计制度，全面反映公司的财务状况、会计信息以及经营成果的法律文件。公司的财务会计报告是对公司经营活动过程和经营成果的综合反映，同时也是企业经营管理水平的体现。它不仅是公司经营管理者准确掌握公司经营状况的重要手段，也是公司股东、债权人和社会公众了解公司财务和经营状况的主要途径，以及对公司进行分析、评价并作出投资决策或者业务判断的重要依据，还是国家财务、税收管理部门对其实施财务监督、税收征纳，以及国家证券监督管理机构对其进行监管的重要依据之一。我国公司法规定，有限责任公司应按公司章程规定的期限将财务会计报告送交各股东；股份有限公司的财务会计报告应在召开股东大会年会 20 日以前置备于本公司，供股东查阅；以募集设立方式成立的股份有限公司必须公告其财务会计报告。

公司财务会计报告的特征是：(1) 财务会计报告应以公司的名义由业务执行部门制作。公司的财务会计部门是公司执行财务、会计制度的职能机构，负责制作年度财务会计报告的具体工作。虽然由公司的财务会计部门负责进行，但由于年度财务会计报告是对公司整个生产经营成果和财务状况的全面总结，是代表公司对投资者和国家有关职能部门所作的报告，所以，必须以公司名义制作。(2) 财务会计报告应在法定时间内制作。根据我国《会计法》的规定，年度财务会计报告须在每一年的 12 月 31 日前制定；《公司法》也规定，公司应当在每一会计年度终了时编制财务会计报告，并依法经审查验证。法定的会计年度为公历 1 月 1 日至 12 月 31 日。(3) 财务会计报告是反映公司的财务状况和经营成果的书面文件。它是该公司一年的生产经营、财务盈亏的总结性书面文件，也是该公司下一年度生产经营发展规划和投资者进行利润分配的重要依据。

（二）公司财务会计报告的编制及主要内容

公司财务会计报告主要由会计报表构成。会计报表，也叫做会计表册，是用货币形式综合反映公司在一定时期内（即会计期间内）生产经营活动和财务状况的一种书面报告文件。它根据公司会计账簿的记录，按照规定的格式、内容和方法编制而成。其目的在于系统、有重点、简明扼要地反映公司的财务状况和经营成果，向公司股东、债权人、潜在投资者、政府有关部门等公司内外的会计报表使用人提供必要的财务资料和会计信息。财务会计报告的编制，应严格按照有关规定，体现客观真实、全面完整、及时有效等法律原则。

公司财务会计报告的主要内容包括：财务会计报表：财务会计报表附属明细表和财务会计报表附注三部分。根据我国公司法及会计准则的有关规定，公司应当编制下列具体报表：

1. 资产负债表。又称财务状况表或资产负债平衡表，是记载公司实有资产和现实负债，反映特定时点公司的资产、负债和股东权益状况的一种会计报表。公司资产负债表通常采用账户格式，其项目由资产、负债和股东权益组成，会计等式为：资产＝负债＋股东权益。其中，资产是由过去行为引起的、公司对其享有法人财产权并能在未来给公司带来收益的财产资源；负债是基于过去的行为，现在承诺的将在未来向其相对人承担给付财产或提供劳务的义务的消极财产；股东权益是股东对公司净资产的权利，包括股本、盈余公积金、资本公积金、公益金、未分配利润等。资产负债表所列项目一般是按照资产的流动性排列。资产的变现能力越强，流动性也就越强。如货币资金本身就是现金，不存在变现问题，所以，它在资产负债表中排第一，应收票据和应收账款可以在比较短的时间里转变成现金，原材料、产成品、库存商品变成现金的时间更长一些，所以要靠后排。负债的流动性是指负债的偿还期限，偿还期越短的负债，流动性越强，所以，短期借款比长期借款要排在更前面。

资产负债表是一个能够提供公司年度末所拥有的经济资源的配置状况及相应来源，提供公司资信状况的会计报表。资产负债表中的资产越多，说明公司的财力雄厚，实力越强；资产与负债的比重表明公司的偿债能力；公司的资产来源可以用来推测公司的发展前景。

2. 损益表。也称收益表或利润表，是反映公司在一定时期内的经营成果及分配情况，计算一定期间内损失和收益状况的会计报表。它以收益、费用和利润三项会计要素为基础构成。损益表可以采用一步式或多步式的表格形式，前者是直接计算出利润；后者是分步计算出利润。我国损益表采用的是多步式。损益表各项目包括：销售收入；销售成本；销售费用；销售利润；其他业务利润；管理费用；财务费用；营业利润；补贴收入；营业外收入；营业外支出；以前年度损益调整；利润总额；所得税；净利润等。损益表的作用在于评估投资价值，并以该公司盈利或者亏损情况分析利润的增减原因，直观地反映公司经营状况的好坏，为改善经营管理提供依据，故它是最为重要的会计报表之一。

3. 财务状况变动表。又称资金表或资金来源和使用表，是综合反映会计年度内公司运营资金来源和运用以及增减变动情况的一种会计报表。它根据公司在一定时期内各种资产和权益项目的增减变化，反映资金的取得来源和资金的流出用途，说明财务动态状况。财务状况变动表根据损益表、资产负债表及其附注中的有关信息编制而成，从资金流量的角度说明财务状况变动情况，反映公司资金运动的动态状况，可以弥补资产负债表和损益表的不足，提供资产负债表和损益表不能提供的信息，把资产负债表和损益表连接起来。

财务状况变动表可以向使用者提供公司在一定会计期间内财务状况变动的全貌，较为客观地揭示公司生产性资产组合的变化情况，尤其是通过净收益与现金余额的关系反映公司净收益的质量，预测公司未来资金流量，评价公司取得和运用资金的能力，确定公司支付利息、股利和偿付到期债务的能力，有助于公司股东、债权人及社会公众等对公司经营情况的动态了解和分析。

4. 财务状况说明书。它是对财务会计报表所反映的公司财务状况作进一步说明和补充的文件，是为了帮助理解会计报表的内容而对报表的有关项目所作的解说。财务状况说明书主要需要说明：公司的生产经营情况、利润实现和分配情况、资金增减和周转情况、税金缴纳情况、各项财产物资变动情况；对本期或者下期财务状况发生重大影响的事项；资产负债表制作至作出财务报告前发生的对公司财务状况变动有重大影响的事项；其他需要说明的事项。同时，财务状况说明书还应解说所采用的主要会计处理方法、会计处理方法的变更情况与原因等。

5. 利润分配表。它是反映公司年度利润分配情况与年末未分配利润结余情况的会计报表。它是损益表的附属明细表，可以说是损益表的延伸与延续，在会计实务中常常作为损益表的一个组成部分。利润分配表可以反映利润分配的一般程序。在利润分配表中，一般按净利润、可供分配利润、未分配利润分项列支，其中利润总额反映公司全年实现的利润，年初未分配利润反映公司上年年末未分配的利润，公积金转入数额反映公司按规定用公积金弥补亏损以及从公积金转入的弥补利润分配的不足部分，应交所得税反映公司当年应交纳的所得税，提取法定公积金反映公司依法提取的公积金的数额，提取任意公积金反映公司按股东会议决议提取的任意公积金，已分配股利反映公司按股东会决议分配给股东的股利。未分配利润的数字应当和资产负债表中的相应数字一致。

公司除上述法定的会计账册外，不得另立会计账册。对公司资产，不得以个人名义开立账户存储。严禁公司采取设立两本账册等弄虚作假的不法行为，确保财税部门对公司的监管，保证公司财产和股东权益不受侵害。财务会计报告作为公司向外提供有关本公司财务状况和经营成果等信息的综合性法律文件，其创作和使用必须遵守法律、法规和国务院财政主管部门规定的条件和程序。为了确保市场经济活动中各方面的利益，以及明确公司经营管理人员的职责，编制完成的财务会计报告必须交由注册会计师或注册审计师审查和验证，经他们签字之后方为有效，以防止财务会计报告编制过程中出现的不实和伪造现象，保证财务会计报告的真实性、合法性和准确性。

按照公司法的规定，财务会计报告制作完毕，应当报送股东或进行公告。每一会计年度的财务会计报告，需要经过注册会计师的审查验证。这是因为财务会计报告体现了公司的经营业绩和资金使用情况，与公司的投资者——股东有直接的利益关系，股东有权了解这些资料。有限责任公司向股东报送财务会计报告应依公司章程的规定进行，股份有限公司应当在召开股东大会 20 日前置备于本公司，供股东查阅，以募集方式设立的股份有限公司应当将其财务会计报告在媒体上公告。此外，公司财务会计报告也应依我国财务会计法律、法规的规定报送有关政府机关。

公司对其制作的财务会计报告的真实性、准确性和充分性承担责任。责任主体既包括公司，也包括公司的直接责任人员，如董事、经理、财务负责人、财务人员。承担责任的形式包括民事责任、行政责任甚至刑事责任。

第二节　公司的盈余分配

一、公司盈余的概念和内容

公司盈余，是指公司在每个营业年度末结算时，净资产超过已收到股本与累计公积金之和的余额。公司的盈余主要以股利的形式分配给股东。公司作为营利性的企业法人，目的是获取盈利并把它分配给股东，所以，公司必须从每年营业盈余中取出一部分分派给股东，作为对股东投资的报酬。公司盈余包括：（1）公司营业利润，即公司营业收入减去营业成本和营业费用，再减去营业收入应缴纳的税金后的余额；（2）公司投资收益，指公司对外投资取得的利润、利息和高于账面价值的差额，扣除发生的投资损失后的余额；（3）公司营业外收支净额，指与公司生产经营无直接关系的营业外收入减去各项支出后的余额。

公司的盈余是股东投资收益的来源，股东的股利收入只有通过公司的盈余分配才能实现。由于公司盈余分配较为重要，为保证股东投资目的的实现和公司本身的存续，各国的公司立法都对有关问题作出了具体规定，不仅将股东的“所有者的资产受益”权利在公司分配环节中具体化为盈余分配请求权，而且绝大多数国家的公司法都规定公司分配方案的决定权属于股东会，仅有个别地区（如美国一些州）将此决定权配置给董事会。我国公司法规定，公司利润分配方案和弥补亏损方案由董事会制订，由股东会决定。

公司的盈余是以股利的形式分配给股东的。股利，是指公司依照法律和公司章程的规定，按一定方式和程序分配给股东的利润。股利与股息、红利是既有联系而又不同的概念：股息，是指公司按照股东持有的股份，按确定的比率向股东支付的公司利润。红利，一般是指在股息之外按一定比率向股东分配的公司盈余，红利的比率是不确定的。

依照我国公司法的规定，公司向股东分配的利润统称股利，因此，股利包括股息与红利。

就有限责任公司而言，公司有可分配给股东的盈余时，按照股东的出资比例分配。就股份有限公司来说，股利的分配要受以下限制：第一，优先股优先分配，其分配顺序先于任意公积金的提取；普通股必须按同股同利原则分配。第二，公司当年无盈利时不得分配股利。在已用盈余公积金弥补亏损后，经股东会决议可以以盈余公积金分配股利，但是分配股利后法定盈余公积金不得低于注册资本的25%。

股利的分配方式可以为分配现金，也可以按法定程序办理增资手续分发或配售股票，还可以分配其他财物，如公司的产品等。股利的分配方案由董事会制订，由股东会审议批准。股东会一经批准股利分配方案，董事会必须执行，不能以任何理由不执行。因为能否按批准的方案分配股利，关系到股东对公司的信任和公司的社会信用。

二、公司盈余的分配顺序

在每一会计年度终了后，公司的董事会要按照公司法有关公司当年税后利润分配的规定，结合本公司当年盈余和上年度有无亏损的具体情况，制订出当年的盈余分配方案，提交股东会年会审议；方案一经股东会表决通过，即为确定，发生法律效力，董事会必须认真贯彻执行。

公司在确定盈余分配方案和分配顺序时，要受以下限制：(1)“无盈不分”原则，即公司当年无盈利时，原则上是不得分配的，除非法定原因出现，即公司为维护其股票信誉，在已用盈余公积金弥补亏损后，经股东会特别决议，可以按不超过股票面值6%的比率用盈余公积金分配股利，但分配股利后，公司法定盈余公积金不得低于注册资本的25%。而且，公司当年有盈利的，也并非就一定得分配股利，因为还得看公司是否有历年遗留的尚未弥补的亏损。对此，我国公司法规定，公司弥补亏损和提取法定公积金、任意公积金后所余利润，有限责任公司按照股东的出资比例分配，股份有限公司按照股东持有的股份比例分配。因此，公司若有亏损必须先行弥补，不得将亏损递延而先行分配股利；公司还必须依法提取法定公积金和法定公益金，所余利润才可向股东分配股利。(2)同股同权、同股同利原则。这不仅是公司发行股份时应遵循的原则，也是公司向股东分配股利时应遵守的原则。公司应给予所有持有相同性质股权的股东以同一顺序的分配机会，并对所有股东仅按其出资或持股比例而非其他因素决定其可分得股利的具体数额。

公司盈余的分配顺序是法定顺序，我国公司法及相关法规均有规定。其分配顺序如下：

1. 弥补亏损。这是公司在盈余分配时应首位考虑的，也是资本维持原则在公司盈余分配中的体现，以此来巩固公司的财务基础，以增强公司的信誉，维护交易安全和社会公益。公司在本年度如果有盈利，应依法检查历年是否有亏损，如果有亏损，必须先用本年利润予以弥补，然后才能进行分配。在我国，公司还享有以所得税前利润抵补法定年限亏损的优惠，即纳税人发生年度亏损的，可以用下一纳税年度的所得弥补；下一纳税年度的所得不足以弥补的，可以逐年延续弥补，但是延续弥补期最长不得超过5年。

2. 依法缴纳所得税。公司以税前所得弥补上年度亏损后的余额，依法按规定比率交纳所得税。过了税法允许的税前补亏期后，当年公司的全部所得都必须依法纳税。

3. 提取法定公积金。公司税后利润补亏后的余额，应当作以下分配：先提取10%列入公司法定公积金。法定公积金累计额达到公司注册资本的50%以上时，可以不再提取。

4. 支付优先股股利。依据法律和公司章程的规定，由于优先股股东或多或少地放弃共益权，不参与公司的经营决策，也不享有公积金权益，相应地必须保障其自益权，减少其投资风险。因此，优先股不仅利率固定，而且股利支付先于任意盈余公积金的提取。

5. 提取任意公积金。公司提取法定公积金之后，经股东大会决议，可以提取任意公积金，提取比率由公司股东大会或公司章程确定。

6. 支付普通股股利。在公司完成前 5 项分配后，若公司仍有盈余，即可按照确定的股利分配方案向普通股股东支付股利。有限责任公司按照股东的出资比例分配，股份有限公司按照股东持有的股份数额分配。

根据我国公司法的规定，公司的盈余只能按以上项目分配，不能以其他名目留存。公司留存盈利只能列入法定公积金和任意公积金，但公积金只能用于法律规定的用途。而公司面对竞争激烈的经营环境，这种分配方式无法保证公司利润的稳定增长。显然，这种规定不利于公司制定和执行比较稳定的股利支付政策，保证股东的利益，并保持公司的良好形象。因此，公司法关于公司利润分配的规范有必要作进一步的完善。

三、公积金

也称储备金、准备金，是公司出于预防亏损和增强财力、扩大营业规模的目的，依照法律和公司章程的规定或股东会决议，从公司盈余或公司资本收益中提取的不作为股利分配，而暂存于公司内部的特定用途的基金。公积金属于法律对公司规定的强制性义务，不能由公司自行决定取舍，世界各国以及我国公司法均无例外地规定了公积金制度。公积金虽然不属于公司资本，但其功能与公司资本相类似，本质上仍属于股东权益，是股东未分配利润的积累。公积金与公司资本同列于资产负债表的负债及所有者权益栏内，附于公司资本总额之后，故又称为附加资本。

1. 公积金的特点。公积金具有以下特点：（1）提取公积金是由法律所规定的，是公司必须履行的一项法定义务。如果公司不从当年的盈余中提取一定比例的金额作为法定公积金，公司以及公司董事会或执行董事应承担法律责任。（2）公积金是一种用于弥补亏损或增强公司经济活动能力，扩大经营规模的储备金。这种储备金可以用做解决公司急需的预备性资金。（3）公积金虽然不得作为股利分配，但属于股东权益。公积金对投资者来说是其对公司所享有的一项权益。

2. 公积金的用途。公积金的主要用途是：（1）弥补公司亏损。公司实行资本充实原则，弥补公司亏损是建立公积金制度的目的之一。在公司盈利时依法提取盈余公积金，并提取任意盈余公积金作为一种储备，一旦公司亏损，可以及时弥补，确保公司正常、稳定和持续发展。（2）转增资本。用公积金增加资本，对有限责任公司而言是按股东的出资比例分派，对股份有限公司而言是按照股东所持股份比例分派。将公积金转为资本的前提是要经股东会作出决议。具体方法为：一是增加公司的股份数，按股东原有股份比例派送新股；二是不增加公司的股份数，在股东原有股份的基础上增加每股面值。用法定公积金转为资本时，所留存的该项公积金不得少于注册资本的 20%。（3）扩大公司生产经营。公司要发展壮大，就必须不断扩大经营范围和规模，在不增加资本的前提下，用公积金追加投资是一条重要途径。

3. 公积金的种类。公积金的分类在各国公司法中有所不同，公积金主要分为资本公积金和盈余公积金两大类。

资本公积金是由法律规定的来源于资本收益及其他与资本有关的收益的资本积累或资本储备。

盈余公积金是指公司在会计年度决算时从税后净利润中按一定比例提取的公积金。盈余公积金又依公司法的强制性要求和公司自行决定的不同分为法定公积金和任意公积金。（1）法定公积金，是指依公司法的强制性规定而必须从公司当年净利润中按比例提取的储备金。法定公积金的提留及比例都由公司法加以规定。我国公司法规定，公司分配当年税后利润时，应当提取利润的10%列入法定公积金。(2) 任意公积金，是指根据公司章程或股东大会决议，于法定公积金以外从公司当年盈利中提取的积累资金。它主要用于弥补公司亏损、扩大公司生产经营或转增公司资本，如公司债偿还公积金、平衡公积金、普通公积金等。

法律应用

1. 公司的财务会计活动存在于公司存续的整个过程，是公司进行经营与核算的基础性、常规性工作，公司运转的结果最后都通过公司的财务与会计来体现。

2. 公司的资产、负债等的管理中，核心法律问题在于：将每一项财产的法律属性或归属都通过财务会计的记载，使其有简洁、明了的表格文字说明。

3. 公司财务会计报告的内容、制作及公告，必须重点体现公司法、会计法及财务会计准则等的规范要求。

4. 公司的盈余分配不仅涉及股东、投资者的个人私益，更关系到维护交易安全、社会信用及社会经济秩序等公益，因而，公司必须向公司利益相关者及时提供准确的财务信息，以有效地增强公司财务状况的透明度。

5. 在公司财务会计法律制度分析方法运用中，公司财务会计功能的定位、财务会计管理的内容、财务会计报告的制作、公司盈余的分配等从本质上看，既要运用法律公正、规范、统一、公开等原理阐释，也要运用经济中的成本、效益最大化等理论加以分析。

课后复习

1. 公司财务与会计制度的特点是什么？
2. 公司资产与负债管理的主要内容有哪些？
3. 公司财务会计报表的形成应遵守哪些规范？
4. 试述公司盈余的确立与分配。
5. 试述公积金确定的法律原则。

第十二章 公司的变更、解散与清算

提要

公司变更是在公司存续期间随着市场竞争的加剧和自身不规范行为的出现，而客观存在的公司基本构成要素的变动。公司变更的内容主要体现在注册资本、组织形式、公司章程等的变更，其具体常见方式包括公司分立与合并。为了与公司法人本质要求相一致，各国在变更程序的规定上较为严格。公司的解散与清算是导致公司法人资格终止的原因。公司不论自愿解散还是强制解散，必然导致清算程序的启动以及公司法人资格的最终消灭。

重点问题

1. 公司变更的法律本质
2. 公司变更的内容与具体方式
3. 公司变更的法定程序及意义
4. 公司的解散与清算的法律规定及操作程序

第一节 公司的变更

一、公司变更的概念与特征

公司变更，是指依法成立的公司在其存续期间，依照法律和行政法规的规定，改变公司构成要素的法律行为。公司变更从含义上可以分为狭义的公司变更和广义的公司变更：前者仅指公司组织形式的变更，后者包括公司主体、公司组织形式、公司资本、公司章程等的变更。公司变更依变更内容重要程度的不同，可以分为一般变更和重大变更：一般变更是指公司名称、住所、法定代表人、经营范围、营业期限和股东或发起人等的变更；而重大变更则是指公司增资与减资、合并与分立等公司资本、组织形式的变更。关于公司变更的性质，理论上一般认为是公司不中断法人资格或不失去人格同一性。传统的公司变更多为一种公司类型向另一种公司类型的转变。但随着公司独立人格和有限责任理论的不断发展与完善，公司变更延续理论也有所突破。具体表现为：

1. 公司变更是公司各个构成要素的变动。公司的构成要素主要包括公司的名称、住所、法定代表人、注册资本、公司类型、经营范围、营业期限、公司股东或发起人的姓名或名称等内容。

2. 公司变更是一种法律行为。公司变更是由法律规定的合法行为。当事人必须严格遵守国家有关法律、法规，依照法定程序进行，由此所为的一切变更行为皆具有法律效力，受法律保护。公司变更的决议是全体股东意思自治的表示，然而为维护市场经济安全，法律要求公司变更需要具备一定的条件并按照严格的法定程序进行，否则，就无法达到预期的法律后果。公司变更行为中变更的选择与程序法定的相统一，正是公司法中任意性规范与强制性规范相统一的体现。

二、公司变更的原因

1. 行政命令。这是指因公司违反有关法律、法规，国家行政机关依职权责令公司进行的变更。一般当公司特定的资质认定或质量标准不达标时，例如，公司的劳动安全卫生设施不符合国家规定的标准时，公司的生产经营造成严重的自然资源破坏和环境污染或者公司的能源消耗不符合国家规定标准时，政府有关部门便可责令该公司进行变更。

2. 司法裁决。这是指因法院对有关公司登记事项的争议作出裁决，从而引起的公司变更。例如，公司因名称专用权、土地使用权等发生争议，经法院裁决后就可能引起相应的登记事项的变更。

3. 市场竞争。这是指公司在市场竞争中为了改变自己的竞争劣势，由于经营困境，如原材料、能源短缺，产品没有销路等而被迫进行的组织变更。

4. 公司发展需要。这是指公司主动根据市场需求，在对社会经济发展作出一定预测的基础上，为适应市场变化的趋势而进行的公司变更。

三、公司变更的内容

公司变更的内容，主要是由公司注册事项决定的。公司登记注册中的某一事项发生变化，就意味着该公司构成要素的变动，而公司的这种变化需要通过法定的程序与步骤记载下来，以保持公司法人人格的连续性，便于社会公众对该公司的变化及时了解，以便作出正确的交易判断。公司变更的内容依其对公司运作的影响程度的不同，一般包括：

（一）公司注册资本的变更

公司在经营过程中，由于客观情况的变化，可能出现公司注册资本的增减。公司的注册资本是由投资者在公司成立时认缴并实际投入到公司的资产总额。公司的注册资本体现该公司的实有资产，也表明其承担责任的范围。公司不论扩大还是缩小规模，都会导致公司资本的变化。为保持公司生产经营规模与其注册资本的适应性和稳定性，保证公司股东及债权人的利益，在公司发生变更时，公司注册资本的增加或减少就应当重新核定，并依法办理变更登记。

各国对公司的注册资本及其增减都有相应的规定。大陆法系国家对公司资本遵循的是资本确定、资本充实、资本不变的原则。英美法系国家则采用授权资本制，根据这一原则，这些国家的公司可以根据需要增减资本，从而免除了大陆法系国家的公司在增减资本时的一些程序，体现了它的方便性和灵活性，但也有削弱对债权人利益保护的弊端。公司注册资本的变更可以分为公司注册资本的增加和公司注册资本的减少。

1. 公司注册资本的增加。公司注册资本的增加，又称增资，是指公司成立后为扩大经营规模和经营业务，提高公司的资信程度，依法增加注册资本的行为。增加公司注册资本从行为结果来说不会损害公司及债权人的利益，但会涉及公司股东和公司财产的变化，为此，各国公司法对公司增资的条件与程序均有相应的规定。公司增资的方式一般有发行新股、转增股本、提高股票面值（增加单位股份金额）等。

在我国，有限责任公司增加资本，股东认缴新增资本的，按照有限责任公司设立时的法律规定执行。首先，增资前应由股东会对增资作出决议，国有独资公司增资由国家授权的投资机构或者国家授权的部门作出决定；其次，增资后股东人数不得超过公司法规定的最高股东数；再次，公司应当依法修改章程中有关注册资本及股东认缴出资的条款，并依法向公司登记主管机关办理变更登记。

股份有限公司增加资本的，按公司法关于股份有限公司设立的规定由股东认缴出资，如果向社会公众公开募集资本，则要制作招股说明书，必须向社会公告，同时须委托证券公司承销股份，委托银行代收股款。同时，法律对股份有限公司中上市公司的增资行为有更为严格的限制。

2. 公司注册资本的减少。公司注册资本的减少，又称减资，是指公司在存续期间资本过剩或亏损严重，根据经营业务的实际情况，依法减少注册资本的行为。由于公司注册资本的减少会直接降低公司的偿还能力，而这对债权人的利益可能形成损害，所以，公司减少后的注册资本不得低于法定的最低限额。公司减资的方式主要有：(1) 减少股份金额或出资总额，如发还、注销等；(2) 减少股份数额，如股份合并、股份注销等；(3) 既减少股份金额，也减少股份数量。有限责任公司的减资主要采取按股东的出资比例减少各股东的出资数额或仅个别股东减少其出资。股份有限公司减少资本，可以采用减少股本总数或减少每股金额的办法，也可以同时采用上述两种办法。

公司减资不仅关系到公司股东的利益，也关系到公司债权人的利益，因此，各国公司立法对减资规定了严格的程序。根据我国法律的规定，公司减少注册资本应履行以下程序：(1) 由董事会通过决议，制订公司减少注册资本的方案。(2) 编制资产负债表及财产清单。公司在减资前，应清理资产，明确公司的资产、负债和股东权益的现状，为制订减资方案提供依据。(3) 召开股东会，对减资方案进行审议并表决。有限责任公司减少资本的决议必须由代表公司 2/3 以上表决权的股东通过：股份有限公司减少资本的决议必须经出席股东大会的股东所持表决权的半数以上通过。(4) 公告及通知债权人。公司应当自作出减少注册资本决议之日起 10 日内通知债权人，并于 30 日内在报纸上公告。(5) 处理公司债务。债权人自接到通知书之日起 30 日内，未接到通知书的，自公告之日起 45 日内，有权要求公司清偿债务或者提供相应的担保，否则，公司债权人可以阻止其减资行为，公司也不得擅自进行减资。(6) 依法向公司登记主管机关办理变更登记并公告。

（二）公司组织形式的变更

公司组织形式的变更，是指在公司存续期间，在不中断公司法人资格的情况下，由一种公司组织形式变为另一种公司组织形式的法律行为。公司的组织形式或称为公司类型，是各国公司法中必须明确进行规范的，而公司组织形式的本质体现了经济主体在法律上所确定的行为结构模式。公司组织形式变更制度，简化了公司变更组织或转换公司类型的程序，同时也避免了中断公司业务活动而使公司和股东利益受到损害的结果。关于公司组织形式的变更，各国（地区）都以公司法或单行法的形式加以规定，且多采取限制主义，一般来说，只允许股东责任形式相同的公司互相变更，股东责任形式不完全相同的公司互相变更时，必须保持一部分股东的责任不变。具体有以下变更形式：

1. 无限公司变为两合公司。一般而言，无限公司经全体股东同意，一部分股东转为有限责任股东或加入新的有限责任股东而变为两合公司：也有无限公司股东经变动而达不到法定最低人数时，加入有限责任新股东后变为两合公司。日本、法国和我国台湾地区等均有类似规定。

2. 两合公司变为无限公司。日本商法、我国台湾地区“公司法”规定，两合公司的全体有限责任股东退股，经无限责任股东一致同意，两合公司转为无限公司继续存在，或者两合公司中的无限责任股东与有限责任股东全体同意变更公司组织为无限公司。

3. 有限责任公司变更为股份有限公司。这是实践中常见的一种组织变更形式，中国、德国、法国、日本等国家的公司法均允许这种变更，但变更应符合法律规定的设立股份有限公司的条件，并依照有关设立股份有限公司的程序办理。在我国，有限责任公司变更为股份有限公司还需要注意：(1) 必须由股东会对变更进行特别决议；(2) 有限责任公司依法经批准变更为股份有限公司时，折合的股份总额应当相等于公司净资产额，国有独资公司变更为股份有限公司时，严禁将国有资产低价折股、低价出售或者无偿转让给个人；(3) 有限责任公司依法经批准变更为股份有限公司，为增加资本向社会公开募集股份时，应当执行有关股份有限公司公开募集股份的法律规定；(4) 有限责任公司依法变更为股份有限公司的，原有限责任公司的债权、债务由变更后的股份有限公司承继。

4. 股份有限公司变更为有限责任公司。我国公司法规定了这种变更形式，德国、日本、法国的法律对此也是允许的，并规定了严格的限制条件。我国公司法规定这种变更必须经出席股东大会的股东所持表决权的2/3以上通过；日本《有限责任公司法》规定这种变更必须经股份有限公司全体股东同意，而且发行公司债的股份有限公司必须在清偿公司债以后才能实行变更。

5. 股份两合公司变更为股份有限公司。有的国家公司法承认这种变更。一般而言，实行这种变更必须经过股份两合公司全体无限责任股东的一致同意。股份两合公司变更为股份公司后，无限责任股东退出公司，但他们仍然应对变更前的公司债务承担无限责任。

6. 股份有限公司变更为股份两合公司。此种变更需要经股东大会特别决议通过，应征得所有无限责任股东的同意，或者股东大会至少有一名无限责任股东参加；修改公司章程必须经过无限责任股东批准。

我国只规定了有限责任公司和股份有限公司两种公司组织形式，因而公司组织形式的变更适用的范围极为有限。并且对于有限责任公司变更为股份有限公司，我国要求按照股份有限公司设立的条件和程序进行，而股份有限公司设立的程序是非常严格和复杂的。

（三）公司章程的变更

公司章程的变更，是指公司依法成立后，为适应客观情况的变化而对章程内容（除注册资本、组织形式外）进行的增加、删减、改变的行为。各国公司法对章程变更一般不作限制性规定，但变更后的章程仍是公司的自治性规章，因而不得违反法律、社会公共利益以及公司的设立目的。我国《公司法》及《公司登记管理条例》也规定，公司可以修改、变更章程。

1. 公司章程变更的内容。公司章程的变更会涉及章程所确定的任何一项内容。按公司章程内容的性质公司章程变更通常可以分为：(1) 绝对必要记载事项的变更。绝对必要记载事项是法律规定的每个公司章程必须记载的事项，若缺少其中任何一项或任何一项不符合法律要求，则会导致整个章程的无效。因而，确定绝对必要记载事项的具体内容，是国家意志向私法领域扩张的一种表现。绝对必要记载事项通常包括：公司的名称、住所、类型、宗旨、营业性质、经营范围、注册资本，以及董事及其他高级管理人员的人数、职权、任期、公告方法和股东权利与义务等。我国公司法对有限责任公司和股份有限公司章程记载事项的规定，就属于绝对必要记载事项。公司章程变更后，对于绝对必要记载事项，如果变更内容不符合法定要求，或欠缺任何一项，整个章程便归于无效。(2) 相对必要记载事项的变更。相对必要记载事项是法律列举的，由章程制订人自主决定是否加载于章程的事项，如经营期限、发起人所得到的特别利益、股东出资以外的其他义务、分公司的设立等。这些事项只有在章程中予以记载后，才对公司产生法律约束力。若不予以记载或记载不合法，便会导致该记载事项不生效，但不会影响整个章程的效力。我国公司法对相对必要记载事项仅有原则规定。因此，公司相对必要记载事项的变更，主要取决于股东会的决议，而非变更事项本身。(3) 任意记载事项的变更。任意记载事项，是由公司章程的制订人在法律无明文规定，又不违反法律原则和公序良俗的情况下，共同选择，一致同意并记载于公司章程中的事项，例如，股东会的开会地点、股款缴纳的方法等。各国公司法都未对公司章程任意记载事项作出规定，所以任意记载事项往往成为公司章程变更中最常变动的内容，而任意记载事项的变更又与公司的经营活动密切相关。

2. 公司章程变更的程序。公司章程生效后，应保持其内容相对稳定，不得任意变更。但随着客观情况的变化，公司不得不变更章程内容时，为了使公司章程继续具有法律上的效力，章程的变更必须符合法定的程序。根据我国公司法的有关规定，公司章程申请变更登记的程序如下：首先，应向登记主管机关提交申请书，其中公司章程变更事项需要审批的，需报政府主管机关批准；属于向社会公开募集设立的公司还必须经国务院证券监督管理机构批准。其次，提交依法作出的变更决议或决定、修改后的公司章程或公司章程修正案以及登记主管机关要求提交的其他文件。公司章程的变更属于股东大会的法定职权，股东大会对章程变动事项必须讨论并进行表决。有限责任公司修改章程，必须经代表 2/3 以上表决权的股东通过；股份有限公司修改章程，必须经出席股东大会的股东所持表决权的 2/3 以上通过。最后，进行变更登记。其中涉及企业法人营业执照载明事项的，登记主管机关将换发营业执照。如果公司章程修改未涉及登记事项的，公司应当将修改后的公司章程或公司章程修正案送原登记主管机关备案。如果涉及需要公告事项的，应依法进行公告。

3. 防止公司章程变更权的滥用。公司章程本身具有契约性、规范性、公示性、准据性等法律属性，这决定了公司章程变更结果在法律上的重要性。因为公司章程既是约束公司及其成员的行为准则，也是公司市场运作的行为规范，具有补充规范的重要作用，所以修改公司章程必须由享有法定权利的主体严格依照法定程序进行，否则不发生法律效力。

四、公司变更的程序

由于公司变更内容的不同，公司变更的程序也各有差异，且各国法律关于各类公司变更的规定不同，一般说来，公司变更需要依下列程序进行：

(1) 制订变更计划。公司的变更计划一般应按照公司目前及今后发展的需要与规划，由公司的专门部门负责拟定，交由股东大会或全体股东审查决定，并且要求一致通过。

(2) 作出变更决议。由于公司的变更事关股东的责任，公司财产的变动影响交易的安全，各国对变更决议的通过程序均规定较严，一般对无限公司、有限责任公司的变更，均要求全体股东一致同意；股份有限公司的变更决定必须由股东会以特别决议作出，甚至还要求股东一致通过。我国公司法规定，股东会变更决议应采取特别决议的方式进行，即应以 2/3 以上的表决权通过。

(3) 编制资产负债表及财产清单。通过变更决议后，进行变更的公司必须编制资产负债表及财产清单，对公司的财务进行结算。这是实施变更行为的前提条件，也是确定变更后的公司承继债权、债务的基础。为保证变更后的公司资本准确、可靠，资产负债表和财产清单的编制必须实事求是，不得有虚假、隐瞒，否则，相关主体应承担相应的法律责任。我国公司法规定，有限责任公司依法经批准变更为股份有限公司时，折合的股份总额不得高于公司净资产额：涉及国有资产的，严禁将国有资产低价折股、低价出售或者无偿转让给他人。

(4) 向债权人发出通知和公告。当公司类型发生变更时，向债权人发出通知和公告，是各国公司法保护债权人利益的基本措施。在无限公司变更为两合公司时，因股东责任发生变化，变更公司必须向债权人发出通知及公告，征询债权人意见，对提出异议的债权人须清偿债务或提供相应的担保。在有限责任公司变更为股份有限公司时，因股东责任不变，对债权人利益影响不大，加之变更后的公司理所当然地需要承继变更前公司的债务，故变更公司仅需向债权人发出通知或公告，无须征求债权人的意见，债权人亦不得提出异议，即使债权人不同意公司变更，也不影响公司变更行为的实施。

(5) 根据公司变更的事项与内容修订公司章程。公司变更既是公司组织形式的变化，同时也是公司资本、股东人数、股东责任的变化，甚至是公司章程的变化。因此，原公司章程已无约束力，必须按变更后的事项与内容重新修订公司章程。公司修订后的章程应交公司登记主管机关备案。

(6) 向登记主管机关提交变更申请，在法定期限内到登记主管机关办理公司变更登记手续，同时进行变更公告。公司进行变更，须向特定登记主管机关提出申请，并提交下列文件：公司法人代表签署的变更登记申请书；依照法律规定作出的变更决议或者决定；登记主管机关要求提交的其他文件。公司变更因登记而发生法律效力，登记后的公司即可以新公司的名义进行活动，并以新的公司类型对外承担责任，其中，一些特定内容和事项的变更，需要在法定时间内办理相应手续和向社会进行公告。

五、公司变更的方式

公司变更的方式，就是公司变更的具体形式。公司在依法存续期间，基于某种原因而改变公司的基本构成，并按照一定的法定条件和程序进行变更，是公司为适应社会经济变化而进行的一种必然选择。公司在进行这种选择时，便要确定一种具体的方式。从公司较为常见的变更方式来看，主要有：

(一) 公司合并

1. 公司合并的概念与特征。公司合并，是指两个或两个以上的公司，按照有关法律、法规规定，通过订立合同的形式归并成一个公司的法律行为。公司合并的法律性质，是被合并的公司将其全部财产转让给合并它的公司，或转让给合并后成立的公司，即由后者总括地承受前者的权利与义务，是债权、债务和合同的全部转让。公司合并体现的是公司资本的集中和资源配置的一种市场手段。公司合并具有以下特征：(1) 公司合并是两个以上公司之间共同作用的结果。首先，合并只能在两个或两个以上的公司之间进行；其次，合并是两个或两个以上公司之间合意的结果，参与合并的公司必须订立合并契约。公司合并是公司之间的法律行为，即公司是合并行为的主体。虽然公司股东可以通过法定程序决定公司是否参与合并，合并也会影响公司股东利益，但这都只是股东对公司行使权利的结果，并非股东参与合并。(2) 公司合并是一种法律行为，必须依法进行。对于公司合并，各国法律均规定了一定的条件和程序，我国也不例外。如果公司的合并不符合法定条件，不按法定程序进行，则该合并行为无效。(3) 公司合并会引起一个或一个以上的公司消灭。公司参与合并的结果，是参与合并的一些公司会归于消灭。公司经合并后，其权利和义务由因合并而新生成的公司享有和承担，即被消灭公司的债权、债务由存续公司全部承受。

2. 公司合并的方式。公司合并的方式主要有两种：(1) 吸收合并，也称为吞并式合并或接收合并，在经济学上通常被称为兼并，是指两个或两个以上公司合并时，其中一个公司继续存在，其余公司消灭的合并。吸收合并的特征是被吸收方消灭，吸收方存续。(2) 新设合并，也称创设合并或新建合并，是指两个或两个以上公司合并时，参与合并的所有公司全部消灭并共同组建一个新的公司的合并。新设合并的特征是参与合并的公司不再存续，其原有的主体资格归于消灭。在以上两种方式的合并中，经合并后，原公司的债权、债务均由新设立的公司承担。

3. 公司合并的程序。公司合并涉及股东、债权人及公司的切身利益，而保护各方当事人的利益，是法律本身应尽之责，故各国法律均对合并行为规定了较为严格的程序。从我国公司法的规定来看，公司合并应依下列程序进行：(1) 合并各方订立合并协议。合并协议是公司合并的基础。合并各方应对合并方式、存续公司或新设公司的组织、各方的债权债务处理办法等重要事宜，达成书面协议。(2) 合并协议的决议通过。无论是吸收合并，还是新设合并，都必须由股东会或股东决议通过。股东会决议，按特别决议程序表决：有限责任公司必须经代表2/3以上表决权的股东通过；股份有限公司必须经出席会议的股东所持表决权的2/3以上通过。(3) 通知并公告债权人。公司批准通过合并时，按法律规定，应当自作出合并决议之日起10日内通知债权人，并于30日内在报纸上公告。债权人自接到通知书之日起30日内，未接到通知书的，自公告之日起45日内，有权要求公司清偿债务或者提供相应的担保。(4) 编制资产负债表及财产清单。资产负债表是反映公司资产及负债状况、股东权益的主要会计报表，是公司合并中必须编制的报表，合并各方应真实、全面地编制此表，以反映公司的财产情况。公司还要编制财产清单，以清晰地反映公司财产状况，应翔实、准确，做到账实相符。(5) 修订存续公司章程或制定新设公司章程，并选举公司领导机构。(6) 合并及处理股份。合并股份是指存续公司或新设公司对解散公司的股东配发新股。处理股份是指分配的股份股东逾期不领取的，存续公司可将其股份拍卖，以卖得的金额向股东支付。配发的股份不满一股的，支付现金。(7) 办理登记。在公司合并过程中，当事人应持有关文件向工商行政管理机关分别申请变更登记、设立登记或注销登记，并向税务机关办理有关登记。

4. 公司合并的限制。公司合并属于公司的市场行为，是公司之间的一种契约行为。但由于公司的合并对国家的微观和宏观经济都会产生一定的影响，并涉及公司、股东、债权人以及公司职工等多方面的利益保护，所以，各国对公司的合并大都于法律、法规以及产业政策等方面进行程度不一的限制，我国公司法对此虽然没有具体规定，但有相关行政规章和产业政策的限定。从各国规定来看，主要有以下限制：(1) 反垄断法的限制。如果公司的合并超过了一定限度，形成市场垄断，违反垄断法的规定，则禁止合并。(2) 特殊行业的限制。与国计民生关系重大的行业，如银行、保险、信托、铁路、航空、电力、煤气、邮电等行业的公司，其合并必须征得政府主管机关的批准。(3) 涉外公司合并的限制。各国公司法对本国公司与外国公司合并一般都有特别限制。有的国家规定，外国公司合并本国公司必须经特别授权；有的国家则规定不允许外国公司与本国公司合并。

5. 公司合并的效力。主要表现在：(1) 参与合并公司的组织发生变化。公司合并是公司组织的扩张或缩小，直接在法律上导致公司消灭、变更、设立等后果。(2) 公司权利与义务的概括承继。无论是哪种形式的合并，参与合并各公司的权利与义务都由合并后存续的公司或新设公司承继，存续公司或新设公司必须无条件接受。公司的权利与义务包括公司的动产、不动产、债权、债务等。(3) 财产的转移。参与合并各方公司的股份或出资，应归并为存续公司或新设公司的股份或出资。

（二）公司分立

1. 公司分立的概念与特征。公司分立，是指公司依法分解为两个或两个以上财产责任相互独立的公司的法律行为。公司分立是公司在市场竞争中，基于经营战略的考虑或调整经营方向的需要而采取的一种组织结构的变动方式，目的是更灵活地适应市场需要。公司分立的法律特征为：(1) 公司分立是由一个公司分成两个或两个以上具有独立法人资格的公司的行为，因此，公司分立后，分立的公司相互之间、分立的公司与原公司之间无隶属关系。(2) 公司分立是公司内部生成的行为。与公司合并不同，公司分立只在公司内部进行协商，而无须与任何第三者达成协议。(3) 公司分立必须依法进行。各国公司法对公司分立均有较严格的规定，即要求按照一定的程序进行，否则，该分立行为无效。(4) 分立前公司的权利和义务由分立后的公司按分立协议分别承受。

2. 公司分立的方式。公司分立方式一般有：(1) 新设分立，也称解散分立，是指公司将其全部财产进行分割，形成两个或两个以上的新公司，原公司解散的行为。公司进行新设分立后，原公司法人资格消灭，其债权、债务由各新设立的公司承担连带责任。(2) 派生分立，也称存续分立，是指公司将其部分财产分离出去而成立另一个或者几个新公司的行为。在派生分立中，原公司继续存在，新公司也取得法人资格而独立存在：原公司的债权、债务可以由原公司与新公司承担连带责任，或者按协议归原公司独立承担。

3. 公司分立的程序。公司分立虽然是在公司内部产生的，但分立的结果并不是公司自身的事情，它关系到进行分立的公司的股东、债权人的权益以及分立后其他公司的存在。为避免以此规避债务的现象出现和企业分立不规范行为的发生，各国法律都明确地规定了与分立有关的程序，只有按法定程序进行的分立才产生法律效力。依据我国公司法的有关规定，公司分立的具体程序为：(1) 拟定分立方案。这是由公司董事会在公司分立时拟定的，对公司分立引起的财产分割、股东权利变化、债权债务承受、经营计划变更、新公司的筹建等有关事项进行妥善处理和安排的计划。公司的分立方案由公司董事会拟定。(2) 股东会作出特别决议。公司分立必须经股东会以特别决议方式作出。有限责任公司的股东会对公司分立作出的决议，必须经代表 2/3 以上表决权的股东通过；而股份有限公司的股东大会对公司分立作出的决议，必须经出席会议的股东所持表决权的 2/3 以上通过。如果被分立的公司是国有独资公司，分立决议必须由国家授权投资的机构或者国家授权的部门作出，分立方案也必须经上述机构同意才能生效。此外，股份有限公司的分立必须经国务院授权的部门或省级人民政府批准。(3) 编制资产负债表及财产清单。公司分立时，新公司的设立是以被分立公司分割一部分财产为前提的，为了保证财产分割和债权债务分配的准确、便利，同时也为了保护公司股东和公司债权人的权益，被分立公司应当先编制有关会计报表及财产清单。(4) 通知或公告债权人。公司分立直接影响债权人的利益，因此，按法律规定被分立公司应及时通知债权人，以便其及时主张权利。公司应当自作出分立决议起 10 日内通知债权人，并于 30 日内在报纸上公告。(5) 进行分立登记。公司分立后，应到登记主管机关进行相应的登记，并视分立的不同情形，进行公司的设立登记、注销登记或变更登记。

4. 公司分立的法律后果。公司分立作为一种法律行为，其后果主要有：(1) 公司结构变动。不论原公司是否存在，公司分立均有独立新公司产生。(2) 公司债权债务的变化。公司分立前的债权债务按分立协议由分立后的原公司或新公司承担，其中，有约定的，从约定；无约定的，由分立后的公司行使连带债权和承担连带债务。(3) 股东的转换。进行分立的公司的股东，可以以其所持的出资数或股份数，按照分立协议所确定的比例，换取分立后的公司的出资或股份。(4) 公司分立的无效。如果公司在分立的过程中未严格按照法定程序进行，则股东和债权人均可以请求法院判决分立无效。公司分立经法院确定为无效后，因分立而设立的公司解散，原公司应重新恢复并进行恢复登记。

第二节　公司的解散与清算

一、公司的解散

（一）公司解散的概念和特征

公司解散，是指公司因法律或章程规定的解散事由出现而停止业务活动，并开始处理未了结事务的法律行为。公司解散与公司法人资格消灭是既相区别又相联系的两个概念：公司解散是公司法人主体资格消灭的原因之一；而公司法人资格的消灭则是公司解散的必然结果。至于公司在解散中，是先清算，再终止其法人资格，还是先终止其法人资格，再清算，对此有不同的立法例。根据我国公司法的规定，公司于解散后的法定期间内成立清算组进行清算。一般认为，公司的法人资格于清算终了时消灭。公司解散后、清算终了前，公司的法人资格仅在清算范围内存在，已不能对外开展业务活动。公司解散的法律特征有：(1) 公司解散是因某种法定事由或客观事由的出现才产生的。(2) 公司一旦出现解散事由，开始解散时，应立刻停止对外的一切经营活动。(3) 从公司解散到公司法人资格消灭往往有一个过程。从公司解散事由的出现到宣告公司终止，都可以看做是公司解散；而法人资格的消灭，则是在公司停止了对外活动，了结了内部事务，清算了公司全部资产后的最终结果。当然，公司法人资格的消灭意味着公司彻底解散，公司实体不再存在。(4) 公司解散是一种法律行为。公司解散必须依照法律、法规和公司章程的规定进行，否则，其解散行为无效。

（二）公司解散的原因

关于公司解散的原因在各国立法中都有具体规定，可以分为自愿解散和强制解散两种情形。

1. 自愿解散。其主要原因包括：(1) 公司经营期限届满，公司即可解散，而无须股东会另行作出解散决议；(2) 公司章程规定的解散事由出现；(3) 公司权力机关决定解散，即股东会特别决议解散；(4) 公司因合并或分立而造成公司解散。因为无论以何种形式合并与分立，解散公司的权利与义务均由存续公司或新设公司继续承受，所以此种情况下无须进行清算。

2. 强制解散。其主要原因包括：(1) 判决解散。当公司在业务执行中遭到显著困难，公司的财产有受重大损失之虞时，持有公司一定比例的出资额或股份的股东，有权请求法院判决解散公司。具体而言，单独或者合计持有公司全部股东表决权 10%以上的股东可因如下原因提起此种诉讼：公司持续两年以上无法召开股东会或者股东大会，公司经营管理发生严重困难的；股东表决时无法达到法定或者公司章程规定的比例，持续两年以上不能作出有效的股东会或者股东大会决议，公司经营管理发生严重困难的；公司董事长期冲突，且无法通过股东会或者股东大会解决，公司经营管理发生严重困难的；经营管理发生其他严重困难，公司继续存续会使股东利益受到重大损失的情形。(2) 宣告破产。公司因不能清偿到期债务，应公司债权人的申请，被依法宣告破产的，公司应予以解散，进入破产程序，进行破产清算。破产程序终结，公司即告消灭。(3) 命令解散。公司成立后，实施了违法或危害社会公共利益的行为时，登记主管机关有权吊销其营业执照，命令公司解散。

（三）公司解散的法律后果

公司解散是公司法人主体资格消灭的原因，公司的解散无论是发生在清算程序之前，还是发生在清算程序之后，均产生以下法律后果：（1）进入清算程序，成立清算组织。公司解散后，应成立清算组，由清算组取代公司原业务机关。清算代表人在公司清算期间对外代表公司，处理公司未完结的各项业务；原公司管理机关及其代表人丧失权利能力。（2）公司的权利能力受到限制，停止一切营业活动。公司宣告解散后，其权利能力受到特别限制。这种限制体现在除为实现清算之目的，由清算组代表公司处理未完结的业务外，公司不得开展新的业务活动。（3）导致公司被依法注销。公司清算结束后，经有关机构或有关主管机关确认，报送公司登记主管机关，申请注销公司登记，公告公司终止。自注销登记之日起，公司法人资格消灭，其权利能力和行为能力终止。其中，因破产或公司违法而引起公司解散的，依照公司法及有关法律的规定，公司及其主要责任人员还可能承担经济责任、行政责任，直至刑事责任。

二、公司的清算

（一）公司清算的概念与特征

公司清算，是指在公司解散过程中，了结公司业务，并在股东之间分配公司剩余资产，最终结束公司的所有法律关系，消灭公司法人资格的一种法律行为。公司清算具有以下特征：（1）公司清算是公司解散的必经程序。公司清算与公司解散密不可分：公司清算存在于公司解散过程中，公司从解散事由的出现到公司实体的消灭，其中最重要的就是要经过清算这一程序。（2）公司清算必须由清算组织进行。清算组织是指在公司解散宣告后，接管公司，负责财产保管、清理、估价以及处理和分配，并独立于债权人、债务人之外，与公司财产没有利害关系的专门机构。依照我国公司法的规定，公司应当成立清算组进行清算。（3）公司清算意味着公司法人资格将最终消灭。公司清算的目的是了结公司的对内事务和对外债务，结束公司所有法律关系，解散公司。因此，在公司清算的过程中，尽管公司的法人资格从形式上看仍然存在，但从实质上看已丧失了开展经营活动的能力，公司清算必然导致其法人资格从形式上、实质上最终消灭。

（二）公司清算的种类

由于各国公司法所规定的公司类型不同，所以，公司清算的种类也有所不同，主要分为：

1. 任意清算和法定清算。任意清算是指依照公司章程规定或股东会决议的方法所进行的清算，而法定清算则是指依照法律规定的程序和方法所进行的清算。其中，任意清算适用于人合公司，即无限公司和两合公司，而不适用于资合公司。法定清算则主要适用于有限责任公司和股份有限公司。我国公司法规定的清算为法定清算，而无任意清算。

2. 普通清算和特别清算。普通清算是由公司股东、董事或股东大会确定的人员组成清算组织，依法定程序自行进行的清算。特别清算是在公司因行政决定或法院裁定而解散，并在法院监督下所进行的清算。

3. 正常清算和破产清算。正常清算也称公司清算，是指公司因除合并、分立或破产外的其他原因解散而适用的清算程序。破产清算是指公司不能清偿到期债务，被依法宣告破产时适用的清算程序。正常清算和破产清算虽然都是终结现存公司的法律关系、消灭法人资格的行为，但清算财产在进行债务清偿时的顺序却不相同。

（三）公司清算的程序

公司的清算一般需要经过以下七个程序：

1. 确定清算人。清算人是公司解散后，清理公司财产和债务，执行清算事务的人。根据清算程序的不同，清算人产生于：公司股东或董事，公司章程确定，股东会决议任命，法院选任，法律规定等。我国公司法规定，公司解散时，应当在15日内成立清算组，有限责任公司的清算组由股东组成，股份有限公司的清算组由股东大会确定人选；逾期不能组成的，由人民法院依债权人的申请指定有关人员组成。

清算组成员可以从下列人员或者机构中产生：（1）公司股东、董事、监事、高级管理人员；（2）依法设立的律师事务所、会计师事务所、破产清算事务所等社会中介机构；（3）依法设立的律师事务所、会计师事务所、破产清算事务所等社会中介机构中具备相关专业知识并取得执业资格的人员。

2. 向债权人进行催告，即公告、通知债权人并要求其申报债权。我国公司法规定，清算组应当自成立之日起10日内书面通知债权人，并于60日内进行公告。该公告应根据公司规模和营业地范围刊登在全国或公司注册登记地省级有影响的报纸上。债权人应当自接到通知书之日起30日内，未接到通知书的，自公告之日起45日内，向清算组申报债权。清算组未按照规定履行通知和公告义务，导致债权人未及时申报债权而未获清偿的，清算组成员应对债权人因此遭受的损失承担赔偿责任。

3. 清算人清理公司财产、编制资产负债表和财产清单。清算人清理公司财产、债权债务，编制资产负债表和财产清单后，发现公司财产不足以清偿债务的，应当向法院申请宣告破产。公司经法院裁定宣告破产后，清算组应当将清算事务移交给法院，由法院按破产程序组织清算。

4. 清算人制订清算方案。公司自行清算的，清算方案应当报股东会或者股东大会决议确认；人民法院组织清算的，清算方案应当报人民法院确认。未经确认的清算方案，清算组不得执行。执行未经确认的清算方案给公司或者债权人造成损失的，公司、股东或者债权人有权要求清算组成员承担赔偿责任。债权人对清算组核定的债权有异议的，可以要求清算组重新核定。清算组不予重新核定，或者债权人对重新核定的债权仍有异议，债权人可以以公司为被告向人民法院提起诉讼，请求确认。

5. 处理与清算有关的公司未了结事务。清算人应收取债权，并以公司财产支付清算费用、职工工资、所欠税款、公司债务等。

6. 分配剩余财产。清偿债务后的公司剩余财产，可以按股东的出资比例或股东所持股份进行分配。

7. 清算终结。公司清算结束后，清算组应当制作清算报告，并编制清算期间收支报表及财产账册，报股东大会或者有关主管机关确认，并向公司登记主管机关申请注销登记，公告公司终止。不申请注销登记的，由公司登记主管机关吊销其公司营业执照，并予以公告。公司依法清算结束并办理注销登记前，有关公司的民事诉讼，应当以公司的名义进行。

（四）公司清算中相关人员的责任

1. 有限责任公司股东、股份有限公司董事和控股股东与公司实际控制人的责任。有限责任公司的股东、股份有限公司的董事和控股股东，以及公司的实际控制人需要负责的情形和具体内容有：（1）未在法定期限内成立清算组开始清算，导致公司财产贬值、流失、毁损或者灭失的，债权人有权主张其在造成损失范围内对公司债务承担赔偿责任。（2）若因怠于履行义务，导致公司主要财产、账册、重要文件等灭失，无法进行清算的，债权人有权主张其对公司债务承担连带清偿责任。（3）在公司解散后，恶意处置公司财产而给债权人造成损失，或者未经依法清算，以虚假的清算报告骗取公司登记主管机关办理法人注销登记的，债权人有权主张其对公司债务承担相应的赔偿责任。（4）在公司未经清算前即办理注销登记，导致公司无法进行清算的，债权人有权主张其对公司债务承担清偿责任。股东或者第三人明知公司未经清算，仍在公司登记主管机关办理注销登记时承诺对公司债务承担责任的，债权人也可主张其对公司债务承担相应民事责任。上述四类人员为二人以上的，其中一人或者数人按照第（1）、（2）项和第（4）项承担民事责任后，有权主张其他人员按照过错大小分担责任。

2. 未缴纳出资的股东、发起人的责任。公司解散时，股东尚未缴纳的出资，包括到期应缴未缴的出资、分期缴纳情况下缴纳期限尚未届满的出资，均应作为清算财产。公司财产不足以清偿债务时，债权人有权主张未缴出资股东，以及公司设立时的其他股东或者发起人在未缴出资范围内对公司债务承担连带清偿责任。

3. 清算组成员的责任。清算组成员从事清算事务时，违反法律、行政法规或者公司章程给公司或者债权人造成损失的，公司或者债权人有权主张其承担赔偿责任。

法律应用

1. 公司是一种相对独立与稳定的经营实体，由公司的名称、住所、法定代表人、注册资本、公司类型、经营范围、营业期限、公司股东或发起人的姓名或名称等基本要素构成。

2. 公司变更是公司基本构成要素的变动，而公司的基本构成要素也是公司在特定机关即工商行政管理机关的登记注册事项。因此，不论公司变更原因如何，公司变更的法律意义均体现在登记程序上。

3. 关于公司在注册资本、组织形式、公司章程等方面的变更，以及公司分立、合并的具体方式，我国公司法规定仅限于有限责任公司与股份有限公司。

4. 在公司解散与清算中，解散法定事由、法律后果的出现与公司清算程序的提起，两者可以同时进行。

5. 公司清算应依照确定清算人、债权人催告、资产范围核定、排定清偿顺序、公司注销登记的顺序进行。

课后复习

1. 试述公司变更的概念与特征。
2. 公司变更的具体内容、原则及限制有哪些？
3. 公司变更的法定程序有哪些？
4. 试述公司分立、合并的种类和程序。
5. 试述公司解散的种类、法律后果以及清算规则。

第三编

证券法

第十三章
证券法概述

提 要

证券是记载并代表一定权利的凭证的通称，有广义和狭义之分，但证券法中的证券多是指狭义的证券。我国证券法所规定的证券有股票、公司债券和国务院依法认定的其他证券三类。证券法的基本原则是证券法精神或理念的具体表现，是证券立法、司法、执法和守法的出发点与指导思想，是证券发行和证券交易活动必须遵循的基本行为准则。我国实行以政府监管为主、以行业自律为辅，政府集中统一监管与行业自律相结合的证券监督管理体制，即由中国证券监督管理委员会依法对全国的证券市场实行集中、统一监督管理，并在此前提下，依法加强证券业协会等组织的自律性监督管理。

重点问题

1. 证券的概念、特征及分类
2. 我国证券法的调整范围和调整内容
3. 我国证券法的基本原则
4. 我国的证券监督管理体制

第一节 证券制度概述

一、证券的概念和特征

证券是记载并代表一定权利的凭证的通称，是用来证明证券的持有者按证券所载内容取得相应权益的凭证。证券主要有以下五个特征：

（1）证券必须依照国家法律或行政法规的规定制作和签发，证券的格式和记载的内容都必须合法。

（2）证券中所记载的权利与证券不可分离。证券作为一纸文书，本身并无价值可言，但是，为了促进权利的流通，法律规定权利的行使必须与证券相结合。就是说，证券并非权利本身，而仅仅是权利的外观或载体。对于具备权利外观者，推定其为证券所载权利的所有者；对于不具备权利外观者，推定其并非证券所载权利的所有者。

（3）证券中记载的权利受法律保护，对证券的持有人和相关当事人均具有法律约束力。

（4）证券具有流通性。流通性又称变现性，是指证券持有人可以通过将证券在证券市场上进行转让而收回其投资。证券的流通性是证券交易的前提，也是证券的生命力之所在。

（5）证券具有风险性。证券业之所以是一个高风险、高投机的行业，就是因为证券具有风险性，它可能给投资者带来巨大的收益，也可能带来惨重的损失。

二、证券的意义及功能

证券是社会信用和商品经济发展到一定阶段的产物，证券与经济发展之间是一种相互影响、相互促进的关系。具体而言，证券具有以下功能：

（1）证券是企业筹集资金的重要渠道。在现代社会中，企业可以通过直接向社会上不特定的投资者发行股票、债券等证券这种直接融资渠道，迅速、广泛地筹集资金，从而有效地解决企业设立和运营所需要的巨额资本。通过证券尤其是通过发行股票筹集资金，资金来源长期、稳定；同时，由于巨额资本是社会上闲散资金聚集而成的，所以还可以分散投资风险，这样更有利于企业巨额资本的筹集。

（2）有利于推动企业的经营管理。从本质上看，证券是一种具有期待利益的权利证书，证券的持有者对投资方向极为关注。而企业经营状况、资本实力、盈利能力、未来发展前景等的好坏，往往会通过证券市场上企业证券价格的变化真实地反映出来。因此，证券市场的行市波动，就能够促使企业不断调整产品结构、改善经营管理、树立良好的企业形象，以取得投资者的信任。

（3）有利于调节资金的合理流动，提高资金的使用效率。证券具有流通性。通常，发行企业盈利能力强，投资者对其证券会踊跃认购；反之，则争相抛售。因此，证券在证券市场上不断进行交易的过程，实际是资金合理流动、提高资金的使用效率的过程，也是社会资源重新配置和优化组合的过程。

（4）证券是国家实现对经济生活进行宏观调控的重要工具。在市场经济体制下，国家对经济生活的干预主要采取间接干预的方式。证券是国家干预经济生活，实现宏观调控的重要工具。如国家可以通过制定证券发行、上市的有关规范，引导资金的合理流向；国家可以通过证券市场上证券的买进或卖出来刺激经济的发展或给过热的经济降温，从而促进国民经济稳定、健康地发展，起到对经济生活进行宏观调控的作用。

三、证券的分类

证券有广义和狭义之分，广义的证券包括商品证券（如提单、货运单、抵押单等）、货币证券（如支票、汇票、本票等）和资本证券（如股票、公司债券等），狭义的证券仅指资本证券。资本证券是表明权利人索取与其出资的资本额相应利益的权利凭证，它随着借贷资本的产生而产生，是发挥资本信用职能的证券。证券法中的证券多指狭义的证券。

根据不同的标准，可以对证券作以下主要分类：（1）根据证券权利性质不同，可以分为物权证券、债权证券和股权证券；（2）根据证券权利客体的不同，可以分为商品证券、货币证券和资本证券；（3）根据证券的转让方式不同，可以分为记名证券和无记名证券；（4）根据证券的权利载体不同，可以分为实物式证券和簿记式证券；（5）根据证券上市与否，可以分为上市证券和非上市证券；（6）根据证券的发行方式与范围不同，可以分为公募证券和私募证券。

我国证券法规定的证券有股票、公司债券和国务院依法认定的其他证券三类。“国务院依法认定的其他证券”，目前主要是指非公司企业债券、投资基金券、新股认购权证书、金融债券等。和发达国家（如美国）相比，我国证券的种类较少，主要还是传统的证券种类，即股票与公司债券，这主要是因为我国证券市场起步较晚。随着社会主义市场经济的发展，证券市场的逐步发达与证券法律制度的完善，我国的证券种类将会增多。

四、证券市场

证券市场是证券发行与交易的场所，分为发行市场与流通市场，其中发行市场又称一级市场，流通市场又称二级市场。证券发行人通过发行市场将已经获准公开发行的证券第一次销售给投资者，以获取资金。对已经公开发行的证券进行买卖、转让交易的场所是二级市场。通过一级市场取得的证券可以到二级市场进行买卖，投资者可以在二级市场对证券进行不断的转让、交易。

证券市场是金融市场的重要组成部分，在一国金融市场体系中占据重要的地位。现代各发达市场经济国家的资金融通主要是通过金融市场实现的。金融市场包括短期金融市场和长期金融市场。证券市场是长期金融市场的核心，证券市场上的投资工具如股票、债券等同时也是金融市场上最重要的长期融资工具，所以，证券市场的发展状况对一个国家的金融市场乃至整个市场经济体系的运行都具有重大的影响。

第二节　证券法概述

一、证券法的概念和性质

（一）证券法的概念

证券法是调整因证券的发行、上市、交易、管理、监督及其他相关活动而发生的各种社会关系的法律规范的总称。

与其他部门法一样，证券法也有形式意义和实质意义之分。形式意义上的证券法，仅指以证券法或证券交易法命名的调整有关证券活动中所发生的社会关系的法律。实质意义上的证券法则是指一切调整有关证券活动中所发生的社会关系的法律规范的总称。实质意义上的证券法律规范集中、系统地存在于形式意义上的证券法中，同时还包括公司法中的有关内容以及其他各种与证券有关的法律、法规、规章等的相关内容。就我国而言，形式意义上的证券法仅指立法机关颁布的《证券法》；而实质意义上的证券法除上述单行的证券法之外，还包括《公司法》《股票发行与交易管理暂行条例》《企业债券管理条例》《外商投资企业法》《反不正当竞争法》等一系列法律、法规、规章中有关证券的内容。

（二）证券法的性质

1. 证券法是国家对证券市场进行监督、管理的基本法律。证券市场一般包括证券发行市场和证券交易市场。证券市场的主体主要有：发行股票和证券的公司，投资者，证券公司，证券交易所，证券登记结算机构，证券中介服务机构，证券业协会，证券监督管理机构等。在这些主体中，除证券监督管理机构外，其他主体均处于平等的法律地位，它们之间在证券市场以外的其他市场进行交易活动，主要依据平等、自愿的原则，彼此之间互不干预，国家公权力一般也不介入。但是，证券市场不同于其他市场。比如，一个公司要发行股票，公司的经营业绩如何、是否真实，发行过程中有无欺骗行为等情况，不仅对公司的股东、董事会、经理、公司员工、公司的债权人等的利益具有重大影响，还关系到购买股票的广大投资者的切身利益，关系到包括证券市场在内的整个市场秩序的稳定，从而影响到整个社会经济的运行。所以，国家公权力必须介入证券市场，证券法就是国家对证券市场进行监管的基本法律。正是从这种意义上说，证券法与合同法等典型的私法不同，它是已具有公法化倾向的私法。

2. 证券法主要是行为法，但又兼有组织法的内容。行为法是具体规范或者约束某种行为的法律，如票据法、海商法等。组织法是规定某种社会组织的设立、变更、终止、组织和运营规则的法律，如商业银行法、人民法院组织法等。证券法主要是调整与证券有关的行为的法律，如调整证券的发行行为、承销行为、上市行为、交易行为及其他相关行为。但证券法在主要调整与证券有关的行为的同时，还对有关证券市场主体的类型及各类证券市场主体资格的取得、终止及内部组织关系作了明确的规定。如我国《证券法》第124条规定，设立证券公司，应当具备下列条件：(1) 有符合法律、行政法规规定的公司章程；(2) 主要股东具有持续盈利能力，信誉良好，最近3年无重大违法违规记录，净资产不低于人民币2亿元；(3) 有符合本法规定的注册资本；(4) 董事、监事、高级管理人员具备任职资格，从业人员具有证券从业资格；(5) 有完善的风险管理与内部控制制度；(6) 有合格的经营场所和业务设施；(7) 法律、行政法规规定的和经国务院批准的国务院证券监督管理机构规定的其他条件。这是关于证券市场主体之一——证券公司的设立及运营条件的规定，属于组织法的内容。因此，证券法主要是行为法，但又兼有组织法的内容。

3. 证券法是实体法和程序法的统一。简言之，实体法是指规定法律关系主体的权利与义务的法律，程序法是指规定法律关系主体权利实现和义务履行具体步骤的法律。一般来说，现代社会没有纯粹的实体法，也没有纯粹的程序法。但是根据某一法律规定的整体和主要内容，仍然能够区分其为实体法或程序法。比如，民法属于典型的实体法，民事诉讼法或刑事诉讼法则是典型的程序法。而证券法则是实体法和程序法的结合。证券法中不但包括有关证券市场主体的权利与义务的大量实体性规定，而且还不乏有关证券发行、上市、交易等证券活动程序的规定。因此，从性质上看，证券法既不是典型的实体法，也非典型的程序法，而是两者的统一。

二、证券法的调整范围与调整内容

（一）证券法的调整范围

要全面把握证券法的概念，就必须深刻揭示证券法的调整范围与调整内容。我国《证券法》第2条第1款规定："在中华人民共和国境内，股票、公司债券和国务院依法认定的其他证券的发行和交易，适用本法；本法未规定的，适用《中华人民共和国公司法》和其他法律、行政法规的规定。"第2款规定："政府债券、证券投资基金份额的上市交易，适用本法；其他法律、行政法规有特别规定的，适用其规定。"第3款规定："证券衍生品种发行、交易的管理办法，由国务院依照本法的原则规定。"理解证券法的调整范围应当注意以下三点：

1. 证券法调整的地域范围。一般而言，一个主权国家的法律调整的地域范围包括主权管辖范围的全部领域，即一个主权国家的领土、领海和领空，此外，还包括延伸意义上的领土，即驻外使、领馆和在外国领域的本国船舶和飞机等。依据《证券法》第2条的规定，证券法调整的地域范围为"中华人民共和国境内"，是指中华人民共和国领域内，包括中华人民共和国的"领土、领海和领空"。

2. 证券法调整的证券种类范围。证券法调整的证券种类有股票、公司债券和国务院依法认定的其他证券三类。"国务院依法认定的其他证券"，目前是指非公司企业债券、投资基金券、新股认购权证书、金融债券等。需要注意的是，政府债券的上市交易也属于证券法调整的范围。政府债券又称国债券，包括国库券、财政债券、国家建设债券等，是指出于筹措经济建设资金、弥补财政赤字或国库收支差额等特定目的，中央政府以债务人名义发行并承诺在一定期限内还本付息的债务凭证。尽管政府债券在发行主体、持有人权利、发行过程和转让程序等方面与股票、公司债券有很大区别，但是政府债券的上市交易，仍适用《证券法》。政府债券的发行由法律、行政法规另行规定。

3. 证券法调整的行为范围。证券法既调整证券交易行为，又调整证券发行行为。在《证券法》制定的过程中，对于证券法是否应调整证券发行行为，一直存在不同的观点。一种观点认为，证券法不应调整证券发行行为，而应只调整证券交易行为。其理由是，我国当时的《公司法》(1993 年《公司法》) 第四章第一节“股份发行”和第五章“公司债券”，分别对股份发行的原则、条件、程序、方式和公司债券发行的条件、程序作了比较明确的规定，因此，没有必要在证券法中再作规定。另一种观点主张，证券法不仅应调整证券交易行为，还应调整证券发行行为。因为：(1) 证券市场是由发行市场和交易市场组成的，缺少其中之一，另一个的功能就无法发挥出来。作为规范我国证券市场基本法律的证券法，不能仅仅规范证券交易行为，还应当对证券发行的全过程进行调整。如果证券法只管交易，那就成了单纯的“证券交易法”了。(2) 公司法和证券法是两种不同性质的法律：前者本质上属于组织法，而后者本质上属于行为法，是着眼于市场管理的法律。现行证券法采纳了第二种观点，同时规定证券的发行和交易，证券法未作规定的，适用公司法和其他法律、行政法规的规定。

(二) 证券法的调整内容

证券法调整在证券发行、交易、监管及其他相关活动中所发生的社会关系。具体而言，其调整的内容可以归纳为以下四类关系：

1. 证券发行关系。主要是指证券发行人在发售证券的过程中与证券投资者、承销商及其他相对人之间所发生的关系。

2. 证券交易关系。这是指证券持有人在转让证券的过程中与买受人之间所发生的关系。证券交易关系是证券法调整的重要内容之一。

3. 证券监督管理关系。这是指国家运用行政权力对证券市场进行规划、调控、监察和督导过程中所发生的关系。

4. 因证券的其他相关活动而发生的关系。证券法主要调整证券发行和交易关系。为了便于证券发行和交易，由社会中介组织向有关方面提供服务而发生的关系，如因证券发行和交易的咨询、策划及其他配套服务活动而发生的关系，因证券的评级、评估、保管、结算登记活动而发生的关系，也是证券关系的必要组成部分，也应当由证券法加以调整。

三、证券法与相关法律部门的关系

根据《证券法》第 2 条的规定，在调整股票、公司债券和国务院依法认定的其他证券的发行和交易方面，优先适用证券法；只有在证券法没有规定的情况下，才能适用公司法和其他法律、行政法规的规定。这就涉及证券法与公司法和其他法律、行政法规的关系问题。

(一) 证券法与公司法的关系

证券法与公司法都是近代商品经济发展的产物，都是现代市场经济法律制度的重要组成部分。在整个法律体系中，两者的关系最为密切：作为证券法主要调整对象的股票和公司债券，是以公司为产生和存在前提的，是公司制度的伴生物；公司法对公司的规范必然涉及证券问题。通说认为，公司法与证券法是一般法与特别法的关系。证券法以规范公司证券发行与交易为主要任务，凡属于证券发行与交易的问题均应适用证券法，证券法未作规定的，适用公司法。尽管证券法与公司法在内容上有相互配合、相互衔接和重叠交叉的情况，但是两者毕竟是两部性质不同的法律，其不同主要表现在以下三个方面：首先，两者各有自己的调整范围和调整内容。证券法从全面调整证券市场的角度，不仅规定了证券发行和交易，而且涉及对证券市场的监督和管理；公司法调整的是公司设立、组织与运行过程中所发生的各种社会关系，主要从公司主体的角度规范了股票和公司债券发行问题。其次，虽然两者都涉及股票和公司债券发行方面的内容，但公司法的规定较为分散、原则，而证券法的规定则较为集中、系统和具体。再次，公司法主要是组织法，侧重于对公司内部组织结构的调整；证券法主要是行为法，侧重于对证券发行与交易的调整。

（二）证券法与民商法的关系

大陆法系国家的通说认为，证券法是民商法的一个分支，证券法与民商法之间是种属关系。在实行民商合一和民商分立体制的国家，证券法的具体地位虽然有所不同，但证券的基本制度，如代理制度、时效制度等都是从属于民商法的。在英美法系国家，证券法不论是否形成了一个独立的部门法，实际上都是作为调整民商事关系的法律规范的一部分而存在的。

（三）证券法与经济法的关系

证券法本质上属于私法的范畴，而经济法属于公法的范畴，两者具有本质区别，而且两者在调整对象、调整方式上都具有明显的不同。但是，证券法与经济法也有较为密切的联系。例如，证券的发行、承销与交易属于证券法调整的内容，但在证券发行、承销与交易的过程中，经常会发生诸如为招揽业务而诋毁竞争对手等不正当竞争行为，对这类行为如何规制，则主要依靠经济法即反不正当竞争法等的规范。

第三节　证券法的基本原则

一、证券法基本原则概述

所谓证券法的基本原则，是指证券法所规定的贯穿于证券发行和证券交易活动全过程的，对证券法所调整的全部社会关系具有指导作用的根本性准则。证券法的基本原则是证券法精神或理念的具体表现，是证券立法、司法与执法的出发点和指导思想，是证券发行和证券交易活动必须遵循的基本行为准则。

我国《证券法》第3条规定："证券的发行、交易活动，必须实行公开、公平、公正的原则。"第4条规定："证券发行、交易活动的当事人具有平等的法律地位，应当遵守自愿、有偿、诚实信用的原则。"第5条规定："证券的发行、交易活动，必须遵守法律、行政法规；禁止欺诈、内幕交易和操纵证券市场的行为。"由此可见，我国证券法的基本原则有三项：公开、公平、公正原则；平等、自愿、有偿、诚实信用原则；守法原则。

二、证券法基本原则的内容

（一）公开、公平、公正原则

公开、公平、公正原则简称"三公"原则，是证券法的首要基本原则。

所谓公开，是指在证券发行和交易的过程中，与证券有关的一切信息资料都必须公开。具体而言，公开原则包括以下四个方面的含义：一是证券的发行必须依法向社会公开；二是证券公开发行后，应在合法的证券交易场所公开上市交易；三是在证券发行和交易的全过程中，必须坚持信息持续公开制度，与证券发行和交易有关的一切信息资料都必须及时、完整、准确、真实地公之于众；四是监管部门的政策和法规、决定及监管程序也要公开，以便使各个市场主体对监管部门的监管行为有合理的预期。公开原则涉及的内容十分广泛，包括发行人的经营及财务状况、发行人的重大诉讼事项、已发行证券的变动情况、发行人经营方针和经营范围的重大变化，以及其他一切可能影响证券价格的有关信息。公开原则的核心是增强证券市场的透明度，目的在于保证广大的投资者能够享有获得足够信息的机会，公平地参与市场竞争。同时，坚持公开原则也是防止少数人利用内幕信息进行证券欺诈，损害广大投资者利益的有效措施。证券本质上是一种信用资本，不同于一般的实物商品，投资对象不具有实物外观形态，投资价值往往取决于证券发行或上市交易主体的资产、经营和信用状况。因此，在证券的发行与交易中，只有真正做到有关信息和程序的公开，投资者才可能在全面了解情况的基础上作出投资决策，并自负据此所作出的投资决策的风险，才有可能形成良好的竞争与监管机制，从而为证券市场的公平与公正发展提供条件。

所谓公平，是指参与证券发行、交易及其他相关活动的证券市场主体都具有平等的法律地位，公平地开展竞争，合法权益受到平等的保护。依据公平原则，发行人有公平的筹资机会，证券经营机构在证券市场中有公平的权利和义务，投资者享有公平交易的机会。在证券交易所内，本地会员和外地会员有相同的权利和义务。公平原则要求发行人、投资者、证券公司和证券中介机构在证券发行和交易活动中，机会均等，平等竞争，公平交易，证券市场主体不能因在市场中的职能差异、身份不同、地区不同、经济实力厚薄、投资数额多寡、交易量的大小等而受到差别待遇。公平原则要求政府要制止不公平、不正当的行为，营造一个所有证券市场主体进行公平竞争的环境。

所谓公正，是指证券监管机构及其工作人员在履行监管职责时，应当秉公执法，对所有的监管对象给予公正的待遇，公平地处理证券纠纷和争议。公正原则是针对证券市场的管理者而言的。按照我国证券法的规定，证券市场的管理者主要是指国务院证券监督管理机构。证券监督管理机构在对证券市场实行监督管理时依法享有管理规章、规则制定权，审批或核准权，监督管理权，调查处罚权等。另外，证券交易所作为证券市场的重要主体，也依法享有某些管理权。公正原则要求证券市场的管理者管理公正、执法公正，对所有的监管对象一视同仁，不能厚此薄彼、宽严不一；对于发生纠纷的当事人应当平等对待，不偏袒任何一方。

在“三公”原则中，公开原则是核心，公平与公正原则是辅助。公开原则是公正、公平的前提和保障，是实现公平、公正的必要措施，因为只有在公开的前提下，才谈得上公正与公平。所以，公开原则是证券法律制度的精髓所在，是证券市场健康、有序发展最基本的要求，也是防止证券市场欺诈等违法行为的必要手段。

（二）平等、自愿、有偿、诚实信用原则

所谓平等，是指参与证券发行、交易活动的当事人具有平等的法律地位，享有平等的法律人格，合法权益平等地受到法律的保护。平等原则虽然要求证券发行、交易活动的当事人平等地享有权利和承担义务，但并不意味着他们享有的民事权利和承担的民事义务完全一样，也就是说，平等是指证券发行、交易活动当事人的民事权利能力的平等，而不是民事权利的同等。

所谓自愿，是指当事人在法律地位平等的基础上，有权按照自己的意愿进行或参与证券发行、交易活动，除法律另有规定外，任何人不得强制或干涉。自愿原则在证券法中主要体现为证券发行与上市行为的自愿，证券承销、证券交易行为的自愿，如发行人是否申请发行证券，发行何种证券，何时、以何种方式、什么价格发行证券，是否申请证券上市，以及投资者是否进行证券交易，交易何种证券，交易的数量、价格等问题都应基于当事人的自愿，除法律另有规定外，他人不得干涉。

有偿原则即等价有偿原则，是指在证券发行、交易活动中，除法律另有规定或当事人另有约定外，具有平等法律地位的主体之间应按照价值规律的要求进行等价交换。有偿原则是市场经济的内在要求在证券法中的体现，也是证券发行与交易行为的本质要求。在证券市场中，当事人作为民事主体，首先考虑的就是投资与收益的比率，他们从事证券买卖的动因和目的就是谋求收益或利益的最大化。如果交易不遵循价值规律，不按照等价有偿的原则进行，交易主体的目的就无法实现，其利益也必然受到损害。因此，有偿原则是证券法的重要原则之一，法律必须保证该原则在证券发行与交易活动中的贯彻和实施，除法律另有规定或合同另有约定外，取得他人的证券、价款或接受服务的一方，必须向对方支付相应的对价。

所谓诚实信用，是指在证券的发行与交易活动中，当事人应当具有良好的主观心理状态，以诚相待，不欺不诈、恪守诺言、讲究信用，不得为行使个人权利或谋求个人利益而损害他人利益或社会公共利益。诚实信用原则是商业道德法律化的结果，是调整民商事关系的基本原则，同样也是证券法的基本原则，而且，对于具有高风险特征的证券市场而言，诚实信用原则尤为重要。证券内幕交易、操纵证券市场、虚假陈述、欺诈客户的行为都是严重违反诚实信用原则的。

证券法所规定的平等、自愿、有偿、诚实信用原则，不仅保持了与民法基本原则的一致性，而且是保护投资者合法权益，维护证券市场自由、公平竞争秩序的重要条件。

（三）守法原则

守法原则是符合法律、行政法规原则的简称，是指证券的发行、交易活动必须遵守国家的法律和行政法规，严禁证券违法行为。

证券的发行、交易活动必须遵守的法律，主要是指证券法和公司法的具体规定。证券的发行、交易活动涉及其他法律调整范围的，还应遵守其他法律的相关规定。证券法是证券活动的基本法，规定了证券活动的基本原则和一系列保障证券活动有序运行的具体制度，所以，证券的发行、交易活动应以证券法为基本的行为准则。公司法是规范公司组织和公司行为的基本法。公司为了自身的发展，往往通过发行债券和股票筹集资金。证券发行和交易，证券法未作规定的，适用公司法和其他法律、行政法规的规定。

证券的发行、交易活动必须遵守的行政法规，主要包括《股票发行与交易管理暂行条例》《企业债券管理条例》、国务院《关于股份有限公司境外募集股份及上市的特别规定》、国务院《关于股份有限公司境内上市外资股的规定》等。上述行政法规分别对股票发行、交易，上市公司收购，信息披露，债券发行文件与发行管理，发行B股的条件、审批、监管，B股投资人资格等方面作了规定，证券发行、交易活动必须遵守这些规定。

贯彻守法原则，必须禁止证券违法行为。我国证券法所指的证券违法行为主要有欺诈、内幕交易和操纵证券交易市场的行为。

第四节　证券监督管理机构

一、证券监督管理机构的性质

证券监督管理机构的性质，是指证券监督管理机构所具有的法律地位。我国《证券法》第178条明确规定：“国务院证券监督管理机构依法对证券市场实行监督管理，维护证券市场秩序，保障其合法运行。”可见，国务院证券监督管理机构是全国证券市场的主管部门。

在1992年以前，我国的证券市场监督管理职责由中国人民银行承担。1992年10月，国务院证券委员会和中国证券监督管理委员会（以下简称中国证监会）宣告成立。1995年3月，国务院正式批准《中国证券监督管理委员会机构编制方案》，确定中国证监会为国务院直属副部级事业单位，是国务院证券委员会的监督执行机构。1998年4月，根据国务院机构改革方案，决定将国务院证券委员会与中国证监会合并，组成国务院直属的正部级事业单位，同时，中国人民银行履行的证券业务监管职能移交给中国证监会。经过这些改革，集中、统一的全国证券监管体制基本形成。1998年9月，国务院批准了《中国证券监督管理委员会职能配置、内设机构和人员编制规定》，进一步明确中国证监会是国务院直属事业单位，是全国证券市场的主管部门。

二、证券监督管理体制

所谓证券监督管理体制，是指由一个国家或地区证券监督管理机构的设置及职权划分等内容所构成的法律制度。在证券市场中，从来没有固定的、一成不变的监管体制。每个国家或地区都是根据自己的证券市场的发育程度以及金融业的发展状况等诸多因素，根据自己的政治、经济、文化、法律传统等多方面的特点来决定本国或本地区的证券监管体制的。当代西方发达国家证券市场的监管模式主要有以美国为代表的政府监管型、以英国为代表的自律监管型和介于两者之间的以德国为代表的中间监管型三种类型。

我国《证券法》第7条第1款规定："国务院证券监督管理机构依法对全国证券市场实行集中统一监督管理。"第8条规定："在国家对证券发行、交易活动实行集中统一监督管理的前提下，依法设立证券业协会，实行自律性管理。"这说明，我国实行以政府监管为主，以行业自律为辅，政府集中、统一监管与行业自律相结合的证券监督管理体制，即由中国证监会依法对全国的证券市场实行集中、统一监督管理，并在此前提下，依法加强证券业协会等组织的自律性监督管理。所谓集中，是指中国证监会是全国证券市场的唯一主管机构，其他国家机关不再行使对证券市场的监管权；所谓统一，是指由中国证监会统一行使对全国证券市场的监管权，负责对证券市场进行全面监管。

证券市场投机性强，风险较大，在注重法制建设和国家监管的同时，还必须认识和强调自律性管理对于证券市场的重要性。我国的证券业协会就是在国家对证券发行、交易活动实行集中、统一监督管理的前提下，依法设立的证券行业的自律性组织。

三、证券监督管理机构的职责范围

根据我国证券法的规定，国务院证券监督管理机构在对证券市场实施监督管理过程中履行下列职责：(1) 依法制定有关证券市场监督管理的规章、规则，并依法行使审批或者核准权；(2) 依法对证券的发行、上市、交易、登记、存管、结算，进行监督管理；(3) 依法对证券发行人、上市公司、证券交易所、证券公司、证券登记结算机构、证券投资基金管理公司、证券服务机构的证券业务活动，进行监督管理；(4) 依法制定从事证券业务人员的资格标准和行为准则，并监督实施；(5) 依法监督、检查证券发行、上市和交易的信息公开情况；(6) 依法对证券业协会的活动进行指导和监督；(7) 依法对违反证券市场监督管理法律、行政法规的行为进行查处；(8) 法律、行政法规规定的其他职责。

国务院证券监督管理机构可以和其他国家或者地区的证券监督管理机构建立监督管理合作机制，实施跨境监督管理。

法律应用

1. 证券的含义非常广泛，既包括价值证券，即与一定的财产价值或权利相对应的证券，如支票、股票，也包括商品证券，即直接与一定的商品相联系的证券，如提单；既包括物权性证券，也包括债权性证券。证券法中所讲的证券仅指企业以融资为目的而发行的带有资本性的证券。

2. 证券法的内容既有属于民商法内容的发生在平等主体之间的权利与义务关系，也有属于行政法内容的发生在管理者与被管理者之间的具有权力服从性质的关系。

课后复习

1. 简述证券的概念与特征。
2. 简述证券法的立法原则和证券监管的主要内容。

第十四章 证券发行与上市

提要

证券发行是证券发行人以筹集资金为目的，依法将证券出售给投资者的法律行为，是其他证券活动开展的前提和基础。证券上市，是指已经公开发行证券的发行人，将其证券按照法定条件和程序在证券交易所公开挂牌交易的法律行为。证券上市与证券发行具有十分密切的关系：证券发行是证券上市的前提，证券上市则是证券发行的延伸。证券上市同时又是证券交易的前提，是连接发行市场与交易市场的桥梁。

重点问题

1. 证券发行与证券上市的概念
2. 我国证券发行与证券上市的条件和程序
3. 我国证券承销的方式
4. 保荐人的职责

第一节 证券发行法律制度

一、证券发行的概念与特征

所谓证券发行，是指证券发行人以筹集资金为目的，依法将证券出售给投资者的法律行为。证券发行人是指为筹集资金而发行证券的社会经济实体。证券发行人具有双重身份，即社会资金的需求者和证券的原始供给者。

证券发行是其他证券活动开展的前提和基础。通过证券发行建立起来的市场称为证券的发行市场或一级市场。证券发行是否规范及证券发行市场是否完备，直接影响整个证券市场的发展状况。所以，各国的证券法律、法规均要求发行证券必须严格依法进行。我国《证券法》第10条第1款明确规定："公开发行证券，必须符合法律、行政法规规定的条件，并依法报经国务院证券监督管理机构或者国务院授权的部门核准；未经依法核准，任何单位和个人不得公开发行证券。"

二、证券发行的条件

(一) 股票发行的条件

股票发行的首要条件是发行人必须为具备股票发行资格的股份有限公司，理论上包括以募集方式设立的股份有限公司和已经成立的股份有限公司。因股份有限公司发行股票时的情况不同，应当具备的条件也有所不同。

1. 募集设立股份有限公司的股票发行条件。根据我国《公司法》第 77 条的规定，股份有限公司的设立，可以采取发起设立或者募集设立的方式。募集设立，是指由发起人认购公司应发行股份的一部分，其余股份向社会公开募集或者向特定对象募集而设立公司。《证券法》第 12 条也规定，设立股份有限公司公开发行股票，应当符合《公司法》规定的条件和经国务院批准的国务院证券监督管理机构规定的其他条件，向国务院证券监督管理机构报送募股申请和下列文件：公司章程；发起人协议；发起人姓名或者名称；发起人认购的股份数、出资种类及验资证明；招股说明书；代收股款银行的名称及地址；承销机构名称及有关的协议。依照《证券法》的规定聘请保荐人的，还应当报送保荐人出具的发行保荐书。法律、行政法规规定设立公司必须报经批准的，还应当提交相应的批准文件。但是，根据修订后于 2016 年 1 月 1 日起实施的《首次公开发行股票并上市管理办法》规定，首次公开发行股票的主体资格是发行人自股份有限公司成立后，持续经营时间应当在 3 年以上。因此，虽然我国《公司法》《证券法》及《股票发行与交易管理暂行条例》对设立股份有限公司公开发行股票作出了相应规定，但我国事实上却并不存在以社会募集方式设立股份有限公司并公开发行股票的做法。

除此之外，对于改制设立股份有限公司的股票发行条件，《首次公开发行股票并上市管理办法》规定：经国务院批准，有限责任公司在依法变更为股份有限公司时，可以采取募集设立方式公开发行股票。对于此前提到的 3 年持续经营时间，则规定有限责任公司按原账面净资产值折股整体变更为股份有限公司的，持续经营时间可以从有限责任公司成立之日起计算。同时，根据《股票发行与交易管理暂行条例》规定，原有企业改组设立股份有限公司申请发行股票的，除应当符合以上条件外，还应当符合下列条件：(1) 发行股票前一年末的净资产在总资产中所占的比例不低于 30%，无形资产（土地使用权除外）在净资产中所占的比例不高于 20%，但是，证券监管机关另有规定的除外；(2) 最近 3 年连续盈利。

2. 已成立股份有限公司发行新股的条件。已经成立的股份有限公司为了扩大生产经营规模，可以增资发行新股，筹集资金。根据我国《证券法》第 13 条的规定，公司公开发行新股，应当符合下列条件：(1) 具备健全且运行良好的组织机构；(2) 具有持续盈利能力，财务状况良好；(3) 最近 3 年财务会计文件无虚假记载，无其他重大违法行为；(4) 经国务院批准的国务院证券监督管理机构规定的其他条件。上市公司非公开发行新股，应当符合经国务院批准的国务院证券监督管理机构规定的条件，并报国务院证券监督管理机构核准。

（二）公司债券发行的条件

公司债券是公司依照法定程序发行的，约定在一定期限内还本付息的有价证券。为了有效地保护债权人的利益，我国《证券法》规定，发行公司债券必须符合以下条件：(1) 股份有限公司的净资产不低于人民币 3 000 万元，有限责任公司的净资产不低于人民币 6 000 万元；(2) 累计债券余额不超过公司净资产的 40%；(3) 最近 3 年平均可分配利润足以支付公司债券 1 年的利息；(4) 筹集的资金投向符合国家产业政策；(5) 债券的利率不超过国务院限定的利率水平；(6) 国务院规定的其他条件。公开发行公司债券筹集的资金，必须用于核准的用途，不得用于弥补亏损和非生产性支出。上市公司发行可转换为股票的公司债券，除应当符合上述条件外，还应当符合《证券法》关于公开发行股票的条件，并报国务院证券监督管理机构核准。

上市公司发行证券，存在利润分配方案、公积金转增股本方案尚未提交股东大会表决，或者虽经股东大会表决通过但未实施的情形的，应当在方案实施后发行。相关方案实施前，主承销商不得承销上市公司发行的证券。这是对上市公司发行证券的一个特殊限制。

三、证券发行的程序

（一）股票发行的程序

我国《证券法》第10条第1款规定："公开发行证券，必须符合法律、行政法规规定的条件，并依法报经国务院证券监督管理机构或者国务院授权的部门核准：未经依法核准，任何单位和个人不得公开发行证券。"这一规定明确了我国股票发行实行核准制。就目前而言，核准带有实质审查的含义，以后会逐渐过渡为非实质审查的制度。国务院证券监督管理机构设发行审核委员会，作为负责核准股票发行的专门机构，依法审核股票发行申请。发行审核委员会由国务院证券监督管理机构的专业人员和所聘请的该机构外的有关专家组成，以投票方式对股票发行申请进行表决，提出审核意见。发行审核委员会的主要职责是审核股票发行申请，提出审核意见。发行审核委员会对股票发行申请审核后，只是提出审核意见，并无最终决定权，申请是否被核准，最终须由中国证监会决定。国务院证券监督管理机构依照法定条件负责核准股票发行申请，核准程序应当公开，依法接受监督。参与核准股票发行申请的人员，不得与发行申请人有利害关系，不得接受发行申请人的馈赠，不得持有所核准的发行申请的股票，不得私下与发行申请人进行接触。依据我国证券法的规定，公开发行股票，发行人必须向国务院证券监督管理机构提交公司法规定的申请文件和国务院证券监督管理机构规定的有关文件。

（二）公司债券发行的程序

1. 公司债券发行实行核准制。与股票发行核准相同，我国公司债券的发行实行核准制。我国《证券法》第10条第1款规定："公开发行证券，必须符合法律、行政法规规定的条件，并依法报经国务院证券监督管理机构或者国务院授权的部门核准；未经依法核准，任何单位和个人不得公开发行证券。"《企业债券管理条例》第11条第2款规定："中央企业发行企业债券，由中国人民银行会同国家计划委员会审批；地方企业发行企业债券，由中国人民银行省、自治区、直辖市、计划单列市分行会同同级计划主管部门审批。"1998年国务院机构改革后，中国人民银行撤销了省级分行，设立跨省、自治区、直辖市分行；原国家计划委员会更名为国家发展计划委员会，又于2003年将原国务院体改办和国家经贸委部分职能并入，改组为国家发展和改革委员会。因此，《证券法》第10条规定的"国务院授权的部门"，是指中国人民银行及其分行、国家发展和改革委员会及省级发展和改革委员会。根据《证券法》第23条的规定，国务院授权的部门依照法定条件负责核准公司债券发行申请，核准程序应当公开，依法接受监督；参与审核和核准公司债券发行申请的人员，不得与发行申请人有利害关系，不得直接或者间接接受发行申请人的馈赠，不得持有所核准的发行申请的公司债券，不得私下与发行申请人进行接触。

2. 申请公开发行公司债券应提交的文件。依据我国证券法的规定，申请公开发行公司债券，应当向国务院授权的部门或者国务院证券监督管理机构报送下列文件：（1）公司营业执照；（2）公司章程；（3）公司债券募集办法；（4）资产评估报告和验资报告；（5）国务院授权的部门或者国务院证券监督管理机构规定的其他文件。依照《证券法》的规定聘请保荐人的，还应当报送保荐人出具的发行保荐书。

国务院证券监督管理机构或者国务院授权的部门应当自受理证券发行申请文件之日起3个月内，依照法定条件和法定程序作出予以核准或者不予核准的决定，发行人根据要求补充、修改发行申请文件的时间不计算在内；不予核准的，应当说明理由。如果核准或者审批机关在3

个月内未作出决定，或申请人认为核准或者审批机关作出的不予以核准或者审批的决定及其说明不符合有关法律、行政法规的规定，申请人可以向有关机关提出行政复议或者向人民法院提起行政诉讼。证券发行申请经核准的，发行人应当依照法律、行政法规的规定，在证券公开发行前，公告公开发行募集文件，并将该文件置备于指定场所供公众查阅。发行证券的信息依法公开前，任何知情人不得公开或者泄露该信息。发行人不得在公告公开发行募集文件前发行证券。

根据《证券法》和有关行政法规的规定，公开发行股票的公司在获准公开发行股票后，发行人及其承销商应当在承销期开始前2个至5个工作日内将招股说明书概要刊登在至少一种由中国证监会指定的全国性报刊上，并将招股说明书放置在发行人公司所在地、拟挂牌交易的证券交易所、各承销机构及发售网点，供公众查阅，并且在发售网点全文张贴，同时报送中国证监会10份，用以备案和供投资公众查阅。公司债券的发行申请获得批准后，发行人应当至少在发行前10日将发行公告刊登在指定的报纸上，公告前须向发行审批机关报告，公告的信息不得与经发行审批机关审定的内容有异。在发行期间，承销人须将发行公告置于营业场所显著位置，并有提醒认购人阅读的义务。发行股票或公司债券的信息必须依照法律、行政法规规定的时间、方式和程序公开。发行股票或公司债券的信息依法公开前属于内幕信息，任何知情人不得公开或者泄露该信息，否则，应当按照《证券法》有关规定予以处罚。根据《证券法》第26条的规定，国务院证券监督管理机构或者国务院授权的部门对于股票或者公司债券发行的核准决定发现不符合法定条件或者法定程序，尚未发行的，应当予以撤销，停止发行；已经发行尚未上市的，应撤销发行核准决定，股票或者公司债券的持有人可以按照发行价并加算银行同期存款利息，要求发行人返还。保荐人应当与发行人承担连带责任，但是能够证明自己没有过错的除外；发行人的控股股东、实际控制人有过错的，应当与发行人承担连带责任。

第二节　证券承销

一、证券承销概述

（一）证券承销的概念

证券承销，是指证券承销机构根据其与证券发行人之间签订的承销协议，为证券发行人发售证券，证券发行人向证券承销机构支付报酬或手续费的一种证券发行方式。按有无发行中介，证券发行可以分为直接发行和间接发行两种方式：发行人直接向投资者推销、出售证券的，为直接发行；发行人将证券委托给专门的经营证券业务的证券经营机构代理销售的，为间接发行。间接发行证券就是由专门的经营证券业务的证券经营机构承销发行证券。由承销商承销证券，对发行人来说，虽然需要支付一定的手续费，但比较简便，风险小，可以在短时间内筹集到资金，也有利于保护公众投资者的利益。所以，公开发行证券一般都采取间接发行的方式。我国的有关法律、法规均明确地规定，公开发行证券，应当由依法设立的证券经营机构承销。在间接发行的情况下，承销商利用自己的专业技术、良好信誉、资金优势和销售渠道等承销证券，在作为资金需求者的发行人和作为资金供给者的认购人之间发挥着纽带和桥梁的作用。

证券承销的机构为证券公司，证券公司应当依照法律、行政法规的规定承销发行人向社会公开发行的证券。根据我国证券法的规定，证券公司是指依照《公司法》和该法规定设立的经营证券业务的有限责任公司或者股份有限公司。经国务院证券监督管理机构批准，证券公司可以经营下列部分或者全部业务：证券经纪；证券投资咨询；与证券交易、证券投资活动有关的财务顾问；证券承销与保荐；证券自营；证券资产管理；其他证券业务。

（二）证券承销的资格

1. 股票承销的资格。1996年6月我国颁布的《证券经营机构股票承销业务管理办法》和1996年12月颁布的《境内境外证券经营机构从事外资股业务资格管理暂行规定》等法规规定，从事股票承销需要取得中国证监会颁发的“经营股票承销业务资格证书”。2002年11月1日，国务院发布了《关于取消第一批行政审批项目的决定》（国发［2002］24号，以下简称《决定》）。2002年12月23日，中国证监会发布了《关于贯彻落实〈国务院关于取消第一批行政审批项目的决定〉有关问题的通知》（证监发［2002］93号），取消了境内证券公司的“外资股业务资格证书”核准以及证券公司“股票承销业务资格证书”核准审批。(1) 所有境内证券公司均可从事境内上市外资股（以下简称B股）经纪业务，该项业务不再规定有限期；同时，不再颁发单项B股经纪业务资格许可证。所有经中国证监会核准的综合类证券公司及比照综合类管理的证券公司均可从事B股承销业务，其中，具有主承销资格的证券公司均可从事B股的主承销业务，该项业务不再规定有限期；同时，不再颁发单项B股承销（主承销）业务资格许可证。(2) 经中国证监会核准的所有综合类证券公司及比照综合类管理的证券公司均可从事境内上市股（以下简称A股）经纪业务，该项业务不再规定有效期；同时，不再颁发单项A股承销业务资格许可证。

2. 公司债券承销的资格。根据《关于贯彻落实〈国务院关于取消第一批行政审批项目的决定〉有关问题的通知》的规定，取消公司债券承销资格的审批，经中国证监会核准的所有综合类证券公司及比照综合类管理的证券公司均可从事企业债券承销业务，其中，具有主承销资格的证券公司均可从事企业债券的主承销业务。

二、证券承销方式

根据承销商与发行人在证券承销活动中所承担的风险及法律地位等的不同，证券承销主要可以分为代销和包销两种方式。我国《证券法》第28条对这两种方式作了明确的规定。

1. 证券代销。证券代销，是指证券公司代发行人发售证券，在承销期结束时，将未售出的证券全部退还给发行人的承销方式。在代销的情况下，发行人是被代理人，承销商是发行人的代理发售人，双方之间是一种委托代理关系。证券代销并不转移证券的所有权，发行的风险由发行人自己承担。由于承销商不承担证券发行中的任何风险，所以，代销费用较低，由发行人依承销商销售出去的证券总额的一定比例向承销商支付手续费。

应该注意的是，上市公司非公开发行股票未采用自行销售方式或者配股的，必须采用代销方式。股票发行采用代销方式的，应当在发行公告中披露发行失败后的处理措施。股票发行失败后，主承销商应当协助发行人按照发行价并加算银行同期存款利息返还股票认购人。

2. 证券包销。证券包销，是指证券公司将发行人的证券按照协议全部购入或者在承销期结束时将售后剩余证券全部自行购入的承销方式。由证券公司将发行人的证券按照协议全部购入，然后再按市场价格向公众发售的包销方式为全额包销；证券公司与发行人在承销协议中约定，若承销期届满所发行的证券不能全部销售出去，由证券公司在承销期结束时将剩余证券按发行价格全部自行购入的承销方式为余额包销。从法律性质上看，包销关系实际是一种买卖关系。证券包销协议签订后，证券的所有权即从发行人转移给承销商，证券发售不出去的风险由承销商承担，所以，包销的费用高于代销，包销的报酬是承购价格与发行价格之差。在包销的情况下，发行人不承担发行失败的风险，即发行人将证券交付给承销商后，不管将来证券的销售情况如何，承销商都要向发行人支付约定的款项，因此，发行人可以迅速、稳妥地实现筹资目的。

我国《证券法》第 32 条规定："向不特定对象公开发行的证券票面总值超过人民币五千万元的，应当由承销团承销。承销团应当由主承销和参与承销的证券公司组成。"所谓承销团承销，又称联合承销或银团承销，是指由两个或者两个以上的证券公司共同接受发行人的委托，共同代理发行人发售证券的一种承销方式。承销团承销是相对于单个承销商承销而言的一种承销方式。承销团是指由两个或者两个以上的承销机构共同担任某一证券发行的承销商，共同分担发行风险的一种承销组织。承销团通常是在一种证券的发行量巨大，单个承销机构往往不能或者不愿单独承担发行风险的情况下组建的。各国证券法中大都规定了巨额证券的发行应当实行承销团承销的制度。在承销团承销中，一般认为，主承销商是从承销商的委托代理人，其间的关系适用民法中的委任关系而由承销团协议具体约定。关于承销团的对外责任问题，我们认为，既然主承销商是由发行人选定的，牵头组织、管理证券发行的承销商，在证券发行过程中起着核心作用，那么主承销商应当承担证券发行中的全部责任，从承销商仅对其各自负责的部分承担责任。

必须注意的是，发行证券无论是采取代销的方式，还是采取包销的方式，都应当遵循证券法的下列四项强制性规定：(1) 证券的代销、包销期最长不得超过 90 日；(2) 证券公司在代销、包销期内，对所代销、包销的证券应当保证先行出售给认购人，证券公司不得事先预留所代销的证券和预先购入并留存所包销的证券；(3) 公开发行股票，代销、包销期限届满，发行人应当在规定的期限内将股票发行情况报国务院证券监督管理机构备案；(4) 证券公司不得以不正当竞争手段招揽证券承销业务，公开发行证券的发行人有权依法自主选择承销的证券公司。

三、证券承销合同

（一）证券承销合同的概念和特征

证券承销合同，是指证券发行人与证券承销商之间就证券销售事宜所签订的明确双方权利与义务的协议。证券承销合同是申请发行证券的必备文件之一，我国《证券法》第 30 条规定，证券公司承销证券，应当同发行人签订代销或包销协议。发行人可以与一家承销商签订承销合同，也可以与多家承销商签订承销合同，或与承销团签订承销合同，还可以与承销团中的主承销商签订承销合同，再由主承销商与从承销商签订承销团合同。证券承销合同具有以下法律特征：

(1) 主体的特定性。证券承销合同的一方当事人即证券发行人，是经核准或批准有权发行股票或债券的股份有限公司、有限责任公司或其他类型的企业，另一方当事人即证券承销商，是依法设立、具有证券承销资格的证券公司或其他证券经营机构。

(2) 客体的特定性。证券承销合同的客体只能是作为特殊金融商品公开发行的有价证券。

(3) 内容的特定性。我国证券法对证券承销合同应当具备的条款作了明确的规定。

（二）证券承销合同的内容

根据我国《证券法》第 30 条的规定，证券承销合同应包括以下内容：(1) 当事人的名称、住所及法定代表人姓名；(2) 代销、包销证券的种类、数量、金额及发行价格；(3) 代销、包销的期限及起止日期；(4) 代销、包销的付款方式及日期；(5) 代销、包销的费用和结算办法；(6) 违约责任；(7) 国务院证券监督管理机构规定的其他事项。如果采取的是包销方式，在承销合同中还应写明包销的具体办法、包销过程中剩余证券的认购办法；如果采取的是代销方式，在承销合同中应规定剩余证券的退还办法；如果采取的是由承销团承销，则应写明承销团成员及分销份额。

实践中，证券承销合同通常还应包括以下内容：(1) 定义条款，即对承销合同所使用概念的含义予以明确；(2) 对发行地区或投资人范围予以限制的条款；(3) 保证条款，一般是发行人就一系列事实对承销商作出的担保性承诺；(4) 不可抗力或免责范围条款。

第三节　证券上市

一、证券上市的概念与特征

所谓证券上市，是指已经公开发行证券的发行人，将其证券按照法定的条件和程序在证券交易所以公开的集中交易方式或者有权机关批准的其他方式进行交易的法律行为。我国《证券法》第40条规定："证券在证券交易所上市交易，应当采用公开的集中交易方式或者国务院证券监督管理机构批准的其他方式。"

二、证券上市的条件

(一) 股票上市的条件

我国证券法规定，国家鼓励符合产业政策同时又符合上市条件的公司股票上市交易。我国《证券法》第50条对股票上市的条件进行了规定。股份有限公司申请股票上市，应当符合下列条件：

(1) 股票经国务院证券监督管理机构核准已公开发行；(2) 公司股本总额不少于人民币3 000万元；(3) 公开发行的股份达到公司股份总数的25%以上：公司股本总额超过人民币4亿元的，公开发行股份的比例为10%以上；(4) 公司最近3年无重大违法行为，财务会计报告无虚假记载。

证券交易所可以规定高于前述规定的上市条件，并报国务院证券监督管理机构批准。

(二) 公司债券上市的条件

根据我国《证券法》的规定，公司申请其发行的公司债券上市交易，必须符合下列条件：(1) 公司债券的期限为1年以上；(2) 公司债券实际发行额不少于人民币5 000万元；(3) 公司申请债券上市时仍符合法定的公司债券发行条件。

三、证券上市的程序

(一) 股票上市交易的程序

根据我国《证券法》《公司法》和《股票发行与交易管理暂行条例》的规定，股票上市交易的程序可以分为以下五个阶段：

1. 上市申请。申请股票上市交易，应当向证券交易所提出申请，由证券交易所依法审核同意，并由双方签订上市协议。根据《证券法》第52条的规定，申请股票上市交易，应当向证券交易所报送下列文件：(1) 上市报告书；(2) 申请股票上市的股东大会决议；(3) 公司章程；(4) 公司营业执照；(5) 依法经会计师事务所审计的公司最近3年的财务会计报告；(6) 法律意见书和上市保荐书；(7) 最近一次的招股说明书；(8) 证券交易所上市规则规定的其他文件。

2. 证券交易所审核同意。股份有限公司申请其股票上市交易，必须向证券交易所提出申请，由证券交易所依法审核。证券交易所在收到发行人的上市申请后，应当依法作出是否同意上市的决定，并通知发行人。

3. 签订上市协议。证券交易所同意发行人的申请后，应当自接到该股票发行人提交的规定文件之日起6个月内，安排该股票上市交易。证券交易所作出股票上市交易的安排后，应将有关安排文件报送国务院证券监督管理机构备案，并向申请人出具“上市通知书”。申请人在接到“上市通知书”后，应与证券交易所签订上市协议书。

4. 上市公告。股票上市申请经证券交易所同意后，上市公司应当在上市交易的5日前公告经核准的股票上市的有关文件，并将其公告书和其他申请文件置备于指定场所供公众查阅，这些场所一般包括公司所在地、拟挂牌交易的证券交易所、有关证券经营机构及其网点等。根据我国2007年1月30日中国证券监督管理委员会发布的《上市公司信息披露管理办法》的规定，上市公告书是公司股票上市前的重要信息披露资料，上市公司必须保证所披露资料的真实、完整、准确。为了保证投资者在购买公司股票之前对该公司有一个尽可能全面的了解，以便能够对是否购买该公司的股票作出正确的判断和选择，法律要求上市公司除了在股票上市交易前公告上述文件外，还应当公告下列事项：（1）股票获准在证券交易所交易的日期；（2）持有公司股份最多的前10名股东的名单和持股数额；（3）公司的实际控制人；（4）董事、监事、高级管理人员的姓名及其持有本公司股票和债券的情况。

5. 挂牌交易。在公开上市公告书后，申请上市的股票将根据证券交易所安排和上市公告书披露的上市日期挂牌交易，直至该股票丧失上市条件。

（二）公司债券上市交易的程序

根据我国《证券法》的规定，公司债券上市交易的程序与股票上市交易的程序大致相同，只是证券交易所安排上市的时间缩短为3个月。具体阶段如下：

1. 上市申请。依法公开发行的公司债券需要上市交易的，应当首先向证券交易所提出申请。提出申请时，应当提交下列文件：（1）上市报告书；（2）申请公司债券上市的董事会决议；（3）公司章程；（4）公司营业执照；（5）公司债券募集办法；（6）公司债券的实际发行数额；（7）证券交易所上市规则规定的其他文件。申请可转换为股票的公司债券上市交易，还应当报送保荐人出具的上市保荐书。

2. 证券交易所审核同意。证券交易所在收到发行人的上市申请后，应当依法进行审核，作出是否准予上市的决定，并通知发行人。

3. 签订上市协议。证券交易所经审查认为发行人的申请符合本所上市标准的，即向申请人出具“上市通知书”，同意该债券在交易所上市交易。证券交易所和发行人双方应当签订上市协议，明确双方的权利、义务。证券交易所应当自收到该债券发行人提交的规定文件之日起3个月内，安排该债券上市交易。

4. 上市公告。公司债券上市交易申请经证券交易所审核同意后，签订上市协议的公司应当在上市交易的5日前公告公司债券上市文件及有关文件，并将其申请文件置备于指定场所供公众查阅。

5. 挂牌交易。在上市报告书公告后的确定日期内，公司债券即可根据证券交易所的安排挂牌交易，直至该债券丧失上市条件。

四、证券上市的暂停与终止

上市公司所发行的证券在证券交易所挂牌交易后，并不意味着公司的证券永远具备在证券交易所上市交易的资格。随着上市公司经营情况的变化，已经具备证券上市交易条件的公司，可能丧失上市交易条件。如果该公司不再具备有关证券上市交易的法定条件，那么，它将被暂时停止上市交易资格，或者被取消上市交易资格，即发生证券上市的暂停与终止问题。

所谓证券上市的暂停，又称停牌或临时停牌，是指已经或批准上市的证券，当发行该证券的上市公司发生法定事由时，由证券交易所决定或自动暂时停止该证券在证券交易所进行交易的情形。证券上市的暂停，只是上市公司证券上市交易资格的暂时停止，如果情况发生改变，又符合上市交易的条件时，其证券可以在证券交易所继续进行交易。

所谓证券上市的终止，是指已经获准上市的证券，因法定事由的出现，由证券交易所决定终止其上市资格的情形。和证券上市的暂停不同，证券上市的终止使上市公司丧失了证券上市的资格，如果情况发生改变，又符合上市交易的条件时，必须重新提出上市申请。

（一）股票上市的暂停与终止

根据我国《证券法》第55条的规定，上市公司有下列情形之一的，由证券交易所决定暂停其股票上市交易：(1) 公司股本总额、股权分布等发生变化，不再具备上市条件；(2) 公司不按照规定公开其财务状况，或者对财务会计报告作虚假记载，可能误导投资者；(3) 公司有重大违法行为；(4) 公司最近3年连续亏损；(5) 证券交易所上市规则规定的其他情形。

我国《证券法》第56条规定了股票上市终止的情形，上市公司如果出现下列情形之一的，由证券交易所决定终止其股票上市交易：(1) 公司股本总额、股权分布等发生变化，不再具备上市条件，在证券交易所规定的期限内仍不能达到上市条件；(2) 公司不按照规定公开其财务状况，或者对财务会计报告作虚假记载，且拒绝纠正；(3) 公司最近3年连续亏损，在其后一个年度内未能恢复盈利；(4) 公司解散或者被宣告破产；(5) 证券交易所上市规则规定的其他情形。

（二）公司债券上市的暂停与终止

根据我国《证券法》第60条的规定，公司债券上市交易后，公司有下列情形之一的，由证券交易所决定暂停其公司债券上市交易：(1) 公司有重大违法行为；(2) 公司情况发生重大变化，不符合公司债券上市条件；(3) 公司债券所募集资金不按照核准的用途使用；(4) 未按照公司债券募集办法履行义务；(5) 公司最近2年连续亏损。

公司债券上市的终止情形与暂停情形基本一样，只是在程度和要求方面有差异。公司有前述第 (1)、(4) 项所列情形之一，经查实后果严重的，或者有前述第 (2)、(3)、(5) 项所列情形之一，在限期内未能消除的，由证券交易所决定终止其公司债券上市交易。公司解散或者被宣告破产的，由证券交易所决定终止其公司债券上市交易。

第四节　证券发行上市的保荐制度

根据我国《证券法》的规定，发行人申请公开发行股票、可转换为股票的公司债券，依法采取承销方式的，或者公开发行法律、行政法规规定实行保荐制度的其他证券的，应当聘请具有保荐资格的机构担任保荐人。保荐人应当遵守业务规则和行业规范，诚实守信，勤勉尽责，对发行人的申请文件和信息披露资料进行审慎核查，督导发行人规范运作。申请股票、可转换为股票的公司债券或者法律、行政法规规定实行保荐制度的其他证券上市交易，应当聘请具有保荐资格的机构担任保荐人。中国证监会于2009年6月14日起公布实施《证券发行上市保荐业务管理办法》，对我国证券发行上市的保荐制度进行了详细规制。

一、保荐人的资格

个人申请保荐代表人资格，应当具备下列条件：（1）具备3年以上保荐相关业务经历；（2）最近3年内在本办法第2条规定的境内证券发行项目中担任过项目协办人；（3）参加中国证监会认可的保荐代表人胜任能力考试且成绩合格有效；（4）诚实守信，品行良好，无不良诚信记录，最近3年未受到中国证监会的行政处罚；（5）未负有数额较大到期未清偿的债务；（6）中国证监会规定的其他条件。

证券公司申请保荐机构资格，应当具备下列条件：（1）注册资本不低于人民币1亿元，净资本不低于人民币5 000万元；（2）具有完善的公司治理和内部控制制度，风险控制指标符合相关规定；（3）保荐业务部门具有健全的业务规程、内部风险评估和控制系统，内部机构设置合理，具备相应的研究能力、销售能力等后台支持；（4）具有良好的保荐业务团队且专业结构合理，从业人员不少于35人，其中最近3年从事保荐相关业务的人员不少于20人；（5）符合保荐代表人资格条件的从业人员不少于4人；（6）最近3年内未因重大违法违规行为受到行政处罚；（7）中国证监会规定的其他条件。

证券公司和个人应当保证申请文件真实、准确、完整。申请期间，申请文件内容发生重大变化的，应当自变化之日起2个工作日内向中国证监会提交更新资料。中国证监会依法受理、审查申请文件。对保荐机构资格的申请，自受理之日起45个工作日内作出核准或者不予核准的书面决定；对保荐代表人资格的申请，自受理之日起20个工作日内作出核准或者不予核准的书面决定。

二、保荐人的职责

保荐人应当履行以下职责：

（1）保荐机构应当尽职推荐发行人证券上市。发行人证券上市后，保荐机构应当持续督导发行人履行规范运作、信守承诺、信息披露等义务。

（2）保荐机构推荐发行人证券发行上市，应当遵循诚实守信、勤勉尽责的原则，按照中国证监会对保荐机构尽职调查工作的要求，对发行人进行全面调查，充分了解发行人的经营状况及其面临的风险和问题。

（3）保荐机构在推荐发行人首次公开发行股票并上市前，应当对发行人进行辅导，对发行人的董事、监事和高级管理人员、持有5%以上股份的股东和实际控制人（或者其法定代表人）进行系统的法规知识、证券市场知识培训，使其全面掌握发行上市、规范运作等方面的有关法律法规和规则，知悉信息披露和履行承诺等方面的责任和义务，树立进入证券市场的诚信意识、自律意识和法制意识。保荐机构辅导工作完成后，应由发行人所在地的中国证监会派出机构进行辅导验收。

（4）保荐机构应当与发行人签订保荐协议，明确双方的权利和义务，按照行业规范协商确定履行保荐职责的相关费用。保荐协议签订后，保荐机构应在5个工作日内报发行人所在地的中国证监会派出机构备案。

（5）保荐机构应当确信发行人符合法律、行政法规和中国证监会的有关规定，方可推荐其证券发行上市。保荐机构决定推荐发行人证券发行上市的，可以根据发行人的委托，组织编制申请文件并出具推荐文件。

（6）对发行人申请文件、证券发行募集文件中有证券服务机构及其签字人员出具专业意见的内容，保荐机构应当结合尽职调查过程中获得的信息对其进行审慎核查，对发行人提供的资料和披露的内容进行独立判断。保荐机构所作的判断与证券服务机构的专业意见存在重大差异的，应当对有关事项进行调查、复核，并可聘请其他证券服务机构提供专业服务。

(7) 对发行人申请文件、证券发行募集文件中无证券服务机构及其签字人员专业意见支持的内容，保荐机构应当获得充分的尽职调查证据，在对各种证据进行综合分析的基础上对发行人提供的资料和披露的内容进行独立判断，并有充分理由确信所作的判断与发行人申请文件、证券发行募集文件的内容不存在实质性差异。

(8) 保荐机构推荐发行人发行证券，应当向中国证监会提交发行保荐书、保荐代表人专项授权书以及中国证监会要求的其他与保荐业务有关的文件。

(9) 保荐机构推荐发行人证券上市，应当向证券交易所提交上市保荐书以及证券交易所要求的其他与保荐业务有关的文件，并报中国证监会备案。

(10) 保荐机构提交发行保荐书后，应当配合中国证监会的审核，并承担下列工作：1) 组织发行人及证券服务机构对中国证监会的意见进行答复；2) 按照中国证监会的要求对涉及本次证券发行上市的特定事项进行尽职调查或者核查；3) 指定保荐代表人与中国证监会职能部门进行专业沟通，保荐代表人在发行审核委员会会议上接受委员质询；4) 中国证监会规定的其他工作。

(11) 保荐机构应当针对发行人的具体情况，确定证券发行上市后持续督导的内容，督导发行人履行有关上市公司规范运作、信守承诺和信息披露等义务，审阅信息披露文件及向中国证监会、证券交易所提交的其他文件，并承担下列工作：1) 督导发行人有效执行并完善防止控股股东、实际控制人、其他关联方违规占用发行人资源的制度；2) 督导发行人有效执行并完善防止其董事、监事、高级管理人员利用职务之便损害发行人利益的内控制度；3) 督导发行人有效执行并完善保障关联交易公允性和合规性的制度，并对关联交易发表意见；4) 持续关注发行人募集资金的专户存储、投资项目的实施等承诺事项；5) 持续关注发行人为他人提供担保等事项，并发表意见；6) 中国证监会、证券交易所规定及保荐协议约定的其他工作。

(12) 首次公开发行股票并在主板上市的，持续督导的期间为证券上市当年剩余时间及其后 2 个完整会计年度；主板上市公司发行新股、可转换公司债券的，持续督导的期间为证券上市当年剩余时间及其后 1 个完整会计年度。首次公开发行股票并在创业板上市的，持续督导的期间为证券上市当年剩余时间及其后 3 个完整会计年度；创业板上市公司发行新股、可转换公司债券的，持续督导的期间为证券上市当年剩余时间及其后 2 个完整会计年度。首次公开发行股票并在创业板上市的，持续督导期内保荐机构应当自发行人披露年度报告、中期报告之日起 15 个工作日内在中国证监会指定网站披露跟踪报告，对本办法第 35 条所涉及的事项，进行分析并发表独立意见。发行人临时报告披露的信息涉及募集资金、关联交易、委托理财、为他人提供担保等重大事项的，保荐机构应当自临时报告披露之日起 10 个工作日内进行分析并在中国证监会指定网站发表独立意见。持续督导的期间自证券上市之日起计算。

(13) 持续督导期届满，如有尚未完结的保荐工作，保荐机构应当继续完成。保荐机构在履行保荐职责期间未勤勉尽责的，其责任不因持续督导期届满而免除或者终止。

法律应用

1. 我国股票的发行带有较强的政策性，证券监管部门不断地根据国民经济发展的需要对股票发行的条件和上市条件，特别是新股发行的条件和送配股的条件进行适当调整。并非任何符合条件的股票都能获准发行和上市。

2. 对未达到股票退市条件的上市股票，为了保护投资者的利益，我国规定了特别处理程序，受到特别处理的股票被称为“ST股票”。

课后复习

1. 简述证券发行的概念、特征。
2. 简述股票发行的条件和公司债券的发行条件。
3. 简述证券承销合同的特征。
4. 简述保荐人的职责。

第十五章

证券市场主体

提要

证券交易所是依法设立并进行证券集中竞价交易的场所。证券交易所有会员制和公司制两种组织形式，我国沪、深两大证券交易所均是以会员制形式组织起来的不以营利为目的的法人组织。证券交易所的设立有注册制、承认制和特许制等。证券公司、证券登记结算机构、证券交易服务机构是证券市场主体的重要组成部分，各自在相应的职责范围内对证券交易起着重要的作用。证券公司是专门从事证券经营业务的公司法人，是证券市场中沟通买卖交易的重要中间环节。证券登记结算机构是办理证券登记、托管和结算服务的专门机构，通过安全、有效和快捷的登记结算体系，可以减少证券交易中大量金钱和证券的实物交割。证券交易服务机构是为证券交易提供投资咨询、资信评估、会计事务、法律事务等服务的中介组织。

重点问题

1. 证券交易所的概念、特征
2. 证券交易所的职责范围与义务
3. 证券交易所的组织机构
4. 证券公司的设立条件与营业规则
5. 证券登记结算机构的职责和营业规则
6. 证券交易服务机构的职责和营业规则

第一节　证券交易所

一、证券交易所的概念与特征

（一）证券交易所的概念

证券交易所，亦称场内交易场所，是依法设立的，为证券集中交易提供场所和设施，组织和监督证券交易，实行自律管理的法人。证券交易所既不直接买卖证券，也不决定证券价格，只为证券交易提供场所和各种必要的条件及服务。

（二）证券交易所的特征

证券交易所具有以下特征：

1. 证券交易所是依法设立的法人组织。根据我国《证券法》的规定，证券交易所的设立和解散，由国务院决定。依法设立的证券交易所取得法人资格，具有民事权利能力和民事行为能力，并独立承担民事责任。从各国证券交易所的设立规定来看，主要有以美国为代表的注册制、以英国为代表的承认制和以日本为代表的特许制。不同的设立制度，一方面反映出国家对法人设立采取的或宽或严的立法态度，另一方面也与证券交易所这一特殊法人的性质有关。从我国证券市场来看，证券交易所不仅为证券投资者提供交易场所，同时也承担维护交易安全、保护投资者合法权益的重要职责，对其设立理应加以严格规范。

2. 证券交易所是集中竞价交易的场所。证券交易所必须具备较为先进的交易设施，制订一系列证券交易规则，对证券交易实施严格管理。所有的证券商和投资者都必须通过证券交易所的场内交易系统进行证券买卖，按照价格优先、时间优先的规则完成交易。

3. 证券交易所是具有公益性质的社团法人组织。证券交易所具有法人资格是世界各国证券立法通行的做法。证券交易所有公司制和会员制两种组织形式，这两种组织形式的证券交易所都是社团法人：会员制交易所是由证券商以会员身份组成的不以营利为目的的社团法人，公司制交易所是以股份有限公司为组织形式的营利性社团法人。为保证交易所内交易的公正性，国际上多采用会员制形式。我国《证券法》第 102 条第 1 款规定："证券交易所是为证券集中交易提供场所和设施，组织和监督证券交易，实行自律管理的法人。"经主管政府部门批准，可以设立公司制交易所，也可以设立会员制交易所。我国现有的两家证券交易所——上海证券交易所和深圳证券交易所都是会员制交易所。不论是会员制还是公司制证券交易所，都肩负组织证券交易、监管证券交易等职能，因而组织形式的变化不能改变证券交易所的公益性质。

4. 证券交易所依其章程、业务规则及其他管理制度相对自治。在证券交易所内进行证券交易，必须取得交易所的成员（会员）席位或相应的入场资格后才能进行。证券交易所有严密的组织规则和证券交易规则，在交易所内参与交易者必须严格遵守。证券交易所有权对其场内进行交易的成员的有关业务情况进行审查、监督。除了国家立法与监管外，证券交易所的内部规则与自律管理，对证券交易所同样具有规范与约束作用。

5. 证券交易所的营业活动具有组织性。证券交易所不仅有严密的组织形式和组织机构，而且有整套的交易规则和交易制度。如上海证券交易所制定并实施了《上海证券交易所章程》《上海证券交易所交易市场业务试行规则》《上海证券交易所仲裁实施细则》《上海证券交易所工作人员守则》《上海证券交易所会员管理暂行办法》。原国务院证券委员会于 1993 年 7 月 7 日制定并公布实施了《证券交易所管理暂行办法》，1996 年 8 月 21 日正式发布实施了《证券交易所管理办法》（2001 年修订），使得证券交易所成为一个组织严密、规章齐全的交易市场。

6. 证券交易所的营业活动具有集中性。证券交易所为证券的交易提供了一个集中的市场。比如，目前在我国进行证券交易行为必须要通过证券交易所，在其他国家也主要是通过证券交易所进行证券交易的行为。另外，代表证券经营机构的经纪人集中在证券交易所的交易大厅，代理或自营证券的买卖。对于投资者而言，必须委托作为证券交易所会员的证券经营机构代理其进行证券交易。

7. 证券交易所的营业活动具有规范性和公开性。证券交易所内的各种交易行为都必须规范进行。为了规范证券交易所内的交易行为，各证券交易所都制订有专门的证券交易章程和证券交易规则，对证券交易所内的各种行为作出了比较严密的规定。证券交易所内的一切交易行为都必须公开进行，都必须坚持公开、公正和公平的原则。

二、证券交易所的设立与解散

证券交易所的设立依采取注册制、承认制还是特许制，设立条件和程序各不相同。在实行注册制的国家，设立申请人只要依法提供法律预先规定的文件并履行相关程序后，即可注册登记，政府仅对申请人提交文件的完整性及合法性进行审查，不得任意否决或驳回设立人的申请。采承认制的国家则有所不同，政府审核机关还要对设立申请人提交文件的真实性和准确性、申请人资格、设立条件的适法性、设立程序的合法性等作出实质审查，经审查合格才核准登记并颁发登记文件。采特许制则不仅要求申请人提交符合法律规定的全部文件，具备法律规定的设立证券交易所的实质性条件，同时还必须取得政府的特别许可，未经许可不得设立。

我国对证券交易所的设立采取特许主义，其设立必须经国务院批准。我国现有两家证券交易所：上海证券交易所于1990年11月成立，深圳证券交易所于1991年4月成立。根据《证券交易所管理办法》，申请设立证券交易所应提交以下申请文件：(1) 设立申请书；(2) 交易所章程和主要业务规则草案；(3) 拟加入会员名单；(4) 理事会候选人名单及简历；(5) 场地、设备及资金情况说明；(6) 拟任用管理人员的情况说明；(7) 证券监督管理机构要求提交的其他文件。

证券交易所必须制定章程，章程是设立证券交易所的基本文件，其作用在于确定证券交易所的运行规则，规范和约束各会员与证券交易所的行为。证券交易所章程应当包括以下事项：(1) 设立目的；(2) 名称；(3) 主要办公及交易场所和设施所在地；(4) 职能范围；(5) 会员的资格和加入、退出程序；(6) 会员的权利和义务；(7) 对会员的纪律处分；(8) 组织机构及其职权；(9) 高级管理人员的产生、任免及职责；(10) 资本和财务事项；(11) 解散的条件和程序；(12) 其他需要在章程中规定的事项。

证券交易所存续期间因条件发生变化，不符合法律规定的，或者因不可抗力事件的发生，致使交易所无法运转，或者会员大会通过决议解散的，可以予以解散。证券交易所的解散，应经国务院证券监督管理机构审核后，报国务院决定。

三、证券交易所的职责范围与义务

(一) 证券交易所的职能与职责

证券交易所是证券流通市场的核心，在证券市场中占有极其重要的地位：其不仅是为证券交易提供设施、服务及场所的机构，也是国家对证券市场实施法律监管的不可缺少的组成部分。证券交易所应当按照“法制、监管、自律、规范”的方针，致力于创造透明、开放、安全、高效的市场环境。根据《证券交易所管理办法》的规定，证券交易所的职能是：提供证券交易的场所和设施；制定证券交易所的业务规则；接受上市申请，安排证券上市；组织、监督证券交易；对会员、上市公司进行监管；设立证券登记结算机构；管理和公布市场信息；证监会许可的其他职能。

结合《证券交易所管理办法》和《证券法》的规定，证券交易所的职责范围主要包括：(1) 提供证券交易的场所和设施；(2) 制定证券交易所的业务规则；(3) 接受上市申请，安排证券上市；(4) 组织、监督证券交易，根据证券监督管理机构的要求，对异常的交易情况提出报告；(5) 对会员进行监管；(6) 对上市公司进行监管，督促上市公司依法及时、准确地披露信息；(7) 管理和公布市场信息，并按交易日制作证券市场行情表予以公布；(8) 依照规定办理股票、公司债券的暂停上市、恢复上市或者终止上市的事务；(9) 在突发性事件发生而影响证券交易正常进行时，采取技术性停牌措施或者决定临时停市；(10) 证券监督管理机构赋予的其他职能。

(二) 证券交易所的义务

证券交易所在履行上述职责的同时，还应承担相应的法定义务，这些义务包括：(1) 不得直接或间接地从事任何形式的证券交易，也不得从事任何形式的营利性活动。(2) 不得利用新闻媒介发布对证券价格进行预测的文字和资料。(3) 应当从其收取的交易费用和会员费、席位费中提取一定比例的金额设立风险基金。(4) 收取的交易保证金、风险基金应存入开户银行专门账户，不得擅自使用。(5) 证券交易所的负责人和其他从业人员在执行与证券交易有关的职务时，凡与本人或者其亲属有利害关系的，应当回避。(6) 按照依法制定的交易规则进行交易，不得改变其交易结果。对交易中违规交易者应负的民事责任不得免除；在违规交易中所获得的利益，依照有关规定处理；对违反交易所有关交易规则的人员，应给予纪律处分，情节严重的，撤销其资格，禁止其入场进行证券交易。

四、证券交易所的组织机构

我国上海证券交易所和深圳证券交易所均实行会员制度，其组织机构包括会员大会、理事会、总经理和专门委员会等。

（一）会员大会

1. 会员大会的性质及职权。会员大会是证券交易所的最高权力机构，有以下职权：(1) 制定和修改证券交易所章程（报经国务院证券监督管理机构批准）；(2) 选举和罢免会员理事；(3) 审议和通过理事会、总经理的工作报告；(4) 审议和通过证券交易所的财务预算、决算报告；(5) 决定证券交易所的其他重大事项。

2. 会员。证券交易所的会员是经国家有关部门批准设立、具有法人资格、依法可以从事证券交易及相关业务的证券公司。证券公司依据上海证券交易所和深圳证券交易所的有关规则取得证券交易所的会籍之后，由证券交易所签发会员资格确认证书并对社会公告。证券公司成为证券交易所会员的前提是加入证券业协会，否则不能进入证券交易所开展业务，而投资者只有通过证券商会员才能进行证券买卖。证券交易所会员在证券交易所享有一定权利，如参加会员大会权、选举和被选举权、提议权、表决权、席位使用和转让权、积累所有权、监督权等；会员也承担一定义务，如应当遵守法律、法规和证券交易所章程及有关规则，服从会员大会决议，缴纳有关费用，提供有关信息等。

3. 会员大会的召集和主持。会员大会由理事会召集，每年召开一次。有下列情形之一的，应当召开临时会员大会：(1) 理事人数不足《证券交易所管理办法》规定的最低人数；(2) 占会员总数 1/3 以上的会员请求；(3) 理事会认为必要。

4. 会员大会决议。会员大会须有 2/3 以上会员出席，其决议须经出席会议的过半数以上会员表决通过后方为有效。会员大会结束后 10 日内，证券交易所应当将大会全部文件及有关情况报中国证监会备案。

（二）理事会

1. 理事会的性质及职责。理事会是证券交易所的决策机构。理事会的职责是：(1) 执行会员大会的决议；(2) 制定、修改证券交易所的业务规则；(3) 聘任总经理和副总经理（总经理由国务院证券监督管理机构任免）；(4) 审定总经理提出的工作计划；(5) 审定总经理提出的财务预算、决算方案；(6) 审定对会员的接纳；(7) 审定对会员的处分；(8) 根据需要决定专门委员会的设置；(9) 召集会员大会；(10) 会员大会授予的其他职责。

2. 理事会的组成与任期。证券交易所理事会由 7 人至 13 人组成，其中非会员理事人数不少于理事会成员总数的 1/3，不超过理事会成员总数的 1/2。会员理事由会员大会选举产生。非会员理事由中国证监会委派，每届任期 3 年，理事连续任职不得超过两届。理事会设理事长

1人，副理事长1人至2人。理事长、副理事长由中国证监会提名，商请证券交易所所在地人民政府确定后，由理事会选举产生。总经理应当是理事会成员。

3. 理事会会议。理事会会议至少每季度召开一次。会议须有2/3以上理事出席，其决议应当经出席会议的2/3以上理事表决同意方为有效。理事会决议应当在会议结束后2个工作日内报中国证监会备案。

（三）总经理

1. 总经理的性质及职责。证券交易所设总经理1人。总经理在理事会领导下负责证券交易所的日常管理工作，为证券交易所的法定代表人。总经理因故临时不能履行职责时，由总经理指定的副总经理代其履行职责。

2. 总经理的任免与任期。《证券法》规定，总经理由国务院证券监督管理机构任免。总经理不得由国家公务员兼任。理事长不能兼任证券交易所总经理。总经理任期3年，总经理连续任职不得超过两届。

（四）专门委员会

专门委员会根据需要设置，在证券交易所章程中明确地规定。从国际上看，证券交易所一般设有监察委员会、上市委员会、预算委员会、工资委员会、规则委员会等。我国沪、深证券交易所主要下设上市委员会和监察委员会等专门委员会。

1. 上市委员会。上市委员会的工作机构为证券交易所的上市审核部门，其职责是：审批证券的上市；拟定上市规则和提出修改上市规则的建议。上市委员会由13名委员组成。上市委员会会议由主席召集和主持。会议法定人数至少有7人，其决议须经出席会议的2/3以上委员以不记名投票方式表决通过后方为有效。主席因故临时不能履行职责时，由副主席代其履行职责。上市委员会委员中除由理事长、总经理担任的委员外，其他委员每年更换1/3。

2. 监察委员会。监察委员会每届任期3年，监察委员会主席由理事长兼任。理事和总经理不得兼任监察委员。监察委员会是证券交易所的法定常设机构，对理事会负责。监察委员会有权对证券交易所高级管理人员和其他工作人员遵守国家有关法律、法规、规章、政策和证券交易所章程、业务规则的情况，高级管理人员执行会员大会、理事会决议的情况以及证券交易所的财务情况等进行监察。

证券交易所的负责人应具备相应的任职资格。依《证券法》规定，有下列情形之一的，不得担任相应的职务：(1) 有《公司法》第146条规定的情形；(2) 因违法行为或者违纪行为被解除职务的证券交易所、证券登记结算机构的负责人或者证券公司的董事、监事、高级管理人员，自被解除职务之日起未逾5年；(3) 因违法行为或者违纪行为被撤销资格的律师、注册会计师或者投资咨询机构、财务顾问机构、资信评级机构、资产评估机构、验证机构的专业人员，自被撤销资格之日起未逾5年。

另外，因违法行为或者违纪行为被开除的证券交易所、证券登记结算机构、证券服务机构、证券公司的从业人员和被开除的国家机关工作人员，不得招聘为证券交易所的从业人员。

第二节　其他证券市场主体

一、证券公司

（一）证券公司的概念和业务范围

证券公司，是指依法经国家证券主管机关批准设立的专门从事证券经营业务的公司法人。

根据我国《证券法》第123条的规定，证券公司是指依照我国《公司法》和《证券法》的规定设立的经营证券业务的有限责任公司或者股份有限公司。证券公司是我国证券经营机构的主要表现形式。我国《证券法》第126条规定，证券公司必须在其名称中标明“证券有限责任公司”或者“证券股份有限公司”字样。证券公司根据需要经证券监督管理机构批准可以设立分支机构，如果是跨地区设立分支机构，则应由本公司办理设立登记并向设立分支机构所在地的有关部门备案。

根据我国《证券法》第125条的规定，经国务院证券监督管理机构批准，证券公司可以经营下列部分或者全部业务：(1) 证券经纪；(2) 证券投资咨询；(3) 与证券交易、证券投资活动有关的财务顾问；(4) 证券承销与保荐；(5) 证券自营；(6) 证券资产管理；(7) 其他证券业务。另根据《证券公司监督管理条例》第26条的规定，证券公司及其境内分支机构经营的业务应当经国务院证券监督管理机构批准，不得经营未经批准的业务。2个以上的证券公司受同一单位、个人控制或者相互之间存在控制关系的，不得经营相同的证券业务，但国务院证券监督管理机构另有规定的除外。

（二）证券公司的设立

证券公司必须根据《公司法》和《证券法》的规定依法设立，可以是有限责任公司，也可以是股份有限公司。设立证券公司，必须经国务院证券监督管理机构审查批准。未经国务院证券监督管理机构批准，任何单位和个人不得经营证券业务。证券公司必须在其名称中标明“证券有限责任公司”或者“证券股份有限公司”字样。

设立证券公司，除必须符合《公司法》规定的条件外，还必须具备《证券法》规定的下列条件：(1) 有符合法律、行政法规规定的公司章程；(2) 主要股东具有持续盈利能力，信誉良好，最近3年无重大违法违规记录，净资产不低于人民币2亿元；(3) 注册资本的数额和构成符合《证券法》和其他相关法律、法规规定的要求；(4) 董事、监事、高级管理人员具备任职资格，从业人员具有证券从业资格；(5) 有完善的风险管理与内部控制制度；(6) 有合格的经营场所和业务设施；(7) 法律、行政法规规定的和经国务院批准的国务院证券监督管理机构规定的其他条件。

根据《证券法》及《证券公司监督管理条例》的规定，证券公司经营证券经纪、证券投资咨询及与证券交易、证券投资活动有关的财务顾问业务的，注册资本最低限额为人民币5 000万元；经营证券承销与保荐、证券自营、证券资产管理、其他证券业务四项业务之一的，注册资本最低限额为人民币1亿元；经营证券承销与保荐、证券自营、证券资产管理、其他证券业务四项业务中两项以上的，注册资本最低限额为人民币5亿元。证券公司的注册资本应当是实缴资本。

证券公司的股东应当用货币或者证券公司经营必需的非货币财产出资，股东的非货币财产出资总额不得超过证券公司注册资本的30%，但在证券公司经营过程中公司的债权人将其债权转为证券公司股权的，不受上述限制。证券公司股东的出资，应当经具有证券、期货相关业务资格的会计师事务所验资并出具证明；出资中的非货币财产，应当经具有证券相关业务资格的资产评估机构评估。有下列情形之一的单位或者个人，不得成为持有证券公司5%以上股权的股东、实际控制人：(1) 因故意犯罪被判处刑罚，刑罚执行完毕未逾3年的；(2) 净资产低于实收资本的50%，或者有负债达到净资产的50%，不能清偿自身到期债务的；(3) 国务院证券监督管理机构认定的其他情形。

（三）证券公司的营业规则

(1) 不同种类业务分开办理。证券公司必须将其证券经纪业务、证券承销业务、证券自营业务和证券资产管理业务分开办理，不得混合操作。

(2) 客户结算资金必须存入银行。客户的交易结算资金必须全额存入指定的商业银行，单独立户管理。严禁挪用客户交易结算资金。

(3) 禁止违规资金入市。禁止银行资金违规流入股市。证券公司的自营业务必须使用自有资金和依法筹集的资金。

(4) 自营业务必须符合法律、法规的规定。证券公司自营业务必须符合法律、法规的规定，包括必须以自己的名义进行，不得将自营账户借给他人使用，自营业务范围限于买卖依法公开发行的股票、债券、权证、证券投资基金或者国务院证券监督管理机构认可的其他证券等。

(5) 分立账户，分账管理。证券公司办理经纪业务，必须为客户分别开立证券账户和资金账户，并对客户交付的证券和资金按户分账管理，如实进行交易记录，不得作虚假记载。客户开立账户，必须持有证明中国公民身份或者中国法人资格的合法证件。

(6) 置备委托书并保存委托记录。证券公司办理经纪业务，应当置备统一制定的证券买卖委托书，供委托人使用；采取其他委托方式的，必须作出委托记录。客户的证券买卖委托，不论是否成交，其委托记录应当按规定的期限，保存于证券公司。

(7) 按照客户委托买卖证券。证券公司接受证券买卖的委托，应当根据委托书载明的证券名称、买卖数量、出价方式、价格幅度等，按照交易规则代理买卖证券；买卖成交后，应当按规定制作买卖成交报告单交付客户。证券交易中确认交易行为及其交易结果的对账单必须真实，并由交易经办人员以外的审核人员逐笔审核，保证账面证券余额与实际持有的证券相一致。

(8) 融资、融券服务须经批准。证券公司为客户买卖证券提供融资融券服务，应当按照国务院的规定并经国务院证券监督管理机构批准。

(9) 不得接受客户全权委托买卖证券。证券公司办理经纪业务，不得接受客户的全权委托而决定证券买卖、选择证券种类、决定买卖数量或者买卖价格。

(10) 不得对客户承诺收益和赔偿损失。证券公司不得以任何方式对客户证券买卖的收益或者赔偿证券买卖的损失作出承诺。

(11) 不得私下接受客户委托。证券公司及其从业人员不得未经过其依法设立的营业场所私下接受客户委托买卖证券。

(12) 建立信息查询制度。证券公司应当建立信息查询制度，保证客户在证券公司营业时间内能够随时查询其委托记录、交易记录、证券和资金余额，以及证券公司业务经办人员和证券经纪人的姓名、执业证书、证券经纪人证书编号等信息。客户认为有关信息记录与实际情况不符的，可以向证券公司或者国务院证券监督管理机构投诉。证券公司应当指定专门部门负责处理客户投诉。

二、证券登记结算机构

(一) 证券登记结算机构的概念

证券登记结算机构是指为证券交易提供集中的登记、托管与结算服务，不以营利为目的的法人。证券的集中登记、托管和结算，是证券发行与交易活动中的关键环节，证券登记结算机构是证券发行市场、证券交易市场中不可缺少的组成部分。

(二) 证券登记结算机构的设立

设立证券登记结算机构必须经国务院证券监督管理机构批准。我国《证券法》第156条规定，设立证券登记结算机构，应当具备下列条件：(1) 自有资金不少于人民币2亿元；(2) 具有证券登记、存管和结算服务所必需的场所和设施；(3) 主要管理人员和从业人员必须具有证券从业资格；(4) 国务院证券监督管理机构规定的其他条件。

证券登记结算机构的名称中应当标明“证券登记结算”字样。目前我国在北京设有中国证券登记结算有限公司，同时分别在上海和深圳设立有分公司。

（三）证券登记结算机构的职能和营业规则

1. 证券登记结算机构的职能。《证券登记结算管理办法》第8条规定，证券登记结算机构履行下列职能：(1) 证券账户、结算账户的设立和管理；(2) 证券的存管和过户；(3) 证券持有人名册登记及权益登记；(4) 证券和资金的清算交收及相关管理；(5) 受发行人的委托派发证券权益；(6) 依法提供与证券登记结算业务有关的查询、信息、咨询和培训服务；(7) 中国证监会批准的其他业务。

2. 证券登记结算机构的营业规则。(1) 证券登记结算采取全国集中、统一的运营方式。(2) 证券持有人持有的证券在上市交易时，应当全部存管在证券登记结算机构，证券登记结算机构不得挪用客户的证券。(3) 证券登记结算机构应当向证券发行人提供证券持有人名册及有关资料，并且应当保证证券持有人名册和登记过户记录真实、准确、完整，不得伪造、篡改、毁坏。(4) 证券登记结算机构应当使用必备的服务设备，采取完善的数据安全保护措施，建立、健全业务、财务和安全防范等管理制度，建立完善的风险管理系统等以保证业务的正常进行。(5) 证券登记结算机构应当妥善保存登记、托管和结算的原始凭证。重要的原始凭证的保存期不少于20年。(6) 证券登记结算机构对其所编制的与证券登记、结算业务有关的数据和资料进行专属管理并负有保密义务，未经证券登记结算机构同意，任何组织和个人不得将其专属管理的数据和资料用于商业目的。(7) 投资者委托证券公司进行证券交易，应当申请开立证券账户。证券登记结算机构应当按照规定以投资者本人的名义为投资者开立证券账户。(8) 证券登记结算机构为证券交易提供净额结算服务时，应当要求结算参与人按照货银对付的原则，足额交付证券和资金，并提供交收担保。(9) 证券登记结算机构按照业务规则收取的各类结算资金和证券，必须存放于专门的清算交收账户，只能按业务规则用于已成交的证券交易的清算交收，不得被强制执行。

三、证券交易服务机构

（一）证券交易服务机构的概念和种类

证券交易服务机构，是指为证券交易提供投资咨询、财务顾问、资信评级、资产评估、会计审计等服务的机构。证券交易服务机构主要有投资咨询机构、财务顾问机构、资信评级机构、资产评估机构、会计师事务所。根据《证券法》的规定，上述机构从事证券服务业务，必须经国务院证券监督管理机构和有关主管部门批准。

（二）证券交易服务机构的设立

1. 证券投资咨询机构的设立。根据原国务院证券委员会于1997年12月25日发布的《证券、期货投资咨询管理暂行办法》和中国证监会于1998年4月23日发布的《证券、期货投资咨询管理暂行办法实施细则》的规定，从事证券投资咨询业务的机构，必须取得中国证监会的业务许可。申请证券投资咨询从业资格的机构，应当具备下列条件：(1) 单独从事证券投资咨询业务的机构，有5名以上取得证券投资咨询从业资格的专职人员；同时从事证券和期货投资咨询业务的机构，有10名以上取得证券期货投资咨询从业资格的专职人员；其高级管理人员中，至少有 1 名取得证券或者期货投资咨询从业资格。（2）有 100 万元以上人民币的注册资本。（3）有固定的业务场所和与业务相适应的通信及其他信息传递设施。（4）有公司章程。（5）有健全的内部管理制度。（6）具备中国证监会要求的其他条件。此外，《证券法》第 170 条规定，专业的证券投资咨询机构的业务人员，必须具备证券专业知识和从事证券业务或者证券服务业务 2 年以上经验。根据 2002 年 12 月 23 日中国证监会发布的《关于贯彻落实〈国务院关于取消第一批行政审批项目的决定〉有关问题的通知》（证监发［2002］93 号）的规定，今后中国证监会不再受理证券投资咨询机构的设立审批，仅核准有关机构的证券投资咨询业务资格，并颁发“证券投资咨询业务资格许可证”。拟申请证券投资咨询业务资格的机构，其从业人员须先取得中国证券业协会颁发的证券投资咨询执业资格证书。

2. 证券资产评估机构从事证券业务的许可。财政部于 2001 年 1 月 15 日发布的《财政部关于对从事证券业务的资产评估机构继续实行许可证管理的通知》（财会［2001］1001 号）规定，对从事证券业务的资产评估机构继续实行许可证管理。此外，《证券法》第 170 条规定，专业的证券资产评估机构的业务人员，必须具备证券专业知识和从事证券业务 2 年以上经验。

3. 会计师事务所从事证券业务的许可。2007 年财政部、证监会联合颁发的《关于会计师事务所从事证券、期货相关业务有关问题的通知》第 1 条规定，会计师事务所申请证券资格，应当具备下列条件：

（1）依法成立 3 年以上；

（2）质量控制制度和内部管理制度健全并有效执行，执业质量和职业道德良好；

（3）注册会计师不少于 80 人，其中通过注册会计师全国统一考试取得注册会计师证书的不少于 55 人，上述 55 人中最近 5 年持有注册会计师证书且连续执业的不少于 35 人；

（4）有限责任会计师事务所净资产不少于 500 万元，合伙会计师事务所净资产不少于 300 万元；

（5）会计师事务所职业保险的累计赔偿限额与累计职业风险基金之和不少于 1 600 万元；

（6）上一年度审计业务收入不少于 1 600 万元；

（7）持有不少于 50%股权的股东，或半数以上合伙人最近在本机构连续执业 3 年以上；

（8）不存在下列情形之一：1）在执业活动中受到行政处罚、刑事处罚，自处罚决定生效之日起至提出申请之日止未满 3 年；2）因以欺骗等不正当手段取得证券资格而被撤销该资格，自撤销之日起至提出申请之日止未满 3 年；3）申请证券资格过程中，因隐瞒有关情况或者提供虚假材料被不予受理或者不予批准的，自被出具不予受理凭证或者不予批准决定之日起至提出申请之日止未满 3 年。会计师事务所具备前述第（1）、（7）、（8）项规定的条件，并通过吸收合并具备前述第（2）至（6）项规定条件的，自吸收合并后工商变更登记之日起至提出申请之日止应当满 1 年。会计师事务所发生吸收合并前已具备第 3 款规定条件的，不受第 3 款规定的限制。

（三）证券交易服务机构的业务范围和营业规则

1. 证券投资咨询机构的业务范围和营业规则。证券投资咨询机构的业务范围是为证券投资人提供证券投资分析、预测和建议等。其营业规则有：（1）证券投资咨询机构及其投资咨询人员，应当以行业公认的谨慎、诚实和勤勉尽责的态度，为投资者或者客户提供证券投资咨询服务。（2）证券投资咨询机构及其投资咨询人员，应当完整、客观、准确地运用有关信息、资料向投资人或者客户提供投资分析、预测和建议，不得断章取义地引用或者篡改有关信息、资料；引用有关信息、资料时，应当注明出处和著作权人。（3）证券投资咨询机构及其投资咨询人员，不得以虚假信息、市场传言或者内幕信息为依据向投资人或者客户提供投资分析、预测或建议。(4) 证券投资咨询人员在报刊、电台、电视台或者其他传播媒体上发表投资咨询文章、报告或者意见时，必须注明所在证券投资咨询机构的名称和个人真实姓名，并对投资风险作充分说明。证券投资咨询机构向投资人或者客户提供的证券投资咨询传真件必须注明机构名称、地址、联系电话和联系人姓名。(5) 证券投资咨询机构与报刊、电台、电视台合办或者协办证券投资咨询版面、节目或者与电信服务部门进行业务合作时，应当向地方证管办（证监会）备案，备案材料包括合作内容、起止时间、版面安排或者节目时间段、项目负责人等，并加盖双方单位的印鉴。(6) 证券投资咨询机构就同一问题向不同的客户提供的投资分析、预测或者建议应当一致。(7) 证券经营机构编发的供本机构内部使用的证券信息简报、快讯、动态以及信息系统等，只能限于本机构范围内使用，不得通过任何途径向社会公众提供。经中国证监会批准的公开发行股票的公司的承销商或者上市推荐人及其所属证券投资咨询机构，不得在公众传播媒体上刊登其为客户撰写的投资价值分析报告。(8) 中国证监会和地方证管办（证监会）有权对证券投资咨询机构和投资咨询人员的业务活动进行检查，被检查的证券投资咨询机构及其投资咨询人员应当予以配合，不得干扰和阻碍。(9) 证券投资咨询机构应当将其向投资人或者社会公众提供的投资咨询资料，自提供之日起保存 2 年。(10) 中国证监会驻地方派出机构根据投资人或者社会公众的投诉或者举报，有权要求证券投资咨询机构及其投资咨询人员说明情况并提供相关资料。(11) 专业的投资咨询机构应当按照国务院有关管理部门规定的标准或者收费办法收取服务费用。此外，证券投资咨询机构的从业人员不得代理委托人从事证券投资；不得与委托人约定分享证券投资收益或者分担证券投资损失；不得买卖本咨询机构提供服务的上市公司股票以及从事法律、行政法规禁止的其他行为。

2. 证券资产评估机构的业务范围和营业规则。资产评估包括对股票公开发行、上市交易的企业的资产进行评估和开展与证券业务有关的资产评估。证券资产评估机构的营业规则主要有：(1) 证券资产评估机构及其从业人员必须对其出具报告内容的真实性、准确性和完整性进行核查和验证，并就其负有责任的部分承担连带责任；(2) 专业的证券资产评估机构应当按照国务院有关管理部门规定的标准或者收费办法收取服务费用。

3. 会计师事务所的业务范围和营业规则。从事证券业务的会计师事务所及其注册会计师的主要职责是：(1) 对上市公司的年度财务会计报告进行审计并发表审计意见；(2) 办理股份有限公司投入资本的验资工作；(3) 办理资产评估业务；(4) 向上市公司、投资人及有关中介机构提供有关会计师事务所的管理咨询；(5) 对发行股票的公司的招股说明书进行审核并鉴证；(6) 协助办理股份有限公司股票上市的有关财务会计业务；(7) 协助股份有限公司及有关当事人办理公司收购与兼并的有关事项；(8) 协助办理股份有限公司的终止与清算事项等。注册会计师应根据注册会计师法和财政部发布的《独立审计准则》的要求，对证券发行人的会计报表发表审计意见，并对审计报告的真实性、合法性负责。注册会计师发表的审计意见有四种类型：(1) 无保留意见审计报告。这是指对被审计单位的财务报表的真实性、恰当性、一致性所表达的无条件肯定性意见。(2) 保留意见的审计报告。当被审计单位存在某些个别事项，其结果不影响财务报表的整体公允，但不适合发表无保留意见审计报告时，应出具保留意见的审计报告。(3) 否定意见审计报告。如果被审计单位的会计报表不符合合法、公允原则，不能一贯地反映其财务状况、经营状况，应出具否定意见审计报告。(4) 无法表示意见审计报告。如果审计受到委托人、被审计单位或客观情况的限制，无法履行必要的审计程序来收集充分、必要的审计证据，应出具无法表示意见审计报告。

法律应用

1. 证券交易所是不以营利为目的的会员制事业法人，其不仅是为证券交易提供设施、服务及场所的机构，也是国家对证券市场实施法律监管的不可缺少的组成部分。证券交易所应当按照“法制、监管、自律、规范”的方针，致力于创造透明、开放、安全、高效的市场环境。

2. 证券交易所应借助于现代科学技术手段的运用，不断地完善其交易体系、结算体系与实时监控系统。

3. 证券交易所的监管职能是证券交易所的重要职能，中国证监会的政府监管与证券交易所、证券业协会的自律管理应相互配合。证券交易所应在对上市公司的市场准入、退出，证券交易规则的制定和实施，上市公司的信息披露等方面发挥更积极的作用。

4. 证券公司是指依照我国《公司法》和《证券法》规定设立的，经营证券业务的有限责任公司或者股份有限公司。证券公司必须将其证券经纪业务、证券承销业务、证券自营业务和证券资产管理业务分开办理，不得混合操作。

5. 证券法及其有关法规应规范证券交易服务机构的执业行为和同业竞争，有效地制止不正当竞争行为：应对违法、违规操作的证券交易服务机构予以严厉的制裁。

课后复习

1. 简述证券交易所的概念、特征。
2. 证券交易所的组织机构主要有哪些?
3. 证券公司的设立条件与营业规则主要有哪些?
4. 证券登记结算机构的营业规则有哪些?
5. 证券交易服务机构主要有哪些分类? 各自的职责是什么?

第十六章

证券交易制度

提要

证券交易应当在依法设立的场所进行，交易的证券必须是依法发行并交付的证券。证券交易虽然有场内交易与场外交易之分，但证券交易所交易始终是证券交易市场的核心。证券交易应以公开、公平、公正为原则，遵循证券法规定的证券交易规则，禁止证券交易中的内幕交易、操纵市场、虚假陈述与欺诈客户的行为。上市公司收购是取得公司控制权或管理权的一种重要形式，包括要约收购、竞价收购、协议收购等不同方式。证券法对上市公司收购的程序和信息披露进行了严格规范。上市公司信息公开的目的是维护证券市场秩序、保护投资者合法权益，上市公司应严格依照证券法及中国证监会的有关规定履行信息公开义务，公开招股说明书、中期报告、年度报告与临时报告等信息。

重点问题

1. 证券交易的概念、特征
2. 证券交易的规则与禁止的证券交易行为
3. 上市公司收购的特点
4. 上市公司收购的程序与信息披露
5. 上市公司信息公开的特点
6. 上市公司信息公开的内容与要求

第一节　证券交易概述

一、证券交易的概念与特征

证券交易，是指证券持有人依照证券交易规则，在规定的场所将其证券转让给其他投资者的行为。当事人依法买卖的证券，必须是依法发行并交付的证券。证券交易具有以下特征：

1. 证券交易是特殊的证券转让。除证券交易外，赠与、继承等也是证券所有权转让的方式。证券交易与其他证券转让方式相比，有其特殊性：一是证券交易是投资者进行证券投资的基本形式；二是交易的证券是依法发行并经投资人认购的证券；三是证券交易必须在依法设立的场所进行；四是证券交易必须遵守相应的交易规则。

2. 证券交易是一种具有财产价值的特定权利的买卖。证券交易的对象是依法发行的股票、债券等有价证券，其移转的是股票中的股权、债券中的债权等财产权。

3. 证券交易是一种标准化合同的买卖。由于每一种证券的面值设计是一致的，所代表的权利内容也是一致的，所以，证券具有标准化合同的性质，当事人买卖证券时除了可以选择品种、数量和价格以外，其他均须依统一的规则进行。

二、证券交易的规则

1. 交易的证券必须是依法发行并交付的证券。证券交易当事人依法买卖的证券，必须是依法发行并交付的证券。非依法发行的证券，不得买卖。在证券市场上，如果允许非依法发行的证券买卖，整个市场就无秩序可言，投资者的利益也无法得到保障。

2. 遵守有关交易主体、转让期限的限制性规定。证券交易所、证券公司、证券登记结算机构从业人员，证券监督管理机构工作人员和法律、行政法规禁止参与股票交易的其他人员，在任期或者法定期限内，不得直接或者以化名、借他人名义持有、买卖股票，也不得收受他人赠送的股票。任何人在成为前述所列人员时，其原已持有的股票，必须依法转让。

依法发行的股票、公司债券及其他证券，法律对其转让期限有限制性规定的，在限定的期限内，不得买卖。《公司法》第 141 条第 1 款规定："发起人持有的本公司股份，自公司成立之日起一年内不得转让。公司公开发行股份前已发行的股份，自公司股票在证券交易所上市交易之日起一年内不得转让。"第 2 款规定："公司董事、监事、高级管理人员应当向公司申报所持有的本公司的股份及其变动情况，在任职期间每年转让的股份不得超过其所持有本公司股份总数的百分之二十五；所持本公司股份自公司股票上市交易之日起一年内不得转让。上述人员离职后半年内，不得转让其所持有的本公司股份。公司章程可以对公司董事、监事、高级管理人员转让其所持有的本公司股份作出其他限制性规定。"《证券法》第 45 条第 1 款规定："为股票发行出具审计报告、资产评估报告或者法律意见书等文件的证券服务机构和人员，在该股票承销期内和期满后六个月内，不得买卖该种股票。"第 2 款规定："除前款规定外，为上市公司出具审计报告、资产评估报告或者法律意见书等文件的证券服务机构和人员，自接受上市公司委托之日起至上述文件公开后五日内，不得买卖该种股票。"

3. 在合法的证券交易场所进行交易。股东转让其股份，必须在法律规定的场所进行。经依法核准的上市交易的股票、公司债券及其他证券，应当在证券交易所挂牌交易。《证券法》第 39 条规定："依法公开发行的股票、公司债券及其他证券，应当在依法设立的证券交易所上市交易或者在国务院批准的其他证券交易场所转让。"

4. 采用集中竞价交易方式。证券在证券交易所挂牌交易，应当采用公开的集中竞价交易方式。所谓集中竞价交易，是指多个买主与多个卖主之间，通过证券交易所的自动交易系统，由出价最低的卖主与进价最高的买主达成交易。竞价的方式有口头申报竞价、上报申报竞价、专柜书面竞价和电脑竞价等。目前我国两大证券交易所均采用电脑竞价方式，通过交易主机按照价格优先、时间优先的原则自动撮合，配对成交。

5. 以现货进行交易为原则。证券交易可以分为现货交易、期货交易和期权交易三种形式。现货交易是指证券买卖成交后，按当时的价格进行证券实物交割的交易方式。期货交易是指证券买卖成交后，按合同规定的价格在将来某时间进行证券交割的交易方式。期权交易，又称为选择权交易，其交易的对象是一种权利，购买者有权在规定的期限内以规定的价格向出售方购买或者出售某种股票。我国《证券法》第 42 条规定："证券交易以现货和国务院规定的其他方式进行交易。"

6. 融资融券交易必须经批准。融资融券交易，又称为保证金交易、信用交易、垫头交易，是指投资者在买卖证券时只向证券公司交付一定的保证金，由证券公司提供资金或者证券进行交易的方式。融资融券交易分为融资交易和融券交易：所谓融资交易，又称为保证金买空交易（简称买空），是指投资者在缴纳了一定数额的保证金后，由证券公司垫付余额代投资者买进证券的行为。所谓融券交易，又称为保证金卖空交易（简称卖空），是指投资者在缴纳了一定数额的保证金后，由证券公司借给投资者证券并代投资者卖出的行为。融资融券交易具有高度的投机性，金融风险非常大，所以我国《证券法》第142条规定："证券公司为客户买卖证券提供融资融券服务，应当按照国务院的规定并经国务院证券监督管理机构批准。"

7. 为客户保密。证券交易所、证券公司、证券登记结算机构必须依法为客户所开立的账户保密。

8. 收费合理。从我国目前来看，证券交易费用主要有以下三项：(1) 发行公司需要支付的上市费用；(2) 投资者需要支付的佣金、开户费、委托手续费等；(3) 证券商需要支付的入场费，即进入证券交易所从事自营或代理买卖证券业务，应向证券交易所支付的有关费用。证券交易的收费必须合理，并公开收费项目、收费标准和收费办法。证券交易的收费项目、收费标准和收费办法由国务院有关管理部门统一规定。

9. 大股东交易的特殊规则。通过证券交易所的证券交易，投资者持有或者通过协议、其他安排与他人共同持有一个上市公司已发行的股份达到5%时，应当在该事实发生之日起3日内，向国务院证券监督管理机构、证券交易所作出书面报告，通知该上市公司，并予以公告；在上述期限内，不得再行买卖该上市公司的股票。投资者持有或者通过协议、其他安排与他人共同持有一个上市公司已发行的股份达到5%后，其所持该上市公司已发行的股份比例每增加或者减少5%，应当依照前述规定进行报告和公告。在报告期限内和作出报告、公告后2日内，不得再行买卖该上市公司的股票。

三、证券交易的程序

我国上市的证券交易主要是通过证券交易所电脑竞价方式进行的，其交易程序如下：

（一）名册登记与开户

名册登记是委托人（投资者）在证券集中交易市场进行证券买卖的前提。根据我国证券交易所的规定，名册登记分为个人和法人两种。个人名册登记应载明登记日期和委托人的基本情况，并留存印鉴或签名样卡。法人名册登记应提供法人证明，并载明法定代表人及证券交易执行人的基本情况，留存法定代表人授权证券交易执行人的书面授权书。根据法律规定，有下列情况之一者，不予办理个人名册登记：(1) 证券从业人员；(2) 因违反证券法，经有权机关认定为市场禁入者；(3) 未成年人未经法定监护人的代理或允许者。

开户是证券投资者进行证券买卖的基本条件。每个证券投资者应当在从事证券经纪业务的证券公司办理开户手续，设立证券与资金两个账户。证券账户用于存储投资者已经购得的证券；资金账户主要用于存储投资者的存款和卖出股票时的价金，开立资金账户的最低资金限额，由证券公司根据营业规则确定。

（二）委托

委托，是指投资者向证券公司发出的表示其以某种价格购进或者卖出一定数量的某种证券的意思表示（通常称为委托指令）。投资者拟买卖某种证券时，必须向其开户的证券公司发出委托指令；证券公司则须根据法律以及交易规则，审查投资者发出的指令，只要投资者发出的买卖指令符合规则，就必须接受和执行该指令。

依委托交易的数额大小，证券交易委托可以分为大宗交易委托、整批交易委托和零数交易委托；依委托的价格限制，证券交易委托可以分为市价委托和限价委托；依委托的途径，证券交易委托可以分为书面方式委托、电话方式委托、电脑方式委托等。投资者向证券公司办理委托时，应详细说明以下内容：（1）股东账户及密码；（2）委托序号和时间；（3）证券名称；（4）委托买入或卖出数量；（5）交易性质；（6）委托价格；（7）委托期限。证券公司接到投资者的委托指令后，应根据规定对委托指令的合法性、真实性和同一性等进行审查。

证券公司不能接受下列委托：（1）全权交易委托，即由证券公司全权决定买卖的证券种类、数量和价格；（2）保证金交易委托，即仅有少量的资金或证券作为保证，作交易量较大的委托。证券公司为客户买卖证券提供融资融券服务，应当按照国务院的规定并经国务院证券监督管理机构批准。证券公司接受委托时，委托合同正式成立，当事人双方均受该委托合同的约束。证券公司接受委托后，应立即通知驻场交易员在场内买卖证券。

（三）成交

成交，是指证券公司相互间通过交易场内竞价，就买卖证券的价格和数量达成一致的行为，是证券交易的核心活动。在我国沪、深两大证券交易所中，成交均是通过交易所的交易主机自动完成的。如上海证券交易所交易主机的撮合能力达每秒 6 000 笔。交易所电脑主机收到买卖申报后，即按证券品种、买卖价格和数量排列，并发出已接受的通知，并向证券公司打印“买卖申报回单”，确认要约或承诺。交易主机将各方买卖申报按规定的顺序原则自动撮合成交。一经成交，即向双方证券公司发出通知。

（四）清算与交割

清算，是指买卖双方通过证券公司在证券交易所进行的证券买卖成交后，通过交易清算系统进行交易资金支付与收讫的过程。根据目前采取的交易清算制度，证券公司在代理投资者进行证券交易的当日，应于收市后首先与交易所办理清算业务，由各证券公司依“差价交收”的原则对买卖证券的金额差价予以清偿，然后每个证券公司对其代理的投资者买卖证券的价款金额进行清抵。成交后，证券公司应向委托人递送成交确认书，确认委托完成，委托人应按委托日期办理交割。

证券过户，是指买卖双方通过证券公司在交易所进行的证券买卖成交后，再通过证券登记结算机构进行证券权利的转移与过户的登记过程。我国证券市场（A 股）采用 T+1 交割规则，即投资者在证券买卖成交后的下一个营业日，证券登记结算公司为其办理完毕过户登记手续，并应提供交割单。

四、证券交易中的禁止行为

禁止的证券交易行为，是指根据法律、行政法规的规定，证券市场的参与者在证券交易过程中不得从事的行为。为了维护证券市场的正常秩序，保障证券市场的健康发展，保护广大投资者的合法权益，各国证券法都确立了公开、公平、公正和诚实信用等基本原则，并规定了一系列禁止的证券交易行为和相应的处罚措施。我国证券市场虽然历史短暂，但从建立证券市场起就重视防范和惩罚扰乱证券市场正常秩序的行为。1993 年 8 月 15 日，国务院证券委员会发布了《禁止证券欺诈行为暂行办法》。1997 年，修订后的《刑法》还将证券市场上情节严重的内幕交易、虚假陈述、操纵市场等行为规定为犯罪。《证券法》在“证券交易”中专列一节规定了“禁止的交易行为”，并且在第十一章中规定了相应的法律责任。根据证券法的规定，禁止的证券交易行为大致可以分为以下五类。

（一）内幕交易行为

1. 内幕交易行为的含义。所谓内幕交易行为，是指证券交易内幕信息的知情人员利用内幕信息进行证券交易活动。根据我国《证券法》的规定，证券交易内幕信息的知情人包括：

（1）发行人的董事、监事、高级管理人员；（2）持有公司5%以上股份的股东及其董事、监事、高级管理人员，公司的实际控制人及其董事、监事、高级管理人员；（3）发行人控股的公司及其董事、监事、高级管理人员；（4）由于所任公司职务可以获取公司有关内幕信息的人员；（5）证券监督管理机构工作人员，以及由于法定职责对证券的发行、交易进行管理的其他人员；（6）保荐人、承销的证券公司、证券交易所、证券登记结算机构、证券服务机构的有关人员；（7）国务院证券监督管理机构规定的其他人。

内幕信息，是指在证券交易活动中，涉及公司的经营、财务或者对该公司证券的市场价格有重大影响的尚未公开的信息。《证券法》规定，下列信息皆属内幕信息：

（1）重大事件，包括：公司的经营方针和经营范围的重大变化；公司的重大投资行为和重大的购置财产的决定；公司订立重要合同，可能对公司的资产、负债、权益和经营成果产生重要影响；公司发生重大债务和未能清偿到期重大债务的违约情况；公司发生重大亏损或者重大损失；公司生产经营的外部条件发生的重大变化；公司的董事、1/3以上监事或者经理发生变动；持有公司5%以上股份的股东或者实际控制人，其持有股份或者控制公司的情况发生较大变化；公司减资、合并、分立、解散及申请破产的决定；涉及公司的重大诉讼，股东大会、董事会决议被依法撤销或者宣告无效；公司涉嫌犯罪被司法机关立案调查，公司董事、监事、高级管理人员涉嫌犯罪被司法机关采取强制措施；国务院证券监督管理机构规定的其他事项。

（2）公司分配股利或者增资的计划。

（3）公司股权结构的重大变化。

（4）公司债务担保的重大变更。

（5）公司营业用主要资产的抵押、出售或者报废一次超过该资产的30%。

（6）公司董事、监事、高级管理人员的行为可能依法承担重大损害赔偿责任。

（7）上市公司收购的有关方案。

（8）国务院证券监督管理机构认定的对证券交易价格有显著影响的其他重要信息。

2. 内幕交易行为的具体表现。（1）知悉证券交易内幕信息的知情人员或者非法获取内幕信息的其他人员买入或者卖出所持有的该公司的证券；（2）上述人员泄露该信息；（3）上述人员建议他人买卖该证券。

3. 内幕交易行为的法律责任。《证券法》规定，证券交易内幕信息的知情人或者非法获取内幕信息的人，在涉及证券的发行、交易或者其他对证券的价格有重大影响的信息公开前，买卖该证券，或者泄露该信息，或者建议他人买卖该证券的，责令依法处理非法持有的证券，没收违法所得，并处以违法所得1倍以上5倍以下的罚款；没有违法所得或者违法所得不足3万元的，处以3万元以上60万元以下的罚款；单位从事内幕交易的，还应当对直接负责的主管人员和其他直接责任人员给予警告，并处以3万元以上30万元以下的罚款。证券监督管理机构工作人员进行内幕交易的，从重处罚。违反《证券法》的规定，应当承担民事赔偿责任；构成犯罪的，依法追究刑事责任。

（二）操纵市场行为

1. 操纵市场行为的含义。所谓操纵市场行为，是指任何单位或者个人以获取利益或者减少损失为目的，利用其资金、信息等优势或者滥用职权操纵市场，影响证券市场价格，制造证券市场假象，诱导或者致使投资者在不了解事实真相的情况下作出证券投资决定，扰乱证券市场秩序的活动。

2. 操纵市场行为的具体表现。任何人以下列手段获取不正当利益或者转嫁风险的，即为操纵市场行为：(1) 单独或者通过合谋，集中资金优势、持股优势或者利用信息优势联合或者连续买卖，操纵证券交易价格或者证券交易量；(2) 与他人串通，以事先约定的时间、价格和方式相互进行证券交易，影响证券交易价格或者证券交易量；(3) 在自己实际控制的账户之间进行证券交易，影响证券交易价格或者证券交易量；(4) 以其他手段操纵证券市场。

3. 操纵市场行为的法律责任。《证券法》规定，违反本法规定，操纵证券市场的，责令依法处理其非法持有的证券，没收违法所得，并处以违法所得1倍以上5倍以下的罚款；没有违法所得或者违法所得不足30万元的，处以30万元以上300万元以下的罚款。单位操纵证券市场的，还应当对直接负责的主管人员和其他直接责任人员给予警告，并处以10万元以上60万元以下的罚款。违反《证券法》的规定，应当承担民事赔偿责任；构成犯罪的，依法追究刑事责任。

（三）虚假陈述行为

1. 虚假陈述行为的含义。所谓虚假陈述行为，是指国家工作人员、新闻传播媒介从业人员和有关人员编造并传播虚假信息，以及证券交易所、证券经营机构、证券业协会、证券监管机构等机构及其从业人员在证券交易活动中作出虚假陈述或者信息误导，严重影响证券交易的活动。

2. 虚假陈述行为的具体表现。(1) 国家工作人员、传播媒介从业人员和有关人员编造、传播虚假信息，扰乱证券市场。(2) 证券交易所、证券公司、证券登记结算机构、证券服务机构及其从业人员，证券业协会、证券监督管理机构及其工作人员，在证券交易活动中作出虚假陈述或者信息误导。

3. 虚假陈述行为的法律责任。《证券法》规定，违反本法第78条第1款、第3款的规定，扰乱证券市场的，由证券监督管理机构责令改正，没收违法所得，并处以违法所得1倍以上5倍以下的罚款；没有违法所得或者违法所得不足3万元的，处以3万元以上20万元以下的罚款。违反本法第78条第2款的规定，在证券交易活动中作出虚假陈述或者信息误导的，责令改正，处以3万元以上20万元以下的罚款；属于国家工作人员的，还应当依法给予行政处分。违反《证券法》的规定，应当承担民事赔偿责任；构成犯罪的，依法追究刑事责任。

（四）欺诈客户行为

1. 欺诈客户行为的含义。所谓欺诈客户行为，是指证券公司及其从业人员在证券交易中违背客户的真实意愿，侵害客户利益的行为。

2. 欺诈客户行为的具体表现。证券公司及其从业人员从事下列损害客户利益的行为即为欺诈客户行为：(1) 违背客户的委托为其买卖证券；(2) 不在规定时间内向客户提供交易的书面确认文件；(3) 挪用客户所委托买卖的证券或者客户账户上的资金；(4) 未经客户的委托，擅自为客户买卖证券，或者假借客户的名义买卖证券；(5) 为牟取佣金收入，诱使客户进行不必要的证券买卖；(6) 利用传播媒介或者通过其他方式提供、传播虚假或者误导投资者的信息；(7) 其他违背客户真实意思表示，损害客户利益的行为。

3. 欺诈客户行为的法律责任。欺诈客户行为给客户造成损失的，行为人应当依法承担赔偿责任。证券公司违背客户的委托买卖证券、办理交易事项，或者违背客户真实意思表示，办理交易以外的其他事项的，责令改正，处以1万元以上10万元以下的罚款；给客户造成损失的，依法承担赔偿责任。

（五）其他禁止的行为

（1）禁止法人非法利用他人账户从事证券交易，禁止法人出借自己或者他人的证券账户。法人以他人名义设立账户或者利用他人账户买卖证券的，责令改正，没收违法所得，并处以违法所得1倍以上5倍以下的罚款；没有违法所得或者违法所得不足3万元的，处以3万元以上30万元以下的罚款。对直接负责的主管人员和其他直接责任人员给予警告，并处以3万元以上10万元以下的罚款。证券公司为上述的违法行为提供自己或者他人的证券交易账户的，除依照上述规定处罚外，还应当撤销直接负责的主管人员和其他直接责任人员的任职资格或者证券从业资格。

（2）依法拓宽资金入市渠道，禁止资金违规流入股市。

（3）禁止任何人挪用公款买卖证券。

（4）国有企业和国有资产控股的企业买卖上市交易的股票不得违反有关规定。《证券法》规定，国有企业和国有资产控股的企业买卖上市交易的股票，必须遵守国家有关规定。

第二节　上市公司的收购

一、上市公司概述

上市公司，是指其股票在证券交易所上市交易的股份有限公司。它分为境内上市公司和境外上市公司。境内上市公司是指所发行的股票经证券交易所审核同意在境内证券交易所上市的股份有限公司。目前，境内上市公司的股票只能在上海证券交易所或深圳证券交易所上市交易。境外上市公司是指股份有限公司向境外投资人发行的股票在境外公开的证券交易所流通转让的上市公司，如其股票在香港联交所、美国纽约证券交易所、英国伦敦证券交易所上市交易的我国股份有限公司。

二、上市公司收购的概念与特征

（一）上市公司收购的概念

上市公司收购是投资者依法购买股份有限公司已公开发行的股份，从而获得该上市公司控制权或管理权的行为。它是公司并购或公司控制权交易的一种形式，对于提高公司经营效率、减少代理成本、促进资本的自由流转和产权交易具有重要的意义。它具有以下特征：（1）收购的对象是股份依法公开发行并上市交易的上市公司；（2）收购人可以是企业法人，也可以是自然人，投资主体并无限制，但实践中多为企业法人；（3）收购的目的是获取被收购公司的控制权；（4）收购人必须通过证券市场多次批量购买被收购公司的股份才能完成收购；（5）收购人在连续购入被收购公司的股份时，应根据证券法的规定履行信息披露义务和报告义务。

（二）上市公司收购与企业兼并

兼并，通常是指一个企业通过购买另一个企业的资产或股份，或者通过其他方式取得另一个企业的控制权，或将另一个企业合并的行为。与收购相比，兼并除了通过收购股份的方式外，还可以通过如资产或股份的受让、股权或经营管理权的委托等方式进行，被兼并的企业是除上市公司之外的其他企业。合并是兼并的一种结果。收购人可以通过股份收购使目标公司丧失法律资格而并入收购人，而公司或企业合并还可以通过合并双方的协议或者行政命令来进行。

（三）上市公司收购与股份转让

股份转让，是指股份的持有人和受让人之间达成协议，持有人将自己所持有的股份以一定价格转让给受让人的行为。股份转让与上市公司股份收购的区别在于：(1) 转让的股份可以是上市公司的股份，也可以是非上市公司的股份：收购则仅针对上市公司的股份。(2) 股份转让并不一定以取得目标公司的控制权为目的，而股份收购通常以取得目标公司控制权为目的。(3) 股份转让并不需要在特定的交易场所进行，而股份收购应当在证券交易所这个公开市场上进行。

三、上市公司收购的分类

（一）要约收购、竞价收购与协议收购

根据收购的不同方式，上市公司收购可以分为要约收购、竞价收购与协议收购。

(1) 要约收购，是指收购人向被收购上市公司的所有股东发出购买其所持该公司股票的书面意思表示，并按照要约规定的收购价格、收购数量、收购期限等收购条件购买该种股票的收购方式。一般情况下，要约收购是为取得或强化对目标公司的控制权而实施的；发出要约的对象是目标公司的全体股东；要约必须以公开方式进行。要约收购是上市公司收购的一种传统方式，也是最重要的一种方式。各国证券法均把要约收购作为规制的重要内容，我国证券法对要约收购制度也作了具体规定。

(2) 竞价收购，又称公开市场上收购，是指收购人通过证券交易所以集中竞价交易方式依法连续收购上市公司股份并取得相对控股权的收购方式。我国证券法并未直接规定这一收购方式，但从近年来的实践来看，通过连续集中竞价交易方式是可以取得对目标公司的控制权的，如 1993 年 10 月的“宝延事件”，以及此后发生的“万科控股申华”“恒通控股棱光”“康恩贝控股浙凤凰”等。竞价收购方式容易造成市场价格的波动，证券法应对这一收购方式的信息披露作出严格规定。

(3) 协议收购，是指收购人通过与被收购的上市公司的股东达成书面协议，并按照协议所规定的收购价格、收购数量、收购期限等收购条件购买该股东股票的收购方式。协议收购的对象为目标公司特定股东，实际上是“一对一”的特定当事人之间的股权转让。考虑到我国上市公司存在大量的国有股、法人股不能在证券交易所流通的情况，投资者要在公开市场上进行收购并达到预期的控股目的有一定的困难。另外，协议收购也容易产生信息垄断和内幕交易，损害目标公司中、小股东的利益。为了促进国有股、法人股的流通，鼓励对上市公司的收购，以及保护中、小股东的利益，我国证券法将协议收购纳入其调整范围。

（二）自愿要约收购与强制要约收购

根据是否完全遵循收购人的自愿，上市公司收购可以分自愿要约收购与强制要约收购。自愿收购要约，是由收购人依自己的意愿，选定时间并按自己确定的收购计划依法进行的收购。强制要约收购，是指投资人持有上市公司已发行的股份达到一定比例时，必须依法向该公司的所有股东发出收购要约，购买该公司股票的收购方式。强制要约收购制度的立法理由在于，当某收购人相对控股时，要有效地保护小股东的利益以及公平待遇。

（三）部分收购与全面收购

根据收购人收购目标公司股份数量的不同，上市公司收购可以分为部分收购和全面收购。部分收购，是指收购人收购上市公司已发行的一定比例的股份并获得该公司控制权的行为。全面收购，是指收购人收购上市公司已发行的全部股份。全面收购的结果是使收购人取得对上市公司的绝对控制权。当收购人持有目标公司股份达到一定比例时，法律强制要求其履行法定全面收购义务。我国《证券法》第 88 条第 1 款规定："通过证券交易所的证券交易，投资者持有或者通过协议、其他安排与他人共同持有一个上市公司已发行的股份达到百分之三十时，继续进行收购的，应当依法向该上市公司所有股东发出收购上市公司全部或者部分股份的要约。"

四、上市公司收购的程序

（一）竞价收购的程序

竞价收购的程序通常包括：

（1）收购的开始，即收购人通过证券交易所的集中竞价交易购买目标公司股份达到 5%。

（2）按"权益公开规则"报告与公告。权益公开规则，是指投资者持有上市公司股份达 5%时，为了保护中、小股东的利益，法律要求这些"大股东"必须公开其持股情况。公开大股东的持股情况，有利于防止操纵市场和内幕交易。我国《证券法》第 86 条第 1 款规定："通过证券交易所的证券交易，投资者持有或者通过协议、其他安排与他人共同持有一个上市公司已发行的股份达到百分之五时，应当在该事实发生之日起三日内，向国务院证券监督管理机构、证券交易所作出书面报告，通知该上市公司，并予公告；在上述期限内，不得再行买卖该上市公司的股票。"第 2 款规定："投资者持有或者通过协议、其他安排与他人共同持有一个上市公司已发行的股份达到百分之五后，其所持该上市公司已发行的股份比例每增加或者减少百分之五，应当依照前款规定进行报告和公告。在报告期限内和作出报告、公告后二日内，不得再行买卖该上市公司的股票。"报告和公告应当载明下列内容：1）持股人的名称、住所；2）所持有的股票的名称、数量；3）持股达到法定比例或者持股增减变化达到法定比例的日期。

（3）继续购买目标公司股份，并按"台阶规则"报告与公告。"台阶规则"，又称"慢走规则"，是指投资者通过证券交易所的证券交易持有一个上市公司已发行股份 5%后，每增加或者减少持有一定比例时，均需要暂停买卖该公司的股票，并依法定要求公开其持股变化的情况。《股票发行与交易管理暂行条例》曾将"台阶规则"适用的持股增减变化比例规定为 2%，《证券法》将这一比例提高为 5%，降低了上市公司收购的成本，也体现了对上市公司收购的鼓励。

（4）达到相对控股，向国务院证券监督管理机构和证券交易所报告持股情况及收购后的改组计划。

（5）收购人请求召开临时股东大会，实施改组计划。

（二）要约收购的程序

《证券法》对投资者持有上市公司已发行股份的 30%时的强制要约收购程序作了具体规定。其程序包括：

1. 置备上市公司收购要约书和收购报告书。根据《证券法》的规定，收购报告书应载明下列事项：（1）收购人的名称、住所；（2）收购人关于收购的决定；（3）被收购的上市公司名称；（4）收购目的；（5）收购股份的详细名称和预定收购的股份数额；（6）收购期限、收购价格；（7）收购所需资金额及资金保证；（8）报送上市公司收购报告书时持有被收购公司股份数占该公司已发行的股份总数的比例。

2. 报告。收购人发出收购要约，必须事先向国务院证券监督管理机构报送上市公司收购报告书，同时，应当将公司收购报告书提交证券交易所。

3. 公告收购要约。收购人在依照前述规定报送上市公司收购报告书之日起 15 日后，公告其收购要约。在上述期限内，国务院证券监督管理机构发现上市公司收购报告书不符合法律、行政法规的规定的，应当及时告知收购人，收购人不得公告其收购要约。收购要约约定的收购期限不得少于30日，并不得超过60日。在收购要约确定的承诺期限内，收购人不得撤销其收购要约。收购人需要变更收购要约的，必须事先向国务院证券监督管理机构及证券交易所提出报告，经批准后，予以公告。

4. 收购。收购要约中提出的各项收购条件，适用于被收购公司所有的股东。收购期限届满，被收购公司股权分布不符合上市条件的，该上市公司的股票应当由证券交易所依法终止上市交易；其余仍持有被收购公司股票的股东，有权向收购人以收购要约的同等条件出售其股票，收购人应当收购。收购行为完成后，被收购公司不再具备股份有限公司条件的，应当依法变更企业形式。

5. 实施改组或合并计划。被收购的上市公司继续存在的，收购人依公司法的规定行使股东权。如果将目标公司撤销的，属于公司合并，目标公司的原有股票由收购人依法予以更换。

6. 报告与公告。收购上市公司的行为结束后，收购人应当在15日内将收购情况报告国务院证券监督管理机构和证券交易所，并予以公告。

（三）协议收购的程序

协议收购的程序通常包括：

(1) 协商。收购人与目标公司的主要股东就股权转让与收购进行磋商，双方拟定协议草案。

(2) 经协议双方有关机构批准。协议双方应各自取得股东大会或董事会批准。如果涉及国家授权投资机构持有的股份，应当按照国务院有关规定，取得有关主管部门批准。

(3) 正式签订收购协议。

(4) 报告与公告。以协议方式收购上市公司时，达成协议后，收购人必须在3日内将该收购协议向国务院证券监督管理机构及证券交易所作出书面报告，并予以公告。在未作出公告前不得履行收购协议。

(5) 履行收购协议。采取协议收购方式的，协议双方可以临时委托证券登记结算机构保管协议转让的股票，并将资金存放于指定的银行，在履行收购协议的报告与公告义务后，由双方共同到证券登记结算机构办理过户手续。

(6) 实施改组或合并计划。

第三节 上市公司的信息公开义务

一、上市公司信息公开的概念与特征

信息公开，又称信息披露，主要是指上市公司在证券发行市场、交易市场依法向证券监督管理机构以及投资者报告自身经营、资产以及财务等状况而设置的一种制度。信息公开是强化证券市场监管的重要内容，它有利于防止证券欺诈行为的出现，能够促使上市公司加强内部管理，树立投资者对资本市场的信心。根据我国法律规定，中国证监会依照法律、法规的规定，监督公开发行股票的公司按照法律、法规的要求披露信息。信息公开可以分为发行市场的信息公开和交易市场的信息公开。发行市场的信息公开，又称初始信息公开，是指股份有限公司通过证券市场募集资本时依法将与发行有关的信息向社会予以公开，其公开的信息主要是招股说明书、配股说明书和债券募集说明书等。交易市场的信息公开，又称为持续信息公开，是指在

证券交易中，为了保护投资者的合法权益，股票、债券的发行人应依法将有关信息向社会予以公开。与初始信息公开相比，持续信息公开具有以下特点：(1) 信息公开的内容和形式不同。持续信息公开主要涉及招股说明书、上市公告书、定期报告和临时报告。(2) 信息公开的目的和功能不同。初始信息公开的目的主要是使投资者在认购发行的股票、公司债券时能充分了解发行人的信用状况；持续信息公开的目的则主要是为投资者提供证券交易价值判断的依据。(3) 持续信息公开的义务主体是上市公司。根据证券法的规定，股票、公司债券上市交易申请经证券交易所审核同意后，签订上市协议的公司应当在规定的期限内公告股票、公司债券上市的有关文件，并将该文件置备于指定场所供公众查阅。股票或公司债券上市交易的公司，应当根据规定向证券监督管理机构、证券交易所提交中期报告、年度报告以及对重大事件的临时报告，并向社会予以公告。

二、上市公司信息公开的内容

我国《证券法》对上市公司的信息公开作了具体规定，既涉及初始信息公开的要求，也有持续信息公开的内容。依据我国《公司法》《证券法》等有关法律、法规，上市公司信息公开的内容主要有以下四类：

（一）招股说明书

招股说明书应当载明下列事项：(1) 公司名称、住所；(2) 发起人、发行人简况；(3) 筹资的目的及所筹资金的运用计划和风险的预测；(4) 公司现有股本总额，本次发行的股票种类、总额，每股面值、售价，发行前每股净资产值和发行结束后每股净资产值，发行费用和佣金；(5) 证券承销机构的名称、承销方式与承销数量；(6) 发行的对象、时间、地点及股票认购和股款缴纳的方式；(7) 公司近期发展规划和经注册会计师审核并出具审核意见的公司下一年的盈利预测文件；(8) 近 3 年或者成立以来的生产经营状况和有关业务发展的基本情况，以及经会计师事务所审计的公司近 3 年或成立以来的财务报告和由两名注册会计师及其所在事务所签字、盖章的审计报告；(9) 公司的重要合同；(10) 涉及公司的重大诉讼事项；(11) 公司董事、监事名单及简历；(12) 前次公开发行股票所筹资金的运用情况；(13) 中国证监会要求的其他事项。招股说明书的有效期限为 6 个月，自招股说明书签署完毕之日起计算。

（二）中期报告

上市公司和公司债券上市交易的公司，应当在每一会计年度的上半年结束之日起 2 个月内，向国务院证券监督管理机构和证券交易所报送记载以下内容的中期报告，并予以公告：(1) 公司财务会计报告和经营情况；(2) 涉及公司的重大诉讼事项；(3) 已发行的股票、公司债券变动情况；(4) 提交股东大会审议的重要事项；(5) 国务院证券监督管理机构规定的其他事项。

（三）年度报告

上市公司和公司债券上市交易的公司，应当在每一会计年度结束之日起 4 个月内，向国务院证券监督管理机构和证券交易所报送记载以下内容的年度报告，并予以公告：(1) 公司概况；(2) 公司财务会计报告和经营情况；(3) 董事、监事、高级管理人员简介及持股情况；(4) 已发行的股票、公司债券情况，包括持有公司股份最多的前 10 名股东名单和持股数额；(5) 公司的实际控制人；(6) 国务院证券监督管理机构规定的其他事项。

（四）临时报告

临时报告是依法编制的反映公司重大事件的法律文件。重大事件是上市公司发生的可能对股票交易价格产生较大影响而投资者尚未得知的事件。我国《证券法》第 67 条第 1 款规定："发生可能对上市公司股票交易价格产生较大影响的重大事件，投资者尚未得知时，上市公司应当立即将有关该重大事件的情况向国务院证券监督管理机构和证券交易所报送临时报告，并予公告，说明事件的起因、目前的状态和可能产生的法律后果。下列情况为前款所称重大事件：（一）公司的经营方针和经营范围的重大变化；（二）公司的重大投资行为和重大的购置财产的决定；（三）公司订立重要合同，可能对公司的资产、负债、权益和经营成果产生重要影响；（四）公司发生重大债务和未能清偿到期重大债务的违约情况；（五）公司发生重大亏损或者重大损失；（六）公司生产、经营的外部条件发生的重大变化；（七）公司的董事、三分之一以上监事或者经理发生变动；（八）持有公司百分之五以上股份的股东或者实际控制人，其持有股份或者控制公司的情况发生较大变化；（九）公司减资、合并、分立、解散及申请破产的决定；（十）涉及公司的重大诉讼，股东大会、董事会决议被依法撤销或者宣告无效；（十一）公司涉嫌犯罪被司法机关立案调查，公司董事、监事、高级管理人员涉嫌犯罪被司法机关采取强制措施；（十二）国务院证券监督管理机构规定的其他事项。"

三、上市公司信息公开的规则和程序

上市公司公开的信息必须真实、准确、完整，并且公开信息要按照规定的程序严格进行。证券法对上市公司信息公开的规则和程序作了明确的规定，包括：

1. 公开的文件不得有虚假记载、误导性陈述或重大遗漏。我国《证券法》第 63 条规定："发行人、上市公司依法披露的信息，必须真实、准确、完整，不得有虚假记载、误导性陈述或者重大遗漏。"第 69 条规定："发行人、上市公司公告的招股说明书、公司债券募集办法、财务会计报告、上市报告文件、年度报告、中期报告、临时报告以及其他信息披露资料，有虚假记载、误导性陈述或者重大遗漏，致使投资者在证券交易中遭受损失的，发行人、上市公司应当承担赔偿责任；发行人、上市公司的董事、监事、高级管理人员和其他直接责任人员以及保荐人、承销的证券公司，应当与发行人、上市公司承担连带赔偿责任，但是能够证明自己没有过错的除外；发行人、上市公司的控股股东、实际控制人有过错的，应当与发行人、上市公司承担连带赔偿责任。"强化信息披露的证券民事责任，有利于保护投资者的合法民事权益。

2. 公开文件的公告和置备。我国《证券法》第 70 条规定："依法必须披露的信息，应当在国务院证券监督管理机构指定的媒体发布，同时将其置备于公司住所、证券交易所，供社会公众查阅。"目前中国证监会指定的进行有关证券交易信息披露的报刊主要有《中国证券报》《金融时报》《经济日报》《上海证券报》《证券时报》《中国改革报》《证券市场周刊》《中国日报》等。

3. 对信息公开的监督。根据证券法的规定，国务院证券监督管理机构对上市公司年度报告、中期报告、临时报告以及公告的情况进行监督，对上市公司分派或者配售新股的情况进行监督，对上市公司控股股东及其他信息披露义务人的行为进行监督。证券监督管理机构、证券交易所、保荐人、承销的证券公司及有关人员，对公司依照法律、行政法规的规定必须作出的公告，在公告前不得泄露其内容。

法律应用

1. 证券交易所的场内交易是证券交易的主要场所，我国沪、深证券交易所均以强大的卫

星通信网络和先进的电脑交易系统、实时监控系统为支撑，基本适应我国证券市场的发展要求。但仍有大量不符合上市公开交易条件的公司股票、债券，应对其转让与交易加以规范。为此，应适度发展场外交易市场，并对场外交易进行规范。

2. 证券交易应以保护投资者合法权益为宗旨，对违反证券交易规则的各类证券违法行为应进行严格规范，通过民事责任、行政责任、刑事责任等法律责任形式对违法者进行制裁。强化证券交易中的民事责任，能更有效地维护投资者的合法民事权益。证券民事损害赔偿案件日益增多并引起社会的广泛关注，应逐步完善相关立法及司法。

3. 上市公司收购中强制性要约收购的目的是保护目标公司的中、小股东利益。证券法从鼓励收购的立法政策出发，规定经国务院证券监督管理机构批准，可以免除收购人的强制性要约收购义务，但对于豁免的条件、程序等缺乏相关规定。证券监督管理机构应尽快制订出相应的条例或规章，对于强制性要约收购义务的豁免应作严格规范。

4. 协议收购具有成本低、程序简单、成功率高的特点，对于解决国家股和法人股的流通转让、促进国企改革具有积极的作用。但协议收购也容易导致对公众投资者利益的损害。证券法对于协议收购的规定过于原则，操作性不强，如对股权价值的评估、国有股股权转让的监管、内幕交易等都缺乏相应的程序规定。协议收购虽然可以免除强制性要约收购的义务，但协议双方仍应严格履行相应的披露义务。

5. 上市公司公开的信息必须真实、准确、完整，并且公开要按照规定的程序严格进行。上市公司公开的招股说明书、中期报告、年度报告、临时报告等文件存在虚假记载、误导性陈述或者有重大遗漏，致使投资者利益遭受损害的，应依法承担赔偿责任。证券交易所、证券经营机构、证券交易服务机构及其从业人员，或者证券业协会、证券监督管理机构及其工作人员，在证券交易活动中作出虚假陈述或者信息误导的，应当依法承担相应的法律责任。

课后复习

1. 简述证券交易的概念、特征。
2. 证券交易的一般规则有哪些?
3. 证券法规定的禁止的证券交易行为有哪些种类?
4. 什么是要约收购? 证券法对要约收购有哪些具体规定?
5. 上市公司信息公开的内容有哪些? 如何理解违反信息公开义务的法律后果?

第十七章
证券投资基金法律制度

提 要

证券投资基金是以财产信托为基础的集合投资方式，它由多数人的资金会聚而成，以分散风险为投资原则，通过组合投资方式取得基金收益。证券投资基金在为中、小投资者理财，减少个人投资风险，促进证券市场资本结构的调整等方面具有积极的作用。证券投资基金的设立应依法律、法规规定的条件和程序进行，并根据风险性与盈利性并存的市场特点加强风险管理、投资组合管理、财务管理，强化投资监管。基金持有人、基金管理人、基金托管人以基金契约为基础，形成特殊的法律关系，依法享有相应的权利，履行相应的义务和职责。

重点问题

1. 证券投资基金的概念、特征及作用
2. 证券投资基金的设立条件与程序
3. 证券投资基金的运作与监管
4. 证券投资基金关系人

第一节　证券投资基金概述

一、证券投资基金的概念与特征

（一）证券投资基金的概念

证券投资基金，是指一种利益共享、风险共担的集合证券投资方式，即通过发行基金单位，集中投资者的资金，由基金托管人托管，由基金管理人管理和运用资金，从事股票、债券等金融工具投资。这一定义有以下四层含义：

（1）证券投资基金法律关系是一种信托法律关系。投资基金最早起源于英国，发展于美国，是由英美法中的信托法律制度发展而来的。在证券投资基金法律关系中，证券投资者通过认购基金管理人发行的基金单位，将分散的资金交由基金管理人进行证券投资，基金管理人则将投资所获得的收益通过分红的方式分配给基金认购人，其实质是信托法律关系。

（2）证券投资基金是以营利为目的而设立的信托法律关系。在英美信托法中，根据信托设立目的的不同，可以将信托分为公益信托和私益信托。证券投资基金属于私益信托，基金设立后，基金管理人应通过证券组合投资的方式获取最大限度的投资收益并分配给基金认购人。

（3）证券投资基金是一种集合投资方式。基金管理人通过发行基金单位将投资者的分散资金集中起来，由基金管理人进行管理和运用，从事股票、债券等金融工具投资。基金单位，是指基金发起人向不特定的投资者发行的，表示持有人对基金享有资产所有权、收益分配权和其他相关权利，并承担相应义务的凭证。

（4）证券投资基金由基金管理人管理和运用资金，由基金托管人托管。为了有效保护投资者的合法权益，防止基金管理人滥用投资权和防范金融风险，各国法律都强化了对基金管理人的制约，要求基金管理人与商业银行之间建立基金资产托管关系。我国《证券投资基金法》第33条规定："基金托管人由依法设立的商业银行或者其他金融机构担任。商业银行担任基金托管人的，由国务院证券监督管理机构会同国务院银行业监督管理机构核准；其他金融机构担任基金托管人的，由国务院证券监督管理机构核准。"

（二）证券投资基金的特征

证券投资基金具有以下法律特征：

（1）证券投资基金由不特定多数人的分散资金集合而成。投资者所持有的分散资金，通过认购基金单位而聚入基金，一方面更容易汇集成巨额资金，另一方面也方便了投资者投资，从而有可能使证券经营机构和投资者双赢。

（2）证券投资基金的投资对象主要为证券，包括上市交易的股票、债券以及国务院证券监督管理机构规定的其他证券品种。但其投资方式是以分散风险为原则的。为了分散证券投资风险，各国法律均要求基金管理人以组合方式投资，如美国基金管理法规定，基金投资于某一证券的总金额不得超过基金总资产净值的5%，持有的某一证券的比例不得超过该证券发行额的10%。我国《证券投资基金法》第72条规定，基金管理人运用基金财产进行证券投资，除国务院证券监督管理机构另有规定外，应当采用资产组合的方式。资产组合的具体方式和投资比例，依照《证券投资基金法》和国务院证券监督管理机构的规定在基金合同中约定。

（3）证券投资基金的投资目的是取得股息、利息等收益。基金管理人均具有专门证券投资知识与经验，对证券市场的行情变化较为熟悉，具有较高的投资判断与决策能力，主要是通过组合证券投资方式取得股息、利息等投资收益，并依法将投资收益分配给基金认购人。

二、证券投资基金的分类

（一）开放式基金与封闭式基金

这是以基金变现或买卖方式为依据进行的分类。开放式基金是指基金发行总额不固定，基金单位总数随时增减，投资者可以按基金的报价在国家规定的营业场所申购或者赎回基金单位的一种基金。封闭式基金是指事先确定发行总额，在封闭期内基金单位总数不变，基金上市后投资者可以通过证券市场转让、买卖基金单位的一种基金。开放式基金与封闭式基金的主要区别在于：

1. 基金资本额是否确定不同。开放式基金的发行规模是变化的，基金单位发行额没有限制，投资者可以随时增加持有或要求基金回购而减少持有。封闭式基金发行的基金单位数量事先确定，在封闭期内基金单位总数不变，投资者一旦认购基金单位，在经营期限内就不能抽回其投资，只能通过证券市场转让。

2. 基金的投资方式不同。开放式基金由于需要应付投资者随时提出的赎回要求，基金管理人不能将基金的全部资产用于投资，更不能将其全部资金用于长线投资，而必须保留一定比例的现金以便随时应付赎回，其投资组合中也要有一部分随时可以出手的金融商品（如绩优股票等），以备投资者大规模赎回之需。封闭式基金不允许投资者随时赎回其投资，因而基金管理人所掌握的基金资产比较稳定，基金资产既可以作长线投资，也可以作短线投资，投资方式所受限制较少。

3. 基金受益凭证的买卖方式。开放式基金在发行结束后一段时间即开设内部交易柜台，投资者可以随时赎回基金单位。封闭式基金受益凭证的买卖方式不同，投资者在经营期限内不得向基金管理人要求赎回，只能通过证券流通市场转让而兑现。

4. 基金投资目标不同。开放式基金的投资市场多为开放程度比较高、规模比较大的金融市场，这种市场资金周转周期比较短，筹资较为容易，能够适应大规模的短线投资。封闭式基金所投资的证券市场多为封闭型市场或开放程度较低的市场，规模比较小，资金周转慢，不适应大规模短线投资。

（二）公司型基金与契约型基金

这是以基金的组织形式为依据进行的分类。公司型基金，又称共同基金，是指以股份有限公司形式组成的基金，基金的投资者是股东，基金是法人。公司型基金实际上是一个专事于有价证券投资的投资公司。公司设立董事会，董事会对基金资产负有保值增值、维护资产安全的责任。公司型基金在美国较为普遍。契约型基金，又称为单位信托基金，是指以证券投资信托契约集合投资者的资金成立基金，以基金管理人为委托人，托管人为受托人，由基金管理人指示托管人进行证券投资的基金。这种基金包括三方当事人：一是投资者（受益人）；二是基金管理公司；三是基金托管人。投资者是委托人，基金管理公司与基金托管人是受托人，根据资产保管与经营分开的原则，分别执行受托业务。契约型基金广泛流行于英国、日本、新加坡以及我国台湾地区、香港地区，我国目前设立的证券投资基金也是这种基金。

公司型基金与契约型基金的主要区别在于：(1) 组织形式不同。公司型基金是法人组织，其依据公司章程进行活动；契约型基金的投资者是委托人，管理人和托管人是信托法律关系中的受托人，基金本身并不是法人组织，其活动的基础是信托契约。(2) 投资者地位不同。公司型基金的投资者可以参加股东大会，对公司运作发表意见；契约型基金的投资者为契约关系的当事人，对资金的运用没有发言权。(3) 融资方式不同。公司型基金除发行普通股外，还可以发行优先股、公司债，也向银行贷款，融资渠道多；而契约型基金只能通过发行受益凭证融资。

证券投资基金依据投资对象不同，可以分为债券基金、股票基金、外汇基金等；依据投资目标不同，可以分为收入型基金、成长型基金以及混合型基金；依据投资渠道不同，可以分为国内基金和海外基金。

三、证券投资基金的作用

证券投资基金在我国发展迅速，对于市场经济的发展具有重要的作用：一是为中、小投资者理财，减少个人投资的风险，为大多数投资者提供较为安全的投资工具；二是有利于证券市场结构的调整，改善证券市场的投资者结构；三是在市场波动较大的情形下，有一个相对稳定的基金收益率，能使共同基金、保险金、养老金等机构投资者更好地控制投资风险，保障金融资产的安全性；四是可以吸引外资，做到既利用外资，降低投资风险，又不被外资控制。

第二节　证券投资基金的设立与运作

一、基金管理人的设立条件与程序

（一）基金管理人的设立条件

根据我国《证券投资基金法》的规定，基金管理人由依法设立的公司或者合伙企业担任。担任非公开募集基金的基金管理人，应当按照规定向基金行业协会履行登记手续，报送基本情况。公开募集基金的基金管理人，由基金管理公司或者经国务院证券监督管理机构按照规定核准的其他机构担任。设立管理公开募集基金的基金管理公司，应当具备下列条件，并经国务院证券监督管理机构批准：

（1）有符合证券投资基金法和公司法规定的章程；（2）注册资本不低于 1 亿元人民币，且必须为实缴货币资本；（3）主要股东应当具有经营金融业务或者管理金融机构的良好业绩、良好的财务状况和社会信誉，资产规模达到国务院规定的标准，最近 3 年没有违法记录；（4）取得基金从业资格的人员达到法定人数；（5）董事、监事、高级管理人员具备相应的任职条件；（6）有符合要求的营业场所、安全防范设施和与基金管理业务有关的其他设施；（7）有良好的内部治理结构、完善的内部稽核监控制度、风险控制制度；（8）法律、行政法规规定的和经国务院批准的国务院证券监督管理机构规定的其他条件。

（二）基金管理公司的设立程序

1. 公司法规定的设立程序。基金管理公司同普通公司一样，需要完成以下设立程序：（1）发起人发起；（2）订立公司章程；（3）申请名称预先核准；（4）缴纳出资或认购股份并缴纳股款，募集设立还需要报国务院证券监督管理机构批准；（5）验资；（6）建立公司治理机构；（7）申请设立登记。

2. 设立登记的前置审批程序。根据我国证券投资基金法的规定，设立基金管理公司，应经国务院证券监督管理机构批准。国务院证券监督管理机构应当自受理基金管理公司设立申请之日起 6 个月内依照证券投资基金法规定的条件和审慎监管原则进行审查，作出批准或者不予批准的决定，并通知申请人；不予批准的，应当说明理由。

二、基金管理人的职责

我国证券投资基金法规定，公开募集基金的基金管理人应当履行下列职责：

（1）依法募集资金，办理基金份额的发售和登记事宜；（2）办理基金备案手续；（3）对所管理的不同基金财产分别管理、分别记账，进行证券投资；（4）按照基金合同的约定确定基金收益分配方案，及时向基金份额持有人分配收益；（5）进行基金会计核算并编制基金财务会计报告；（6）编制中期和年度基金报告；（7）计算并公告基金资产净值，确定基金份额申购、赎回价格；（8）办理与基金财产管理业务活动有关的信息披露事项；（9）召集基金份额持有人大会；（10）保存基金财产管理业务活动的记录、账册、报表和其他相关资料；（11）以基金管理人名义，代表基金份额持有人利益行使诉讼权利或者实施其他法律行为；（12）国务院证券监督管理机构规定的其他职责。

公开募集基金的基金管理人及其董事、监事、高级管理人员和其他从业人员不得有下列行为：将其固有财产或者他人财产混同于基金财产从事证券投资；不公平地对待其管理的不同基金财产；利用基金财产或者职务之便为基金份额持有人以外的人牟取利益；向基金份额持有人违规承诺收益或者承担损失；侵占、挪用基金财产；泄露因职务便利获取的未公开信息、利用该信息从事或者明示、暗示他人从事相关的交易活动；玩忽职守，不按照规定履行职责；法律、行政法规和国务院证券监督管理机构规定禁止的其他行为。

三、证券投资基金的募集

（一）基金募集的申请和审批

1. 申请。根据我国证券投资基金法的规定，基金管理人依法发售基金份额，募集基金，应当向国务院证券监督管理机构提交下列文件，并经国务院证券监督管理机构核准：(1) 申请报告；(2) 基金合同草案；(3) 基金托管协议草案；(4) 招募说明书草案；(5) 基金管理人和基金托管人的资格证明文件；(6) 经会计师事务所审计的基金管理人和基金托管人最近 3 年或者成立以来的财务会计报告；(7) 律师事务所出具的法律意见书；(8) 国务院证券监督管理机构规定提交的其他文件。

基金合同应当包括下列内容：(1) 募集基金的目的和基金名称；(2) 基金管理人、基金托管人的名称和住所；(3) 基金运作方式；(4) 封闭式基金的基金份额总额和基金合同期限，或者开放式基金的最低募集份额总额；(5) 确定基金份额发售日期、价格和费用的原则；(6) 基金份额持有人、基金管理人和基金托管人的权利、义务；(7) 基金份额持有人大会召集、议事及表决的程序和规则；(8) 基金份额发售、交易、申购、赎回的程序、时间、地点、费用计算方式，以及给付赎回款项的时间和方式；(9) 基金收益分配原则、执行方式；(10) 作为基金管理人、基金托管人报酬的管理费、托管费的提取、支付方式与比例；(11) 与基金财产管理、运用有关的其他费用的提取、支付方式；(12) 基金财产的投资方向和投资限制；(13) 基金资产净值的计算方法和公告方式；(14) 基金募集未达到法定要求的处理方式；(15) 基金合同解除和终止的事由、程序以及基金财产清算方式；(16) 争议解决方式；(17) 当事人约定的其他事项。

基金招募说明书应当包括下列内容：(1) 基金募集申请的核准文件名称和核准日期；(2) 基金管理人、基金托管人的基本情况；(3) 基金合同和基金托管协议的内容摘要；(4) 基金份额的发售日期、价格、费用和期限；(5) 基金份额的发售方式、发售机构及登记机构名称；(6) 出具法律意见书的律师事务所和审计基金财产的会计师事务所的名称和住所；(7) 基金管理人、基金托管人报酬及其他有关费用的提取、支付方式与比例；(8) 风险警示内容；(9) 国务院证券监督管理机构规定的其他内容。

2. 审批。国务院证券监督管理机构应当自受理基金募集申请之日起 6 个月内依照法律、行政法规及国务院证券监督管理机构的规定和审慎监管原则进行审查，作出核准或者不予核准的决定，并通知申请人；不予核准的，应当说明理由。

（二）基金份额的发售

根据证券投资基金法的规定，基金募集申请经核准后，方可发售基金份额。基金管理人应当自收到核准文件之日起 6 个月内进行基金募集。超过 6 个月开始募集，原核准的事项未发生实质性变化的，应当报国务院证券监督管理机构备案；发生实质性变化的，应当向国务院证券监督管理机构重新提交申请。基金募集不得超过国务院证券监督管理机构核准的基金募集期限，基金募集期限自基金份额发售之日起计算。基金份额的发售，由基金管理人负责办理；基金管理人可以委托经国务院证券监督管理机构认定的其他机构代为办理。基金管理人应当在基金份额发售的3日前公布内容真实、准确、完整的招募说明书、基金合同及其他有关文件。对基金募集所进行的宣传推介活动，应当符合有关法律、行政法规的规定，不得有下列行为：（1）虚假记载、误导性陈述或者重大遗漏；（2）对证券投资业绩进行预测；（3）违规承诺收益或者承担损失；（4）诋毁其他基金管理人、基金托管人或者基金份额发售机构；（5）依照法律、行政法规有关规定，由国务院证券监督管理机构规定禁止的其他行为。

（三）验资及备案

我国证券投资基金法规定，基金募集期限届满，封闭式基金募集的基金份额总额达到核准规模的80%以上，开放式基金募集的基金份额总额超过核准的最低募集份额总额，并且基金份额持有人人数符合国务院证券监督管理机构规定的，基金管理人应当自募集期限届满之日起10日内聘请法定验资机构验资，自收到验资报告之日起10日内，向国务院证券监督管理机构提交验资报告，办理基金备案手续，并予以公告。基金募集期间募集的资金应当存入专门账户，在基金募集行为结束前，任何人不得动用。投资人缴纳认购的基金份额的款项时，基金合同成立；基金管理人依照上述规定向国务院证券监督管理机构办理了基金备案手续的，基金合同生效。

（四）基金管理人在基金募集中的责任

基金募集期限届满，封闭式基金募集的基金份额总额未达到核准规模的80%以上，开放式基金募集的基金份额总额未超过核准的最低募集份额总额，或者基金份额持有人人数不符合国务院证券监督管理机构的规定时，基金管理人应当承担下列责任：（1）以其固有财产承担因募集行为而产生的债务和费用；（2）在基金募集期限届满后30日内返还投资人已缴纳的款项，并加计银行同期存款利息。

四、基金份额的上市交易

（一）基金份额上市的核准

基金份额上市，是指符合法定条件的基金份额，经国家主管机构的批准，依法在证券交易所公开挂牌交易的行为。根据我国证券投资基金法的规定，封闭式基金的基金份额，经基金管理人申请，国务院证券监督管理机构核准，可以在证券交易所上市交易。国务院证券监督管理机构可以授权证券交易所依照法定条件和程序核准基金份额上市交易。基金份额上市交易规则由证券交易所制定，报国务院证券监督管理机构核准。

基金份额上市交易，应当符合下列条件：（1）基金的募集符合证券投资基金法的规定；（2）基金合同期限为5年以上；（3）基金募集金额不低于2亿元人民币；（4）基金份额持有人不少于1 000人；（5）基金份额上市交易规则规定的其他条件。

（二）基金份额上市的终止

基金份额上市交易后，有下列情形之一的，由证券交易所终止其上市交易，并报国务院证券监督管理机构备案：（1）不再具备证券投资基金法规定的上市交易条件；（2）基金合同期限届满；（3）基金份额持有人大会决定提前终止上市交易；（4）基金合同约定的或者基金份额上市交易规则规定的终止上市交易的其他情形。

五、基金份额的申购与赎回

申购，是指投资者向发行开放式基金的基金份额的基金管理人申请购买开放式基金的基金份额的行为。赎回，是指发行开放式基金的基金份额的基金管理人按基金份额持有人的要求回购其所持的基金份额的行为。

根据我国证券投资基金法的规定，开放式基金的基金份额的申购、赎回和登记，由基金管理人负责办理；基金管理人可以委托经国务院证券监督管理机构认定的其他机构代为办理。基金管理人应当在每个工作日办理基金份额的申购、赎回业务；基金合同另有约定的，按照其约定。基金管理人应当按时支付赎回款项，但是下列情形除外：(1) 因不可抗力导致基金管理人不能支付赎回款项；(2) 证券交易场所依法决定临时停市，导致基金管理人无法计算当日基金资产净值；(3) 基金合同约定的其他特殊情形。发生上述情形之一的，基金管理人应当在当日报国务院证券监督管理机构备案。上述情形消失后，基金管理人应当及时支付赎回款项。

开放式基金应当保持足够的现金或者政府债券，以备支付基金份额持有人的赎回款项。基金财产中应当保持的现金或者政府债券的具体比例，由国务院证券监督管理机构规定。基金份额的申购、赎回价格，依据申购、赎回日基金份额净值加、减有关费用计算。基金份额净值计价出现错误时，基金管理人应当立即纠正，并采取合理的措施以防止损失进一步扩大。计价错误达到基金份额净值 0.5%时，基金管理人应当公告，并报国务院证券监督管理机构备案。因基金份额净值计价错误造成基金份额持有人损失的，基金份额持有人有权要求基金管理人、基金托管人予以赔偿。

六、证券投资基金的运作与监管

证券投资基金的运作是指基金成立后，基金管理人在基金托管人的监督下，按照有关规定，对基金资产进行投资、管理的行为。证券市场是风险与利益并存的市场，投资基金的运作就是为了适应这种环境，而在盈利性、安全性和流动性三者之间进行选择和权衡。

（一）证券投资基金的风险管理

证券投资要面临各种风险，既有政策风险、经济周期风险、购买力风险、利率风险等市场风险，也有因基金投资的上市公司本身经营不善而给投资基金带来的财务风险，以及因战争、自然灾害等不可抗力因素所产生的其他风险。为了维护资产的安全性，基金管理人应建立有效的风险防范机制，强化风险管理。各国基金管埋法律一般是通过限制基金的投资方向和投资比例来促使基金管理人加强风险管理的。我国证券投资基金法规定，基金财产应当用于上市交易的股票、债券及国务院证券监督管理机构规定的其他证券品种的投资，不得用于下列投资或者活动：(1) 承销证券；(2) 向他人贷款或者提供担保；(3) 从事承担无限责任的投资；(4) 买卖其他基金份额，但是国务院另有规定的除外；(5) 向其基金管理人、基金托管人出资或者买卖其基金管理人、基金托管人发行的股票或者债券；(6) 买卖与其基金管理人、基金托管人有控股关系的股东或者与其基金管理人、基金托管人有其他重大利害关系的公司发行的证券或者承销期内承销的证券；(7) 从事内幕交易、操纵证券交易价格及其他不正当的证券交易活动；(8) 依照法律、行政法规有关规定，由国务院证券监督管理机构规定禁止的其他活动。

（二）证券投资基金的投资组合管理

投资组合管理是基金管理人在投资的盈利性、安全性与流动性三者之间寻求最佳结合点的过程。投资基金的运作目标不同，其投资组合和经营方式也会不同。高风险—高收益的成长型基金往往选择有高成长潜力的股票进行投资；低风险—高收益的平衡型基金则愿意选择记录良好、股息稳定且逐年增加的股票投资；低风险—低收益的收入型基金则以获取股息、红利和利息等经常收入为主要目标，通常选择固定利率的债券、优先股，以及股息持续增长、红利水平较高的普通股为投资对象。投资组合是基金管理人分散风险的主要途径，为了保护投资者的利益，各国法律对基金投资组合都作了明确的规定。如我国《证券投资基金法》第57条第1款规定："基金管理人运用基金财产进行证券投资，应当采用资产组合的方式。"第2款规定："资产组合的具体方式和投资比例，依照本法和国务院证券监督管理机构的规定在基金合同中约定。"

（三）证券投资基金的财务管理

根据证券投资基金法的规定，基金财产独立于基金管理人、基金托管人的固有财产。基金管理人、基金托管人不得将基金财产归入其固有财产。基金管理人、基金托管人因基金财产的管理、运用或者其他情形而取得的财产和收益，归入基金财产。基金管理人、基金托管人因依法解散、被依法撤销或者被依法宣告破产等原因进行清算的，基金财产不属于其清算财产。基金财产的债权，不得与基金管理人、基金托管人固有财产的债务相抵销；不同基金财产的债权债务，不得相互抵销。非因基金财产本身承担的债务，不得对基金财产强制执行。

基金资产应当由基金托管人托管，根据基金管理人的投资计划与指令进行使用。基金托管人、基金管理人应当执行国家财务会计制度，依法纳税。基金托管人的托管费、基金管理人的报酬以及可以在基金资产中扣除的其他费用，应当按照国家有关规定执行并在基金契约和托管协议中加以规定。基金管理人应当将基金收益分配给投资者。基金收益是指基金投资所得红利、股息、债券利息、买卖证券差价、存款利息以及其他收入，在扣除按照有关规定可以在基金收益中扣除的费用后，应予以分配。如果基金投资发生亏损，则不得进行收益分配。

（四）信息披露

基金管理人、基金托管人和其他基金信息披露义务人应当依法披露基金信息，并保证所披露信息的真实性、准确性和完整性。基金信息披露义务人应当确保应予披露的基金信息在国务院证券监督管理机构规定的时间内披露，并保证投资人能够按照基金合同约定的时间和方式查阅或者复制公开披露的信息资料。对公开披露的基金信息出具审计报告或者法律意见书的会计师事务所、律师事务所，应当保证其所出具文件内容的真实性、准确性和完整性。公开披露的基金信息包括：(1) 基金招募说明书、基金合同、基金托管协议；(2) 基金募集情况；(3) 基金份额上市交易公告书；(4) 基金资产净值、基金份额净值；(5) 基金份额申购、赎回价格；(6) 基金财产的资产组合季度报告、财务会计报告及中期和年度基金报告；(7) 临时报告；(8) 基金份额持有人大会决议；(9) 基金管理人、基金托管人的专门基金托管部门的重大人事变动；(10) 涉及基金管理人、基金财产、基金托管业务的诉讼；(11) 国务院证券监督管理机构规定应予披露的其他信息。

公开披露基金信息，不得有虚假记载、误导性陈述或者重大遗漏；不得对证券投资业绩进行预测；不得违规承诺收益或者承担损失；不得诋毁其他基金管理人、基金托管人或者基金份额发售机构；依照法律、行政法规有关规定，不得为由国务院证券监督管理机构的规定禁止的其他行为。

（五）证券投资基金的监管

国务院证券监督管理机构依法履行下列职责：(1) 依法制定有关证券投资基金活动监督管理的规章、规则，并依法行使审批或者核准权；(2) 办理基金备案；(3) 对基金管理人、基金托管人及其他机构从事证券投资基金活动进行监督管理，对违法行为进行查处，并予以公告；(4) 制定基金从业人员的资格标准和行为准则，并监督实施；(5) 监督、检查基金信息的披露情况；(6) 指导和监督基金同业协会的活动；(7) 法律、行政法规规定的其他职责。

（六）证券投资基金的终止及清算

我国证券投资基金法规定，有下列情形之一的，基金合同终止：(1) 基金合同期限届满而未延期的；（2）基金份额持有人大会决定终止的；（3）基金管理人、基金托管人职责终止，在6个月内没有新基金管理人、新基金托管人承接的；（4）基金合同约定的其他情形。

基金合同终止时，基金管理人应当组织清算组对基金财产进行清算。清算组由基金管理人、基金托管人以及相关的中介服务机构组成。清算组作出的清算报告经会计师事务所审计，律师事务所出具法律意见书后，报国务院证券监督管理机构备案并公告。清算后的剩余基金财产，应当按照基金份额持有人所持份额比例进行分配。

第三节　证券投资基金的关系人

一、证券投资基金契约当事人

基金契约当事人，是指基金持有人、基金发起人、基金管理人和基金托管人。对于证券投资基金契约当事人的范围，目前有不同的理解：第一种观点认为，基金契约有四方当事人，即投资人（基金持有人）、管理人、托管人和发起人；第二种观点认为，只有三方当事人，即投资人、管理人和托管人，而不应包括基金发起人；第三种观点认为，基金契约当事人是基金发起人、管理人和托管人三方，投资人不属于当事人。①

基金持有人是基金的投资者和受益人，它既是基金信托契约的委托人，也是基金信托资产的所有人和受益人。投资者只要认购了基金，就自然成为基金契约的一方当事人。基金发起人是指为设立基金而发起或联合发起并委任一家基金管理公司为基金管理人的组织。基金发起人的法律地位类似公司设立发起人，其负责基金设立过程中的一系列筹办事项，如提出设立申请、制作基金契约和基金招募说明书、公告招募说明书，并对基金设立失败的行为承担民事责任。基金成立后，基金发起人通常成为基金持有人。基金管理人是基金信托契约中受托经营管理基金资产的人，具有双重身份：一是相对于基金持有人而言，它是信托契约的受托人，并取得基金资产的经营管理权；二是相对于基金托管人而言，它又是委托人，基金托管人接受其委托，而负责基金资产的保管。基金托管人是受基金发起人或基金管理人的委托而保管各项基金资产，并对基金管理人运用信托资产从事证券投资进行监督的人。基金托管人应当由商业银行充任。基金管理人和基金托管人分工负责，分别执行不同的职能，既相互配合，又相互制约。究其原因，证券投资基金是以信托制度为基础的，投资者虽然是基金资产的所有人，但不能直接控制作为受托人的基金管理人的经营管理行为，为了维护投资者的利益，防范因基金管理人的违法、违规操作造成投资者损失和金融风险，法律强制规定由商业银行作为托管人负责管理基金资产。

二、证券投资基金托管人

（一）取得基金托管资格的条件

我国基金托管人由依法设立并取得基金托管资格的商业银行担任。申请取得基金托管资格，应当具备下列条件，并经国务院证券监督管理机构和国务院银行业监督管理机构核准：（1）净资产和资本充足率符合有关规定；（2）设有专门的基金托管部门；（3）取得基金从业资格的专职人员达到法定人数；（4）有安全保管基金财产的条件；（5）有安全高效的清算、交割

① 吴弘．中国证券市场发展的法律调控．北京：法律出版社，2001：223.

金系统；(6) 有符合要求的营业场所、安全防范设施和与基金托管业务有关的其他设施；(7) 有完善的内部稽核监控制度和风险控制制度；(8) 法律、行政法规规定的和经国务院批准的国务院证券监督管理机构、国务院银行业监督管理机构规定的其他条件。

（二）基金托管人的职责

我国基金托管人应当履行下列职责：(1) 安全保管基金财产；(2) 按照规定开设基金财产的资金账户和证券账户；(3) 对所托管的不同基金财产分别设置账户，确保基金财产的完整与独立；(4) 保存基金托管业务活动的记录、账册、报表和其他相关资料；(5) 按照基金合同的约定，根据基金管理人的投资指令，及时办理清算、交割事宜；(6) 办理与基金托管业务活动有关的信息披露事项；(7) 对基金财务会计报告、中期和年度基金报告出具意见；(8) 复核、审查基金管理人计算的基金资产净值和基金份额申购、赎回价格；(9) 按照规定召集基金份额持有人大会；(10) 按照规定监督基金管理人的投资运作；(11) 国务院证券监督管理机构规定的其他职责。

基金托管人发现基金管理人的投资指令违反法律、行政法规和其他有关规定，或者违反基金合同的约定的，应当拒绝执行，立即通知基金管理人，并及时向国务院证券监督管理机构报告。

（三）证券投资基金托管人的退任

我国证券投资基金法规定，国务院证券监督管理机构和国务院银行业监督管理机构对有下列情形之一的基金托管人，依据职权责令整顿，或者取消基金托管资格：(1) 有重大违法违规行为；(2) 不再具备证券投资基金法规定的条件；(3) 法律、行政法规规定的其他情形。有下列情形之一的，基金托管人职责终止：(1) 被依法取消基金托管资格；(2) 被基金份额持有人大会解任；(3) 依法解散、被依法撤销或者被依法宣告破产；(4) 基金合同约定的其他情形。

基金托管人职责终止的，基金份额持有人大会应当在6个月内选任新基金托管人；新基金托管人产生前，由国务院证券监督管理机构指定临时基金托管人。基金托管人职责终止的，应当妥善保管基金财产和基金托管业务资料，及时办理基金财产和基金托管业务的移交手续，新基金托管人或者临时基金托管人应当及时接收。基金托管人职责终止的，应当按照规定聘请会计师事务所对基金财产进行审计，并将审计结果予以公告，同时报国务院证券监督管理机构备案。

三、证券投资基金持有人的权利和义务

（一）证券投资基金持有人的权利

我国证券投资基金法规定，基金持有人应享有的权利主要包括：(1) 分享基金财产收益；(2) 参与分配清算后的剩余基金财产；(3) 依法转让或者申请赎回其持有的基金份额；(4) 按照规定要求召开基金份额持有人大会；(5) 对基金份额持有人大会审议事项行使表决权；(6) 对基金管理人、基金托管人、基金服务机构损害其合法权益的行为依法提起诉讼；(7) 基金合同约定的其他权利。

公开募集基金的基金份额持有人有权查阅或者复制公开披露的基金信息资料；非公开募集基金的基金份额持有人对涉及自身利益的情况，有权查阅基金的财务会计账簿等财务资料。

基金份额持有人大会由基金管理人召集；基金管理人未按规定召集或者不能召集时，由基金托管人召集。代表基金份额10%以上的基金份额持有人就同一事项要求召开基金份额持有人大会，而基金管理人、基金托管人都不召集的，代表基金份额10%以上的基金份额持有人有权自行召集，并报国务院证券监督管理机构备案。召开基金份额持有人大会，召集人应当至

少提前30日公告基金份额持有人大会的召开时间、会议形式、审议事项、议事程序和表决方式等事项。基金份额持有人大会不得就未经公告的事项进行表决。基金份额持有人大会可以采取现场方式召开，也可以采取通讯等方式召开。每一基金份额具有一票表决权，基金份额持有人可以委托代理人出席基金份额持有人大会并行使表决权。基金份额持有人大会应当有代表50%以上基金份额的持有人参加，方可召开；大会就审议事项作出决定，应当经参加大会的基金份额持有人所持表决权的50%以上通过；但是，转换基金运作方式、更换基金管理人或者基金托管人、提前终止基金合同，应当经参加大会的基金份额持有人所持表决权的2/3以上通过。基金份额持有人大会决定的事项，应当依法报国务院证券监督管理机构核准或者备案，并予以公告。

（二）证券投资基金持有人的义务

基金持有人应履行的义务主要包括：(1) 遵守基金契约；(2) 交纳基金认购款项及规定的费用；(3) 承担基金亏损或终止的有限责任；(4) 不从事任何有损基金及其他基金持有人利益的活动。

法律应用

1. 证券投资基金是以财产信托为基础的一种证券投资方式，基金管理人、基金托管人应以维护投资者利益为宗旨，根据基金资产经营管理与保管分离的原则，加强基金资产运作的风险管理、投资组合管理与财务管理。

2. 基金单位是介于股票和债券之间的一种证券种类，按照我国目前的法律规定和操作实务，基金单位应公开发行；经合法发行的基金单位可以在证券交易所上市交易，其交易准则与股票交易相同。

3. 目前我国以契约型基金为主，现行法律、法规亦规定只能设立契约型基金。随着我国金融体系的逐步完善，公司型基金也将获得适当的发展机会。

4. 基金契约是规范基金持有人、基金发起人、基金管理人与基金托管人相互之间权利与义务关系的主要法律文件，必须严格按照法律的规定制订。

5. 基金管理人、基金托管人应当严格履行相应的职责。基金管理人和基金托管人的退任、更换必须经有关机构审查和批准。新任基金管理人、基金托管人在经有关机构批准前，原基金管理人、基金托管人不得退任。

6. 基金终止时应当依法对基金资产进行清算，政府监管部门应加强对基金资产清算的监管。

课后复习

1. 简述证券投资基金的概念、特征及作用。
2. 开放式基金与封闭式基金的区别是什么？
3. 证券投资基金的设立条件与程序有哪些？
4. 如何理解证券投资基金的运作与监管要求？
5. 证券投资基金关系人的权利与义务主要有哪些？

第四编

票据法

第十八章
票据法概述

提要

本章主要介绍票据及票据法中涉及的一些基本理论问题，如票据的概念、特征、作用，票据法的概念、立法现状，票据行为、票据权利的内容等；介绍了票据实务中所涉及的一些技术性规则及其法律依据，如票据的伪造、变造、涂销，票据的时效，票据抗辩的内容等。本章内容是票据法的基本理论，对于掌握票据法的理论体系和结构具有直接的指导意义。同时，本章内容还是学习汇票、支票、本票具体规则的理论基础。

重点问题

1. 票据的概念和特征、票据法的概念、票据上的各种法律关系
2. 出票、承兑、背书、担保、付款等各种票据行为的要件
3. 票据的付款请求权、追偿权和利益偿还请求权
4. 票据的丧失与救济、票据的抗辩、票据时效

第一节 票据与票据法

一、票据的概念

票据是媒介商品交换的重要工具，没有票据工具的运用就没有现代的市场交易行为。关于票据的法律概念，目前仍没有一个统一的、公认的定义。从立法上看，德国、法国、瑞士、日本等国家的票据立法大多将汇票、本票规定在一项法律中，将支票规定在另一项法律中，学者称这种立法方式为“分离主义”立法例。这里的票据概念仅指汇票和本票，支票不被包括在内而单称为支票。英国、美国等国家的票据立法大多将汇票、本票、支票等统一规定在同一项法律中，这种立法方式为“包括主义”立法例。但英美票据法中并没有票据的总概念。我国《票据法》第 2 条第 2 款规定：“本法所称票据，是指汇票、本票和支票。”从学理上考察，对票据的概念一般可以从广义和狭义两个方面进行理解。广义的票据相当于有价证券，泛指一切体现商事权利或具有财产价值的书面凭证。在此意义上，票据包括汇票、本票、支票、股票、债券、国库券、提单、仓单、车船票等。狭义的票据，则专指票据法规定的汇票、本票和支票。我们在本编中讨论的票据，如无特别说明，仅指狭义上的票据。狭义的票据一般表述为：由出票人依法签发的，约定由自己或委托他人无条件支付一定金额给收款人或持票人的有价证券。

二、票据的特征

（一）票据是设权证券

以证券的作用为标准，证券有证权证券和设权证券之分。权利与义务产生于证券作成之前，证券的作用在于证明一定权利的，为证权证券；权利与义务产生于证券的作成，证券的作用在于创设一定权利的，为设权证券。票据作为设权证券是指要产生票据权利必须首先作成证券。在证券作成以前权利不存在，票据权利是在票据作成的同时发生的。没有票据，也就没有票据上的权利。

（二）票据是无因证券

所谓票据是无因证券，是指票据权利仅依票据法的规定发生，而不需要考虑票据权利发生的原因或基础。只要权利人持有票据，就享有票据权利，就可以行使票据上的权利。至于权利人持有票据或取得票据的原因以及票据权利发生的原因，则在所不问。

（三）票据是文义证券

票据作为文义证券，是指票据所创设的一切权利和义务，完全地、严格地以票据上所记载的文字为准，不得离开票据上的记载文字，以其他事实或因素解释或确定。即使票据上记载的文义有错，也要以该文义为准，而不得以当事人的意思或其他有关事项确定票据上的权利与义务。

（四）票据是金钱债权证券

根据证券权利所代表的经济内容，可以将证券分为物品证券、资本证券和货币（金钱）证券。票据所表示的权利内容，是一种以给付一定的金额为标的的债权，因此，票据是金钱债权证券。易言之，票据表示的是一种债法上的请求权（而非物权或股东权），而且此项权利是以给付一定数量的金钱为内容的（而非给付其他物或为一定行为）。

（五）票据是流通证券

票据是流通证券，是指票据可以依公共性规则在社会上公开流通。票据的流通性是票据生命力的重要体现。票据的流通方式与民法上的一般财产权利的转让相比，更为灵活、简便，只要依法让渡票据本身，即能产生票据权利转让的效果。一般来说，于无记名票据，仅依单纯交付即可转让票据权利；于记名票据，须经背书交付才能转让票据权利。

（六）票据是要式证券

所谓要式，是指票据的作成必须依票据法规定的格式进行，票据中的记载事项也必须严格遵循票据法的规定。如果不依票据法的规定作成票据或不按票据法的规定记载事项，就会影响票据的效力，甚至会造成票据无效。除此之外，票据的转让、承兑、付款、追索等行为，也必须严格按照票据法规定的程序和方式进行。

（七）票据是完全有价证券

以证券与权利可否发生分离为标准，可以将有价证券区分为完全有价证券和不完全有价证券。证券与权利在一定情况下可以分离的，为不完全有价证券，其持票人在行使权利时无须占有或提示证券。证券与权利在任何情况下都不可以分离的，为完全有价证券。票据是完全有价证券，票据权利与票据的占有不可分离，票据上权利的发生、移转、行使，都必须持有票据。由此可以派生出票据的提示性、交付性和交回性三个特性。票据的提示性，是指票据权利人在向票据债务人行使权利时必须提示票据。票据的交付性，是指票据权利人如果要移转票据上的权利，必须将票据实际交付给受让人。票据的交回性，则是指票据权利人在实现了自己的权利即从票据债务人那里受领了票据金额以后，必须将票据交还给票据债务人。

（八）票据是个别发行证券

虽然关于票据作成的形式和内容都有严格的要求，但票据发行的条件是没有统一规定的。一般地讲，由特定的人向不特定的多数人以集中方式和同一条件所发行的证券称为公共发行证券，如股票、债券等；由不特定的人向不特定的个别人以分别的方式和不同一的条件发行的证券称为个别发行证券。票据是由不特定的出票人向不特定的收款人发行的，其发行的条件以及记载的金额和到期日也各不相同，故为个别发行证券。

三、票据的作用

（一）支付手段的作用

票据最简单、最基本的作用是作为支付手段，代替现金使用。用票据代替现金作为支付工具，既可以避免携带大量现金的不安全性，又可以避免清点现钞可能产生的错误和所花费的时间。汇票、支票和本票都可以作为支付手段使用。而支票制度产生后，票据支付的方式得到了更广泛的认同。其中使用支票代替付款时，只需在银行有相应的存款，签订支票合同即可，十分方便、安全。因此，支票的支付作用更普及。

（二）汇兑的作用

票据的汇兑作用，即票据可以作为异地支付的手段使用。在商业交易中，双方当事人往往分处不同的地方甚至不同的国家，因此，经常会在异地之间兑换或转移金钱。如果一方向对方输送大量的现金，不仅非常麻烦，而且极不安全。而使用票据，以票据的转移代替实际的金钱的转移，则可以大大减少输送金钱的麻烦和风险。

（三）流通手段的作用

票据除了具有支付、汇兑作用外，还具有另一个重要作用，即流通作用。票据既是一种金钱债权证券，表示的是一定数量的货币，同时又是一种流通证券，其流通方式比民法上的普通财产权利更为灵活、简便，所以，票据本身就具有流通转让的属性：一方面，票据可以作为信用货币代替现金用于支付和流通，从而节约商品流通环节中的货币资金，加快商品周转速度。另一方面，依照背书制度，背书人对票据付款负有担保义务，因此，背书的次数越多，对票据负责的人数也越多，该票据的可靠性也就越高，这样就又提高了票据的流通性，使票据的流通日益频繁和广泛。汇票、本票和支票都具有这种流通作用。

（四）信用手段的作用

票据的信用作用主要表现在汇票和本票上。票据的信用作用既体现在延期付款上，又体现在票据的贴现功能上。票据的流通功能也会在客观上增强票据的信用功能。

（五）结算手段的作用

票据的结算作用就是指使用票据在债权人与债务人之间进行相互支付，从而使当事人之间的债权债务相互抵销，原来的账目因而得以结清。简单的结算可以通过互负债务的双方当事人分别签发一张本票给对方，待两张本票都届期即可抵销债务。复杂的结算可以以银行为中介，通过票据交换制度完成。

（六）融资手段的作用

融资作用就是利用票据筹集、融通或调度资金的作用。这是票据的新型作用，主要是通过票据的贴现来实现的。所谓票据贴现，是指对未到期的票据的买卖行为，使持有未到期票据的人通过出售票据获得现金。银行经营票据贴现业务，实际上是向需要资金的经营者提供资金。

当需要资金的经营者为了调度资金而专门开出票据时，这时的票据实际上成了单纯的融资手段。各国商业银行一般都经营票据贴现业务，由中央银行经营票据再贴现业务。

四、票据法概述

（一）票据法的概念

票据法，是指规范票据制度以及各种票据关系的法律。票据法有广义和狭义之分。广义的票据法，是指各个法律部门中关于票据规定的总和，即除了票据专门立法以外，还包括民法、刑法、诉讼法、破产法、税法等法律中有关票据的一切规定，因此，民法中关于民事法律行为、代理、质押的规定，刑法中关于伪造、变造有价证券罪的规定，民事诉讼法中关于票据诉讼及公示催告、除权判决的规定，破产法中关于票据当事人受破产宣告的规定，税法中关于票据印花税的规定等，都属于广义的票据法。狭义的票据法，则指有关票据的专门立法。狭义的票据法既可以是以“票据法”为名称的单行法律，也可以是民法典或商法典中以票据为名称的编、章或节。此外，狭义的票据法还包括有关票据法的施行法及其实施细则等。一般所说的票据法，主要是指狭义的票据法。狭义的票据法一般被归为私法，而有关票据的附属性法规（如票据交换、票据结算、票据存款等）则更多地具有公法色彩，或被归于经济法部门中的金融法。

（二）票据法的历史沿革

近代的票据法，起初是在欧洲中世纪末期的商习惯法的基础上形成和发展起来的，由当时商人团体的规章、惯例以及商人裁判所的判例组成。随着中央集权国家的逐渐形成，这种习惯也演变为成文法。最初出现的成文法或制定法形式的票据法是1673年法国路易十四时期的《陆上商事条例》中关于票据的规定。法国大革命后，1807年的《法国商法典》中包括了汇票与本票的规定。1865年，随着银行制度的发展，法国又制定了支票法。

在20世纪30年代以前，世界上存在着三大票据法系，即法国法系、德国法系和英国法系。法国法系的最大特点是将汇票、本票作为主要汇兑工具，且不对票据关系和票据基础关系作分离，即不承认票据的无因性。德国法系注重票据的信用功能和流通功能，为此将票据关系与票据基础关系相分离，使票据成为无因证券。德国法系后来成为欧洲大陆法系的代表，影响日渐扩大。英国法系影响及于整个普通法系国家，也注重票据的信用作用、流通作用和无因性，强调对正当持票人的保护，但与德国法系重视形式相比更重视实际内容。在立法体例上，法国法系和德国法系都将汇票和本票统一立法，此外还单独制定一部支票法；而英国法系则采用汇票、本票、支票合一的立法形式。

第一次世界大战以后，国际联盟着手重新推动因战争而中断的票据法国际统一运动。1930年和1931年，国际联盟在瑞士日内瓦先后召开国际票据法统一会议，分别通过了《统一汇票本票法公约》《统一支票法公约》等一系列票据法公约，统称为“日内瓦票据公约”。公约主要以德国法系为基础，签署或参加公约的国家基本上都是大陆法系国家，包括德国、法国及绝大多数欧洲大陆国家，还有日本及部分拉丁美洲国家。至此，在国际上形成了日内瓦统一票据法系。然而，英国和美国没有派代表参加日内瓦会议，也一直拒绝参加这些公约，仍然坚持自己的票据法传统。直到今天，世界上仍然存在着日内瓦统一票据法系和英美票据法系这两大票据法系。1988年12月，联合国第43次大会通过了《国际汇票本票公约》。该公约共有9章、90条，根据其第89条第1项的规定，该公约须经至少10个国家送交批准文件或者加入文件以后，才能生效。根据《国际汇票本票公约》的规定，该公约在适用范围上仅适用于“国际票据”，而只作为国际贸易结算手段使用和出票地、付款地或收款人所在地中至少有两地不在一个国家境内的票据才为国际票据；并且，该公约在法律效力上不具有强制施行的效力，只有任意性效力，即由出票人或承兑人自行选择，决定是否适用该公约。

（三）我国的票据立法

我国古代虽然很早就使用了票据（如飞钱、交子、帖等），但并未真正定型，也未正式产生票据法。我国正式的票据立法是在清朝末期。清朝政府和北洋政府曾经起草多部票据法草案，但都没有公布。1928 年，国民党南京政府草拟了新的票据法草案，于 1929 年 10 月 30 日公布施行。这是中国历史上第一部正式的票据法，后几经修订，至今仍在我国台湾地区适用。1949 年，旧中国的票据法同其他旧法一起被废除。1988 年 12 月，中国人民银行颁发了《银行结算办法》。该办法规定在全国推行银行汇票、商业汇票、银行本票和支票，并规定个人可以使用支票。1995 年 5 月 10 日，第八届全国人民代表大会常务委员会第十三次会议审议通过了《票据法》，自 1996 年 1 月 1 日起施行后，第十届全国人民代表大会常务委员会第十一次会议于 2004 年 8 月 28 日根据《关于修改〈中华人民共和国票据法〉的决定》进行了修正。

第二节　票据法上的法律关系

一、票据法上的票据关系

票据法调整各种法律关系，而法律关系均是以一定的法律事实的存在为基础的。票据关系是因各种票据行为的存在而形成的，体现在各种票据行为中当事人的权利与义务关系。

1. 票据关系是基于票据行为而产生的。票据行为是一种特殊的民事法律行为，无论是行为的形式要件，还是行为的实质要件，均有其特殊性。因此，如果行为人不实施相应的票据行为，也就不发生票据关系。

2. 票据关系的内容具有不对等性。票据关系的内容包括票据权利和票据义务。就一般民事法律关系而言，权利和义务是对等的。但是，由于票据是无因证券，因而在某一特定票据关系中，票据权利人所享有的票据权利（包括付款请求权和追索权）并不以履行对等的义务为前提。

3. 票据关系具有独立性。根据各国立法例，票据行为人的票据行为各自独立，即票据关系中每一个票据行为的效力是根据各该行为本身的效力确定的，而与其他相关联的行为不发生联系。因此，基于票据行为而发生的各个票据关系具有独立性。

4. 票据关系的主体具有不特定性。票据关系是一种金钱上的债权债务关系，债的关系的一个基本特征是权利主体与义务主体的确定性，但是，在票据关系中，由于同时存在着多个主体之间的多个法律关系，如出票关系、承兑关系、背书关系、保证关系等，从形式上看每个法律关系都是在特定的当事人之间发生。而实质上，在所有这些关系中，票据权利主体都是确定的、唯一的，而义务主体则是动态的、相对不确定的。

二、票据法上的非票据关系

所谓票据法上的非票据关系，是指由票据法所规定的，与票据行为或票据关系有关的，但不是基于票据行为而存在的法律关系。根据我国票据法的规定，非票据关系主要有三种：

1. 利益返还关系。我国票据法为了实现票据的流通功能，保障票据流通的安全性，给票据权利规定了短期的消灭时效，并对票据权利的行使规定了严格的形式要件。在这种情况下，持票人稍有疏忽，未遵守这些规定，就有可能丧失票据权利，而使自己遭受损失。在持票人丧失权利、受到损失的同时，票据的出票人或承兑人则可能因此获得利益。为此，《票据法》第18条规定："持票人因超过票据权利时效或者因票据记载事项欠缺而丧失票据权利的，仍享有民事权利，可以请求出票人或者承兑人返还其与未支付的票据金额相当的利益。"这就在持票人与出票人或承兑人之间形成了利益返还关系。

2. 票据返还关系。只有持有票据才能享有票据权利，这是由票据是完全有价证券的特性所决定的。但是在实际生活中并不排除票据权利人丧失票据的情形，如票据被他人以非法手段取得，付款人支付票据金额后未收回票据或被追索人清偿票据金额而未收回票据。在这种情况下，虽然票据仍由他人占有，但该占有人并非该票据的合法持有者。因此，我国《票据法》第12条规定，以非法手段或出于恶意而取得票据者不得享有票据权利。丧失票据或已履行票据义务的人享有票据返还的请求权，即要求不当占有票据者返还票据。

3. 损害赔偿关系。无论是票据权利的行使还是票据义务的履行，均须遵守法定的规则。

如果票据关系主体不遵守法定规则，就要承担因此而造成的损害赔偿的责任。我国票据法规定的承担损害赔偿责任的情形主要有三种：一是发生在票据追索时，追索权人没有在规定期间内及时将追索一事通知其前手而给前手造成损害的，追索权人应承担损害赔偿责任；二是承兑人或付款人在拒绝承兑或拒绝付款的情形下，未出具拒绝证明或不说明不付款理由的，该承兑人或付款人应承担由此产生的损害赔偿责任；三是实施伪造、变造票据的人，虽然可以根据票据文义性的特点不承担票据责任，或依票据变造规则承担相应的票据责任，但要承担因伪造、变造票据而产生的损害赔偿责任，特别是在变造票据的情形下，应将变造票据的票据责任与变造票据的损害赔偿责任相区别。

三、票据关系的基础关系

如果票据具备票据法上的条件，票据权利就成立。但为何在当事人之间发生票据关系，则是有原因的，也即在票据关系形成前，当事人之间存在着某种法律关系，如票据当事人之间有买卖关系、资金存付关系、票据预约关系等，这些关系存在于票据形成前，因而不是由票据法调整，而是由民法调整。有学者称之为民法上的非票据关系。由于这些关系是票据关系赖以产生的基础关系，所以，一般称之为票据关系的基础关系。票据关系的基础关系一般分为三种：票据原因关系、票据资金关系以及票据预约关系。

（一）票据原因关系

指授受票据的直接当事人之间基于授受票据的理由而产生的法律关系。票据原因关系与票据关系原则上是分离的，两者相互独立。即使票据原因关系不存在、无效、被撤销，票据上记载的内容与票据原因关系不符，也不影响持票人的票据权利。票据作为无因证券的特性主要产生于此。当然，在特殊情况下，票据原因关系与票据关系也存在着一定的牵连关系，这种牵连关系只能基于公平和诚实信用的原则发生于直接当事人之间。我国票据法规定的牵连关系主要体现在三种情形下：一是票据债务人可以对不履行约定义务的与自己有直接债权债务关系的持票人抗辩票据关系；二是无对价而取得票据的持票人，不能享有优于前手的权利，要受前手原因关系的牵连；三是持票人明知前手的票据关系中存在着原因关系的抗辩，仍取得票据的，前手原因关系的抗辩可以延续用来对抗该知情持票人。票据法中关于票据原因关系与票据关系相牵连的规定，称为票据无因性的例外规则。

（二）票据资金关系

指汇票、支票的付款人与出票人之间有关票据付款的资金法律关系。这里的资金法律关系包括资金存付关系、资金信用合同关系、付款人与出票人的债务关系，以及付款人与出票人之间的其他合同关系（如交互计算合同）等。票据资金关系作为票据关系的基础关系的一种，原则上与票据关系也是分离的。如在汇票关系中，付款人一经为承兑行为，即应承担付款责任，即使其与出票人之间并无资金关系或者虽然有资金关系而出票人未如期提供资金，也不影响付款人的付款责任。但是在一些特殊情形下，票据资金关系与票据关系也有牵连关系。如在支票关系中，如果出票人与付款人之间欠缺资金关系，持票人的付款请求权就有可能得不到实现。

（三）票据预约关系

指票据行为人之间，在发生票据行为之前，就票据行为的具体内容所达成的合意。一般来说，在票据行为之前，票据行为人之间往往先就票据的种类、票据的金额、票据的货币类别、票据的到期日等事项进行约定。这种约定可以通过明示的方式建立，也可以通过默示的方式建立。实务中，当事人往往通过书面形式进行约定，并称其为预约合同。票据的预约关系与票据关系是分离的。票据预约本身并不发生票据关系，当事人不履行票据预约也是民法中不履行合同的行为，与票据的效力无关。即使票据预约关系消灭，也不影响已发行的票据和已进行的票据行为。

四、票据关系当事人

票据关系当事人，也称票据关系的主体，是指享有票据权利、承担票据义务的人。在票据关系中，票据行为的多样性使得实施行为的主体也呈现出多样性。票据关系当事人一般分为基本当事人与非基本当事人。在汇票和支票关系中，基本当事人一般包括出票人、收款人和付款人；而在本票关系中基本当事人仅为出票人和收款人，付款人与出票人为同一人。非基本当事人所涉及的主体比较多，如在背书关系中就有背书人与被背书人，保证关系中有保证人与被保证人，承兑关系中有承兑申请人与承兑人，付款关系中有持票人与付款人，追索关系中有追索权人和被追索人等。

（1）出票人：是指签发票据并将票据交付于收款人，从而创设票据权利的人。汇票和支票关系中的出票人负有担保票据承兑和付款的责任，本票关系中的出票人负有直接付款的义务，因此，出票人是票据关系中的义务主体。

（2）收款人：是指记名票据上最初的持票人，亦即出票人在票据中明确记载的权利人。收款人是票据关系中的权利主体。

（3）持票人：是指依法实际持有票据的人，与收款人相对应，收款人是最初的持票人。如果该票据一经依法转让，则受让人就是持票人，享有票据权利。持票人是票据关系中的权利主体。

（4）付款人：是指票据中记载的承担付款义务的人。在汇票和支票关系中，付款人只承担可能付款的责任；在本票关系中，付款人应现实地承担付款责任。

（5）背书人：是指运用背书的技术规则，将票据及其权利转让给他人的人。背书人先是持票人，背书转让后即负有担保票据权利实现的责任，因此，背书人是票据关系的义务主体。

（6）被背书人：是指经背书人的背书转让行为而取得票据的人。如果被背书人不再转让票据，他就是最后的持票人，属于票据关系中的权利主体。

（7）承兑人：是指在汇票关系中表示愿意在票据到期日无条件付款的付款人。在汇票关系中，付款人是可能的义务主体，而承兑人是现实的付款义务主体。

（8）保证人：是指原有票据义务人之外的第三人，记载于票据中并愿意为某一票据义务人担保履行票据义务的人。

（9）被保证人：是指保证人所担保的对象。被保证人必须是票据中的义务主体。

（10）追索权人：是指票据持有人在向付款人或承兑人主张权利得不到实现时，向票据关系中其他义务主体主张权利的人。

（11）被追索人：是指受追索权人追索的一切票据义务人，包括承兑人、付款人、出票人等。

五、票据权利

票据权利，是指持票人依票据法向票据债务人或关系人请求支付一定数额货币的权利。该权利包括付款请求权和追索权两种请求权。付款请求权，也称第一次请求权，是票据中的主要权利，即由持票人向票据主债务人或关系人请求支付票据金额的权利；追索权也称第二次请求权，是当票据权利中的第一次请求权不能实现，即持票人的付款请求权得不到实现时，持票人行使的，向所有票据债务人请求支付票据金额及法定费用的权利。

（一）票据权利的取得

票据权利的取得以占有票据为必要，取得票据权利要求持票人合法、有效地持有票据。根据我国票据法的相关规定，持票人取得票据权利必须具备三个条件：一是持票人应支付对价，也即持票人不得无偿取得票据（但因税收、继承、赠与而取得票据的除外）；二是持票人取得票据的手段要合法，即不能采取欺诈、偷盗或胁迫等不法手段取得票据，反之，即使持有票据也不得享有票据权利；三是持票人取得票据时主观上应当具备善意，即对于有瑕疵的票据，如果持票人在取得该票据时，有恶意或有重大过失的，则不得享有票据权利。票据权利的取得方式一般包括四种：（1）出票取得。出票人的出票行为完成后，其相对人即通过票据的交付而实现对票据的占有，从而成为原始取得票据的权利人。（2）转让取得。当持票人将票据转让给相对人时，该相对人即为新的持票人，取得了票据权利。票据的转让一般以背书方式实现，但无记名票据交付即可实现票据权利的转移。（3）依法取得。这是指依据票据法及其他相关法律的规定，可以取得票据权利的情形。如通过税收、继承、主体的合并或分立等都会产生票据权利主体的变更，从而实现新的票据权利主体的产生。（4）善意取得，即持票人从无处分权或没有合法所有权人手中以相当对价取得票据，且持票人在取得该票据时并无恶意或重大过失。

（二）票据权利的行使和保全

票据权利的行使，是指票据权利人请求票据义务人履行票据义务的行为，如向付款人或承兑人提示票据而行使付款请求权，向票据债务人行使追索权等。票据权利的保全，是指票据权利人为防止票据权利的丧失而作出的行为，如为防止追索权丧失而依期进行付款提示和承兑提示，依期作成有效拒绝证书、提起诉讼等。票据权利的行使和保全方法包括依期提示票据和作成拒绝证书两种。

提示票据是行使票据权利的前提，否则不产生行使票据权利的效力。票据提示，依权利行使的内容和目的的不同，可以分为行使支付请求权的票据提示和行使追索权的票据提示。票据提示同时具有保全票据权利的意义，并且作为票据权利保全的票据提示必须在法定期间内进行，否则将丧失对前手的追索权，但不包括对票据出票人的追索权。

作成拒绝证书是保全票据权利的行为之一。有学者将作成拒绝证书称为“依法取证”，即持票人为了证明自己曾经依法行使票据权利而遭到拒绝或者根本无法行使票据权利，而依法律规定的时间和方式取得相关的证据。依期取得拒绝证书是持票人行使追索权的前提。

（三）票据权利的消灭

票据权利的消灭，是指票据权利因一定原因或法定事由的出现而不再存在。票据权利的消灭不同于票据权利的丧失。票据权利的消灭可以分为相对消灭和绝对消灭两种：相对消灭是指相对于原持票人而言失去了票据权利，包括票据权利的丧失；绝对消灭则是指现实地、客观地不存在票据权利。依我国票据法的规定，票据权利消灭的情形主要有：

1. 票据时效届满。我国《票据法》第 17 条规定，持票人在票据时效内对相应的票据债务人不行使票据权利的，因时效届满而消灭票据权利。与我国民法规定的诉讼时效不同，我国《票据法》第 17 条的规定属于除斥期间。

2. 票据权利保全手续欠缺。按照票据法的一般规定，持票人如果没有按照法律规定的期限提示票据，就会丧失对出票人以外的其他前手的追索权。因此，持票人欲行使追索权，必须依期提示票据，同时还必须依法取得拒绝证书或其他相关证据，以证明自己依期主张过权利及权利得不到实现或无法行使。如果持票人没有履行上述行为，则会导致票据权利的消灭。

3. 履行付款义务。我国《票据法》第 60 条规定，付款人依法足额付款后，全体票据债务人的责任解除。因此，履行付款义务导致票据权利的绝对消灭。

4. 履行清偿义务。清偿义务发生于追索关系中。我国《票据法》第 72 条规定，被追索人依法清偿债务后，其责任解除。因此，被追索人履行清偿义务后，追索权人对被追索人及其后手的票据权利归于消灭。

5. 其他情形。持票人的票据权利还可以因其他原因而消灭，如因善意取得，原持票人的票据权利归于消灭；因票据债权被抵销、混同、提存而消灭；法院对票据依法作出除权判决的，该票据权利也归于消灭等。

六、票据行为

（一）票据行为的概念和特点

一般认为，票据行为是指能够直接产生票据债权债务关系的要式法律行为，一般包括出票、背书、承兑、保证等行为。但是从票据关系看，票据行为还包括付款、参加付款、划线、涂销等。学者多将出票、背书、承兑、保证、付款五种行为称为狭义的票据行为，属于国际上通行的做法，也是我国《票据法》对狭义票据行为的定义，而将包括其他票据行为在内的票据行为，称为广义的票据行为。通常所说的票据行为主要是指狭义的票据行为。票据行为作为民事法律行为的一种，具有自己的特殊性。

1. 票据行为具有要式性。票据行为是典型的要式行为。票据法对各种票据行为都规定了该行为的记载内容、书写格式、书写位置、签章要求等。只有符合这些行为规则，才能认定票据行为有效。

2. 票据行为具有无因性。票据是无因证券，票据行为与票据关系的基础关系相分离，只要该票据行为在形式上有效，即可产生相应的法律效力。

3. 票据行为具有独立性。若干个行为人在同一票据上各自所为的票据行为，都各自依其在票据上所载文义独立发生效力，互相不发生影响。换言之，一项票据行为无效，不影响其他票据行为的效力。如无民事行为能力人或者限制民事行为能力人在票据上签章的，其签章无效，但是不影响其他签章的效力；没有代理权而以代理人名义在票据上签章的，应当由签章人承担票据责任；代理人超越代理权限的，应当就其超越权限的部分承担票据责任；票据中有伪造、变造的签章的，不影响票据上其他真实签章的效力；被保证的债务无效的，保证人仍应承担担保责任。

4. 票据行为具有文义性。这是指票据行为的内容完全以票据上记载的文义为准，即使票据上记载的文字与实际情况不符，仍应以文字记载为准。不允许票据当事人以票据文字以外的事实或证据，对票据上的文字记载作变更或补充。

5. 票据行为具有关联性。票据是流通证券，在流通中，票据行为人虽然有变化，但票据上所记载的债务并不因流通而改变。在同一张票据上进行的各种票据行为，都是为负担同一张票据债务而进行的票据行为，所有进行票据行为的人应对票据债务共同负责以实现票据权利。因此，在同一票据上所为的票据行为又称具有连带性的票据行为。关联性与独立性是票据行为两个不同的方面：独立性是就票据行为的效力而言的，关联性是就票据行为的后果而言的。

（二）票据行为的有效要件

票据行为属于民事法律行为的一种，必须具备一般民事法律行为应具备的要件，即票据行为的实质要件。票据行为又是一种特殊的、要式的民事法律行为，因此，还必须具备票据法规定的特别要件，即票据行为的形式要件。

1. 票据行为的实质要件。票据行为的实质要件，包括行为人的票据能力、行为人的意思表示以及行为的合法性三个方面。票据能力包括票据权利能力和票据行为能力：前者是指可以享受票据权利、承担票据义务的资格或能力；后者是指通过独立的票据行为取得票据法上的权利，承担票据法上的义务的资格或能力。意思表示为票据行为的实质要件之一，民法中关于意思表示真实的规定一般仍适用于票据行为。但票据既是文义证券，又是无因证券，票据行为人的意思表示是否真实、合法有时不易查，因此，学者一般赞同对票据行为人的意思表示采用表示主义，即以行为的外观确定行为的效力。

2. 票据行为的形式要件。票据法对票据行为的形式要件作了很严格的要求。根据我国票据法对各种票据行为的规定，票据行为的形式要件可以归纳为书面、签章、记载事项和交付等四项：(1) 书面。票据为文义证券，因此，各种票据行为都必须以书面形式作成才能生效。如我国《票据法》第 108 条第 2 款规定："票据凭证的格式和印制管理办法，由中国人民银行规定。"任何以口头形式所为的票据行为均属无效。(2) 签章。虽然各种票据行为的内容不一，但签章是所有票据行为共同的强制性要求。我国《票据法》第 4 条规定，在票据上签章的人，必须按照票据上的记载事项承担票据责任。在票据上签章的意义在于识别行为人，辨别行为人的真伪，并确定行为人的票据责任。至于签章的形式，根据我国《票据法》第 7 条，自然人在票据上的签章，可以是签名，也可以是盖章，还可以是签名加盖章；而法人和其他使用票据单位在票据上的签章，为该法人或者该单位的盖章加其法定代表人或者其授权的代理人的签章。(3) 记载事项。票据行为的有效成立，还必须根据票据法的具体规定，在票据上记载有关事项。根据这些记载事项的不同效力，可以将其分为必要记载事项、任意记载事项、记载本身无效的事项、记载使票据无效或者使票据行为无效的事项以及记载后不发生票据法上效力的事项。必要记载事项是指依据票据法的规定必须记载的事项，其依效力不同又有绝对必要记载事项和相对必要记载事项之分。绝对必要记载事项，是指必须在票据中记载的事项，欠缺此类事项之一的，票据无效。我国《票据法》第 22 条、第 75 条和第 84 条分别规定了汇票、本票和支票上的绝对必要记载事项，主要包括：表明票据种类的文字、票据金额、无条件支付的文句、出票日期、汇票和本票的收款人、本票和支票的付款人。相对必要记载事项，是指某些事项虽然票据法规定应予以记载，但如果票据上不作记载，法律另有补充规定，票据不因此而无效。如我国《票据法》第23条、第76条和第86条规定的内容，即票据的付款日期、付款地、出票地等。任意记载事项，是指是否记载可以由票据当事人自由选择，但是一经记载，即发生票据法上的效力。我国《票据法》第27条第2款规定："出票人在汇票上记载'不得转让'字样的，汇票不得转让。"因此，这里的"不得转让"的记载即属于任意记载事项。记载本身无效的事项，又称"记载无益事项"，是指行为人虽然作了记载，但此项记载本身无效，票据法上视为未记载，票据的效力并不受该记载的影响。记载使票据无效或者使票据行为无效的事项，又称"有害的记载事项"，是指行为人记载了此类事项，不仅记载本身无效，而且将使整个票据无效。例如，我国《票据法》第22条规定，如果出票人在汇票上记载的是附条件的支付委托或者金额不确定，该记载就会使整个票据无效。记载后不发生票据法上效力的事项既不属于必要记载事项，也不属于不得记载事项。在形式上，此类事项与任意记载事项相同，即是否记载可以由票据当事人自由选择，但是在实质上两者迥异：任意记载事项一经记载，即发生票据法上的效力，而此类事项记载后不发生票据法上的效力。(4) 交付。票据的交付，是指票据行为人将票据实际交给对方持有。我国《票据法》虽然没有明文规定票据行为必须以交付为要件，但在总则第10条中使用的是"票据的签发"。这里的"签发"，应当理解为"签章"和"发出"，而发出即为交付。

（三）票据行为的代理

票据行为属于民事法律行为，民事法律行为可以由他人代理进行，票据行为自然也可以由他人代理而为。根据票据法的规定，票据行为的代理，在行为规则和行为效力上有以下特殊要求：

(1) 票据代理必须以存在票据行为为前提，也即代理人实施的必须是具有票据法意义的行为。

(2) 代理人必须具有票据代理权限且必须是委托代理。

(3) 代理人必须在票据上表明被代理人的名称。票据是文义证券，票据上的权利与义务仅依票据所载文义决定，因此，代理人必须将被代理人的姓名或名称明确记载在票据上，否则不产生票据代理的效果。

(4) 代理人必须在票据上明确记载为本人代理的意思。根据我国《票据法》第5条的规定，代理人可以直接记载"代理人"字样表明其代理意思。一般认为，如果依票据交易习惯，足以认为代理人是代本人为有关票据行为的记载，也可视为有代理的意思。

(5) 代理人必须在票据上签章。票据行为的代理是一种特殊的票据行为，而票据行为是要式行为，以在票据上签名或盖章为必要，因此，代理人必须在票据上签署自己的姓名。

第三节　票据的伪造、变造与票据的丧失

一、票据的伪造

（一）票据伪造的概念

广义的票据的伪造，是指假冒他人的名义而实施的票据行为，狭义的票据的伪造仅为假冒出票人的名义签发票据的行为。假冒他人名义而为的背书、承兑、保证等其他票据行为属于票据签名的伪造。票据伪造的行为特征是行为人不以自己的名义，而是假冒他人的名义进行票据行为。这种行为在形式上往往是符合票据行为要件的，但是其目的是使被伪造者或持票人蒙受

损失，让行为人自己从中渔利。

（二）票据伪造的法律后果

1. 伪造人的责任。伪造人是以他人的名义伪造签章，而不是以自己的名义进行的，所以不属于票据行为人，不承担票据法上的责任，但必须承担侵权的民事责任、行政责任以及刑事责任。

2. 被伪造人的责任。被伪造人由于并未在票据上签章，因而也不负票据法上的责任。此项抗辩事由，被伪造人可用以对抗一切持票人。为了保护合法持票人的合法权益，被伪造签章的人应当负举证责任，证明该伪造的签章并非自己所为。

3. 其他真正签章人的责任。票据行为具有独立性特点，因此，一票据行为的无效不影响其他真实签章的效力。我国《票据法》第 14 条第 2 款规定："票据上有伪造、变造的签章的，不影响票据上其他真实签章的效力。"

4. 持票人和付款人的责任。票据伪造如果是出票伪造，持票人直接从伪造人手中取得票据的，则持票人不能对被伪造人和伪造人行使票据权利，而只能依照民法上的规定请求伪造者赔偿；如果持票人的前手中有在票据上真实签章的人，则持票人可以向其行使追索权。对付款人来说，如果发现票据是伪造的，其有权拒绝承兑或拒绝付款；如果付款人没有辨认出持票人所持的是伪造票据（即既无恶意，也无重大过失），而对此票据付了款，付款人的付款行为有效。付款人由此遭受的损失只能向伪造人请求民法上的损害赔偿。

二、票据的变造

（一）票据变造的概念

票据的变造，是指无变更权的人对票据上除签章以外的有关记载事项进行变更的行为。票据的变造必须具备下列条件：

1. 必须是无变更权的人所为的变更行为。如果是有变更权的人对票据已记载事项进行变更，则这种行为叫做票据的更改。我国《票据法》第 9 条规定，对"票据金额、日期、收款人名称不得更改，更改的票据无效。对票据上的其他记载事项，原记载人可以更改，更改时应当由原记载人签章证明"。

2. 必须是变更票据签章以外的其他事项。如上所述，无变更权人变更票据上的签章的行为，属于票据的伪造。

3. 必须是变更的票据记载事项足以引起票据权利内容发生变化。如果对票据上一些无关紧要的其他事项作变更，变更后不会使票据权利的内容发生变化，则不构成票据的变造。

（二）票据变造的法律后果

我国《票据法》第 14 条第 3 款规定："票据上其他记载事项被变造的，在变造之前签章的人，对原记载事项负责；在变造之后签章的人，对变造之后的记载事项负责；不能辨别是在票据被变造之前或者之后签章的，视同在变造之前签章。"据此规定，票据变造的法律后果主要有以下内容：

1. 变造人的责任。变造人如果属于票据行为人，则应承担票据法上的责任；同时，变造人不论是否承担了票据责任，均须为变造行为承担民事赔偿责任和刑事责任。根据我国《刑法》的规定，无论变造人有没有在票据上签名都犯有变造有价证券罪。

2. 被变造人的责任。这里的被变造人就是指变造前已经在票据上签章的所有票据行为人。被变造人只对变造前的记载事项承担责任。

3. 变造后真实签章行为人的责任。票据中记载的事项已作了变更记载，在此以后的票据行为人在票据上签章的，应对变造后的记载事项负责。

4. 其他签章人的责任。其他签章人主要是指不能辨别其签章是在变造前还是在变造后的签章人。根据我国票据法的规定，在这种情况下，一律推定为是在变造前进行的签章行为，行为人只对变造前的记载事项负责。

5. 持票人的责任。对持票人来讲，主要是其票据权利的大小及性质问题。持票人如果向变造前的票据行为人主张权利的，只能就变造前的记载主张权利，其不足部分的权利只能向变造人行使民事权利；持票人如果是向变造人或变造后的行为人主张权利的，则有可能实现票据上记载的全部票据权利。付款人或者代理付款人未能识别出变造的票据或者身份证件而错误付款，属于《票据法》第 57 条规定的“重大过失”，给持票人造成损失的，应当依法承担民事责任，持票人有过错的，也应当承担相应的民事责任。

三、票据的丧失

（一）票据丧失的概念

票据丧失，是指票据在持票人没有放弃占有之意思的情况下，脱离持票人的占有。票据丧失的情况包括两种：一是票据绝对丧失，例如，票据因焚烧、毁损而在物质形态上毁灭；二是票据相对丧失，例如，票据遗失或被盗。在第二种情况下，票据在物质形态上依然存在，只是脱离了真正票据权利人的占有而已。

由于票据是完全有价证券，票据权利人必须提示票据才能行使票据权利，必须交出票据才能受领票据金额，所以，票据的占有与票据权利的行使密不可分。持票人丧失了票据，也就意味着他无法依照票据法规定的程序行使票据权利。不过，由于票据丧失并非出于持票人的本意，因而，票据法依然规定了一定的补救措施，主要是挂失止付、公示催告和提起诉讼。

（二）挂失止付

挂失止付，是指失票人将票据丧失的情况通知付款人，并要求付款人在止付有效期间对票据停止付款的票据权利补救措施。挂失止付是一种效力不确定的补救措施，因其本身存在以下局限性：一是挂失止付仅能防止冒领票据金额，不能使票据失效和发生禁止票据转让的效力，因此，不能防止票据被他人善意取得的风险；二是挂失止付不能使失票人恢复票据权利；三是挂失止付不意味着失票人可以行使票据权利；四是挂失止付本身的效力期间很短。因此，失票人在采用挂失止付措施时，应注意与其他救济方法的衔接，即失票人应当在挂失止付后 3 日内，依法向人民法院申请公示催告，或者向人民法院提起诉讼。

（三）公示催告

公示催告主要是大陆法系国家的票据法规定的一种票据丧失补救方法。作为一种法律制度，公示催告，是指失票人在丧失票据后申请法院宣告票据无效，从而使票据权利与票据本身相分离。作为一种法律程序，公示催告是指法院应失票人的申请，以公示的方法，催告票据利害关系人在一定时间内向法院申报权利，如果在该时间内不予以申报，即发生失权的法律后果。公示催告的程序一般由民事诉讼法予以规定。作为票据丧失的救济方法，公示催告具有四个方面的意义：一是暂停支付，防止票据金额被冒领；二是防止善意取得，保全票据失票人权利不丧失；三是查明利害关系人，以便提起确认之诉；四是恢复票据权利，公示催告期满，如果无人申报票据权利，依人民法院的除权判决，失票人可以恢复票据权利。

（四）提起诉讼

失票人在丧失票据后，可以直接向人民法院提起诉讼，该方法多为英美法系国家使用，我国立法借鉴了这一方法。票据丧失后，失票人直接向人民法院申请公示催告或者提起诉讼的，人民法院应当依法受理。失票人选择诉讼途径使自己的票据权利得到最终救济时，应当向法院提供有关书面证明，证明自己对所丧失的票据享有所有权，同时还应向法院说明所丧失票据中的有关记载事项。此外，失票人在起诉时应当提供必要的担保，以弥补票据债务人因支付失票人票据款项而可能出现的损失。

第四节　票据的抗辩

一、票据抗辩的概念和特点

（一）票据抗辩的概念

票据抗辩，是指票据债务人对于票据权利人提出的请求，提出相应的事实或理由加以拒绝的行为。票据抗辩是票据债务人保护自己的利益的一种手段。我国《票据法》第 13 条第 3 款规定："本法所称抗辩，是指票据债务人根据本法规定对票据债权人拒绝履行义务的行为。"票据抗辩所依据的事由，称为抗辩原因；票据债务人享有的拒绝债权人行使权利的权利，称为抗辩权。票据债务人行使抗辩权，旨在阻止票据权利人行使票据权利。

（二）票据抗辩的特点

票据抗辩以民法上的抗辩制度为基础，但又明显地有别于民法上的抗辩制度。票据抗辩具有自己的特点：

(1) 票据抗辩可以是一种绝对的抗辩，票据抗辩权人可以作出根本否认票据权利的抗辩；而一般民法上的抗辩具有相对性，即仅能进行时效消灭抗辩、期限未届至抗辩、同时履行抗辩等。

(2) 票据抗辩具有独立性。在一般债权领域，债务人可以以同一抗辩理由对抗任何债权人；而票据抗辩理由往往只发生于直接当事人之间，非直接当事人之间的抗辩理由是切断的。

(3) 票据抗辩是对票据金额的全额抗辩。在一般债权领域，债务人可以全部拒绝履行，也可以部分拒绝履行；而票据债务人的拒绝只能是对票据全部金额的拒绝。

(4) 票据抗辩没有先诉抗辩权。在保证关系中，民法上的保证一般允许保证人行使先诉抗辩权，票据保证则不允许先诉抗辩。

二、票据抗辩的种类

票据抗辩中的核心要素是抗辩的理由，也称抗辩原因，是指法律规定票据债务人可以对票据债权人进行抗辩的情事。票据法学一般将票据抗辩的原因分为两大类：物的抗辩原因和人的抗辩原因。

（一）物的抗辩原因

物的抗辩，是指基于票据本身的事由发生的抗辩。票据债务人可以以物的抗辩对抗一切票据债权人，并不因持票人的变更而受到影响。由于这种抗辩不以持票人有恶意或重大过失为要件，所以，这种抗辩又称绝对抗辩或对世抗辩。物的抗辩根据抗辩人的不同，又可以分为以下两类：

1. 一切票据债务人可以对一切票据债权人行使的抗辩。此类抗辩可以由任何票据债务人向任何票据债权人行使，具体包括以下四种情形：(1) 票据上欠缺票据法规定的绝对必要记载事项，或票据中记载了不得记载的事项而使票据无效，如票据上没有记载票据金额，没有签章或者票据上记载了付款的条件。(2) 不依票据文义而提出权利请求，如票据的付款日期尚未届至。(3) 票据债务人已依法付款或依法提存而使票据权利归于消灭。(4) 票据因法院作出除权判决而被宣告无效。

2. 特定票据债务人对一切票据债权人行使的抗辩。此类抗辩只能由特定债务人对一切票据债权人行使，具体包括以下五种情形：(1) 欠缺票据行为能力的抗辩。无民事行为能力人或限制民事行为能力人为票据行为的，可以以自己欠缺票据行为能力为由，向票据债权人行使抗辩。(2) 无权代理或超越代理权代理的抗辩。票据权利人向被代理人主张票据权利时，被代理人可以以行为人无代理权或超越代理权为由，对权利人进行抗辩。(3) 票据伪造或变造的抗辩。发生票据伪造时，被伪造人未在票据上签章，因此不负票据责任，他可以对任何票据债权人主张票据权利的行为进行抗辩。发生票据变造时，在变造前签名的票据债务人，只对变造前的票据文义负责，因此，他可以对票据权利人主张变造后的票据权利进行抗辩。(4) 欠缺票据权利保全手续的抗辩。欠缺票据权利行使或保全手续，即未为票据提示或未作成拒绝证明或未收到退票通知的，票据债务人可以依此抗辩拒绝向票据债权人履行票据义务。(5) 票据权利因时效届满而消灭的抗辩。票据权利如果因法律规定的时效届满而消灭，票据债务人可以以此为由对抗票据债权人。

(二) 人的抗辩原因

人的抗辩，又称相对的抗辩或主观的抗辩，是指基于持票人自身或者票据债务人与特定的持票人之间的关系而发生的抗辩。人的抗辩是基于票据债务人与特定的票据债权人之间的关系而发生的抗辩，离开了特定的债权人，如债权人发生变更，抗辩事由即被切断，债务人不得再以原来的抗辩事由对抗新的持票人。根据行使抗辩权的债务人的不同，人的抗辩也可以分为两类，即一切票据债务人可以对特定票据债权人行使的抗辩，以及特定票据债务人可以对特定票据债权人行使的抗辩。

1. 一切票据债务人对特定票据债权人行使的抗辩。这类抗辩主要是针对特定票据债权人的资格而言的，具体包括以下四种情形：(1) 票据债权人欠缺实质上受领票据金额资格的抗辩。如作为票据债权人的自然人为无行为能力人，或作为票据债权人的法人被宣告破产。(2) 票据债权人欠缺形式上受领票据金额资格的抗辩，主要指票据背书不具有连续性的抗辩。(3) 票据债权人恶意取得票据因而不享有票据权利的抗辩。(4) 票据债权人因重大过失取得票据的。

2. 特定票据债务人对特定票据债权人行使的抗辩。这类抗辩是基于直接当事人之间的原因关系或者特别约定而产生的抗辩，具体包括以下四种情形：(1) 欠缺原因关系的抗辩。票据是无因证券，签发票据或转让票据的原因关系是否有效，原则上与票据权利没有关系。但是在直接当事人之间，原因关系的当事人与票据关系的当事人具有同一性，因此，票据债务人可以以原因关系无效或不成立为由，对票据债权人进行抗辩。(2) 欠缺对价的抗辩。在票据直接当事人之间，签发和受领票据是以给付对价为条件的。如果票据债权人在没有给付对价或者给付的对价不相当的情况下取得票据，票据债务人可以以此为由进行抗辩。(3) 基于当事人之间特别约定的抗辩。如果直接当事人之间在签发和受领票据时有特别约定（如延期付款），则不履行特别约定的一方如向对方请求行使票据权利，对方可以以此特别约定为由进行抗辩。(4) 欠缺交付行为的抗辩。票据行为因作成票据和交付而成立。如出票人在作成票据以后、交付票据之前丢失票据或票据被盗，虽然出票人必须对善意第三人承担票据责任，但是对于盗窃票据的人或拾得票据的人，可以以票据没有交付，因而票据行为无效为由进行抗辩。

三、票据抗辩的限制

票据的抗辩限制在直接当事人之间，而不能将特定债权债务人之间的抗辩扩大到全部票据关系，即只能将票据的个别风险限制在直接当事人之间，而不允许其危及整个票据关系或扩大为全部风险。票据法规定票据抗辩限制制度主要着眼于保护票据权利人实现票据权利，促进票据流通。

（一）票据抗辩限制的内容

（1）票据债务人不得以自己与出票人之间的抗辩事由对抗持票人。票据债务人与出票人之间的关系，可能是资金关系，也可能是交易关系。票据债务人不得以这种关系中产生的抗辩事由对抗持票人。

（2）票据债务人不得以自己与持票人的前手之间的抗辩事由对抗持票人。这就是说，即使票据债务人与持票人的前手之间存在抗辩事由，票据债务人可以对持票人的前手行使抗辩权，他也不得以此抗辩事由对抗持票人。

（二）票据抗辩限制的例外

票据抗辩限制的例外是相对于票据抗辩限制制度而言的，也就是票据债务人仍可以以自己与出票人或持票人的前手之间的抗辩事由对抗持票人的特殊情形，因而也称为票据抗辩的反限制。票据抗辩限制的例外主要有三种情形：

（1）间接恶意抗辩。我国《票据法》第 12 条规定，明知有以欺诈、偷盗或胁迫等手段取得票据的情形，仍出于恶意而取得票据的，不得享有票据权利。这是将对直接恶意的抗辩延续到间接恶意取得票据的持票人。

（2）无对价抗辩。我国《票据法》第 11 条规定，无对价而取得票据的持票人，其票据权利不得优于前手。这是将对无对价持票人的前手的抗辩延续至无对价取得票据的持票人。

（3）知情抗辩。持票人明知存在抗辩事由而取得票据的，不能以抗辩事由对抗合法权利人。

第五节　票据时效与利益偿还请求权

一、票据时效

（一）票据时效概述

票据时效，也称票据权利的消灭时效，是指票据权利人在一定时间内不行使其权利，票据债务人就可以以票据权利已超过时效为由拒绝履行票据义务。票据时效是一种消灭时效，而且票据法实行短期时效制度，其规定的消灭时效期间比民法中的诉讼时效更为短促。具体地说，汇票持票人对汇票的出票人和承兑人的权利，自汇票到期日起 2 年内因不行使而消灭；支票持票人对支票出票人的权利，自出票日起 6 个月内因不行使而消灭；持票人对前手的追索权，自被拒绝承兑或者被拒绝付款之日起 6 个月内因不行使而消灭；持票人对前手的再追索权，自清偿日或者被提起诉讼之日起 3 个月内因不行使而消灭。最后两项规定的持票人对前手的追索权，不包括对票据出票人的追索权。

（二）期间与期日

期间是指从一定的时刻或日期续延达到一定的时刻或日期。期日是指确定的日期。民事法律关系的发生或成立、变更、消灭等，与时间具有密不可分的关系。我国《票据法》第107条规定，本法规定的各项期限的计算，适用民法关于计算期间的规定。

二、票据利益偿还请求权

（一）利益偿还请求权的概念

利益偿还请求权，又称利益返还请求权，是指持票人的票据权利因一定原因而丧失时，该持票人向一定利益获得者请求返还利益的权利。

（二）利益偿还请求权的成立要件

利益偿还请求权是在特殊情况下的一种救济权利，行使这一权利，必须具备一定的条件。一般认为，票据利益偿还请求权的成立应具备以下要件：

（1）当事人合格。在利益偿还请求权关系中，权利人为持票人，义务人为各种票据的出票人或汇票的承兑人，不包括背书人，也不包括出票人或承兑人的保证人。

（2）票据上的权利必须是持票人曾经有效地拥有的，即持票人所持有的票据必须是合法拥有的，形式上有效成立的，产生过票据权利的票据。

（3）票据上的权利丧失的原因符合法律规定。我国票据法规定的可以享有利益偿还请求权的失权原因有两种：一是因票据时效而丧失票据权利；二是因票据记载事项欠缺而丧失票据权利。

（4）必须是偿还义务人因此而享有利益。只有当票据上的权利因时效或记载事项欠缺而消灭，出票人或承兑人实际上受有额外利益时，持票人才可以向其行使利益偿还请求权。

（三）利益偿还请求权的效力

利益偿还请求权不是票据权利，而是票据法上的一项特殊权利　　非票据权利，票据法设置这一权利的目的是给持票人一个最后的补救机会。因此，票据利益偿还请求权的求偿范围限定为：返还其与未支付的票据金额相当的利益，即以返还义务人所受的利益为限。另外，这项权利不是票据法上的权利，因此，也不受票据法上关于权利消灭时效规定的限制，而是受民法一般债权时效的限制。

法律应用

1. 票据行为作为特殊的民事行为的一种，具有文义性、独立性和连带性。票据行为非常注重行为的外观效力，当事人的权利、义务和责任不能超出票据记载所确立的文字含义。另外，在司法实践中应区别独立性和连带性的应用条件。

2. 票据法关于法人或其他单位及个人对票据的签章要求非常严格。对个人而言，票据上必须有本人的亲笔签名；而法人或其他单位则必须有法人代表或单位负责人的签名并加盖法人或该单位公章，否则不发生票据效力。

3. 票据法实行短期消灭时效制度，与民事诉讼时效制度有明显的区别。但票据时效届满后，权利人可以按照民事诉讼时效的规定请求相应的民事权利。

4. 代理是民事活动中一项基本制度，但票据行为代理作为商事代理的一种，其制度设计具有特殊性。

5. 外国票据法非常强调票据行为的无因性，认为票据关系有效与否和票据关系的基础关系无关。而我国现行票据法则强调票据关系与基础关系的牵连性，票据行为的效力不仅取决于其是否具备票据行为的有效要件，还取决于是否有基础关系及基础关系是否真实、合法、有效。

课后复习

1. 票据的证券性特征主要体现在哪些方面？

2. 票据关系、票据法中的非票据关系、票据关系的基础关系中的权利产生的原因、权利的内容及权利的行使有什么不同？

3. 票据行为必须具备什么样的形式要件？

4. 如何理解票据权利、票据权利善意取得的内涵？

5. 如何运用票据丧失的各项补救措施？

6. 试述票据抗辩的原因和票据利益返还请求权的要件与效力。

第十九章
汇　票

提要

汇票在票据法中居于核心地位，汇票所包含的规则是所有票据中最完整的。我国票据法是以汇票制度为核心，以汇票的各项票据行为为主线而展开的。本章主要介绍汇票的出票、背书、承兑、保证等票据行为的形式要件、法律意义、法定程序以及各种票据行为的法律效力。同时，对汇票的到期日、汇票的付款及汇票的追索权也作了系统介绍。汇票的许多行为规则都可以适用于支票和本票。

重点问题

1. 汇票的概念、特征及基本种类
2. 汇票出票、背书、承兑、保证的概念、款式及效力
3. 汇票付款的程序
4. 汇票追索权行使的要件
5. 汇票到期日的种类及计算方法

第一节　汇票制度概述

一、汇票的概念

我国《票据法》第19条规定，汇票是由出票人签发的，委托付款人在见票时或者在指定期日无条件支付确定的金额给收款人或持票人的票据。1882年《英国汇票法》第3条第1款规定："汇票是一个人签发给另一个人的无条件的书面命令，要求另一人于即日或于一定日期或于未来的特定期间内，向特定人或特定人指定的人或向持票人支付确定数额的金钱。"在各种票据中，汇票是涉及当事人比较多，关系比较复杂的一种票据；同时，在票据立法技术上，通常有关汇票的规定制定得比较详尽。而有关本票、支票的规定，则采用准用汇票若干规定的做法。

二、汇票的特征

1. 汇票是一种委付票据。汇票的出票人仅为签发票据的人，而不是票据的付款人。汇票的出票人另外委托他人支付汇票金额。因此，汇票属于委托付款证券。在这一点上汇票与支票

相同，而与自付证券——本票相区别。

2. 汇票的到期日具有多样性。汇票的到期日即汇票的付款日期。考虑到汇票的信用功能（汇票又被称为信用性票据），各国票据法大多数规定可以多种方式确定汇票的到期日，包括见票即付、定日付款、见票后定期付款、出票后定期付款四种方式。

3. 汇票关系中有三个基本当事人。汇票的基本当事人是指汇票一经签发就存在的当事人。根据汇票出票的基本原理，汇票一经出票即存在出票人、付款人、收款人三方当事人。出票人就是签发票据，委托他人付款的人；付款人就是受出票人委托承担付款义务的人；收款人就是从出票人处取得票据，并享有票据权利的人。

三、汇票的种类

（一）银行汇票和商业汇票

这是根据汇票出票人的不同而作的分类。我国《票据法》第19条第2款规定："汇票分为银行汇票和商业汇票。"所谓银行汇票，是指由出票银行签发的，由其在见票时按照实际结算金额无条件支付给收款人或持票人的票据。所谓商业汇票，是指由银行以外的其他主体签发的汇票。我国对商业汇票的使用限制比较严格，根据《支付结算办法》的规定，只有在银行开立存款账户的法人以及其他组织之间，才能使用商业汇票。与银行汇票不同，商业汇票必须承兑。商业汇票根据承兑人的不同，又可以分为银行承兑汇票和商业承兑汇票：前者是指由银行承兑、付款的汇票，后者则是指由银行以外的人承兑、付款的汇票。

（二）即期汇票和远期汇票

这是根据汇票指定的到期日的不同而作的分类。即期汇票，是指见票即付的汇票；远期汇票，是指载明在一定期间或特定日期付款的汇票。远期汇票又可以分为：（1）定期汇票，也称定日付款汇票或板期付款汇票，是指在票面上明确记载付款日的汇票；（2）计期汇票，是指在出票日后一定日期付款的汇票；（3）注期汇票，是指在见票后一定日期付款的汇票。

（三）一般汇票和变式汇票

这是根据汇票当事人的资格是否兼任而作的分类。一般汇票，是指分别由不同的人担任出票人、收款人和付款人的汇票。变式汇票，是指一人同时兼具出票人、收款人、付款人这三个基本当事人中的两种或两种以上身份的汇票。根据兼具身份的种类不同，变式汇票又可以分为：（1）指己汇票，又称己受汇票，是指出票人以自己为收款人的汇票，即汇票的出票人和收款人为同一人；（2）对己汇票，又称己付汇票，是指出票人以自己为付款人的汇票，即汇票的出票人和付款人为同一人；（3）付受汇票，是指以付款人为收款人的汇票，即汇票的付款人和收款人为同一人；（4）己受己付汇票，是指出票人以自己为收款人和付款人的汇票，即汇票的出票人、付款人、收款人皆为同一人。

（四）记名汇票、指示汇票和无记名汇票

这是根据汇票记载权利人的方式的不同而作的分类。记名汇票也称抬头汇票，即出票人载明收款人的姓名或名称的汇票；指示汇票与记名汇票一样，该种汇票除了记载收款人姓名或名称，还附加"或其指定人"字样；无记名汇票就是指在汇票上不记载收款人的姓名或名称，或只记载"付来人"字样，但持票人可以记载自己或他人为收款人，使之转化为记名汇票。我国票据法只允许签发记名汇票，无记名汇票不发生法律效力。

（五）国内汇票和国际汇票

这是根据汇票行为发生的地域而作的分类。国内汇票是指出票、付款等票据行为均发生在

本国境内的汇票；国际汇票是指出票、付款等票据行为不发生在同一国家内的汇票。

（六）光票汇票和跟单汇票

这是根据汇票付款时是否要求附随单据而作的分类。光票是指无须附随其他单据，付款人或承兑人即可付款或承兑的汇票。跟单汇票又称押汇汇票、信用汇票，是指必须附具与交易有关的单据才能获得付款或承兑的汇票。跟单汇票又可以分为信用证跟单汇票、承兑交单汇票和付款交单汇票。

第二节　汇票的出票

一、汇票出票的概念

汇票的出票，又称汇票的发票、汇票的签发、汇票的发行。我国《票据法》第 20 条规定："出票是指出票人签发票据并将其交付给收款人的票据行为。"出票是最基本的、主要的票据行为，是创设票据的行为。没有出票也就没有背书、承兑、保证等附属的票据行为。出票由作成票据和交付票据两项行为构成。作成票据，是指出票人依照票据法的规定，在票据上记载法定内容并签名或盖章的行为。交付票据，则是指出票人依据自己的本意将作成的票据实际交给他人占有的行为。欠缺作成或交付行为中的任何一项，出票行为皆不成立。

我国票据法对汇票的出票行为规定了一般性的要求。《票据法》第 10 条规定，汇票的签发应当遵循诚实信用的原则，具有真实的交易关系和债权债务关系。第 21 条规定，汇票的出票人必须与付款人具有真实的委托付款关系，并且具有支付汇票金额的可靠资金来源，不得签发无对价的汇票用以骗取银行或者其他票据当事人的资金。

二、汇票出票的款式

汇票是要式证券，出票是要式行为，因此，汇票出票必须依据票据法的规定记载一定的事项，即符合法定的格式或款式。汇票出票的款式决定了出票人在汇票上记载何种事项方能使汇票生效，或者出票人记载何种事项方能产生票据法上的效力。根据不同记载事项对汇票效力的不同影响，可以将汇票出票的记载事项分为以下四类：

（一）绝对必要记载事项

根据我国《票据法》第 22 条的规定，汇票的绝对必要记载事项包括：

（1）表明"汇票"的字样。出票时必须在汇票上记载表明"汇票"的字样，旨在与其他票据相区别，使当事人能够明确其因出票行为而成为汇票关系的当事人。

（2）无条件支付的委托。汇票是委付证券，即由出票人委托或指示付款人支付确定的金额。这种委托或指示必须是无条件的，以加强付款的确定性和可靠性，提高汇票的流通能力。

（3）确定的金额。汇票是金钱证券，因此，必须记载确定的金钱数额。金额不得采用最高额或最低额的记载方式，也不得采用选择式的记载方式，更不得记载未定金额。根据我国《票据法》第 8 条的规定，如果汇票金额以中文大写和数码同时记载，则两者必须一致；两者不一致的，票据无效。

（4）付款人的名称。付款人是受出票人委托，支付汇票金额的汇票当事人。付款人对汇票承兑后便成为汇票的第一债务人。因此，汇票上必须载明付款人的名称。

（5）收款人的名称。收款人是汇票的最初权利人或第一权利人，是汇票关系中的基本当事人之一。英美国家和我国台湾地区的票据法承认无记名汇票，因此，收款人名称不是绝对必要记载事项。日内瓦统一票据法系及我国的票据法不承认无记名汇票，因此，收款人名称属于绝对必要记载事项。

(6) 出票日期。

(7) 出票人签章。签名或盖章是出票人负担汇票义务的意思表示。出票人在汇票上签名或盖章说明他愿意成为汇票债务人，承担担保承兑和付款的责任。所以，出票人签章是绝对必要记载事项。

（二）相对必要记载事项

根据我国票据法的规定，相对必要记载事项包括付款日期、付款地、出票地。

(1) 付款日期。付款日期又称到期日，是指汇票权利人行使权利和汇票债务人履行义务的日期。付款日期是确定履行汇票义务时间的依据，因此，一般应当在汇票上明确记载。但是付款日期的欠缺，并不影响票据的效力。我国《票据法》第23条第2款规定："汇票上未记载付款日期的，为见票即付。"

(2) 付款地。付款地，是指汇票债务人履行汇票义务的地点。汇票付款地的确定具有多方面的意义，如确定持票人行使付款请求权的地域、确定支付货币的种类、拒绝证明的作成方式、管辖法院的确定等都以付款地为依据，因此，应在汇票上明确记载。如果没有记载，我国《票据法》第23条第3款规定："汇票上未记载付款地的，付款人的营业场所、住所或者经常居住地为付款地。"

(3) 出票地。出票地，是指出票人在发出汇票时形式上所记载的出票地点。汇票是文义证券，出票地以记载为准，而不以实际出票地为准。汇票上记载出票地，主要是为了确定出票行为的准据法，因此，一般应当在汇票上明确记载。我国《票据法》第23条第4款规定："汇票上未记载出票地的，出票人的营业场所、住所或者经常居住地为出票地。"

（三）任意记载事项

任意记载事项，是指出票人可以自由选择是否记载的事项，但是一经记载，即发生票据法上的效力。我国《票据法》第59条第2款规定："汇票当事人对汇票支付的货币种类另有约定的，从其约定。"因此，汇票上对何种货币的记载也属于任意记载事项。

（四）不得记载事项

这是指出票人在出票时不得记载的事项，即使记载也不发生票据法上和其他法上的效力。如根据我国《票据法》第26条的规定，出票人签发汇票后，即承担保证该汇票承兑和付款的责任。如果出票人违反此项规定，在汇票上记载了"免除担保承兑和免除担保付款"，则该项记载无效，汇票的效力并不因此受影响。

三、汇票出票的效力

出票是创设票据的行为，一经完成即对汇票当事人产生票据法上的权利与义务，对出票人、付款人、持票人均会产生一定的效力。

1. 对出票人的效力。我国《票据法》第26条中规定："出票人签发汇票后，即承担保证该汇票承兑和付款的责任。"在汇票得不到承兑或者付款时，出票人应当向持票人清偿有关的金额和费用。所谓担保承兑，是指出票人保证其签发的汇票能够获得承兑，如果持票人在请求承兑时遭到拒绝，出票人就必须向持票人负偿还责任。所谓担保付款，是指出票人保证持票人到期能够获得付款，如果汇票到期不能获得付款，出票人就必须向持票人负偿还责任。

2. 对收款人或持票人的效力。出票人作成汇票并将汇票实际交付给收款人后，收款人便取得了汇票上的权利，包括付款请求权和追索权。不过，在付款人对汇票进行承兑之前，收款人或持票人的付款请求权尚处于不确定状态，仅仅是一种期待权。只有在付款人承兑以后，该期待权才成为现实权。

3. 对付款人的效力。出票行为对付款人的效力是使付款人取得对汇票承兑和付款的资格，付款人是否对汇票进行承兑或付款由自己决定。一旦付款人对汇票进行了承兑，就成为承兑人，是汇票的债务人，必须对汇票付款。付款人不对汇票作承兑的，就不负任何票据上的付款义务。

第三节 汇票的背书

一、汇票背书的概念与特征

（一）汇票背书的概念

背书，是指持票人以转让汇票权利或授予他人一定的汇票权利为目的，在汇票背面或粘单上记载有关事项并签章的票据行为。我国《票据法》第 27 条第 4 款规定："背书是指在票据背面或者粘单上记载有关事项并签章的票据行为。"

（二）背书的特征

票据上的权利是一种表现为有价证券的特殊债权，其权利与证券相结合。因此，票据权利的转让与一般债权的转让相比具有自己的特殊性。

（1）背书是一种附属的票据行为，必须在基本的票据行为完成后才能进行，亦即背书只能在已经作成并交付的汇票上进行。如果出票行为因欠缺某一绝对记载事项而无效，则背书行为亦无效，但背书行为无效并不影响出票行为的效力。

（2）背书是由持票人单方所为的票据行为。背书是由背书人独立进行的，在依背书而将票据权利转让时，背书人无须通知票据债务人或者经其同意。但汇票被拒绝付款或者超过付款提示期限的，不得背书转让；背书转让的，背书人应当承担汇票责任。

（3）背书是要式行为。从技术要求上讲，背书必须由背书人在汇票的背面或者粘单上签名或盖章。

（4）背书以转让汇票权利或者授予他人一定的票据权利为目的。

（5）背书人实施背书行为后，不得退出票据关系。背书转让时，转让人（背书人）并不退出票据关系，而是从先前的票据权利人转变为票据义务人，并对票据受让人承担担保付款或担保承兑的责任。

二、汇票背书的种类

1. 转让背书与非转让背书。这是以背书的目的为标准而作的分类。转让背书，是指持票人以转让汇票权利为目的而为的背书；非转让背书，是指持票人非以转让汇票权利为目的，而是以授予他人一定的汇票权利为目的而为的背书。转让背书是通常意义上的背书，非转让背书是特殊意义上的背书。

2. 一般背书与特别背书。这是依据背书所作的记载以及背书的目的不同而作的分类。一般背书是指以转让票据权利为目的，背书人在汇票背面或粘单上记载背书的意思、被背书人的名称并签章的背书。而特别背书则是指背书人不记载被背书人的名称或背书不是为了转让票据权利的背书，包括回头背书、禁止转让背书、无担保背书、期后背书、设质背书、委任背书等。

三、特别背书

特别背书是相对于一般背书而言的，其特殊性可以体现在背书的款式上，也可以体现在背书的目的上。

1. 回头背书。回头背书，是指以已经在票据上签名的出票人、背书人等票据债务人为被背书人的背书。票据法并不限制被背书人的资格，因而不妨碍原票据债务人成为票据的权利人。原票据债务人成为票据债权人（类似于民法中债的混同）并不使票据关系消灭（承兑人成为被背书人的除外）。回头背书具有一般背书的效力。

2. 禁止转让背书。禁止转让背书，是指背书人在票据上记载“不得转让”字样或相同意思的字样，从而对转让票据权利给予一定限制的背书。禁止转让票据可以产生对人抗辩切断以及防止偿还金额增大的效力。但禁止转让背书并不因此而失去可背书性。禁止转让背书的背书人只是依其背书而将自己的担保限制在直接被背书人的范围以内，保留对被背书人的抗辩权，对于此后的后手受让人，则不承担任何担保责任。

3. 无担保背书。无担保背书，也称免责背书，是指在票据上特别记载，对票据承兑或者票据的付款不承担担保责任的背书。这种背书不仅对直接的受让人免除担保责任，同时对其后的所有后手受让人均免除担保责任。

4. 期后背书。期后背书，是指票据被拒绝承兑、被拒绝付款或者超过付款提示期限所为的背书。主要有两层含义：一是指在票据到期日以后作成的背书，可以称为到期日后背书；二是指在作成拒绝付款证书后或在作成拒绝付款证书期限届满后作成的背书，可以称为期限后背书。我国《票据法》第36条规定：“汇票被拒绝承兑、被拒绝付款或者超过付款提示期限的，不得背书转让：背书转让的，背书人应当承担汇票责任。”

5. 委任背书。委任背书，又称委任取款背书，是指背书人以行使汇票权利为目的，授予被背书人一定代理权限的背书。委任背书属于非转让背书，并不以转让权利为目的，而是被背书人以代替自己行使票据权利、收取票据金额为目的，因此不发生权利移转效力。被背书人因委任背书取得的票据权利，包括汇票上除转让以外的一切权利。

6. 设质背书。设质背书，又称质权背书、质押背书，是指背书人在汇票权利上以设定质权为目的所为的背书。设质背书的法律效力主要体现为质权设定效力。被背书人经设质背书即取得汇票质权，有权行使汇票上的权利，收取汇票金额。由于汇票是无因证券，因而即使被担保的债权未届清偿期，被背书人也可以提示付款：如果遭拒绝，被背书人也享有追索权。

四、汇票背书的效力

转让背书与非转让背书由于目的不同，因而产生的法律效力也不同。就一般转让背书而言，产生的效力有三个方面：

1. 权利移转效力。一般转让背书本来就是以转让汇票权利为目的的票据行为，因此，背书成立后，汇票上的一切权利便由背书人移转给被背书人，被背书人取代背书人成为汇票权利人。

2. 权利担保效力。这是指背书人对被背书人及其后手负有担保承兑和担保付款的责任。

如果被背书人（持票人）请求承兑或请求付款遭到拒绝，就可以向背书人行使追索权。此外，背书人不仅对其直接后手承担这种担保责任，而且对其全体后手都承担此责任（禁止转让背书除外）。背书的权利担保效力使汇票作为信用证券的功能得以充分发挥。

3. 权利证明效力。权利证明效力，也称资格授予效力，是指持票人所持汇票上的背书，只要具有形式上的连续性，票据法就推定其为正当的汇票权利人而享有汇票上的一切权利。背书的权利证明效力还体现在：汇票债务人对于背书不连续的持票人的付款具有免除责任的效力；如果汇票债务人主张背书连续的持票人不是真正的权利人，应负举证责任。

第四节　汇票的承兑

一、汇票承兑的概念

承兑，是指汇票的付款人在汇票正面明确地表示在汇票到期日无条件支付汇票金额的一种票据行为。由此可见，承兑的概念包括以下四个要素：首先，承兑与背书一样，是一种附属的票据行为，以存在有效的出票行为为前提。其次，承兑是远期汇票付款人所为的票据行为，见票即付汇票及其他票据（本票、支票）的付款人不需要为承兑行为，因此，承兑是汇票特有的一项制度。再次，承兑是汇票付款人表示愿意在汇票到期日支付汇票金额的行为，是单方的法律行为。最后，承兑是在汇票上所为的票据行为。承兑是一种要式行为，必须由付款人在汇票正面记载“承兑”字样和承兑日期并签章。

承兑的意义在于确定汇票上的权利与义务。汇票是出票人单方面委托付款人支付汇票金额给收款人的票据，是出票人所为的单方法律行为。付款人可以接受这种委托，也可以拒绝这种委托。因此，出票人的委托行为不能拘束付款人，亦即付款人并不因出票人的单方委托行为而承担付款义务。所以，在付款人承兑以前，其付款义务是不确定的。就收款人来说，他虽然取得了汇票，但是由于出票人的出票行为不能拘束付款人，付款人并不一定付款，所以，收款人的汇票权利仅仅是一种期待权。票据法设立承兑制度，正是为了使付款人的汇票义务、收款人的汇票权利得以确定。

二、汇票承兑的原则

1. 承兑自由原则。承兑自由，是指汇票上所记载的付款人可以依自己的独立的意思，决定是否进行承兑，即使付款人与出票人之间存在某种基础关系，在这个基础关系中约定付款人承担对汇票的承兑义务，付款人仍可以不受其限制而拒绝承兑。承兑自由有两方面的含义：从付款人方来说，付款人并没有承兑的义务，可以承兑，也可以不承兑；从持票人方来说，请求承兑与否是持票人的自由。

2. 完全承兑原则。完全承兑，是指付款人在对汇票承兑时，应该对票据金额全部给予承兑，而不能仅对票据金额作部分承兑。我国票据法只规定在付款人完全承兑的情况下，持票人的票据权利才能获得充分的保障。

3. 单纯承兑原则。单纯承兑，也称为无条件承兑，是指付款人在承兑时，仅记载承兑文句，不对承兑附加其他条件，也不对票据上的已有记载事项进行变更。我国《票据法》第 43 条规定：“付款人承兑汇票，不得附有条件；承兑附有条件的，视为拒绝承兑。”

三、汇票承兑的程序和款式

承兑作为一项制度，由持票人和付款人的行为构成。根据票据是要式证券的特点，汇票的承兑也必须符合一定的程序和款式。

（一）提示承兑

提示承兑，是指汇票持票人向汇票上记载的付款人出示汇票，并要求付款人在票据上表示在票据到期时愿意付款的行为。提示承兑由两种行为组成：提示和承兑。提示是由汇票的持票人向汇票上记载的付款人现实地出示票据，其目的是请求付款人同意到期付款。承兑则是汇票上的付款人所作的同意到期付款的意思表示。我国票据法规定，持票人进行提示承兑时，应在汇票上载明的付款人的营业场所和营业时间内进行；付款人无营业场所时，则应在其住所进行。持票人应当在规定期限内进行提示，我国《票据法》第 40 条规定，汇票未按照规定期限提示承兑的，持票人丧失对其前手的追索权。具体来说，对于定日付款和出票后定期付款的汇票，持票人应当在汇票到期日前向付款人提示承兑；对于见票后定期付款的汇票，我国票据法规定，应以出票后 1 个月为承兑提示期间。

（二）承兑的款式

承兑是要式法律行为，必须由承兑人签章并在汇票正面记载相应的事项。这些记载事项包括：

1. 绝对必要记载事项。我国《票据法》第 42 条规定："付款人承兑汇票的，应当在汇票正面记载'承兑'字样和承兑日期并签章；见票后定期付款的汇票，应当在承兑时记载付款日期。"在见票后定期付款的汇票中，承兑日期关系到汇票到期日的确定和计算，因此，付款人必须记载承兑日期。

2. 相对必要记载事项。我国《票据法》第 41 条第 1 款和第 42 条第 2 款规定，汇票上未记载承兑日期的，以持票人提示承兑之日起的第三日为承兑日期。

3. 不得记载事项。付款人在承兑时，不得记载与汇票的性质或承兑的特性相违背的事项。例如，我国《票据法》第 43 条规定："付款人承兑汇票，不得附有条件；承兑附有条件的，视为拒绝承兑。"

（三）承兑或拒绝承兑

持票人按照提示承兑期间向付款人提示汇票请求承兑时，付款人应当在一定时间内作出承兑或不承兑的决定。我国《票据法》第 41 条第 1 款规定："付款人对向其提示承兑的汇票，应当自收到提示承兑的汇票之日起三日内承兑或者拒绝承兑。"付款人在 3 日内未作表示的，视为拒绝承兑。

四、汇票承兑的效力

付款人承兑汇票并将汇票交还给持票人后，承兑即发生法律效力。我国《票据法》第 44 条规定："付款人承兑汇票后，应当承担到期付款的责任。"付款人一旦承兑汇票，对付款人、持票人、出票人和背书人都会产生一定的效力。

1. 对付款人的效力。付款人承兑汇票后，便成为承兑人，对汇票债务承担第一位的或主要的责任。付款人的这种责任具有绝对性，除非汇票权利因时效届满而消灭，否则不受其他因素的影响，特别是不受付款人是否已经从出票人处接受资金的影响。承兑人的这种绝对付款责任主要表现在以下四个方面：一是对持票人来说，无须考虑承兑人与出票人之间是否现实存在资金关系；二是承兑人到期不付款时，不仅应承担票据金额的支付，而且要承担迟延付款的利息及追索费用；三是承兑人必须承担最终的追索责任（即使持票人是出票人）；四是在持票人未按时提示付款时，即使已超过提示付款期限，而使追索权消灭，也不影响对于承兑人的权利。

2. 对持票人的效力。付款人承兑之前，汇票上的付款记载对付款人没有约束力，持票人所享有的付款请求权为期待权，是一种不确定的权利。一经承兑，持票人的付款请求权就变成现实的权利，以承兑人的责任为保障。持票人还享有对承兑人的追索权。

3. 对出票人和背书人的效力。出票人和背书人在汇票尚未承兑前，可能要承担前期追索的责任，即汇票未得到承兑时，持票人可以向出票人或前手行使拒绝承兑的追索权。汇票一经承兑，出票人和背书人的这一责任即可免除。

第五节　汇票的保证

一、汇票保证的概念

汇票保证，是指票据债务人以外的人在已签发的票据上进行保证文句的记载并签章，从而表明对特定票据债务人的票据债务履行承担保证责任的一种票据行为。汇票保证旨在对特定汇票债务人履行其债务提供担保。在仅有汇票出票人及付款人尚不足以确立汇票信用，即尚不足以保证到期支付汇票金额的情况下，汇票债务到期能否履行就处于一种不确定的状态。如果由汇票债务人以外的第三人对汇票债务的按期履行予以保证，就可以增强汇票的信用，确保持票人实现其汇票权利。汇票保证作为一种票据行为，是一种附属的票据行为，其目的是担保票据债务的履行，实施担保的行为人必须是票据债务人以外的第三人，并须在票据上作相应的记载。保证人未在票据或者粘单上记载“保证”字样而另行签订保证合同或者保证条款的，不属于汇票保证。

二、汇票保证的种类

汇票保证按不同的标准，可以分为不同的类型：

1. 单独保证与共同保证。这是以保证人的人数为标准而进行的划分。保证人为一人的，是单独保证；保证人为二人及以上的，是共同保证。我国《票据法》第51条规定，保证人为二人以上的，保证人之间承担连带责任。

2. 完全保证与部分保证。这是以所担保的金额为标准而进行的划分。就汇票全部金额进行的保证为全部保证，仅就汇票金额的一部分而进行的保证为部分保证。我国票据法未明确地规定是否承认部分保证，仅规定保证不得附有条件。

3. 正式保证与略式保证。这是以在汇票上所记载的内容为标准而进行的划分。保证人在签章的同时，记载有“保证”字样的保证为正式保证；保证人仅有签章，而没有“保证”文句记载的保证为略式保证。我国票据法不承认略式保证。

4. 单纯保证与不单纯保证。这是以保证是否附有条件为标准而进行的划分。不附加任何条件的保证为单纯保证，附加一定条件的保证为不单纯保证。我国《票据法》第48条规定，保证不得附有条件，附有条件的，不影响对汇票的保证责任。

三、汇票保证的效力

保证行为一经成立，即对票据关系中的当事人发生效力。保证的基本效力，是担保被保证票据债务的履行，因此，在保证人、票据权利人和被保证人之间，就票据保证将发生一定的票据责任或票据权利。

1. 对汇票保证人的效力。保证人为汇票保证行为后，便应承担相应的票据责任。首先，保证人的责任是一种从属责任。保证人责任的发生依赖于被保证债务的存在和被保证人责任的种类及范围。其次，保证人的责任具有独立性。作为票据行为，汇票保证具有独立性和无因性，保证人承担的保证责任独立于被保证的票据债务，被保证的票据债务即使无效（因汇票形式欠缺无效的除外），也不影响保证责任的成立。再次，保证人的责任具有连带性。保证人与被保证人之间为连带责任关系，同时，在共同保证关系中，共同保证人对票据债务亦负连带责任，即使共同保证人之间并无共同保证的意思，也不影响他们承担连带责任。票据保证无效的，票据的保证人应当承担与其过错相应的民事责任。

2. 对汇票持票人的效力。汇票保证，对持票人来讲，又多了一层担保关系，持票人权利实现的可能性得到了加强。

3. 对汇票被保证人及其后手的效力。保证行为本身并不免除任何票据债务人的责任，但是如果汇票保证人履行了保证责任，清偿了持票人的债权，则对被保证人及其后手来讲，即可免除被追索的责任。

第六节　汇票的到期日

一、汇票到期日的概念

汇票到期日，也称汇票付款日，是指汇票上记载的，付款人应当履行付款义务的日期。汇票到期日的确定，于票据权利的行使具有十分重要的意义：如果持票人不在到期日及其后的法定期间内提示付款，将失去对前手的追索权；持票人行使追索权，其追索金额中包括的利息从到期日开始计算；持票人不得在到期日前行使付款请求权；票据权利的消灭时效期间，一般也是从到期日起算。票据法关于到期日规定的更主要意义在于确定付款人开始履行付款义务的期限。

二、汇票到期日的种类

关于汇票到期日的种类，各国法律都有明确的规定，汇票当事人不得创设新的到期日类型。因此，有些学者称之为汇票到期日法定原则。我国《票据法》第 25 条规定，汇票到期日有以下四种：

1. 见票即付。见票即付的汇票又称即期汇票，是指在汇票上记载“见票即付”“即期付款”的字样，或者不记载到期日，持票人一经提示汇票，付款人即应付款的汇票。见票即付汇票无须承兑，直接以提示日为到期日。这里的提示实际上包括了承兑提示和付款提示。付款人如果愿意付款，直接付款即可，没有必要进行承兑；反之，如果付款人愿意承兑，则表明其愿意付款。

2. 定日付款。定日付款的汇票又称定期汇票或板期汇票，是指在汇票上明确记载特定的年、月、日为到期日的汇票。

3. 出票后定期付款。该种汇票又称计期汇票，是指自出票后经过一定期间，并以该期间的末日为付款到期日的汇票。

4. 见票后定期付款。此种汇票又称注期汇票，是指汇票经付款人见票后经过一定期间而付款的汇票。这里的见票，就是指持票人向付款人提示承兑，付款人作出承兑或拒绝承兑的行为。如果经承兑，则汇票的到期日从承兑之日起算，经过约定期间即为到期日。我国《票据法》第 40 条规定，见票后定期付款的汇票，持票人应当自出票日起 1 个月内向付款人提示承兑。

三、汇票到期日的计算

不同的到期日，其计算的方法也不同。定日付款的汇票和出票后定期付款的汇票，在出票时已确定了到期日，因此，是到期日确定的汇票；见票即付的汇票和见票后定期付款的汇票，以持票人提示票据为前提。我国《票据法》第 107 条规定，本法规定的各项期限的计算，适用民法关于计算期间的规定。按月计算期限的，按到期月的对日计算；无对日的，月末日为到期日。根据各国票据法的规定，汇票到期日的计算方法有下列规则：

（一）各种到期日的计算

(1) 定日付款汇票的到期日以汇票上记载的年、月、日为准。

(2) 出票后定期付款的汇票，如果是以出票日后的一个月或数个月为到期日的，以应付款之月与该日期相当之日为到期日；无相当日的，以该月末日为到期日。出票后一个半月或数个半月付款的汇票，应先计算全月，再加上 15 日，以最后一天为到期日。

(3) 见票即付的汇票，可以由持票人确定汇票提示日期，汇票一经提示，汇票的到期日即确定。但持票人应于何时提示，票据法一般均加以规定。我国《票据法》第 53 条规定，见票即付的汇票，自出票日起 1 个月内向付款人提示付款。

(4) 见票后定期付款的汇票，首先确定见票日，再根据票据上所记载的期间，依照出票后定日付款的汇票的计算规则确定到期日。根据我国票据法的规定，这种汇票的持票人应于出票日起 1 个月内向付款人提示承兑，以确定见票日。

（二）法定假日的处理规则

如果汇票期限的最后一日恰好是星期日或者其他法定休假日，一般规定到期日可以顺延至假期后的第一个正常营业日。

第七节　汇票的付款

一、汇票付款的概念

汇票付款有广义的与狭义的两种解释：广义的票据付款，泛指票据债务人依票据而对权利人所进行的一切金钱支付，既包括付款人或承兑人在票据到期时对持票人所进行的支付，即一次支付，也包括追索义务人在发生追索时，对追索权利人所进行的支付，以及票据保证人对持票人所进行的支付，即二次支付。而狭义的票据付款，则仅指汇票上记载的付款人或承兑人在票据到期时对持票人所进行的票据金额的支付。这里的汇票付款，是指消灭汇票关系的狭义付款，付款产生的后果是消灭汇票关系。

二、汇票付款的程序

付款作为最终消灭汇票关系的行为，在程序上包括三个阶段，即付款提示、实际付款和交回汇票。

（一）付款提示

付款提示，是指持票人或其代理人向付款人或代理付款人现实地出示汇票，请求其付款的行为。付款提示是持票人行使付款请求权的必要前提，也是付款人支付汇票金额的必经程序。付款提示的当事人包括提示人和被提示人：提示人是指有权向票据债务人提示付款的人，包括持票人及其代理人。我国《票据法》第53条第3款规定："通过委托收款银行或者通过票据交换系统向付款人提示付款的，视同持票人提示付款。"被提示人是指接受付款提示的人，包括付款人、代理付款人和票据交换系统。持票人为付款提示，如果付款人拒绝付款，持票人可以据此作成拒绝证明，向其他汇票债务人行使追索权。如果持票人未为提示付款或未在法定期间为提示付款，则丧失对其全体前手的追索权。同时，我国《票据法》第53条第2款对持票人未在法定期间为付款提示的情况作了灵活性规定，即持票人如果未在法定期间内为付款提示，只要持票人对其行为作出说明，承兑人或付款人仍应对持票人承担付款责任。

（二）实际付款

我国《票据法》第54条规定："持票人依照前条规定提示付款的，付款人必须在当日足额付款。"可见，我国票据法采用付款人即时足额付款原则，不允许付款人延期付款、部分付款。汇票付款人在实施付款行为时负有审查的义务。我国《票据法》第57条第1款规定，付款人及其代理付款人付款时，应当审查汇票背书的连续，并审查提示付款人的合法身份证明或者有效证件。由此可知，付款人或付款代理人在付款时，仅需要审查背书是否连续等汇票形式上的要件，并审查提示付款人的合法身份证明；而对于诸如背书的真伪、持票人是否为真正权利人等实质要件则没有审查的义务。但付款人或其代理付款人有恶意或者重大过失付款行为的，应当自行承担责任。

（三）交回汇票

在持票人获得足额付款后，付款人可以要求其在汇票上记载"收讫"字样并签章，以此来证明付款人已经依法履行完付款义务。我国《票据法》第55条规定："持票人获得付款的，应当在汇票上签收，并将汇票交给付款人。持票人委托银行收款的，受委托的银行将代收的汇票金额转账收入持票人账户，视同签收。"

三、汇票付款的效力

我国《票据法》第60条规定："付款人依法足额付款后，全体汇票债务人的责任解除。"付款人按照汇票记载的文义，即时足额支付汇票金额后，汇票法律关系全部归于消灭，付款人和全体汇票债务人的票据责任因此而解除。

第八节　汇票的追索权

一、汇票追索权的概念与特征

（一）汇票追索权的概念

汇票追索权，是指持票人在汇票到期未获付款或期前未获承兑或有其他法定原因时，在依法行使或保全汇票权利后，向其前手请求偿还汇票金额、利息及其他法定款项的一种票据权利。汇票追索权是汇票上的第二次权利，是为补充汇票上的第一次权利即付款请求权而设立的。持票人只有在行使第一次权利未获实现时才能行使第二次权利。如果持票人的付款请求权得以实现，则追索权随之消灭。汇票追索权的当事人为追索权人和被追索人。追索权人，包括最后持票人和已为清偿的汇票债务人。最后持票人是汇票上唯一的债权人，在其所持汇票于期前未获承兑或有其他法定原因无从请求承兑或到期未获付款时，他有权行使追索权。其他汇票债务人被持票人追索而清偿债务后，享有与持票人同一权利，可以向自己的前手行使再追索权。被追索人，是指追索权人行使追索权所针对的义务人，包括出票人、背书人和其他债务人。我国《票据法》第 61 条第 1 款规定："汇票到期被拒绝付款的，持票人可以对背书人、出票人以及汇票的其他债务人行使追索权。"这里的其他债务人可以是保证人，也可以是承兑人。承兑人作为被追索人是在出票人作为偿还债务后的持票人的情形下形成的。

（二）追索权的特征

追索权是票据法上为票据权利人规定的一项特别票据权利，而有关追索权制度的规定，则是对票据权利人行使票据权利的一种法律救济措施。根据我国《票据法》第 68 条的规定，追索权的特征可以概括为以下三个方面：

（1）汇票追索权具有随意性。持票人在付款请求权得不到满足时，可以行使追索权，但也可以向其直接前手行使民事权利而实现自己的权利。如果持票人行使追索权，对追索对象的确定也具有随意性，持票人可以向任何一个或几个票据债务人行使追索权。

（2）汇票追索权具有连续性。持票人行使追索权获得清偿后，票据关系并没有消灭，被追索人履行清偿义务后，即成为该汇票的新持有人，仍可以向其前手行使再追索的权利。

（3）汇票追索权具有追加性。这是指持票人在已经开始的追索中，可以追加被追索人。我国《票据法》第 68 条规定，持票人对于汇票债务人中的一人或者数人已经进行了追索的，对其他尚未被追索的汇票债务人仍可以行使追索权。

二、汇票追索权行使的要件

追索权的行使，必须具备相应的要件，这些要件可以分实质要件和形式要件两个方面。

（一）实质要件

行使追索权的实质要件，就是追索权发生的原因。持票人行使追索权的实质要件是其所持汇票未获承兑或未获付款。以持票人是在汇票到期日前还是在汇票到期日后行使追索权为标准，追索权的实质要件各异。

1. 到期追索。合法持票人在汇票到期日后行使追索权的唯一原因是汇票到期被拒绝付款。通常行使的追索权，大都属于到期追索。汇票到期为何未获付款的原因又是多方面的，如持票人未履行原因债务、付款人资金不足、付款场所不存在等。无论何种原因，对持票人行使追索权并无影响。

2. 期前追索。在通常情况下，汇票到期日前，持票人一般不得行使追索权。但是，如果在汇票到期日前客观上发生了某些情况，使持票人的汇票权利在到期时可能无法实现，则持票人也可以在到期日前行使追索权。根据我国《票据法》第 61 条第 2 款的规定，发生下列情形之一时，持票人也可以在汇票到期日之前行使追索权：（1）汇票被拒绝承兑，即在汇票到期日前，持票人合法提示承兑而被付款人拒绝承兑。（2）承兑人或者付款人死亡、逃匿。（3）承兑人或者付款人被依法宣告破产或者因违法被责令终止业务活动。

（二）形式要件

行使追索权的形式要件，就是指行使追索权所必须遵循的程序和必须履行的法定手续。我国《票据法》第 62 条第 1 款规定，持票人行使追索权时，应当提供被拒绝承兑或者被拒绝付款的有关证明。从追索权行使的程序要求看，应采取的保全措施包括遵期提示承兑或提示付款、作成拒绝证明以及将拒绝事由通知其前手等三项。

1. 提示承兑或提示付款。定日付款、出票后定期付款以及见票后定期付款的汇票都应进行提示承兑。提示承兑和提示付款都必须在有效期间内进行，持票人未按照票据法的规定提示承兑和提示付款的，原则上丧失对其前手的追索权。

2. 作成拒绝证明。拒绝证明是指由法律规定的，对持票人依法提示承兑或提示付款而被拒绝，或无法提示承兑或提示付款这一事实具有证据效力的文书。由于追索权是持票人向其前手行使的，所以，被追索的前手必须知道持票人已依法提示承兑或提示付款而遭拒绝，进而确定持票人是否对自己享有追索权。作成拒绝证明，就是为了证明持票人已为提示而未获承兑或未获付款，或因其他法定原因无从提示的客观事实。因此，作成拒绝证明是保全追索权的一项重要程序，也是持票人行使追索权的一个重要步骤。拒绝承兑人或拒绝付款人分别为拒绝证明的作成义务人，同时也是拒绝证明的作成主体。对于拒绝证明具体应包括哪些内容，我国票据法未作规定。一般来说，拒绝证明应记载下列事项：拒绝人与被拒绝人的名称，汇票的内容，提示日期，拒绝事由或者无从提示的原因，作成日期，作成人签章等。根据我国票据法的规定，退票理由书也属于拒绝证明的一种。退票理由书，是指承兑人或付款人或付款人委托的付款银行出具的，记载不承兑或不付款理由的书面证明。依我国《票据法》第 62 条第 2 款的字面解释，退票理由书的作成义务人和作成主体，既可以是承兑人或付款人，也可以是付款人委托的付款银行。退票理由书的记载事项应与拒绝证明相同。另外，根据我国票据法的规定，在有些情况下，可以用其他证明文件来代替拒绝证明。如《票据法》第 64 条规定，如果承兑人或者付款人被人民法院依法宣告破产，或者因违法被责令终止业务活动，则人民法院的有关司法文书或者有关行政主管部门的处罚决定也具有拒绝证明的效力。

3. 拒绝事由的通知。又称追索通知，是指追索权人为向其前手行使追索权，而事先将汇票未获承兑或未获付款的事实告知其前手的行为。我国《票据法》第 66 条第 1 款规定，持票人应当自收到被拒绝承兑或者被拒绝付款的有关证明之日起 3 日内，将被拒绝事由书面通知其前手。第 67 条规定，拒绝事由的通知必须采用书面形式，内容方面应当记载汇票的主要事项，并说明该汇票已被退票的事实。因延期通知给其前手或者出票人造成损失的，由没有按照规定期限通知的汇票当事人承担对该损失的赔偿责任，但所赔偿的金额以汇票金额为限。

三、汇票追索权的效力

追索权的效力可以分为对人效力和对物效力两个方面。前者是指对追索权人和被追索人所产生的效力，后者是指对追索金额所产生的效力。

1. 对追索权人的效力。追索权人因行使追索权而受清偿后，应及时向被追索人交付汇票及拒绝证明等，以便于被追索人行使再追索权。追索权人的票据权利因受清偿而归于消灭。

2. 对被追索人的效力。持票人行使追索权，对被追索人主要产生下列两方面的效力：一是汇票出票人、背书人、承兑人和保证人对持票人承担连带责任；二是被追索人清偿汇票债务后，自己的票据债务消灭，取得票据后享有与持票人同一的权利，即被追索人在清偿了汇票债务后，可以取得持票人的追索权，对其前手进行追索。

3. 对物效力。追索权的对物效力表现为一定的追索金额。追索金额，是指依追索权的行使而可以请求支付的金额，包括最初追索金额和再追索金额。最初追索金额，是指持票人向汇票债务人行使追索权请求支付的金额，一般包括汇票金额、法定利息和追索费用三个部分。我国《票据法》第70条规定："持票人行使追索权，可以请求被追索人支付下列金额和费用：（一）被拒绝付款的汇票金额；（二）汇票金额自到期日或者提示付款日起至清偿日止，按照中国人民银行规定的利率计算的利息；（三）取得有关拒绝证明和发出通知书的费用。"再追索金额，是指偿还义务人行使再追索权时要求其前手清偿的金额，一般也包括三个部分，即已清偿的追索金额、法定利息和再追索费用。

法律应用

1. 银行汇票与商业汇票在实际使用中有不同的规则。银行汇票一经承兑，承兑人就负有绝对的付款义务；而商业汇票虽经承兑，承兑人仍可以票据基础关系的瑕疵对抗票据权利人。

2. 汇票的必要记载事项是票据行为有效成立的前提，任何一种票据行为都以合法、有效的记载为生效要件。

3. 汇票行为的法律效力与民事法律行为的效力不同，如票据权利转让行为的效力，并不导致转让人的票据债务的免除。

4. 保证是履行债务能力的一种加强。一般民事责任保证与票据保证的行为要求、保证人责任都不相同。

5. 汇票追索权的行使一般发生在票据到期之后，但也不排除汇票到期前追索的可能。汇票期前追索权的行使并不以必须作成拒绝证明为条件，其他充分证据也可以作为行使追索权的依据。

课后复习

1. 分析汇票出票与原因关系、资金关系的联系。
2. 汇票出票的记载事项可以作何种分类？每类的具体内容有哪些？
3. 汇票的出票行为（主票据行为）与附属票据行为之间的关系如何？
4. 一般背书与特别背书的款式及法律效力有何区别？
5. 如何理解承兑的原则？
6. 追索权的效力包括哪些内容？

第二十章

本票与支票

提 要

本票的特征在于自己出票自己付款，由此，本票的票据行为具有与汇票不同的特点。支票主要是作为一种支付工具，具有见票即付性和付款人特定性的特点。但是，无论是本票还是支票，都是票据的一种，具有票据的一般特征。因此，在本票和支票的具体应用中，与汇票之间既存在很多共性的规则，又具有各自的某些特别规则，如本票对出票人资格的限制，支票出票人与付款人之间的资金关系等。

重点问题

1. 本票与支票的概念及特征
2. 本票与汇票的关系
3. 支票与汇票的不同规则
4. 空白支票与空头支票

第一节　本票

一、本票的概念与特征

（一）本票的概念

我国《票据法》第 73 条规定：“本票是出票人签发的，承诺自己在见票时无条件支付确定的金额给收款人或者持票人的票据。”本票作为票据的一种，同样具有支付功能和信用功能。

（二）本票的特征

本票与汇票、支票一样，具有一切票据的共同性质。但其与汇票、支票相比，具有自己的法律特征：

（1）本票的基本当事人只有两方。汇票和支票的基本当事人都是三方，即出票人、付款人和收款人。本票的基本当事人只有出票人和收款人。

（2）本票是自付证券。本票的出票人就是付款人，由出票人自己对收款人支付并承担绝对付款责任。而汇票和支票的出票人自己一般不承担付款责任，而是委托他人支付票据金额。因此，汇票和支票又称为委付证券，本票则称为自付证券。这也是本票区别于汇票、支票的根本所在。

（3）本票一经出票，收款人即取得现实的付款请求权。汇票和支票是无条件委托第三人承担付款义务，但该委托对第三人并没有票据法上的约束力。而本票付款人是出票人本人，该付款的承诺对出票人本人具有法律约束力。

二、本票的种类

根据不同的标准，可以对本票作以下不同的分类：

（1）以本票上是否记载权利人为标准，可以将本票分为记名本票、指示式本票和无记名本票。我国票据法规定，本票必须记载收款人名称，因此，我国票据法规定的本票只有记名本票一种，不承认指示式本票和无记名本票。

（2）以本票上指定的到期日方式为标准，可以将本票分为即期本票和远期本票。远期本票又可以分为定期本票、出票后定期付款本票以及见票后定期付款本票三种。我国票据法规定的银行本票属于见票即付本票。

（3）以本票的出票人为标准，本票可以分为银行本票和商业本票。银行签发的本票为银行本票，其他企业、事业单位和个人签发的本票为商业本票。我国《票据法》第73条第2款规定："本法所称本票，是指银行本票。"可见，我国票据法只承认银行本票，不承认商业本票。

（4）以本票的付款方式为标准，本票可以分为现金本票和转账本票。这是根据中国人民银行《支付结算办法》的有关规定所作的分类。根据《支付结算办法》的规定，银行本票可以用于转账，注明"现金"字样的银行本票可以用于支取现金。同时，该办法规定，本票的申请人或者收款人是单位的，不能申请签发现金本票。

（5）以本票上记载金额的方式不同，可以分为定额本票和不定额本票。根据《支付结算办法》的规定，本票的面额有1 000元、5 000元、10 000元和50 000元四种。不定额本票的金额由出票人根据双方当事人的约定签发。

三、本票的出票

（一）本票出票的概念

本票的出票，从形式上看与汇票的出票一样，都是指出票人作成票据，并将票据交付给收款人的基本票据行为。但从内容上看，本票的出票与汇票的出票不同。

汇票的出票是出票人委托付款人向收款人支付一定金额的票据行为，而本票出票则是出票人表示自己承担支付本票金额债务的票据行为。作成票据必须由出票人在票据上作必要的记载。我国《票据法》第75条规定，本票的必要记载事项包括：（1）表明"本票"的字样；（2）无条件支付的承诺；（3）确定的金额；（4）收款人名称；（5）出票日期；（6）出票人签章。但付款地和出票地是相对必要记载事项。如果本票上未记载付款地，则出票人的营业场所为付款地；如果本票上未记载出票地，则出票人的营业场所为出票地。

（二）本票出票的效力

本票出票的效力，是指出票人签发本票后承担的责任以及收款人因此享有的权利。对出票人来说，出票人必须承担对本票持票人的付款责任。出票人的这种付款责任是第一次的责任，出票人是第一债务人或主债务人。这种付款责任是一种无条件的责任，本票一届到期日，出票人必须对持票人付款，对此不得附加任何条件。这种付款责任又是一种绝对的责任，出票人的付款义务不因持票人对其权利的行使或保全手续的欠缺而免除。根据我国《票据法》第79条的规定，本票的持票人未按照规定的期限提示见票的，虽然丧失对其前手的追索权，但仍然可以向出票人行使追索权。出票人的付款责任还是一种最终的责任，即出票人一经付款，全部本票关系就归于消灭。对于收款人来说，出票人签发本票后，收款人以及以后的持票人就取得本票上的权利，包括付款请求权和追索权。

四、本票的见票制度

（一）本票见票的概念

本票见票，是指本票的出票人，因持票人的提示，为确定见票后定期付款本票的到期日，在本票上记载“见票”字样及见票日期并签名的一种行为。为确定本票的付款，从出票人方面讲是见票，而从持票人方面讲即是提示，是指持票人在法律规定的期限内，向本票出票人提示票据，请求支付票据金额的行为。本票无须承兑，因而不存在汇票上的提示承兑；本票出票人自始即为主债务人，因而也不存在见票即付汇票上的提示付款。可以说，见票规则是本票所具有的，不同于汇票上的提示承兑、提示付款的一种特别制度。

（二）见票的期间

本票是出票人承诺于见票时无条件付款的票据，因此，见票也就成为出票人履行付款义务的一项条件。为使持票人尽可能及时行使票据权利，防止因票据债务长期存在而给出票人带来心理负担，我国票据法对持票人的提示见票规定了一定的期间限制，即本票自出票日起，付款期限最长不得超过 2 个月。因而，持票人应在法定的提示见票期限内，向出票人请求付款。

（三）见票的效力

如果是见票后定期付款的本票，见票便具有确定到期日的效力。由于我国票据法只规定了见票即付的本票，所以，见票的效力不涉及确定到期日的问题。我国票据法规定，本票的持票人未按照规定期限提示见票的，丧失对出票人以外的前手的追索权。这一规定说明，对于持票人来说，应当在本票出票日后 2 个月内提示见票。

如果持票人在此期间内提示见票，而未获付款，则得向其前手行使追索权；而持票人未在法律规定的提示见票期限内提示见票的，则丧失其对前手的追索权，但对于本票出票人的付款请求权，不受是否在此期限内提示见票的限制，在出票日后 2 年内，均得随时向出票人请求付款。

五、汇票规则的准用

本票和汇票相比，除了不具有承兑、拒绝承兑证明等特征外，其他各项制度与汇票均相同。因此，各国票据立法为了避免法律条款的重复，一般都以汇票的规则为中心内容，对本票除另有规定外，其他有关制度都适用或准用汇票的规定。

1. 本票出票对汇票规则的适用。由于票据当事人与付款的程序不同，本票的出票规则与汇票的出票规则，特别是在记载事项的要求上有较大的差别。因此，我国票据法对于本票的出票规则有详细的规定，准用汇票的较少。当然，本票的出票行为也有适用汇票规则的，如本票的出票行为可以适用《票据法》第 24 条的规定，即本票上可以记载票据法规定以外的事项。但根据《票据法》第 24 条的规定，该记载事项不产生票据效力。

2. 本票背书对汇票规则的适用。本票的背书转让与汇票的背书转让在方式上并没有本质的区别，因此，应当准用相同的规则。在立法上，我国票据法有关本票背书转让未作任何特别规定，而完全适用有关汇票背书转让的规则。

3. 本票保证对汇票规则的适用。对本票的保证来说，有关汇票保证的规则，包括保证行为的形式、保证的记载事项、保证的原则、保证的效力等完全可以适用。由于我国票据法规定的本票仅限于银行本票，在实践中，发生银行本票保证的可能性极小，所以，汇票保证规则适用于本票在实践中的意义并不大。

4. 本票付款对汇票规则的适用。本票付款除了在提示付款的期限上与汇票提示付款期限有不同的规定以外，其他方面的规则与汇票付款的规则完全相同。由于本票是见票即付，所以，不存在如同汇票的期前付款以及相关责任的问题。

5. 本票追索权对汇票规则的适用。我国票据法对本票追索权的行使没有作出特别规定。本票的持票人在本票到期日被拒绝付款的，可以对背书人、出票人及本票的其他债务人行使追索权。但是考虑到本票的见票即付性，本票不可能发生期前追索的问题。另外，汇票追索中有关承兑的一些规则，也不适用于本票的追索权。

第二节　支票

一、支票的概念与特征

（一）支票的概念

我国《票据法》第 81 条规定，支票是出票人签发的，委托办理支票存款业务的银行或者其他金融机构在见票时无条件支付确定的金额给收款人或者持票人的票据。在票据法理论上认为，汇票属于信用证券而具有信用功能，同时也具有支付功能；而支票仅为单纯的支付证券，不具有信用功能，只具有支付功能。

（二）支票的特征

支票作为票据的一种，与汇票、本票有共同的规则，但也有其自身的特殊性。支票的法律特征包括：

(1) 支票是票据的一种，具有一般票据的共同特征。支票与汇票、本票一样，属于完全有价证券、设权证券、无因证券、文义证券、金钱债权证券、流通证券、要式证券。

(2) 支票的付款人仅限于银行或其他金融机构。支票与汇票一样，不是自付证券，但票据法对支票付款人的资格及付款的条件都有限制，只能是银行或其他金融机构，不能是其他法人、自然人；且一般以支票出票人在付款人处有足额存款为条件。

(3) 支票是见票即付的票据，不像汇票、本票那样有即期和远期之分。因此，汇票、本票是信用证券，而支票是支付证券，其主要功能在于代替现金进行支付。

二、支票的种类

在票据法理论上，根据不同的标准，可以对支票作不同的分类。

(1) 以支票上收款人记载方式为标准，可以将支票分为记名式支票、指示式支票和无记名式支票。

(2) 以支票的支付方式为标准，可以将支票分为普通支票、现金支票和转账支票。根据我国票据法的相关规定，普通支票可以支取现金，也可以转账，用于转账时应当在支票正面注明。支票中专门用于支取现金的，可以另行制作现金支票，现金支票只能用于支取现金。支票中专门用于转账的，可以另行制作转账支票，转账支票只能用于转账，不得支取现金。

(3) 以支票当事人资格是否兼任为标准，可以将支票分为一般支票和变式支票。一般支票是指出票人、收款人、付款人分别为三个不同的主体。支票的三方当事人中的任何两方当事人发生资格重合的，称为变式支票。变式支票有三种类型：已付支票、已受支票、受付支票。

(4) 以支票付款是否有特殊规定为标准，可以将支票分为一般支票和特殊支票。一般支票在付款上没有特殊规定。特殊支票则存在着特殊的付款规定。在特殊支票中又有保付支票、划线支票和转账支票。

三、支票的出票

(一) 支票出票的概念

支票的出票与汇票、本票的出票一样，是指出票人作成票据，并将票据交付给收款人的票据行为。关于支票的记载事项，我国《票据法》第 84 条规定，支票必须记载下列事项：(1) 表明"支票"的字样；(2) 无条件支付的委托；(3) 确定的金额；(4) 付款人名称；(5) 出票日期；(6) 出票人签章。这些事项属于支票的绝对必要记载事项，未记载这些事项之一的，支票无效。支票上的金额，可以是在出票时就已确定而记载，也可以在出票后再行确定而补记。我国《票据法》第 85 条规定，支票上的金额可以由出票人授权他人补记，支票在未补记前不得使用。支票的付款地和出票地属于支票的相对必要记载事项。我国《票据法》第 86 条第 2 款规定，支票上未记载付款地的，付款人的营业场所为付款地；《票据法》第 86 条第 3 款规定，支票上未记载出票地的，出票人的营业场所、住所或者经常居住地为出票地。另外，我国《票据法》第 86 条第 1 款规定："支票上未记载收款人名称的，经出票人授权，可以补记。"据此，收款人名称属于任意记载事项，出票人可以记载，也可以不记载。

(二) 支票出票的效力

支票出票的效力，是指出票人签发支票后，出票人、付款人和收款人所承担的责任或享有的权利。

1. 对出票人的效力。出票人一经签发支票，就应承担担保支票付款的责任。我国《票据法》第 89 条第 1 款规定："出票人必须按照签发的支票金额承担保证向该持票人付款的责任。"即使支票因超过提示付款期限等原因而未获付款，出票人仍应当对持票人承担票据责任。

2. 对付款人的效力。出票人签发支票的行为对付款人没有强制性效力，付款人并不因出票行为而负有付款义务。支票出票人的出票行为是出票人单方面的委托付款人付款的行为，至于付款人是否接受出票人的委托向持票人付款，则完全由付款人自己决定。不过，付款人在一定条件下负有向持票人付款的义务。这种条件，就是在出票人与付款人之间存在资金关系。我国《票据法》第 89 条第 2 款规定："出票人在付款人处的存款足以支付支票金额时，付款人应当在当日足额付款。"

3. 对收款人的效力。出票人一经签发支票，便取得向付款人请求付款的权利。由于支票属于委付证券，出票行为是单方法律行为，所以，持票人无法确切知道付款人是否将会付款。因此，收款人因出票行为享有的权利仅是一种期待权。除非付款人在支票上为保付行为，该权利只有在得到票款时，才能变为现实权。除请求付款外，收款人也可以在一定条件下行使追索权。

(三) 支票的资金关系

各国票据法一般均规定，签发支票的出票人必须与付款人之间存在资金关系。在支票关系中，付款人无须承兑，即得为出票人向收款人付款。之所以如此是因为出票人与付款人之间事先存在一定的资金关系。支票的资金关系具体包括三项规则：

1. 开立支票存款账户。支票是由出票人签发，而委托办理支票业务的银行等向持票人进行支付的票据。因此，支票的出票人必须先成为一个银行的客户，然后才能签发支票，委托其开户银行代替付款。我国《票据法》第 82 条规定，申请人申请开立支票存款账户，必须使用其本名，并提交证明其身份的合法证件。开立支票存款账户和领用支票，应当有可靠的资信，并存入一定的资金。开立支票存款账户，申请人应当预留其本名的签名式样和印鉴。

2. 禁止签发空头支票。我国《票据法》第 87 条第 2 款规定："出票人签发的支票金额超过其付款时在付款人处实有的存款金额的，为空头支票。禁止签发空头支票。"空头支票就是指出票人所签发的支票金额，超过其付款时在付款人处实有存款金额的支票。我国《票据法》第 87 条第 1 款规定："支票的出票人所签发的支票金额不得超过其付款时在付款人处实有的存款金额。"由此可见，出票人与付款人之间存在合法的资金关系，是出票人有效签发支票的前提。在实务中，判断出票人签发的是否是空头支票的依据是持票人向付款人提示付款时，出票人是否有足额的存款，而不是以出票人在出票时于付款人处是否有足额的存款。

3. 足额付款。出票人与付款人之间的资金关系，可以是支票合同，也可以是透支合同。根据资金关系，一方面，要求出票人必须保证在付款人处有足够支付的存款，不得签发空头支票；另一方面，付款人也需要及时支付支票金额。因此，我国《票据法》第 89 条第 2 款规定，出票人在付款人处的存款足以支付支票金额时，付款人应当在当日足额付款。

（四）空白支票

空白支票，又称空白授权支票，是指在支票出票时，对若干必要记载事项未进行记载，即完成签章并予以交付，而授予他人补记，经补记后才使其有效成立的支票。作为支票出票的一项例外，我国票据法规定了有关签发空白支票的规则，而在汇票和本票规则中，则未规定此项规则。从票据的严格要式性原则来说，这种空白支票在外观上可能构成无效票据，但由于其后由他人进行补记，因而空白支票并非无效票据，而仅仅为未完成票据，一经补记完成，即为有效票据。根据我国票据法的规定，空白支票主要有两类：金额空白支票和收款人名称空白支票。金额空白支票是指出票人在签发支票时，没有记载金额，而授权他人来补记的支票。我国《票据法》第 85 条规定，支票上的金额可以由出票人授权补记，未补记前的支票，不得使用。收款人名称空白支票是指出票人在签发支票时，没有记载收款人名称，而是授权他人进行补记的支票。我国《票据法》第 86 条规定，支票上未记载收款人名称的，经出票人授权，可以补记。但是在收款人名称未补记前，支票是否可以背书转让或提示付款的问题，还有待于我国票据法的进一步明确和完善。

四、支票的付款

支票的付款，是指付款人根据持票人的请求向其交付支票金额，以消灭支票关系的行为。持票人在请求付款时，必须为付款提示。我国《票据法》第 91 条第 1 款规定："支票的持票人应当自出票日起十日内提示付款；异地使用的支票，其提示付款的期限由中国人民银行另行规定。"如果持票人超过了提示期限，付款人可以拒绝付款。由于支票是见票即付的票据，所以，持票人在提示期限内提示付款时，付款人应立即付款。付款人在支付支票金额之前，应当审查支票背书的连续，并审查提示付款人的合法身份证明或者有效证件。支票付款人的这一审查义务，原则上与汇票付款人的审查义务相同，即仅需审查票据形式上的要件。但是，支票出票人在开立支票存款账户时必须使用本名，而且预留了本名的签名式样和印鉴，因此，付款人在支付金额时，还必须对支票上的签名或印鉴是否与预留签名和印鉴相符进行审查。付款人的依法付款行为具有免除其责任的效力。我国《票据法》第 92 条规定，付款人依法支付支票金额的，对出票人不再承担受委托付款的责任，对持票人不再承担付款的责任，但付款人以恶意或有重大过失付款的除外。

五、汇票规则的准用

我国票据法以汇票的规定为其主要内容。对与支票与汇票相同的内容，票据法采用了与本票相同的适用汇票规定的立法技术。我国票据法关于支票对汇票规则的准用主要集中在出票、背书、付款、追索等方面。

1. 支票出票对汇票规则的适用。支票的出票与汇票的出票在形式上是相同的。我国《票据法》第 93 条规定，支票出票准用《票据法》第 24 条、第 26 条关于汇票出票的规定。但是从出票的效力看，由于支票无须承兑，因而，支票出票人只承担付款保证的责任。

2. 支票背书对汇票规则的适用。我国票据法规定，支票亦可以背书转让，且与汇票的背书转让规则没有根本性差别。因此，在支票背书转让的规则方面，如背书的行为方式、背书的必要记载事项及其他记载事项、背书的效力等都与汇票的规定相同。不过，由于支票没有承兑制度，因而，背书人不会因支票未获承兑而承担责任。

3. 支票付款对汇票规则的适用。支票与汇票都属于委付证券，支票的付款与汇票的付款也具有基本相同的要求，如付款人的审查责任、付款的效力等。但由于支票是见票即付的票据，支票付款中不存在汇票的期前付款以及相应的责任问题，也不存在汇票中的承兑问题。

4. 支票追索对汇票规则的适用。支票的追索权的行使也适用汇票关于追索权的规定，包括追索权行使的实质条件、形式要件、追索权行使的程序以及追索金额的规定等。但是与支票性质不一致的，则不适用汇票的规定，如支票无承兑制度，因此，汇票追索中关于承兑的规定并不适用于支票追索。

法律应用

1. 我国目前只有银行本票而没有其他本票种类，且只承认见票即付的银行本票。

2. 本票出票人为经中国人民银行当地分支行批准办理银行本票业务的银行机构。

3. 见票即付的汇票自出票日起 1 个月内提示付款；银行本票的持票人应自出票日起 2 个月内提示付款。

4. 我国目前存在普通支票、现金支票和转账支票三种支票。

5. 出票人签发空头支票，银行应予以退票，并按票面金额处以 5%但不低于 1 000 元的罚款；持票人有权要求出票人赔偿支票金额 2%的赔偿金。

6. 空白支票可以是金额空白支票，也可以是名称空白支票。应明确这两种空白支票在补记前的票据效力。

课后复习

1. 本票与汇票相比具有哪些特征？
2. 本票出票有什么特别要求？
3. 支票出票有什么特别要求？
4. 如何理解支票出票人与付款银行之间的资金关系？

第五编

保险法

第二十一章 保险法概述

提要

保险制度是一项重要的经济制度，履行分散风险、消化损失的职能，具有迥异于储蓄、救济、保证的特征。保险法律制度是调整保险关系的法律、法规及规章的总和，对于维护保险市场的公平与秩序，保障保险活动中各方当事人的合法权益具有重要的意义。在保险法律制度中，最大诚信原则、保险利益原则、损失补偿原则及近因原则是贯穿于保险活动始终的重要法律原则。

重点问题

1. 保险的特征
2. 保险法的基本原则

第一节 保险与保险法

一、保险的概念与特征

（一）保险的概念

对于保险的概念，应从两个方面理解：第一，从经济关系的角度，保险是一种分散危险、消化损失的经济补偿制度。第二，从法律关系的角度，保险是一种法律行为，保险是根据法律规定或当事人双方约定，一方以承担支付保险费的义务为代价，换取另一方对可能发生的危险提供经济保障的权利的一种法律行为。根据我国保险法的规定，所谓保险，是指投保人根据合同约定，向保险人支付保险费，保险人对于合同约定的可能发生的事故因其发生所造成的财产损失承担赔偿保险金责任，或者当被保险人死亡、伤残、疾病或者达到合同约定的年龄、期限等条件时承担给付保险金责任的商业行为。

（二）保险的构成

保险的构成，又称保险的要件，是指保险得以成立的基本条件。构成保险必须具备以下要件：

1. 必须以特定的危险为对象。无危险则无保险，建立保险制度的目的是应付特定危险事故的发生，因此，危险是构成保险的第一要件。但并非任何危险都可以构成保险危险，保险制度中所指的危险必须是：（1）危险发生与否不能确定。危险肯定不会发生，就无须保险；危险肯定发生，则无人能够承保。(2) 危险发生的时间不能确定。某一危险的发生可以确定，但何时发生，则不能确定。(3) 危险所导致的后果不能确定。

2. 必须以多数人的互助共济为基础。保险的经营方式是通过集合多数经济单位共筹资金，建立保险补偿基金，用以补偿少数人的损失。保险人在保险制度下仅仅是一种媒介体，对于它在保险合同下所承担的危险，通过保险制度而分散给可能遭遇危险的社会大众。

3. 必须以对危险事故所致损失进行补偿为目的。保险并非保证危险不发生，而是对危险造成的损失给予经济补偿。危险事故所导致的损失，必须是在经济上能够计算价值的，否则，保险的赔偿将无法实现。

二、保险与相关制度的区别

保险具有自身的特征。保险所具有的特征，使它与储蓄、救济、保证、赌博相区别。

（一）保险与储蓄

保险与储蓄，都是处理经济不稳定的善后措施，但两者在实施方法及行为目的上有较大不同。储蓄是单独、个别进行的自助行为，其目的是以自己积聚的储蓄金额及利息，负担将来可能产生的需要。保险是以概率论即大数法则作为保险费率计算基础的多数人互助行为，其目的仅针对由于自然灾害或意外事故所导致的损失，以较小支出取得较大的经济保障。

（二）保险与救济

保险和救济都是人类抵御意外灾害事故所致损失时采取的补救办法，但两者本质上有所不同：救济是来自于外援的单方面的无偿的法律行为，救济对象是不特定的任何受灾单位和个人；救济形式既可以为金钱，也可以为实物。保险是依靠参加保险的成员交纳保险费，通过保险基金来补偿损失的双方法律行为；保险保障的对象是特定的，即参加保险的成员，保险补偿通常采用金钱给付的形式。

（三）保险与赌博

保险与赌博均属于射幸行为，具有偶然性，且当事人所付代价与所得报酬不保持均等关系，但保险与赌博在性质和功能上具有本质区别：保险制度无论在任何国家或地区都是合法的经济补偿制度，其功能是分散危险、消化损失、互助共济，从而实现社会安定的目的。而赌博，除了在极个别的国家和地区外，是大多数国家的法律所禁止的行为，因此，赌博不是且不可能成为安定社会经济的手段，相反，它只会给社会带来消极后果。

（四）保险与保证

保险和保证都是合同关系，都是对未来偶然事件所致损失的补偿方法，但这两种合同的内容有所不同：保险合同是一种独立合同，投保人员有缴纳保险费的义务，保险人有在保险事故发生后履行支付保险金的义务。而保证合同一般是从属合同，保证人只有在债务人不履行或不能履行义务时，才代替债务人履行债务，因而保证人享有先诉抗辩权、求偿权和代位权。

三、保险的种类

依据不同的标准，保险有不同的分类。

（一）自愿保险与强制保险

依照保险的实施形式，可以分为自愿保险和强制保险。自愿保险是在自愿的原则下，根据投保人与保险人订立的合同而构成的保险关系。在自愿保险中，投保与否、保险金额、保险期限均可以由投保人自行选择。强制保险，又称为法定保险，是以国家颁布法律、法规的形式实施的保险。在强制保险中，保险金额是统一的，凡在法律规定的范围内都必须投保，保险责任自动产生，保险人、投保人双方都没有选择是否承保或投保的余地。

（二）财产保险与人身保险

依照保险的标的不同，可以分为财产保险和人身保险。财产保险是以财产及其有关利益为保险标的的保险，包括财产损失保险、责任保险、信用保险等。人身保险是以人的寿命和身体为保险标的的保险，包括人寿保险、健康保险和意外伤害保险等。

（三）直接保险与再保险

依照保险人承担责任的次序，可以分为直接保险与再保险。直接保险，是指由保险人直接承保业务并与投保人签订保险合同，对于被保险人因保险事故所遭受的损失，承担直接的原始赔偿责任的保险。再保险，是指对直接保险的保险责任再予以承保的保险。保险人将自己的承保业务中的一部分危险责任分摊给另一个保险人承担，以减轻直接保险人自身所负担的经济赔偿责任。在保险危险转移的时候，直接保险人必须将已收取的保险费的一部分转让给再保险人。

（四）社会保险与商业保险

依照保险的目的和职能不同，可以分为商业保险与社会保险。商业保险，是指由保险公司按照商业经营的原则开办各种保险。商业保险以自愿为前提，以营利为目的。社会保险，是国家为实现某种社会政策或保障公民利益而采取的经济补偿手段的总称。社会保险以全体公民为保险对象，目的在于保障社会成员的基本生活，绝非营利。社会保险的保险费通过国民收入再分配来实现，通常由国家、单位、个人共同负担。

四、保险法的内容和作用

（一）保险法的概念和内容

按照通说，保险法是指以保险关系为调整对象的一切法律规范的总称。西方国家的保险法通常有广义和狭义之分：广义的保险法既包括保险公法（主要指保险业法和社会保险法），也包括保险私法（主要指保险合同法和保险特别法）；狭义的保险法仅指保险私法。[①] 保险法通常包括以下四个方面的内容：

（1）保险合同法。又称保险契约法，是保险法的核心内容。我国目前保险合同法主要由《海商法》中关于海上保险合同的规定、《保险法》第二章对于财产保险合同和人身保险合同的规定构成。

（2）保险业法。又称保险业监督法，是对保险业进行监管的法律。其内容是关于保险组织的设立、经营、管理、监督、破产、解散、清算等。我国保险业法主要由《保险公司管理规定》，《保险法》第三章、第四章、第五章、第六章等构成。

（3）保险特别法。保险特别法是相对于保险合同法而言的，是指保险合同法之外具有商法性质的规范某一险种保险关系的法律和法规。例如，我国《海商法》中关于海上保险合同的规定，就是典型的保险特别法。

（二）保险法的作用

1. 切实保护被保险人的合法权益。保险经营具有负债性和广泛社会渗透性的特点，而保险人能否真正承担保险责任，取决于其是否具备足够的偿付能力。保险事业愈发达，服务范围

① 李玉泉．保险法．北京：法律出版社，1997：13.

愈广，广大民众对其依赖性愈大。保险业的经营活动已成为经济发展的重要制约因素，如果经济补偿环节出现差错或者保险经营出现亏空，丧失偿付能力，将对社会经济运行造成重大影响。因此，各国保险法均对保证保险人的偿付能力作出相应具体规定，包括保险人资本金的数额、保证金的提取、各项责任准备金的提存等，目的在于使保险人维持正常经营，从而切实保护广大被保险人的合法权益。

2. 促进保险人科学、合理地经营。一方面，保险经营的专业性很强，保险费率的厘定需要有专门的数理及统计基础，保险条款的拟定及防灾减损均有较强的专业内容，对此，保险人之间往往成立同业公会等组织来对自身运营进行管理，在条款的费率方面提出一些共守原则；另一方面，保险合同均有一定的期限，保险人收取的保险费与支付赔偿在时间上有一定距离，保险人通过其经营活动积累的大量资金，若运用不当，将对国家的产业发展造成冲击。因此，必须通过法律强化对保险人经营的监督和管理，使保险人的经营建立在科学、合理的基础之上，从而保障保险人的经营活动有利于经济发展与繁荣。

3. 维护保险市场的公平规范竞争。在保险活动中，保险人以收取保险费作为其经营成本，虽然有最低资本金的限制，但相对其他生产、服务性行为，其资金的筹措是在经营活动之后。同时，保险以相对科学的损失率和死亡率为客观基础，保险费收入越高，成本就越低，利润就越高，这也就给投机经营提供了机会。若不加强对保险市场的规范监管，就有可能出现资本雄厚的保险人通过降低保险费和提高经纪人、代理人佣金等手段招揽客户，使实力较弱的保险人处于劣势，最终形成保险市场垄断的结果。因此，为维护市场公平竞争和被保险人利益，必须通过法律来规范保险市场的竞争行为。

第二节 保险法的基本原则

保险法的基本原则，是指贯穿于保险法中的基本精神和指导思想。这些基本原则有的通过立法采用法律条文的形式表达出来，有的则通过法律规范的内容体现出来。

一、最大诚实信用原则

任何一项民事活动都应当遵循诚信原则。诚信原则是世界各国民事立法对民事、商事活动的基本要求。与一般民事活动不同，保险活动不仅需要遵循一般的诚实与信用原则，而且要遵循最大的诚实与信用原则。这是由保险的特点所决定的。第一，保险事故的发生存在偶然性，保险人的赔付无疑为偶然事件所左右。第二，保险人在承保各种保险业务时，无论是承保房屋、船舶、车辆、货物或其他有形的、无形的保险标的，对其危险状况是一无所知的。保险人不可能不计成本地对每一保险标的的危险状况进行实地调查，保险人仅根据投保人或被保险人对标的危险状态的陈述、说明，决定他是否承保以及以什么条件承保。第三，保险标的在投保后的大多数情况下仍在被保险人控制之下。这就要求被保险人应与未保险时一样，尽到谨慎管理的责任，否则将增加危险发生的可能性。

最大诚实信用原则首先是对投保人的要求，它要求投保人在订立保险合同时应履行如实告知义务。由于保险双方在保险活动中的地位不同，投保人对拟投保财产的危险情况最清楚，他可以事先了解保险条款和保险单内容，然后决定是否投保，因而处于主动地位。而保险人除了调查所知的情况以外一无所知，只能根据投保人的陈述来决定是否承保和如何承保。若投保人陈述不实或有意隐瞒，保险人是难以及时发现的，所以，保险人在保险合同的签订过程中基本处于被动地位。同时，最大诚实信用原则对于保险人也同样适用，即要求保险人在订立保险合同时履行说明义务。在保险活动中，保险人所体现出来的最大诚信应当是他有足够能力履行保险合同规定的给付保险金的责任。从保险人的角度讲，是否订立保险合同基于投保人对保险标的风险情况的如实陈述、说明，从投保人的角度讲，之所以投保是因为相信投保后，风险可以转由保险人承受。因此，保险人表现出的最大诚信是必须具有可靠的偿付能力。故此，各国保险立法对保险企业的设立、经营管理、停业等作出了特殊的、严格的法律规定，这样就在法律上为保险人践行最大诚实信用原则提供了保证。

二、保险利益原则

保险利益，又称可保利益，是指投保人或者被保险人对保险标的具有的法律上承认的利益，即在保险事故发生时可能遭受的损失或失去的利益。保险利益原则的确立与保险业的规范化、法制化过程相联系。现行《保险法》将原法中关于保险利益的规定修改为："人身保险的投保人在保险合同订立时，对被保险人应当具有保险利益。财产保险的被保险人在保险事故发生时，对保险标的应当具有保险利益。"同时删除了"投保人对保险标的不具有保险利益的，保险合同无效"的笼统规定。具体地说，在人身保险中，只要保险合同订立时投保人对被保险人具有保险利益，保险合同就有效，保险公司就应承担保险责任；在财产保险中，只要被保险人在保险事故发生时对保险标的具有保险利益，保险公司就应承担保险责任，从而改变了传统财产保险要求被保险人在投保时、保险事故发生时都应具有保险利益的规定。

保险利益原则作为保险法的基本原则具有非常重要的意义：第一，防止赌博。保险标的在保险有效期内发生保险事故具有较大的偶然性，如果允许投保人对不具有保险利益的标的进行投保，那么，人们便可以通过保险的方式从意外事故中获利。第二，减少道德危险。道德危险是指恶意制造事故以图保险赔款的危险。在保险合同中如果不坚持保险利益的原则，人们就可以将与自己无利害关系的财产或某个与己无任何关系的人的生命作为保险标的投保。保险标的与投保人无利害关系，可能导致一些人故意制造保险事故以达到图谋保险金的目的。第三，限制财产保险的赔偿程度。被保险人的保险标的遭受损失，要求经济补偿的数额不得超过投保人在损失标的上的全部保险利益，如果不坚持赔偿的最高额以保险利益为准，则被保险人可以较少的损失获得较大的赔偿额，同样会诱发道德危险。

我国《保险法》第 31 条规定，人身保险关系中的投保人对下列人员具有保险利益：本人；配偶、子女、父母；前项以外与投保人有抚养、赡养或扶养关系的家庭其他成员、近亲属；与投保人有劳动关系的劳动者。除前款规定外，被保险人同意投保人为其订立合同的，视为投保人对被保险人具有保险利益。与原法相比，现行法增加了"与投保人有劳动关系的劳动者"一项，有效解决了工伤保险赔付范围和金额有限的问题，鼓励用人单位在法定工伤保险之外为员工购买意外保险、疾病保险等人身保险。而财产保险中的保险利益，是指投保人对保险标的所具有的某种合法的经济利益，包括现有利益、基于现有利益而产生的期待利益和基于某一法律上的权利而产生的期待利益三种。

三、损失补偿原则

损失补偿原则是由保险的经济补偿性质决定的。损失补偿，是指当保险事故发生使投保人或被保险人遭受损失时，保险人必须在责任范围内对投保人或被保险人所受的实际损失进行补偿。损失补偿的目的在于保护投保人或被保险人的合法权益，弥补受害人的损失，因此，在财产保险中，损失补偿只限于损失财产的实际价值，最高赔偿金额不超过保险金额；在人身保险中，保险人的赔偿金受约定保险金额的限制。保险损失补偿的范围主要包括以下三项：（1）保险事故发生时，保险标的的实际损失。在财产保险中，最高赔偿额以保险标的的保险金额为限；在人身保险中，则以约定保险金额为最高限额。（2）合理费用。主要包括施救费用和诉讼支出。（3）其他费用。主要指为确定保险责任范围内的损失所支付的受损标的的检验、估价、出售等费用。应注意的是，保险标的本身的损失与费用支出应分别计算，费用支出最高赔偿额也以保险金额为限。

四、近因原则

近因原则是保险法的重要原则。所谓近因，并非指时间上最接近损失的原因，而是指直接促成结果的原因，效果上有支配力或有效的原因。其具体要求是：（1）单一原因造成的损失，如果该原因属于保险事故，即为近因，保险人就应该承担赔偿责任；（2）多种原因造成的损失，又分多种原因同时发生、多种原因连续发生和多种原因间断发生等不同情形。当多种原因同时发生时，如果同时发生的原因都是保险事故，保险人应赔偿所有原因造成的损失。如果多种原因既有保险危险，又有不保危险，保险人只赔偿保险危险所造成的损失，对非保险危险造成的损失不承担赔偿责任。当多种原因连续发生时，两个以上的灾害事故连续发生所造成的损失，一般以最近的、有效的（后因）为近因。当多种原因间断发生时，若新的独立原因（近因）为保险危险，即使发生在不保危险之后，由保险危险所造成的损失仍须由保险人赔偿；若新的独立原因（近因）为不保危险，即使发生在保险危险之后，对于由不保危险造成的损失，保险人亦不负赔偿责任。

法律应用

1. 最大诚信原则是保险活动中应遵守的基本原则。它要求投保人有告知、保证的义务；对保险人有说明义务与弃权和禁止反言的要求。同其他国家的保险立法相比，我国的保险立法缺乏关于保证的系统理论。违反保证可以导致合同存在基础的丧失，保险人可以因此解除合同，对于违反保证以后发生的损失保险人也不必赔偿。

2. 我国保险法规定保险人对保险合同条款有说明义务，最高人民法院《关于适用〈中华人民共和国保险法〉若干问题的解释（二）》第 11 条至第 13 条对该义务的履行也有进一步规定。在实践中，说明义务应以书面或口头形式向投保人作出，且为常人能够理解的解释方式予以说明，而通过网络、电话等方式订立的保险合同，保险人应以网页、音频、视频等形式对相应条款予以提示和明确说明。投保人对保险人履行了符合法律规定的说明义务并在相关文书上签字、盖章或者以其他形式予以确认的，应当认定保险人履行了该项义务，但另有证据证明保险人未履行明确说明义务的除外。

3. 我国保险法对保险利益原则的规定，特别是对财产保险利益存在与否的认定缺乏可操作的标准。传统保险法认为，保险利益是对保险标的具有的某种物权利益；而目前许多国家的保险法认为，传统的保险利益原则限制了许多潜在的投保人，限制了保险人拓展业务范围，限制了保险业的发展，因此，在实践中已以合法的经济利益原则代替了这一旧有原则。

4. 近因原则是各国保险立法所确认的重要原则，在保险事故发生与损失之间存在多种因果关系的情形下，要正确判断导致损失发生的直接原因为何，是否属于保险事故，需要以近因原则为指导。但我国保险法对此原则尚未作出明文规定，在实践中主要应以保险条款为依据，逐案分析。

课后复习

1. 最大诚信原则对保险合同的当事人有何要求？
2. 保险利益原则应如何应用？

第二十二章
保险合同

提要

保险合同是保险双方权利义务关系的纽带，也是自愿保险必须采取的形式，因而，调整保险合同关系的保险合同法构成保险法的核心内容。保险合同是双务、有偿合同，是具有射幸性质的附合合同。投保人和保险人是保险合同的主体，被保险人和受益人是保险合同的关系人。投保人提出投保要求，经保险人同意承保，并就合同条款达成协议的，保险合同成立。投保单、保险单、暂保单及保险凭证构成保险合同的书面形式，保险条款构成保险合同的基本内容。财产保险合同与人身保险合同是保险合同的法定分类。

重点问题

1. 保险合同的性质
2. 保险合同的订立
3. 保险合同的基本条款
4. 保险合同的解释
5. 代位求偿权

第一节　保险合同概述

一、保险合同的概念与特征

（一）保险合同的概念

我国《保险法》第10条规定："保险合同是投保人与保险人约定保险权利义务关系的协议。"保险合同所约定的权利义务关系，其实质内容为：一方当事人应当依约定向另一方当事人支付费用，另一方当事人则对于合同约定的可能发生的事故发生后按照合同约定承担赔偿或者给付保险金责任。

（二）保险合同的性质与特征

保险合同是一种以分散、转移危险为目的的特殊合同类型，是双方法律行为，它是投保人和保险人为达到保险保障的目的，对相互之间享有的权利、承担的义务进行协商，并达成一致协议的结果。保险合同具有以下法律特征：

1. 保险合同是双务合同。双务合同，是指当事人双方约定互负义务并受其承诺约束的合同。双务合同的一方负担的义务构成他方履行义务的对价，保险合同是双务合同，保险合同的保险人在保险事故发生造成损害时，或者在约定的给付保险金的其他条件具备时，负有按约定向他方给付保险金的义务，而投保人则负有支付保险费的义务，投保人以支付保险费作为换取保险人承担风险的对价。

2. 保险合同是有偿合同。保险合同是有偿合同，投保人申请订立保险合同转移风险，要求保险人承担保险责任，应当按照约定向保险人支付保险费。保险费为保险人承担保险责任的代价，投保人不支付保险费或者停止支付保险费的，保险人就不负担给付保险金的责任。与此相反，保险人提供的保险保障的范围越大，其所收取的保险费也就越高。

3. 保险合同是最大诚信合同。任何合同的订立无不要求当事人的诚信，而在保险合同关系中，要求当事人具备的诚信程度要比一般合同更高，即所谓的最大诚信原则。最大诚信原则是维持保险业务正常进行必不可少的前提条件。

4. 保险合同是射幸合同。所谓射幸合同，是指合同当事人一方的履行有赖于偶然事件发生的机会性合同。典型的射幸合同有赌博、彩票等。保险合同，特别是财产保险合同具有射幸合同的特点：对于投保人而言，投保人以支付保险费为对价，买到一个将来可能获得补偿的机会。对于保险人而言，当保险事故发生时，它所赔偿的金额必然大于其所收取的保险费；若保险事故不发生，则只享有收取保险费的权利，而无赔付的义务。

5. 保险合同是附合合同。附合合同，是指合同的一方只限于接受或拒绝另一方提出的条件，合同的内容不是经过双方充分商议而订立的合同。保险合同往往具有附合合同的性质。由于保险业的发展、各国保险业的交叉经营和协作，保险合同逐渐出现技术化、定型化和标准化的趋势。保险合同的主要内容即主要条款由保险方事先拟定，投保人在申请保险时，一般只能决定是否接受保险人出具的保险条款，而没有拟定或者充分磋商保险条款的自由。

二、保险合同的种类

依照不同的标准，可以对保险合同作不同的分类。

（一）定值保险合同和不定值保险合同

这是依据保险标的的价值确定与否而作的划分。由于人身保险不存在保险价值问题，该种分类只适用于财产保险合同。定值保险合同，是指由双方当事人事先确定保险标的的实际价值，并载明于合同中的保险合同。定值保险合同多适用于以某些不易确定价值的财产（如字画、古董、船舶等）为保险标的的财产保险合同。在定值保险合同中，保险标的的保险价值由双方事先约定，当被保险财产出现全损或推定全损时，无须再行估价，依双方确定之金额全部偿付；部分损失的，则按损失程度赔付。不定值保险合同，是指双方当事人在订立合同时不预先确定保险标的的保险价值，仅载明须至危险事故发生后，再行估计其价值而确定损失的保险合同。不定值保险合同主要适用于火灾保险。不定值保险合同载明保险金额作为赔偿的最高限度，当发生损失时，依照保险金额与保险标的的实际价值的比例计算保障程度，再按其损失额比例进行赔付。

（二）补偿性保险合同和给付性保险合同

这是依据设立保险合同的目的不同而作的分类。补偿性保险合同，又称评价保险合同，是指在危险事故发生时，由保险人评定被保险人的实际损失，从而支付保险金的保险合同，大多数的财产保险合同都属于补偿性保险合同。给付性保险合同属于非补偿性保险合同，大多数的人身保险合同都属于非补偿性的保险合同。因为作为人身保险合同保险标的的人的生命或身体是难以用价值来衡量的，也是无法赔偿的。所以，人身保险合同通常根据投保人（被保险人）的实际需要和交付保险费的能力确定一个保险金额，当危险事故发生时，由保险人按照事先确定的保险金额承担给付责任。

（三）特定危险保险合同和一切危险保险合同

这是以保险人所承保的危险范围为标准所进行的划分。特定危险保险合同，是指保险人仅承保特定的一种或数种危险的保险合同。在特定危险保险合同中，保险人承保的危险一般都在保险条款中予以列举规定，如火灾险、战争险、地震险等。在一项保险合同中，如果只列明承保一种危险，称为单一危险保险合同；如果列明承保多种危险的，则称为多种危险保险合同。一切危险保险合同，又称为综合险合同，是指保险人承保的危险为合同列举的除外责任之外的一切危险。在一切危险保险合同中，保险人并不列举其所承保的具体危险，而是以“除外责任”条款确定其不承保的危险。

（四）个别保险合同和集合保险合同

这是以保险标的是否单一为标准而作的区分。个别保险合同，又称单独保险合同，是指以一人或一物为保险标的而订立的保险合同。大多数保险合同都是个别保险合同。集合保险合同，是指以多数人或多数物为标的而订立的保险合同，如团体人寿保险合同。

（五）特定保险合同与总括保险合同

这是以保险标的是否特定为标准而作的区分。特定保险合同，是指就特定的保险标的订立的保险合同。个别保险合同和集合保险合同均可以是特定保险合同。总括保险合同，是指没有特定保险标的，仅在一定标准所限定的范围内，泛指某类保险标的而投保一定金额的保险合同。例如，承运人以全体旅客为被保险人，而不一一列出特定旅客姓名的人身保险合同就是总括保险合同。

第二节　保险合同的主体

合同是双方法律行为，因而，任何合同都必然有缔约双方当事人，保险合同的缔约双方为保险人和投保人。另外，保险合同还有与一般合同不同之处，即一般合同多是当事人为自己的利益而订立的，保险合同则既可以为自己的利益，也可以为他人的利益而订立。同时，保险事故发生的本体可能有异于投保人，这就使保险合同产生了第三方当事人，即被保险人和受益人，他们是保险合同的关系人。

一、保险合同的当事人

(1) 保险人，也称承保人，是指依法经营保险业务，与投保人订立保险合同，有权收取保险费，组织保险基金，并在保险事故发生或保险期限届满后，承担赔偿给付责任的人。保险人应具备下列条件：是依法成立的并允许经营保险业务的法人；在保险合同成立时有权向投保人请求缴付保险费；必须依法组织、管理和使用保险金；在保险事故发生时承担补偿损失和给付保险金的义务。

(2) 投保人，也称要保人，是指向保险人申请签订保险合同，对保险标的具有保险利益，并承担缴付保险费义务的人。投保人既可以是自然人，也可以是法人，但必须具备以下条件：具有相应的权利能力和行为能力；具有相关的保险利益。

二、保险合同的关系人

（一）被保险人

被保险人，是指其财产或人身受保险合同保障，享有保险金请求权的人。被保险人必须具备下列条件：

1. 其财产或人身受保险合同保障。在财产保险中，被保险人是对保险标的享有所有权、使用权、经营管理权、抵押权等其他权利，并在保险事故发生时遭受损失的人。在人身保险中，被保险人则是以其自身的生命或身体为保险标的的人。可见，被保险人在财产保险中是保险标的的主体，而在人身保险中同时又是保险标的。

2. 享有赔偿请求权。在财产保险中，对于财产上的损失，被保险人可以自己行使赔偿请求权，但在人身保险特别是死亡保险中，一旦保险事故发生，被保险人无法自己行使赔偿请求权，因此，法律规定可以由受益人享有赔偿请求权。为了保护被保险人的利益，在以人的生命为标的的死亡保险合同中，被保险人的同意权可以直接影响保险合同的效力。我国保险法明确地规定，以死亡为给付保险金条件的合同，未经被保险人同意并认可保险金额的，合同无效。

（二）受益人

受益人，又称保险金受领人，是指在人身保险中由投保人或者被保险人指定的享有保险金请求权的人。投保人或被保险人也可以为受益人。受益人必须具备下列条件：

（1）是享有保险金请求权的人。受益人享受保险合同的利益，领取保险金，但他并非保险合同当事人，且不负有交付保险费的义务。

（2）是由投保人或被保险人在保险合同中指定的人。投保人或被保险人既可以在保险合同中明确地指定受益人，也可以在保险合同中规定指定受益人的方法。需要注意的是，《保险法》明确规定，投保人为与其有劳动关系的劳动者投保人身保险，不得指定被保险人及其近亲属以外的人为受益人。这主要是基于保护劳动者合法权益的考虑，避免用人单位利用与劳动者的不对等关系，将对劳动者没有保险利益的人指定为受益人。保险合同生效后，投保人或被保险人可以中途撤销或变更受益人，无须征得保险人的同意，但必须书面通知保险人，由保险人在保险单或其他保险凭证上批注或者附贴批单后才能生效。如果投保人或被保险人没有在保险合同中指明受益人，则由被保险人的法定继承人作为受益人。

第三节　保险合同的订立

一、保险合同的形式

合同可以采取口头形式和书面形式，但大多数国家不承认口头保险合同的效力。《保险法》第13条规定，投保人提出投保要求，经保险人同意承保的，保险合同成立。保险人应当及时向投保人签发保险单或其他保险凭证，并在保险单或者其他保险凭证中载明当事人双方约定的合同内容。我国保险合同的形式为书面形式，主要包括投保单、保险单、暂保单和保险凭证。

（1）投保单，又称要保书，或投保书，是投保人向保险人申请订立保险合同的书面要约。投保单通常由保险人事先统一印制，投保人依其所列项目逐一据实填写后交付保险人。投保单本身不是正式合同文本，但一经保险人接受后，即成为保险合同的一部分。如果投保人对投保单填写不实或者隐瞒、欺诈，都将影响合同的效力。

（2）暂保单，又称临时保单，是保险人或其代理人在正式保险单签发之前出具给被保险人的临时保险凭证。它表明保险人或其代理人已接受了保险，等待出立正式保险单。暂保单的内容比较简单，只载明重要事项，凡未列明的，均以正式保险单的内容为准。暂保单的法律效力与正式保险单相同，正式保险单发出后，暂保单自动失效。

（3）保险单，简称保单，是保险人与投保人之间订立的保险合同的正式书面凭证，由保险人制作、签章并交付投保人。保险单应将包括保险人责任和双方当事人权利、义务在内的保险合同的全部内容详尽载明其中。一旦发生保险事故，保险单是被保险人向保险人索赔的主要凭证，也是保险人向被保险人赔偿的主要依据。保险单的内容主要表现为保险合同的基本条款，因此，在实践中，保险单与保险合同往往相互通用。在通常情况下，当事人双方只要就保险条件意思表示一致，保险合同即告成立，即使保险事故发生在正式保险单签发之前，也不影响该保险合同的法律效力和保险人应负的赔偿责任。投保人提出投保要求，经保险人同意承保的，保险合同成立。保险合同成立与否并不取决于保险单的签发，但是，合同双方当事人在合同中约定以出立保险单为合同生效条件的除外。

（4）保险凭证，也称为小保单，是保险人出立给被保险人以证明保险合同已有效成立的文件。它是一种简化的保险单，与保险单有相同的效力。若保险凭证有未列明的内容，则以正式保单为准。

二、保险合同的订立程序

合同的订立，必须经过要约和承诺两个阶段。保险合同的订立也是如此。在一般情况下，投保人就是要约人，保险人即是承诺人。

1. 投保。投保人向保险人提出申请订立保险合同的请求，简称为投保，其本质为保险要约。同时，投保是投保人单方面的意思表示，未经保险人接受不产生保险的效力。在实践中，保险合同的格式化，使得投保基本表现为书面形式。投保人向保险人索取事先印制好的投保单，如实填写后交付于保险人，即构成投保，产生合同要约的约束力。

2. 承保。承保是保险人承诺投保人的保险要约的行为。承保为保险人的单方面法律行为，保险要约一经承诺，即构成保险合同的成立。保险合同是以保险单或者书面协议的形式订立的，保险人承保的基本形式表现为书面形式，保险人收到投保人填写的投保单后，经必要的审核并与投保人协商保险条件后，在投保单上签字、盖章的，就构成承诺。保险合同自保险人在投保单上签字、盖章时起成立。

在一般情况下，投保人所填写的投保单为要约，保险人在投保单上签章为承诺，但有时，要约与承诺会发生倒置，保险人在承诺保险要约时，附加新的条件或者变更投保单填写的内容，则不发生承诺的效力而构成反要约。在这种情况下，投保人对反要约表示接受的，才构成承诺。保险合同自投保人承诺反要约时起成立。

三、保险合同成立的时间

保险合同是双方当事人意思表示一致的行为，因此，保险合同的成立，只应以承诺保险要约或反要约为条件，保险合同自保险人在投保单上签章时或投保人承诺反要约时起成立。因此，保险合同的成立不应以保险单或保险凭证的交付为要件。《保险法》第 13 条第 1 款规定："投保人提出保险要求，经保险人同意承保，保险合同成立。"这一规定将保险合同成立的时间提前至"保险人同意承保"，不再要求"就合同的条款达成协议"。保险合同成立后，保险人应当及时向投保人签发保险单或其他保险凭证，但保险单和保险凭证的签发，仅为保险人的法定义务，而非合同成立的条件。保险人没有交付或没有及时交付保险单或保险凭证，投保人可以请求保险人交付。同时，保险合同的成立不以保险费的交付为要件，虽然通常在保险合同成立时，由投保人交付保险费，但保险费的交付并非合同成立的要件，其本质是保险合同成立后，投保人所承担的合同义务。同时，《保险法》第 13 条第 3 款规定，依法成立的保险合同，自成立时生效。投保人和保险人可以对合同的效力约定附条件或者附期限。从而促使《保险法》与现行《合同法》保持一致，有利于经济活动的开展。

四、保险合同的有效与无效

（一）保险合同的有效要件

保险合同的有效要件，是指任何有法律效力的保险合同都不可缺少的条件，否则，所签订的保险合同就是无效合同。保险合同的有效要件主要包括下列三项：

1. 主体合格。主体合格，就是订立合同的当事人双方必须具有订立合同的资格。对于投保人而言，其应具有完全的行为能力并对保险标的具有保险利益。对于保险人而言，其必须是依法成立的经营保险事业的组织。

2. 当事人意思表示一致。保险合同是当事人意思表示一致的结果，而意思表示一致是通过保险要约和承诺行为来实现的。在保险合同中，强调当事人意思表示一致，意思表示不真实的合同是不受法律保护的。

3. 内容必须合法。合同是一种民事法律行为，要求其内容必须合法。只有内容合法的保险合同才受到国家法律的保护，并达到合同所预期的目的。保险合同内容合法主要指保险标的、保险金额、保险费率等保险合同的主要内容符合保险法的强行性规定。

（二）保险合同的无效

保险合同的无效，是指因法定原因或者约定原因，保险合同的全部内容或部分内容不产生法律约束力。

1. 保险合同因保险法上的无效原因而无效。保险法规定的保险合同无效的原因主要有：（1）超额保险。投保人和保险人可以约定保险金额，但是，保险金额不得超过保险标的的价值，超过保险标的的价值的，超过部分无效，保险人应当退还相应的保险费。（2）无保险利益。为去除笼统规定的弊端，保险法对人身保险与财产保险加以区分：在人身保险合同订立时，投保人对被保险人不具有保险利益的，合同无效；在财产保险合同中，仅保险事故发生时，被保险人对保险标的不具有保险利益的，不得向保险人请求赔偿保险金。投保人订立以死亡为给付保险金条件的人身保险合同，未经被保险人同意并认可保险金额的，保险合同无效。（3）违法免责条款。采用保险人提供的格式条款订立的保险合同中涉及以下两种情形无效：其一，免除保险人依法应承担的义务或者加重投保人、被保险人责任的；其二，排除投保人、被保险人或者受益人依法享有的权利的。

2. 保险合同因其他法定无效原因而无效。保险法以外的法律、法规规定的合同无效原因主要有：（1）一方以欺诈、胁迫的手段订立合同，损害国家利益；（2）恶意串通，损害国家、集体或者第三人利益；（3）以合法形式掩盖非法目的；（4）损害社会公共利益；（5）违反法律、行政法规的强制性规定。

3. 保险合同因合同当事人约定的原因而无效。保险合同是最大诚信合同，允许当事人约定保险合同无效的原因，以保障各方利益。但投保人和保险人约定的保险合同无效的原因不能违反法律的强行性规定，也不得违反国家利益和社会公共利益。

保险合同无效的，在发生保险合同约定的保险事故时，保险人不承担保险责任。保险合同被确认无效后，当事人因无效合同取得的财产应返还给受损失的一方，有过错的一方应赔偿对方因此所受的损失，双方都有过错的，应当各自承担相应的责任。

五、保险合同的主要条款

（一）保险合同的基本条款

保险合同的基本条款，是指依照法律规定在保险合同中必须列入的条款，主要包括以下9项：

1. 保险合同当事人的姓名及住所。保险人的姓名及住所一般均印制在保险单上，而投保人的姓名及住所在投保时予以记载，若保险合同另有被保险人或受益人，还应记载被保险人与受益人的姓名及住所。

2. 保险标的。保险标的，是指保险所要保障的对象。当事人在订立保险合同时，保险标的必须明确记载于合同中，这样才能注明保险的种类，并据以判断有无保险利益的存在。

3. 保险责任和责任免除。保险责任，是指保险单上载明的危险发生造成保险标的损失或约定的人身保险事故发生或保险期限届满时，保险人所承担的赔偿或给付责任。责任免除，也称除外责任，是指保险合同规定的保险人不负赔偿责任的范围。除外责任一般在保险条款中予以列明，最常见的属于除外责任的危险有道德危险、战争、核辐射、核污染等。规定除外责任的意义在于：(1) 使保险人的责任范围进一步明确并适当限制；(2) 避免发生争议。

4. 保险期间和保险责任的开始时间。保险期间，又称保险期限，是保险人根据合同规定提供保险保障和承担保险责任的起讫期限。保险期间的确定，通常有两种计算方法：(1) 用年、月计算。例如，财产保险一般为1年，期满后可以再续订合同。人身保险的保险期限较长，有5年、10年、20年等。(2) 以某一事件的起止为保险期限。保险责任开始时间，是保险人开始履行保险责任的时间，当事人应具体约定并载明于合同中。

5. 保险金额。又称保额，是投保人对保险标的的实际投保金额，也是保险人于保险事故发生时应承担的损失补偿或给付的最高限额。保险金额是保险合同中不可缺少的条款：对于保险人而言，保险金额不仅是负担损失补偿或约定给付保险金的最高限额，也是收取保险费的依据；对于投保人而言，保险金额不仅是获得保险保障的范围，也是交付保险费的依据。一般说来，财产保险合同的保险金额应与保险价值相等，凡保险金额超过保险价值的为超额保险，超过部分无效。

6. 保险费及其支付办法。保险费，简称保费，是投保人向保险人支付的费用，作为保险人承担赔偿或给付责任的代价。保险费的多少，主要取决于保险金额和保险费率两个因素。保险费是保险金额和保险费率的乘积。保险金额大，保险费率高，投保人应缴的保险费就多。保险合同还应具体规定保险费的具体交付方式和时间。在我国，商业保险的主要险种的保险费率由国务院保险监督管理机构制定，保险公司拟定的其他险种的保险费率，应当报国务院保险监督管理机构备案。保险费率通常用百分率或千分率表示，一般由纯保费率和附加费率组成。

7. 保险金赔偿或给付办法。保险金赔偿或给付办法，是指保险事故发生致使被保险人遭受损失或在保险期限届满时，由保险人赔偿或给付保险金的具体方式和标准。由于投保人投保的险别不同，保险金赔偿或给付的具体办法也不同。

8. 违约责任和争议处理。违约责任，是指保险合同当事人因其过错使合同不能履行或不能完全履行时，基于法律规定或合同约定必须承担的法律后果。争议处理是保险合同发生纠纷时的解决方式，主要有协商、仲裁和诉讼。

9. 保险合同订立的时间。保险合同必须写明订约的时间，而且必须具体写明年、月、日。其意义在于：(1) 作为判断保险利益是否存在的时间标准；(2) 作为判断保险危险是否已经发生的时间标准；(3) 关系到保险费的交纳及保险合同的生效期限等。

此外，投保人与保险人可以约定与保险有关的其他事项。

(二) 保险合同的特约条款

保险合同的特约条款，是与基本条款相对而言的，指保险人与投保人在基本条款之外自由约定的条款。特约条款包括协会条款、附加条款和保证条款三种。

1. 协会条款。协会条款仅见于海上保险合同中，并专指伦敦保险人协会根据实际需要所拟定、颁发的有关船舶保险的货运保险条款的总称。

2. 附加条款。附加条款通常是指为了适应特殊情况，对保险单内的基本条款的内容有所修订时，在正式保险单后添加的条款。保险单之所以要附加条款，原因有两个：(1) 扩大或限制保险条款的内容；(2) 变更保险单规定的内容。

3. 保证条款。保证条款，是指保险人要求被保险人保证作为或不作为，或保证某种事实状态的存在或者不存在。其性质不同于基本条款、协议条款和附加条款，后三者是对保险人责任的限制或扩大，而保证条款是投保人或被保险人对保险人作出的承诺，如果有违反，保险人不承担责任。

(三) 标准保险条款

标准保险条款通常是由保险人或保险人同业公会制定的，属于保险人的单方法律行为。根据我国保险法的规定，商业保险的主要险种的基本条款和保险费率，由国务院保险监督管理机构制定。保险公司拟定的其他险种的保险条款和保险费率，应当报国务院保险监督管理机构备案。因此，我国商业保险的主要险种的保险条款表现为标准保险条款，具有标准合同的性质。

六、保险合同条款的解释

在我国，当保险合同双方当事人就合同条款内容发生争议时，应从最大诚实信用原则和公平原则出发，综合考察合同的性质、目的、内容等要素，努力探求当事人的真实意思。对保险合同的解释应依照下列原则：

1. 文义解释原则。文义解释原则，是指按保险条款文字的通常含义进行解释。保险合同的所有条款均由文字构成，要准确把握和理解保险条款的意义，必须首先了解合同所用词句的含义。运用文义解释原则，应尊重保险合同条款所用词句的文义，所作解释不能超出保险合同所用词句的文义。

2. 意图解释的原则。意图解释的原则，是指在保险合同的条款文义不清或者有歧义时，通过判断合同当事人订约时的真实意图，来阐明保险合同条款的内容。运用意图解释原则，要根据保险合同条款所用文字、订约时的背景及各种客观情况，推测当事人订约时采用条款的真实意图。其基本要求是：(1) 当口头约定的内容与书面约定的内容不一致时，书面约定优于口头约定；(2) 投保单和其他保险凭证所规定的内容与保险单中规定的内容不一致时，保险单优于投保单等其他文件；(3) 若保险单有特约条款，而特约条款与一般条款内容不一致的，特约条款优于一般条款；(4) 当保险合同的内容以不同方式记载，并且相互矛盾时，后加的条款优于原有的条款，书写的条款优于打字的条款，打字的条款优于贴上的附加条款，贴上的附加条款优于保险单上印就的原条款。

3. 有利于被保险人解释的原则。有利于被保险人解释的原则，是指当保险人和投保人、被保险人或受益人对保险合同的内容有争议时，应当对保险合同所用的文字或条款作有利于被保险人的解释。但有利于被保险人解释的原则并不能任意适用，而只能应用于保险合同所用文字语义不清或有多种含义的情形。

七、保险合同的变更、解除与终止

（一）保险合同的变更

保险合同的变更，主要包括主体的变更、内容的变更和效力的变更。

1. 保险合同主体的变更。保险合同主体的变更，是指合同当事人和关系人的变更，通常是指投保人（被保险人）的变更，而不包括保险人的变更。保险合同主体的变更，往往因保险标的的权益发生转移而引起。在人身保险合同中，原投保人死亡等原因均可以引起投保人的变更。保险合同主体的变更实质是保险合同的转让，在实践中，通常表现为保险单的转让。保险合同主体的变更一般不涉及内容的变更，原投保人（被保险人）的权利与义务一并转让。保险合同转让一经确认，原投保人（被保险人）与保险人建立的保险关系即行消灭，受让人与保险人的保险关系随即建立。保险法以立法的形式直接规定了财产保险合同的承继性，即保险标的转让的，保险标的的受让人承继被保险人的权利和义务。保险标的转让的，被保险人或者受让人应当及时通知保险人，但货物运输保险合同和另有约定的合同除外。也就是说，被保险人是可以因财产所有权人的变化而变化的，这较好地平衡了受让人与保险人之间的利益关系。

2. 保险合同内容的变更。保险合同内容的变更，是指体现双方权利与义务的合同条款的变更。保险合同内容的变更，通常表现为保险标的——财产数量的增减，品种、价值、存放地点的变化或货物运输合同中航程的变化、船期的变化，以及保险期限、保险金额的变更。各国保险法一般都规定，保险合同订立后，投保人可以提出变更合同的内容，但须经保险人同意，在办理变更手续后，合同变更才有效。

3. 保险合同效力的变更。保险合同效力的变更，主要是指保险合同的中止与复效。保险合同的中止是指保险合同生效后，由于某种原因使合同暂时失效。保险合同的复效则是针对保险合同的中止而言的，是指保险合同效力中止后重新开始生效。保险合同效力的中止并不等于保险合同效力的终止与无效。在合同效力中止后，投保人可以在一定条件下提出恢复保险合同原有效力的请求，并经保险人承诺，中止的合同效力即可恢复。保险合同的中止与复效是人身保险合同的常见条款。

（二）保险合同的解除

保险合同的解除，分为任意解除、法定解除和约定解除三种。

1. 保险合同的任意解除。保险合同的任意解除，是指法律规定保险合同当事人有权根据自己的意愿解除合同。我国《保险法》第15条规定，除本法另有规定或者保险合同另有约定外，保险合同成立后，投保人可以解除保险合同，保险人不得解除合同。但对于有些种类的保险合同，法律规定在保险责任开始后，不得解除合同，也不能要求退还保险费。例如，我国《保险法》第50条规定，货物运输保险合同和运输工具航程保险合同，保险责任开始后，合同当事人不得解除合同。

2. 保险合同的法定解除。保险合同的法定解除，是指法律规定的原因出现时，保险合同当事人一方依法行使解除权，消灭已生效的保险合同关系。根据我国保险法的规定，保险合同成立后，保险人不得解除保险合同，但是，投保人或被保险人有下列行为之一者，可以构成保险人解除保险合同的条件：(1) 投保人故意或者因重大过失，不履行如实告知义务，足以影响保险人决定是否同意承保或者提高保险费率的，自知道有解除事由之日起 30 日内；(2) 被保险人或受益人在未发生保险事故的情况下，谎称发生了保险事故，伪造、变造有关证明或者其他证据，故意制造保险事故，向保险人提出赔偿或者给付保险金请求的；(3) 因保险标的转让导致危险程度显著增加的，自收到转让通知之日起 30 日内；(4) 投保人、被保险人未按约定履行其对保险标的的安全应尽的责任的；(5) 在保险合同有效期内，保险标的危险程度显著增加，被保险人未及时通知保险人的；(6) 保险标的发生部分损失，自保险人赔偿之日起 30 日内；(7) 投保人申请的被保险人年龄不真实并且其真实年龄不符合合同约定的年龄限制的，但合同成立后逾 2 年的除外；(8) 投保人违反特约条款的。

需要注意的是，《保险法》第 16 条对保险人的解除权进行了限制，包括以下几个方面：(1) 主观方面。投保人故意或者因重大过失未履行法律规定的如实告知义务，足以影响保险人决定是否同意承保或者提高保险费率的，保险人才有权解除合同。(2) 时间方面。自保险人知道有解除事由之日起，超过 30 日不行使而消灭。自合同成立之日起超过 2 年的，保险人不得解除合同。(3) 弃权和禁止反悔方面。保险人在合同订立时已经知道投保人未如实告知的情况的，保险人不得解除合同；发生保险事故的，保险人应当承担赔偿或者给付保险金的责任。

3. 保险合同的约定解除。约定解除，又称协议注销，是指双方当事人依约定解除条件解除保险合同关系。保险合同的解除，均应采用书面形式。保险合同的当事人依照法律规定或者合同约定解除保险合同的，保险合同视为自始没有发生效力，当事人已经受领的对方的给付应当返还给对方，但法律规定或保险合同约定不予以返还的，不在此限。因投保人故意不履行如实告知义务，保险人解除保险合同的，已收取的保费不予退还。投保人因重大过失未履行如实告知义务，对保险事故的发生有严重影响，保险人解除保险合同的，则应当退还保险费。保险合同的一方当事人因保险合同他方当事人违反法律或者违反约定的行为行使解除权而解除合同，并因合同解除而受损的，有权要求他方当事人赔偿损失。

(三) 保险合同的终止

保险合同的终止，是指当事人之间根据合同确定的权利与义务的消灭。广义的保险合同的终止包括保险合同的解除，因为解除是提前终止合同的一种形式。而狭义的保险合同的终止主要有三种原因：(1) 保险合同因期限届满而终止；(2) 保险合同因保险人履行赔偿或给付而终止；(3) 保险合同因保险标的灭失而终止。

第四节　保险合同的履行

一、投保人的义务

(一) 缴纳保险费的义务

保险费是投保人向保险人缴纳的费用，作为保险人依照合同承担赔偿和给付责任的对价。《保险法》第 14 条规定，保险合同成立后，投保人按照约定交付保险费，保险人按约定的时间开始承担保险责任。

财产保险的保险费，一般应在合同成立后一次缴清；经双方特别约定，也可以分期支付。若投保人未按约定交付保险费的，保险人可以诉请交付，也可以通知被保险人终止合同。

(二) 危险增加的通知义务

危险增加的通知义务，是指在保险合同的有效期内，保险标的的危险程度显著增加的，投保人或被保险人应依照合同规定及时通知保险人，保险人有权要求增加保险费或者解除合同。投保人或被保险人未履行该通知义务，保险标的因危险程度增加而发生保险事故的，保险人不承担赔偿责任。这里的危险增加，是指订立保险合同时所未预料或估计到的危险可能性的显著增加。订约时已预料到的危险和危险事故发生过程中危险程度和危险因素不断增大则不属于危险增加。危险增加的通知义务可以在以下三种情况下免除：(1) 危险的增加不影响保险人的负担，如为保护保险人的利益而致的危险增加。(2) 履行道德上的义务而致的危险增加。(3) 危险增加与保险人无关。

（三）出险通知义务

出险通知义务，即保险事故发生的通知义务，是指投保人或被保险人或者受益人知道保险事故发生后，应当及时通知保险人。出险通知义务的履行主要涉及两个问题：第一，通知的方式。保险事故发生后，获悉发生保险事故的投保人、被保险人或受益人履行通知义务，既可以采用书面形式，也可以采用口头形式，但合同约定以书面通知者，则必须采用书面形式。第二，通知的期限。对于出险通知义务的期限，各国法律规定不尽相同，有的规定为知悉保险事故发生后5日内，有的规定为10日或2周内。我国保险法只原则规定了应“及时通知”，而未明确规定具体期限。出险通知义务的迟延履行一般有两种结果：(1) 保险人有权对投保人或被保险人因出险迟延而扩大的损失拒赔，但不能解除保险合同；(2) 出险通知不在规定期限内进行，保险人可以免负责任。我国保险法对此规定为：投保人、被保险人或者受益人知道保险事故发生后，故意或因重大过失未及时通知保险人，致使保险事故的性质、原因、损失程度等难以确定的，保险人对无法确定的部分，不承担赔偿或者给付保险金的责任，但保险人通过其他途径已经及时知道或者应当及时知道保险事故发生的除外。

（四）出险施救义务

出险施救义务，是指在保险事故发生时，投保人或被保险人有责任尽力采取必要的措施以防止或减少损失。因为保险事故发生时，投保人或被保险人一般先于他人了解事故情况，也便于采取更有效的施救措施。为了鼓励投保人、被保险人积极履行施救义务，《保险法》第57条规定，保险事故发生后，被保险人为防止或减少保险标的的损失所支付的必要的、合理的费用，由保险人承担，保险人所承担的费用数额在保险标的损失赔偿金额以外另行计算，最高不超过保险金额的数额。

二、保险人的义务

（一）赔偿或给付保险金的义务

赔偿或给付保险金的义务，是指在发生保险事故时，或者在保险合同约定的给付保险金的条件具备时，保险人依照约定向被保险人或受益人给付保险金。根据法律规定，构成保险人的赔偿或给付义务，应当具备下列条件：

1. 受损的必须是保险标的。就财产保险而言，必须是保险人承保并在保险合同中列明的财产。对于人身保险，必须是保险人承保并在合同中列明的被保险人。

2. 必须是由保险事故引起的损失。保险事故，是指保险合同约定的保险责任范围内的事故。在各类保险合同中，只有发生保险责任范围内的事故并造成损失或约定的期限届满，保险人才负赔偿或给付责任。对于不保责任或除外责任范围内的事故，保险人不负赔偿或给付责任。

3. 保险金的赔偿或给付，必须在保险合同规定的限额内。于财产保险，当保险事故发生后，保险人给付赔偿金的内容一般包括四个方面：保险财产的实际损失；施救费用；投保人或被保险人的诉讼支出；其他合理费用，如为了确定保险责任范围内的损失所支付的受损标的的检验、估价、出售的合理费用。通常财产保险的赔偿金额不得超过保险金额，但保险事故发生后，被保险人为防止或者减少保险标的的损失所支付的必要的、合理的费用，由保险人承担，保险人所承担的数额在保险标的损失赔偿金额以外另行计算，最高不超过保险金额的数额。

（二）及时签单的义务

保险合同成立后，保险人应及时向投保人签发保险单或其他保险凭证。保险合同是双方意思表示一致的结果，通常表现为保险单或其他保险凭证，后者是保险合同成立的依据和凭证。及时向投保人签发保险单及其他保险凭证，是保险合同成立后保险人的法定义务。

（三）保密义务

依据最大诚信原则，在保险合同订立过程中，保险人就保险标的或被保险人的有关情况提出询问的，投保人应当如实告知。但保险人及其工作人员不得在业务活动中故意泄露其通过合法方式所获取的投保人、被保险人的商业秘密和其他个人信息。

三、保险合同履行的保全与抗辩

保险合同的履行是当事人完成合同义务的行为。在财产保险中，由于第三人的过错致使保险标的发生保险责任范围内的损失的，保险人按照保险合同的约定履行给付保险金义务后，有权把自己置于被保险人的地位，向第三人索偿，使债权得以保全。保险合同履行的保全是对保险人履行合同义务后债权的保全，在保险法中，称为代位求偿权。保险合同是双务、有偿合同，与一般的双务合同不同，保险合同所具有的射幸的特点决定了保险合同义务的履行有先后次序，保险法规定投保人或被保险人有先支付保险费的义务。保险合同在履行中，保险人享有先履行的抗辩权。先履行的抗辩权是指依合同约定或法律规定负有先履行义务的一方当事人，届期未履行义务或履行义务有重大瑕疵时，相对人为保护自己的利益而中止履行的权利。先履行的抗辩本质上是对违约的抗辩。

四、保险合同的索赔与理赔

（一）保险合同的索赔

索赔，是被保险人在保险事故发生造成保险标的的损失后，按保险合同条款的约定，向保险人提出要求支付保险金的法律行为。这是被保险人实现其保险权益的具体体现。索赔时效是被保险人在保险事故发生后，向保险人请求赔偿或给付保险金的有效期限。《保险法》第 26 条规定，人寿保险以外的其他保险的被保险人或者受益人，向保险人请求赔偿或者给付保险金的诉讼时效期间为 2 年，自其知道或者应当知道保险事故发生之日起计算。人寿保险的被保险人或者受益人向保险人请求给付保险金的诉讼时效期间为 5 年，自其知道或者应当知道保险事故发生之日起计算。可见，我国保险法对索赔时效的规定包含两个方面：（1）人寿保险的被保险人或者受益人行使保险金给付请求权的诉讼时效期间为 5 年；（2）人寿保险以外的其他保险的被保险人或者受益人行使保险金赔偿或给付请求权的诉讼时效期间为 2 年。在此，法律明确了索赔权利时效的性质以及期间起算问题，加大了对被保险人或受益人的保护力度。因为在保险合同中，被保险人、受益人的权利都是依据保险合同而产生，是投保人支付保险费后所产生的合同上的请求权，具有债权属性，对其保护应当适用诉讼时效，而非除斥期间。

权利人向保险人索赔的一般程序包括以下步骤：(1) 出险通知。保险事故发生后，被保险人或受益人应将事故发生的时间、地点、原因及其他有关情况，以最快的方式通知保险公司，并提出索赔请求。(2) 采取合理的施救、整理措施。(3) 接受检验。被保险人要保护出险现场，并提供检验上的方便，使保险公司能正确地、迅速地进行核赔。(4) 提供索赔单证。(5) 领取保险金。(6) 开具权益转让书。这不是必经程序，只有在财产保险合同中涉及第三者责任时，被保险人获得赔偿后才需要出具权益转让书，表明保险公司已予以赔偿，保险人从而享有从被保险人处转移过来的权益。

（二）保险合同的理赔

理赔，是指保险人根据被保险人提出索赔的要求，处理有关保险赔偿的工作。我国理赔工作的原则是“主动、迅速、准确、合理”。所谓主动，即主动深入现场开展理赔工作；所谓迅速、准确，就是迅速地确定责任，准确地计算赔偿金额，不惜赔，也不滥赔；所谓合理，就是该赔多少就赔多少，既符合合同规定，又符合实际情况。保险合同的理赔主要经过以下程序：(1) 立案检验。保险人接到出险通知后立即查对保险单并立案，派人到现场查勘，了解损失情况及原因。(2) 审查单证及审核责任。保险人审核被保险人提供的单证是否齐全、真实，审查损失是否发生在保险的有效期内，受损失的是否属于保险财产，是否属于责任范围内。(3) 损失核算，赔款给付。当损失原因确定属于责任范围内时，则要具体计算赔偿数额，对于保险财产本身损失、施救和整理费用、检验费用等均须核实。(4) 代位追偿和损余处理。财产保险的受损保险财物有时还有一定价值，保险人在全部赔付后，有权处理损余物资，并可以将损余物资折价归还被保险人，以充抵保险金。如果损失原因属于第三者责任，保险人赔偿后即可向第三者追索。

五、代位求偿权

（一）代位求偿权的概念

保险代位求偿权，是指在财产保险中，保险人赔偿被保险人的损失后，第三人对保险事故的发生或保险标的的损失负有责任的，保险人有权在保险赔偿范围内向第三人追偿，被保险人应将保险标的的有关权利转让给保险人。保险代位求偿权的依据是保险的补偿原则：被保险人获得保险的赔偿后，如果其损失已获充分补偿，则不能再得到第三人的赔偿，应将向第三人追索的权利转让给保险人。保险中的代位求偿权是各国保险法共同承认的债权转移制度。我国《保险法》第60条对代位权制度作了明确的阐述：因第三者对保险标的的损害而造成保险事故的，保险人自向被保险人赔偿保险金之日起，在赔偿金额范围内代位行使被保险人对第三者请求赔偿的权利；前款规定的保险事故发生后，被保险人已经从第三者处取得损害赔偿的，保险人赔偿保险金时，可以相应扣减被保险人从第三者处已取得的赔偿金额；保险人依照第1款行使代位请求赔偿的权利，不影响被保险人就未取得赔偿的部分向第三者请求赔偿的权利。

（二）代位求偿权的构成要件

(1) 导致损害的事故属于保险事故；(2) 被保险人因保险事故而对第三人享有赔偿请求权；(3) 保险人已向被保险人给付赔偿金；(4) 被保险人取得保险赔付后，代位求偿权自动转移给保险人；(5) 保险人行使代位求偿权时所追偿的金额不得超过赔偿金额，若有超过部分，则应当退还给被保险人。

（三）代位求偿权的行使

对代位求偿的对象，不少国家的保险立法都有限制性规定。我国《保险法》第62条也规定，除被保险人的家庭成员或者其组成人员故意造成本法第 60 条第 1 款规定的保险事故外，保险人不得对被保险人的家庭成员或者其组成人员行使代位请求赔偿的权利。依照保险法的有关规定，保险人行使代位求偿权时，被保险人应当向保险人提供必要的文件和所知道的有关情况。保险事故发生后，保险人未赔偿保险金，即保险人取得代位求偿权之前，被保险人放弃对第三者的请求赔偿权利的，保险人不承担赔偿保险金的责任。但是在保险人向被保险人赔偿保险金，即取得代位求偿权之后，被保险人未经保险人同意放弃对第三者请求赔偿的权利的，该行为无效。被保险人故意或者因重大过失致使保险人不能行使代位请求赔偿的权利的，保险人可以扣减或者要求返还相应的保险金。

第五节　财产保险合同

一、财产保险合同概述

（一）财产保险合同的概念

财产保险合同，是指投保人以支付保险费为条件而同保险人约定的，保险人在被保险人的财产发生保险责任范围内的损失或者依法应当承担民事赔偿责任时，承担保险赔偿责任的合同。财产保险由于以物质财富，包括动产和不动产及它们的利益作为保险标的，所以，又称为物产保险或损失保险。

（二）财产保险合同的特征

（1）财产保险合同的标的为财产或者财产利益。保险事故发生时，被保险人对保险标的不具有保险利益的，不得向保险人请求赔偿保险金。这是财产保险合同区别于人身保险合同的标志。

（2）财产保险的目的在于填补损害。投保人以支付保险费为代价，换取保险人承保被保险人的财产或利益的风险损失，使被保险人在发生损失或者责任时，能够由保险人给予补偿。

（3）保险代位权的适用。保险填补损害原则决定了财产保险适用保险代位权。对于被保险人发生的保险责任范围内的损失或者责任第三人应当负有损害赔偿责任的，保险人依约履行保险给付后，对其有代位求偿权。

（三）财产保险的赔偿方式

财产保险合同中的保险人，一旦保险事故发生，就要承担损失补偿的责任。财产保险的损失补偿方式主要有四种，以不同方式所计算的保险赔偿金额的结果是各不相同的，因此，在合同中必须明确规定采用哪一种赔偿方式。

1. 比例责任赔偿方式。是指以保险金额与出险时保险标的的实际价值的比例计算赔偿金额，即赔偿不仅取决于损失金额，而且取决于保险金额与保险价值的比例。

2. 第一危险责任赔偿方式。又称第一损失责任赔偿方式，是指在保险金额的限度内按实际损失赔偿。法律上一般把保险标的的实际价值分为两部分：第一部分是相当于保险金额部分的价值，即第一危险部分；第二部分是超过保险金额部分的价值，即第二危险部分。当发生保险事故时，凡在保险金额限度内的那部分即第一危险部分，保险人都认为已十足投保，故给予全数赔偿；超过保险金额的第二部分则被认为均未投保，由被保险人全部自负。

3. 限额责任赔偿方式。是指预先规定一个固定的额度作为被保险人取得收益的标准，被保险人实际收益未达到规定额度时，视为发生保险事故，保险人赔偿实际收益额与标准额度之间的差额；如果被保险人的收益达到或超过规定额度，视为未发生保险事故，保险人不负赔偿责任。这种赔偿方式主要用于农作物保险。

4. 免责限度赔偿方式。是指对于某些保险标的的损失，参考其自然损耗，规定一个最小限度，损失额不超过这个限度的，保险人不负赔偿责任。

二、财产保险合同的主要内容

（一）保险标的

按照我国《保险法》第 12 条的规定，财产保险合同的保险标的是指作为保险对象的财产及其有关利益。在我国，财产保险合同的保险标的的范围主要包括：

1. 可保财产。凡承保人依法可以承保的财物即为可保财产。可保财产分为两种：（1）一般的可保财产，即企业、事业单位的固定资产、流动资产和建设工程，个人的房屋、家具、电器用品等生活资料。（2）特约的可保财产。市场价格变化大或无固定价格的稀有、珍贵财产，如金银、首饰、珠宝、古玩等，原则上不属于可保财产，但可以由投保人与保险人约定作为特保财产投保。

2. 预期利益。预期利益包括：（1）因现有利益而产生的期待利益。如货物的托运人在货物到达目的地后应得的利润、收入，可以作为货物运输保险合同的保险标的。（2）因合同而产生的利益，如卖方出售货物后，对方及时支付货款而取得的利益，可以作为保证保险合同的保险标的。

3. 消极利益。消极利益是指由于事故的发生而增加的额外支出。如由于被保险人的行为以致他人的财物或人身受到损害时，为承担经济赔偿责任需要支付的费用，可以作为责任保险合同的保险标的。

（二）保险金额

保险金额是投保人对保险标的的实际投保金额，也是保险人计算保险费的依据和承担赔偿责任的最高限额。财产保险合同的保险金额是按保险标的的实际价值确定的，保险金额一般不得高于保险财产的实际价值。但是由于财产保险的标的种类多、变动大，根据保险金额与保险财产实际价值的关系，可以将保险金额分为三种情况：

（1）足额保险，是指保险金额相当于财产实际价值的保险。足额保险是一种比较理想的保险，被保险人所具有的保险标的的价值可以得到完全的保护，在保险标的发生损失时，能够按实际损失得到十足的赔偿。

（2）不足额保险，是指保险金额低于财产实际价值的保险，发生损失后从保险人那里只能获得比例赔偿。《保险法》第 55 条第 4 款规定，保险金额低于保险价值的，除合同另有约定外，保险人按照保险金额与保险价值的比例承担赔偿责任。

（3）超额保险。保险金额大于财产实际价值的保险，称为超额保险。对于超额保险，各国法律规定不尽相同。我国《保险法》第 55 条第 3 款规定，保险金额不得超过保险价值；超过保险价值的，超过部分无效，保险人应当退还相应的保险费。

（三）保险责任

财产保险合同中的保险责任的范围主要包括以下三类：

1. 因自然灾害所造成的损失。自然灾害是指不能预见、不能避免并不能克服的客观情况。在财产保险中，凡雷电、暴风、暴雨、龙卷风、洪水、海啸、地震、崖崩、雪灾、雹灾、冰凌、泥石流等自然现象造成的损失，保险人均负赔偿责任，但是否构成上述自然灾害，应以气象、地质等专业部门的标准为准。

2. 因意外事件所造成的损失。意外事件，也称意外事故，是指损害结果的发生，不是出于行为人的故意或过失，而是由于不能抗拒或者不能预见的原因所引起的事件。

3. 其他保险危险所造成的经济损失。如因停电、停水、停气导致的损失即属于此种情况。

（四）除外责任

在财产保险合同中，除了列明保险责任以外，还必须将保险人不承保的危险事故作为除外责任列明于合同之中。财产保险的除外责任主要有：（1）投保人或被保险人的故意行为；（2）战争、军事行动或暴力行为；（3）核辐射和污染；（4）堆放在露天或在罩棚下的保险财产，以及以芦席、布、草、纸板、塑料布做棚顶的罩棚，由于暴风、暴雨等造成的损失；（5）因财产本身缺陷、保管不善而致的损失，变质、霉烂、受潮、虫咬以及自然磨损与按制度规定的正常消耗；（6）因遭受保险责任内的灾害或事故造成停工、停业等一切间接损失。

三、财产保险合同的分类

（一）财产损失保险合同

财产损失保险合同，即以补偿财产的损失为目的的保险合同，其标的是除农作物、牲畜以外的一切动产和不动产，如房屋、船舶、车辆、货物等。在我国，依照投保标的的不同，财产损失保险合同又可以分为以下四种：（1）企业财产保险，即以国家、企业、事业单位所有或经营的财产为保险标的的保险合同；（2）家庭财产保险，即以家庭或公民个人所有的财产为保险标的的保险合同；（3）运输工具保险合同，即以船舶、飞机、机动车辆等运输工具为保险标的的保险合同；（4）货物运输保险合同，即以运输过程中的货物为保险标的的合同，包括海上货物运输保险合同、陆上货物运输保险合同、航空货物运输保险合同、邮包保险合同等。

（二）责任保险合同

责任保险合同，即以被保险人对第三者所负的赔偿责任为保险标的的保险合同。我国《保险法》第65条规定，保险人对责任保险的被保险人给第三者造成的损害，可以依照法律的规定或者合同的约定，直接向该第三者赔偿保险金。责任保险合同通常分为以下四种：

（1）雇主责任保险合同，即以投保人（雇主）对雇用人在雇佣期间的人身伤害依法应承担的赔偿责任为保险标的的保险合同；

（2）公众责任保险合同，即以投保人因意外事故造成第三者人身伤亡或财产损失而依法应承担的赔偿责任为保险标的的保险合同；

（3）产品责任保险合同，即以投保人因其产品的质量缺陷致使产品使用者或消费者遭受人身伤亡或财产损失而依法应承担的赔偿责任为保险标的的保险合同；

（4）职业责任保险合同，即以投保人因职业工作中的过失致使他人遭受人身伤亡或财产损失而依法应承担的赔偿责任为保险标的的保险合同。

（三）信用保险合同

信用保险合同，是指保险人对被保险人的信用放贷或信用售货提供保证的一种形式，当债务人不能清偿债务时，由保险人负责赔偿。信用保险合同主要包括以下三种：（1）出口信用保险合同，即本国出口商向保险人支付保险费，当出口商不能按时收回出口产品的全部货款时，由保险人给予赔偿的保险合同；（2）国外投资信用保险合同，指投保人（投资者）向保险人所在国投资经营，因政治原因造成经济损失的，保险人负赔偿责任的保险合同；（3）国内商业信用保险合同，即国内的商品出卖人因买受人信用危机，致使货款无法收回时，由保险人给予赔偿的保险合同。

（四）保证保险合同

保证保险合同，是指由保险人为被保险人向权利人提供保证的一种形式。当被保险人的行为或不行为致使权利人遭受经济损失时，由保险人负赔偿责任。保证保险合同主要分为两种：（1）忠诚保证保险合同，是指保险人收取保险费，当因雇员的不诚实行为而使雇主受到损失时，由保险人承担赔偿责任的保险合同；（2）确实保证保险合同，是指保险人收取保险费，在被保险人因不履行或不能履行义务而使权利人受到损失时，由作为保证人的保险人承担赔偿责任的保险合同。

第六节　人身保险合同

一、人身保险合同概述

（一）人身保险合同的概念

人身保险合同，是指投保人以自己或者他人的寿命或者身体为保险标的，向保险人交纳保险费，在被保险人死亡、伤残、疾病或者达到约定的年龄时，保险人按照约定向被保险人或者受益人给付保险金的保险合同。

（二）人身保险合同的特点

1. 保险金额的定额性。人身保险合同，又被称为定额保险合同，主要是因其保险标的是人的生命或身体，而人的生命或身体的价值是无法用金钱来衡量的，所以人身保险的保险金额是依照被保险人对保险的需求和交付保险费的能力来确定的。它不属于损失的补偿，而是定额的给付，也就是当约定保险事故发生时，给付金额以订约时预先约定的金额为准。人身保险不存在超额保险问题。

2. 保险期限的长期性。人身保险合同，尤其是人寿保险合同，有效期比较长，有的甚至是终身的。因为人身保险的目的有两个：（1）为自己年老或丧失劳动力时提供经济保障；（2）为抚养或赡养自己身后的家属。

3. 保险费不得强制请求。依照人身保险合同，投保人有交纳保险费的义务，投保人可以在合同成立时向保险人一次支付全部保险费，也可以按照保险合同的约定分期支付保险费。投保人不支付保险费，保险人可以发出催告。经保险人催告，投保人仍不支付保险费的，保险人可以中止保险合同或者减少保险金额，直至解除保险合同，但是不得以诉讼方式请求人寿保险的投保人支付保险费。现行保险法将原法“人身保险不得以诉讼方式要求投保人支付保险费”的表述修改为“人寿保险不得以诉讼方式要求投保人支付保险费”。这就意味着对于人寿保险以外的健康保险、意外伤害保险等人身保险，保险人可以诉讼方式要求投保人支付保险费。现行法之所以这样规定，首先是基于人寿保险的长期性考虑，避免当投保人经济能力出现问题时对其以诉讼方式主张保险费，而将其置于经济上的不利地位；其次，由于人寿保险具有储蓄性，保险人不应当具有强制投保人储蓄的权利。

4. 不适用代位求偿权。在人身保险合同中，不适用代位求偿权的原则。《保险法》第46条明确规定，被保险人因第三者的行为而发生死亡、伤残或者疾病等保险事故的，保险人向被保险人或者受益人给付保险金后，不享有向第三者追偿的权利，但被保险人或者受益人仍有权向第三者请求赔偿。

二、人身保险合同中的受益人

（一）受益人的产生和变更

受益人，是指由被保险人或者投保人指定，在保险事故发生或者约定的保险期限届满时，依照保险合同享有保险金请求权的人。投保人、被保险人或者第三人，均可以成为受益人。受益人享受人身保险合同所约定的利益。通常，投保人或被保险人可以指定任何第三人为受益人，但有时法律基于某种特定考虑，明确地规定只有对被保险人有保险利益的人，才能成为受益人。投保人或被保险人指定受益人后，仍有权利加以变更，受益人不得反对。我国保险法规定，被保险人或者投保人可以变更受益人并书面通知保险人。

（二）受益人的种类

1. 指定受益人。投保人或被保险人既可以在订立合同时就确定受益人，也可以在合同成立后指定受益人。对所指定的受益人，无须事先征得其本人或保险人的同意，只需在保险单上注明。如果指定的受益人为数人的，被保险人或者投保人可以指定受益顺序和受益份额；未确定受益份额的，受益人按照相等份额享有受益权。投保人指定受益人时须经被保险人同意。投保人为与其有劳动关系的劳动者投保人身保险时，不得指定被保险人及其近亲属以外的人为受益人。

2. 法定受益人。订立人身保险合同未指定受益人的，则在保险事故发生时，可推定被保险人是为自己的利益而投保，即以自己为受益人。这样，保险金成为被保险人的遗产，由其继承人按继承法继承。

三、人寿保险合同中的常见条款

（一）不可抗辩条款

保险合同是一种最大诚信的合同，要求投保人在投保时必须履行如实告知的义务。如果投保人故意隐匿，或有重大过失遗漏，或作不实的说明，足以影响保险人对危险的估计的，保险人就有权解除保险合同或不负赔偿责任。如实告知义务虽然能有效地维护保险人的利益，但这一原则在实践中易于诱发保险人滥用这项制度，特别是人寿保险合同期限一般较长，更不易查清投保人在投保时是否已经如实告知重要事实。因此，为了保护被保险人和受益人的利益，保险人一般只能在1年至2年内以投保人告知不实为理由解除保险合同，此期间就称为可抗辩或可争期间，超过此期间即进入不可抗辩或不争期间，保险人就不得再提出异议，即使投保人确有告知不实的情形，保险人在保险事故发生后仍应负给付责任。

（二）不丧失价值条款

不丧失价值条款，是指除定期保险外，一般人身保险合同在交付保险费一定期间后都有现金价值，即人身保险费交给保险人后，其中一部分用于支付保险人的费用，剩下的大部分积存了一定的责任准备金。在保险事故发生前，投保人可以利用这部分现金价值；在保险事故发生后，投保人可以取回全部现金价值。即使投保人不愿继续投保而致使保险合同失效时，也不能剥夺投保人应享有的现金价值的权利，因而称为不丧失价值条款。《保险法》第47条规定，投保人解除合同的，保险人应当自收到解除合同通知之日起30日内，按照合同约定退还保险单的现金价值。

（三）年龄不实条款

在人寿保险中，被保险人的年龄关系到保险费率的计算及危险程度的衡量，因此，投保时应如实填报。我国现行《保险法》第 32 条规定，投保人申报的被保险人年龄不真实，并且其真实年龄不符合合同约定的年龄限制的，保险人可以解除合同，并按照合同约定退还保险单的现金价值。保险人行使合同解除权的限制，适用《保险法》第 16 条第 3 款、第 6 款的规定。

（四）宽限期条款

宽限期条款，又称交纳保险费宽限期条款，是指保险人和投保人在保险合同中约定的，允许投保人向保险人缓交保险费的期限的条款。依照交纳保险费宽限期条款，投保人已逾保险合同约定的交纳保险费的时间，只要投保人在交费宽限期内交纳保险费，不构成违反保险合同。有了宽限期，即使投保人未按规定的期限交付保险费，但只要未超过宽限期，保险合同仍然继续有效。投保人超过宽限期未缴保险费，将导致保险合同效力中止或保险人按照合同约定的条件减少保险金额。

（五）复效条款

复效条款，是指人寿保险合同约定的，在投保人不能如期交纳保险费而使保险合同效力中止时，经投保人申请并交纳保险费以恢复合同效力的条款。《保险法》第 37 条第 1 款规定，合同效力依照本法第 36 条规定中止的，经保险人与投保人协商并达成协议，在投保人补交保险费后，合同效力恢复。但是，自合同效力中止之日起满 2 年双方未达成协议的，保险人有权解除合同。

（六）自杀条款

人身保险合同中规定的自杀条款，一般是指被保险人的自杀。如果自杀也能获得保险金，就可能会鼓励图谋保险金的自杀行为而诱发道德风险。但如果对并非出于图谋保险金的原因发生的自杀一概不给予保险金，也将会影响受益人的正常生活。因此，大多数国家对自杀都作了时间上的限制。只有在保险合同生效后若干年内所发生的自杀行为，才作为除外责任。

就这一方面而言，现行《保险法》第 44 条对原法的相关规定进行了重大完善，明确规定，以被保险人死亡为给付保险金条件的合同，自合同成立或者合同效力恢复之日起 2 年内，被保险人自杀的，保险人不承担给付保险金的责任，但被保险人自杀时为无民事行为能力人的除外。保险人依照前款规定不承担给付保险金责任的，应当按照合同约定退还保险单的现金价值。首先，强调自杀必须是被保险人在正常的情况下实施的，即自杀当时不是无民事行为能力，否则保险公司仍应当承担赔偿责任。其次，如果保险合同在履行期间中止，然后效力恢复，并且被保险人在效力恢复后自杀的。2 年期间从保险合同效力恢复之日起开始计算，而不是从原合同成立时开始计算，这有利于降低投保人或被保险人的道德风险，同时也有利于强化被保险人的最大诚信原则。

四、人身保险合同的订立和履行

（一）人身保险合同的订立

人身保险合同的投保人必须是对被保险人的寿命和身体具有保险利益的人，如果投保人对被保险人不具有保险利益，则合同无效。人身保险合同中的被保险人虽然不是保险合同的当事人，但保险合同以其寿命或身体为保险标的，因而在保险合同中具有特殊的地位。通常，被保险人应当是具有民事行为能力的人。在生存保险中，无民事行为能力人可以作为被保险人；在死亡保险合同中，无民事行为能力人则不能作为被保险人，保险人也不得为其承保，但是，父母为其未成年子女投保的人身保险，则不受此限。

（二）人身保险合同保险金的给付方式

各类人身保险在目的、功能上不同，从而使人身保险具有多种保险金的给付方式。

1. 一次性支付方式。这是指保险人将保险金一次性以现金或支票方式付给受益人。一次性支付方式主要适用于有关婚嫁、丧葬等方面的保险。

2. 利息收入方式。这是指保险金受领人将保险金存于保险人处，按预定的保证利率，按年、按季或按月向保险人领取保险金的利息。

3. 定期收入方式。这是指根据投保人的要求，在约定的给付期间内，按预定的保证利率，以年金结算的方式给付，并计算出每期给付的金额，由保险金受领人按期领取。

4. 定额收入方式。这是指根据保险金受领人的要求，确定每隔若干周期，提供受领人选定的固定金额，因而给付期数应根据保险金的总额和实际的利率来确定。

5. 终身收入方式。这是指以支付保险费的办法购买受益人的终身年金。受益人可以按时领取年金，直到死亡为止。

五、人身保险合同的分类

（一）人寿保险合同

人寿保险合同，是指以被保险人的死亡或生存为保险标的的人身保险合同。人寿保险的基本内容是投保人向保险人缴纳保险费，当被保险人在保险期限内死亡或生存到一定的年龄时，保险人向被保险人或其受益人给付保险金。人寿保险是人身保险中最基本、最主要的种类，通常分为以下三类：(1) 死亡保险。有定期死亡保险和终身保险之分。定期死亡保险，又称为定期保险，是指被保险人在规定的期间内发生死亡事故时，由保险人负责给付保险金，如果期限届满，被保险人仍然生存，保险人就不再尽保险责任，也不退还保险费。终身保险是一种不定期死亡保险，保险人一直负责到被保险人死亡为止，对被保险人终身负责，最终必定要付一笔保险金。(2) 生存保险。是指以被保险人在规定的期限内生存作为给付保险金条件的保险，就是被保险人要生存到约定期限保险人才给付保险金。如果在此期间被保险人死亡，所缴保险费不退还。(3) 生死两全保险。是指被保险人在保险期限内死亡的，保险人给付受益人保险金；被保险人在保险期满后仍生存的，保险人给付被保险人保险金。生死两全保险是死亡保险和生存保险的综合，主要特点是被保险人不论生存或死亡，在达到一定期限后，保险人均给付保险金。

（二）健康保险合同

健康保险合同，又称疾病保险合同，是指被保险人在保险期限内得疾病、分娩及因疾病、分娩而致残废或死亡时，保险人给付约定保险金的一种合同。

（三）意外伤害保险合同

意外伤害保险合同，是指被保险人在保险期限内遭受意外伤害或因此而导致残废或死亡时，保险人依约给付保险金的合同。意外伤害保险合同又有普通意外伤害保险合同和特种伤害保险合同之分：普通意外伤害保险合同是指专门为被保险人因意外事故而致身体蒙受损伤而提供保险保障的合同。特种伤害保险合同的保险范围仅限于特种原因或特定地点所造成的伤害，主要包括旅游伤害保险合同、交通事故伤害保险合同等。

法律应用

1. 对保险合同当事人在签订合同过程中的行为进行正确定性，对于认定保险合同是否成立、何时成立具有重要的意义。而合同的成立时间又关系到保险合同当事人的权利与义务的确定，尤其关系到保险公司是否要承担保险责任。例如，对于投保人发出要约后，保险人同意接受以前，标的发生风险损失的，保险合同是否成立，以及保险公司预收保险费是否意味着保险合同的成立，应具体区别认定，唯一的判断标准是保险公司是否同意承保或者已签发保险单。

2. 保险费是保险公司积累资金的重要来源，是支付赔款的基础，缴纳保险费是投保人的基本义务。在实践中，有的财产保险投保人迟迟不交保险费，若在责任期间未发生保险事故，则百般抵赖；若事故发生，则赶紧补交。如果容许这种行为存在，不仅有悖于法理，也有违保险的原理。

3. 在保险理赔过程中，保险人与被保险人有时会对某一合同条款有不同的理解，如何解释该条款往往成为保险公司赔与不赔的关键。《保险法》第30条规定了不利解释的原则，这一原则本为平衡双方当事人的权利而设，但由于我国商业保险主要险种的保险条款由国务院保险监督管理机构制定，依照基本保险条款订立的保险合同与纯粹作为附合合同的保险合同不具有同等的意义，在发生歧义或文义不清时，应由国务院保险监督管理机构作出解释，而不应适用不利解释的原则。

课后复习

1. 如何认定保险合同的效力？
2. 试述保险合同当事人的告知义务。
3. 试述保险合同的代位求偿权。
4. 试述人身保险合同与财产保险合同的区别。

第二十三章
保险业务主体

提 要

保险人、保险代理人、保险经纪人是保险市场的重要主体。由于保险业的特殊性，保险机构类型法定。保险公司是我国保险人的基本形式，2009年修改前的《保险法》规定，保险公司的组织形式只限于股份有限公司和国有独资公司两种形式。而2009年保险法修改时对保险公司的组织形式没有加以规定，这透露出一个信号，即为了适应保险业的发展，有必要对保险市场的主体范围予以适当调整。中国保险监督管理委员会（以下简称中国保监会）依法对保险市场实施监管。

重点问题

1. 保险公司的设立及经营规则
2. 保险代理人与保险经纪人
3. 保险监督管理的基本内容

第一节　保险公司

一、保险机构的组织形式

保险机构，是指依法设立，并以经营保险为业的机构。在实践中，保险机构的形式主要表现为国有保险公司、股份保险公司、合作保险组织、个人保险组织等。

1. 国有保险公司。国有保险公司，即国有独资保险公司，是指国家授权投资的机构或者国家授权的部门单独投资设立的保险有限责任公司。国有保险公司是我国保险组织的主要形式之一。在西方国家，国有保险公司也广泛存在，如政府投资设立的专门经营出口信贷保险或海外投资风险的保险组织，通常采取国有独资公司的形式。

2. 股份保险公司。又称保险股份有限公司，是指其全部资本分为等额股份，股东以其所认购的股份对公司债务负责，公司以其全部资产对公司的债务承担责任的企业法人。股东以领股息的办法分配保险公司所取得的利润。股份有限公司因其众多的股东持股而具有充足的资本，规模较大，各国保险业法均将其规定为保险业组织的主要形式。在我国，股份保险公司也是保险业组织的形式之一。

3. 合作保险组织。是指由具有共同风险的个人或单位共同筹资设立的保险组织，主要包括消费者合作保险组织和生产者保险合作组织。其主要组织形态为保险合作社。

4. 个人保险组织。指以个人为主体作为保险人承保保险业务的一种方式。保险业最初都是由个人经营的，随着经济的发展和保险金额的日益积累，个人保险组织的形式逐渐被淘汰。目前，世界上个人保险组织唯有伦敦劳合社保险商尚具有较强的实力。

二、保险公司的设立、分设、变更及终止

（一）保险公司的设立条件

设立保险公司，必须具备比设立一般企业更为严格的条件。依照我国公司法和保险法的规定，保险公司可以采取股份有限公司或国有独资公司的组织形式，并须同时具备以下条件：

（1）主要股东资格。保险公司的主要股东应具有持续盈利能力，信誉良好，最近3年内无重大违法、违规记录，净资产不低于人民币2亿元。

（2）公司章程。保险公司章程是规定公司内、外部法律关系，确立公司内部管理体制、股东或出资人基本权利与义务的法律文件，是公司运作最根本的规范和依据，公司一切基本和重大的问题均需要在章程中予以规定。

（3）注册资本最低限额。规定保险公司注册资本最低限额旨在使保险公司在设立时能拥有与其法人权利能力和行为能力相适应的财产基础，从而保证保险公司的最低偿付能力。我国保险法规定，设立保险公司，其注册资本最低限额为人民币2亿元，保险公司的注册资本必须为实缴货币资本。

（4）任职资格的限制。保险公司是一种特殊公司，保险公司的运作具有很强的技术性，保险新险种的开发及保险资金的运用，要求保险公司管理人员拥有很强的专业知识和业务经验。因此，保险公司在设立时，应具有具备任职专业知识和业务工作经验的董事、监事和高级管理人员。

（5）健全的组织机构和管理制度。保险公司作为分散风险、组织经济补偿的特殊公司，其内部组织机构应与整个社会经济发展相适应。除了健全组织机构外，还应有完备的规章制度，如工资分配制度、工作制度、保险营销制度、代理制度、再保险制度等。

（6）有固定的保险经营场所和经营保险业务所需要的必要条件。

（7）法律、行政法规和国务院保险监督管理机构规定的其他条件。

（二）保险公司的分设

保险公司的分设，是指保险公司设立分支机构的行为。保险公司的分支机构是指保险公司依照法定程序设立的，以本公司名义进行经营活动，其经营后果由保险公司承受的分公司、支公司或营业部。设立分支机构的保险公司称为总公司。保险公司的分支机构具有以下特点：（1）不能有独立于保险公司的名称。分支机构的名称都要冠以本公司的名称，并且须标明是本公司的分公司、支公司或营业部。（2）不能有独立于本公司的资产。分支机构占有和使用的资产，均为本公司的资产。保险公司的分支机构不具有法人的资格，不能独立地享有民事权利和承担民事义务，其民事责任均由本公司承担。分支机构开展的业务活动是以本公司的名义进行的，由此产生的一切法律后果均由本公司承担。

保险公司申请设立分支机构，应当向国务院保险监督管理机构提出书面申请，并提交设立申请书、拟设机构3年业务发展规划和市场分析材料、拟任高级管理人员的简历及相关证明材料、国务院保险监督管理机构规定的其他材料。国务院保险监督管理机构应当对保险公司设立分支机构的申请进行审查，自受理之日起60日内作出批准或者不批准的决定：决定批准的，颁发分支机构经营保险业务许可证；决定不批准的，应当书面通知申请人并说明理由。此外，外国保险机构在中华人民共和国境内设立代表机构，应当经国务院保险监督管理机构批准。代

表机构不得从事保险经营活动。

（三）保险公司的变更

保险公司的变更，是指保险公司在组织上的变更，以及在活动宗旨、业务范围上的变化。组织的变更是指保险公司合并与分立，活动宗旨、业务范围的变化包括保险公司的名称和营业场所的变更、公司章程的修改、资产的变动以及保险公司的公司形态、隶属关系的变更。在这些不同形式的变更中，有的将影响保险公司的权利能力和行为能力，有的涉及保险公司财产权的性质，有的导致原保险公司的消灭和新保险公司的产生。所有这些都直接关系到被保险人的利益，从而影响社会生活的稳定。因此，保险公司的变更，必须经国务院保险监督管理机构批准。

（四）保险公司的终止

保险公司的终止，是指依法设立的保险公司因为法定原因或者经国务院保险监督管理机构批准，关闭其营业机构而永久停止其保险业务。保险公司因下列原因而终止：（1）经国务院保险监督管理机构批准解散；（2）被依法吊销保险业务许可证；（3）被依法宣告破产。保险公司依法解散或被依法撤销的，应当组成清算组。清算组应当委托中国保监会认可的会计师事务所、律师事务所、精算师事务所，对公司的债权债务和资产进行评估。

对于经批准解散的保险公司，应当在解散后 15 日内成立清算组织。国有独资保险公司解散的，由国家授权投资的机构或国家授权的部门指定人选成立清算组织；保险股份有限公司解散的，由股东大会确定人选成立清算组织。逾期不能成立清算组织的，债权人可以申请人民法院指定相关人员组成清算组织进行清算。依法成立的清算组织，应当负责了结已解散的保险公司的债权债务。

三、保险公司的业务内容与经营规则

（一）保险公司业务范围限制规则

各国保险业法对保险组织的业务范围都有限制性规定，保险业组织不得从事保险业法规定范围之外的经营活动。为切实保护广大被保险人的利益，大多数国家的保险法都因财产保险业务和人身保险业务性质不同、经营技术有别，而作出禁止兼营的规定。所谓禁止兼营，是指申请开业的保险组织只能专营某类保险业务，不能同时兼营财产保险业务和人身保险业务。我国《保险法》第 95 条规定，保险公司的业务范围：（1）人身保险业务，包括人寿保险、健康保险、意外伤害等保险业务。（2）财产保险业务，包括财产损失保险、责任保险、信用保险、保证保险等保险业务。（3）国务院保险监督管理机构批准的与保险有关的其他业务。保险人不得兼营人身保险业务和财产保险业务。但是，经营财产保险业务的保险公司经国务院保险监督管理机构批准，可以经营短期健康保险业务和意外伤害保险业务。保险公司应当在国务院保险监督管理机构依法批准的业务范围内从事保险经营活动。同一保险人不得同时兼营财产保险业务和人身保险业务。

（二）偿付能力管理规则

偿付能力管理规则，是指保险组织履行赔偿或给付责任的能力。保险组织必须具有最低的偿付能力，这不仅是保护被保险人利益的需要，也是保险组织自身稳定经营的需要。保险公司应当具有与其业务规模相适应的最低偿付能力。保险公司的实际资产减去实际负债的差额不得低于国务院保险监督管理机构规定的数额；低于规定数额的，应当增加资本金，补足差额。为了确实保证保险组织的最低偿付能力，我国《保险法》第 102 条和第 103 条还分别规定：经营财产保险业务的保险公司当年自留保险费，不得超过其实有资本金加公积金总和的 4 倍；保险公司对每一危险单位，即对一次保险事故可能造成的最大损失范围所承担的责任，不得超过其实有资本金加公积金总和的10%；超过的部分，应当办理再保险。保险公司对危险单位的划分应当符合国务院保险监督管理机构的规定。

（三）保险公司的风险管理规则

经济补偿是保险制度特有的功能。为了保障被保险人的利益，使保险公司安全经营，各国保险业法均规定了保险公司风险管理的若干规则。保险公司的风险管理主要体现在保险保证金、各种准备金、保险保障基金和保险公积金的提存及保险资金的运用等方面。

1. 保险保证金。保险公司成立后应当按照其注册资本总额的20%提取保证金，存入国务院保险监管机构指定的银行，除公司清算时用于清偿债务外，不得动用。经中国保监会批准，保险公司可以以中国保监会认可的有价证券缴存保证金。

2. 保险准备金。保险准备金又分为：（1）未到期责任准备金，即未满期保险准备金，是在会计年度决算时对未满期保单提存的一种资金准备。由于会计年度与保险业务年度不一致，在会计年度决算时，对于来年仍有效的保单，在当年保险费收入中提存一部分作为下一年度的保险费收入，这部分保险费即称为未到期责任准备金。未到期责任准备金应等于当年开出的保险单在下一年度仍然有效的保险单的保险费之和。（2）未决赔款准备金，是指保险人在会计年度决算前发生保险责任应付而未付赔款在当年收入的保险费中提存的资金。

3. 保险保障基金。是指保险组织为了有足够的能力应付可能发生的巨额赔款，从年终结余中专门提存的后备基金。它与未到期责任准备金和未决赔款准备金不同。未到期责任准备金和未决赔款准备金是保险组织的负债用于正常情况下的赔款，而保险保障基金则属于保险组织的资本，主要是应付巨大灾害事故的特大赔款，只有在当年业务收入和其他准备金不足以赔付时方能运用。《保险法》第100条规定，保险保障基金应当集中管理，并在下列情形下统筹使用：（1）在保险公司被撤销或者被宣告破产时，向投保人、被保险人或者受益人提供救济；（2）在保险公司被撤销或者被宣告破产时，向依法接受其人寿保险合同的保险公司提供救济；（3）国务院规定的其他情形。

4. 保险公积金。是指保险公司基于增强自身财力、扩大经营范围以及预防意外亏损的目的，依照法律和公司章程的规定，从公司税后利润中提取的部分资金积累。

5. 保险资金的运用。是指保险组织在经营过程中，将积聚的部分保险资金用于投资或融资，使资金增值的活动。目前，无论是发达国家的保险组织，还是发展中国家的保险组织，都已把资金运用作为其重要业务之一，其收益已是保险组织的一项重要收入来源。但保险资金的运用往往会带来相应的风险，因此，各国保险法对保险资金运用的范围和形式都作了具体规定，以确保被保险人的利益。

我国《保险法》第106条明确规定，保险公司的资金运用限于下列形式：（1）银行存款；（2）买卖债券、股票、证券投资基金份额等有价证券；（3）投资不动产；（4）国务院规定的其他资金运用形式。

第二节　保险代理人与保险经纪人

一、保险代理人

（一）保险代理人的概念

所谓保险代理人，是指根据保险人的委托，向保险人收取代理佣金，并在保险人授权的范围内代为办理保险业务的机构或者个人。保险代理机构包括专门从事保险代理业务的保险专业代理机构和兼营保险代理业务的保险兼业代理机构。保险代理人一般具有以下特征：(1) 保险代理人必须以保险人的名义进行保险活动；(2) 保险代理人必须在代理权限内进行保险活动；(3) 保险代理行为的后果由保险人承担。保险代理人在其业务范围内所为的行为，虽然未经保险人指示，但行为后果对保险人仍有约束力。保险代理人所知道的事，都假定为保险人所知，保险人不得以投保人未履行如实告知义务而拒绝承担保险责任。

（二）保险代理人的种类

依据我国《保险代理人管理规定（试行）》和《保险专业代理机构监管规定》的规定，保险代理人分为专业代理人、兼业代理人和个人代理人三种。

1. 专业代理人。是指专门从事保险代理业务的保险代理机构，其组织形式为合伙企业、有限责任公司或股份有限公司。依据《保险专业代理机构监管规定》，保险专业代理机构可以经营下列保险代理业务：代理销售保险产品，代理收取保险费，代理相关保险业务的损失勘查和理赔，中国保监会批准的其他业务。保险专业代理机构及其从业人员在开展保险代理业务过程中不得有下列行为：超出被代理保险公司的业务范围和经营区域；欺骗投保人、被保险人、受益人或者保险公司；利用行政权力、股东优势地位或者职业便利以及其他不正当手段，强迫、引诱或者限制投保人订立保险合同或者限制其他保险中介机构正当的经营活动；挪用、截留、侵占保险费、退保金或者保险金；给予或者承诺给予保险公司及其工作人员、投保人、被保险人或者受益人合同约定以外的利益；利用业务便利为其他机构或者个人牟取不正当利益；泄露在经营过程中知悉的投保人、被保险人、受益人或者保险公司的商业秘密和个人隐私；以捏造、散布虚假事实等方式损害竞争对手的商业信誉；以虚假广告、虚假宣传或者其他不正当竞争行为扰乱保险市场秩序；与非法从事保险业务或者保险中介业务的机构或者个人发生保险代理业务往来；坐扣保险佣金；代替投保人签订保险合同；以缴纳费用或者购买保险产品作为招聘业务人员的条件，承诺不合理的高额回报，以直接或者间接发展人员的数量或者销售业绩作为从业人员计酬的主要依据。

2. 兼业代理人。是指受保险人的委托，在从事自身业务的同时，指定专人为保险人代办保险业务的单位。兼业代理人必须符合下列条件：(1) 具有所在单位法人授权书；(2) 有专人从事保险代理业务；(3) 有符合规定的营业场所。兼业代理人的业务范围只限于代理销售保险单和代理收取保险费。

3. 个人代理人。是指根据保险人委托，向保险人收取代理佣金，并在保险人授权的范围内代为办理保险业务的人。依据我国保险法规定，个人保险代理人应当品行良好，具有从事保险代理业务或者保险经纪业务所需的专业能力。个人保险代理人在代为办理人寿保险业务时，不得同时接受两个以上保险人的委托。个人代理人的业务范围只限于代理销售保险单和代理收取保险费，不得办理企业财产保险和团体人身保险。个人代理人不得同时为两家（含两家）以上的保险公司代理保险业务，不得兼职从事保险代理业务。

（三）保险代理人的资格与执业

对于保险代理人的资格，各国法律规定不尽相同。我国保险法规定，保险代理机构包括专门从事保险代理业务的保险专业代理机构和兼营保险代理业务的保险兼业代理机构，保险代理机构应当具备国务院保险监督管理机构规定的条件，取得保险监督管理机构颁发的经营保险代理业务许可证，向工商行政管理机关办理登记，领取营业执照，并缴存保证金或者投保职业责任保险。个人保险代理人、保险代理机构的代理从业人员应当品行良好，具有从事保险代理业务或者保险经纪业务所需的专业能力。

二、保险经纪人

（一）保险经纪人的概念

保险经纪人，是指基于投保人的利益，为投保人与保险人订立保险合同提供中介服务并依法收取佣金的单位。其组织形式为有限责任公司和股份有限公司。

依照我国《保险经纪人管理规定（试行）》和《保险经纪公司管理规定》，保险经纪人主要分为直接保险经纪人和再保险经纪人两类。经中国保监会批准，保险经纪公司可以经营下列业务：（1）为投保人拟定投保方案，办理投保手续；（2）为委托人提供防灾、防损或风险评估、风险管理咨询服务；（3）协助被保险人或受益人进行索赔；（4）再保险经纪业务；（5）中国保监会批准的其他业务。保险经纪公司在执业中不得有下列行为：与非法从事保险业务或保险中介业务的机构或个人发生保险经纪业务往来；超出中国保监会核定的业务范围；超越授权范围，损害委托人的合法权益；伪造、散布虚假信息，或利用其他手段损害同业的信誉；挪用、侵占保险费或保险金、赔款；向客户作不实宣传，误导客户投保；隐瞒与保险合同有关的重要情况或不如实向投保人转告投保声明事项，欺骗投保人、被保险人或受益人；利用行政权力、职务或职业便利以及其他不正当手段，强迫、引诱或限制他人订立保险合同；串通投保人、被保险人或受益人恶意欺诈保险公司；法律、行政法规认定的其他损害投保人、被保险人或保险公司利益的行为。

（二）保险经纪人的资格和执业

经营保险经纪业务，必须是依法设立的保险经纪公司，未经批准，任何单位和个人不得经营保险经纪业务。保险经纪人的经纪从业人员，应当品行良好，具有从事保险代理业务或者保险经纪业务所需的专业能力。

（三）保险经纪人的设立条件

设立保险经纪公司须经中国保监会批准。依据《保险经纪机构监管规定》，设立保险经纪公司应当同时具备下列条件：（1）股东、发起人信誉良好，最近3年无重大违法记录；（2）注册资本的最低限额为人民币5 000万元，中国保监会另有规定的除外，保险经纪公司的注册资本必须为实缴货币资本；（3）公司章程符合有关规定；（4）董事长、执行董事和高级管理人员符合本规定的任职资格条件；（5）具备健全的组织机构和管理制度；（6）有与业务规模相适应的固定住所；（7）有与开展业务相适应的业务、财务等计算机软硬件设施；（8）法律、行政法规和中国保监会规定的其他条件。

设立保险经纪公司，其申请设立外资保险经纪公司的外国保险经纪公司除具备设立保险经纪公司的必备条件外，还应当具备下列条件：（1）资信良好，最近3年内未受到所在国家主管部门和司法部门的重大处罚；（2）经营保险经纪业务20年以上；（3）申请前连续3年营业收入不低于1亿美元；（4）在中国设有代理机构2年以上；（5）所在国家有完善的保险监管制度；（6）拟任高级管理人员符合中国保监会规定的任职资格；（7）中国保监会规定的其他条件。

（四）保险经纪人与保险代理人的区别

保险经纪人与保险代理人的区别主要体现在以下方面：（1）保险经纪人是基于投保人的利益向保险人或其他代理人洽订保险合同，而保险代理人则是根据保险人的委托而代为办理保险业务；（2）保险经纪人的业务范围比保险代理人的业务范围广；（3）与保险代理人向保险人收取佣金不同，保险经纪人既可以向保险人收取佣金，也可以向被保险人收取佣金。保险经纪公司接受投保人委托向保险公司办理投保手续时，依照财政部的有关规定收取佣金；为被保险人代办索赔等手续时，由被保险人支付佣金；向客户提供风险评估、风险管理咨询服务时，由客户支付咨询费。

第三节 保险业的监督管理

一、保险业的监督管理概述

保险业的监督管理，是指国家保险业监督管理机关通过法律、行政、经济手段，对保险市场进行监督与管理。各国对保险业实施监督管理，大体有三种方式，即公告管理、规范管理、实体管理。

1. 公告管理。公告管理，是指国家对保险业经营不作直接监督，仅规定保险公司必须按照政府规定的格式及内容，定期将营业结果呈报主管机关并给予公告。根据呈报的情况，政府便可以对保险公司的偿付能力作出评价。英国曾采取这一管理方式。

2. 规范管理。规范管理，是指由国家制定指导保险业经营管理的基本准则，并监督执行。这种管理方式只规定监督管理的准则，政府对保险经营的若干重大事项，如最低资本额的规定、资产负债表的审查、违反法律的处罚等，都有明确的规范，若有违反者，有关管理机关将给予法律制裁。但政府对保险公司的业务经营、财务管理及人事等方面，则不加以干预。荷兰曾采取这一管理方式。

3. 实体管理。实体管理方式是1885年由瑞士创立的，并为奥地利、德国所仿效。这种方式除规定应遵守的准则外，保险公司在创立时，还必须经政府许可；经营开始后，自始至终都要受政府的有效监督。这是各国保险业监督管理方式中较为严格的一种。目前，世界各国保险法大多采用这种方式。

二、保险业的监督管理机构及其职责

我国《保险法》第9条明确规定，国务院保险监督管理机构依法对保险业实施监督管理。国务院保险监督管理机构根据履行职责的需要设立派出机构。派出机构按照国务院保险监督管理机构的授权履行监督管理职责。这里的“国务院保险监督管理机构”即指中国保监会。

为加大对保险业的统一监管力度，1998年11月，经国务院批准，按照银行与保险分业经营、分业监管的原则，我国成立了中国保险监督管理委员会（简称中国保监会），负责对全国保险业的监管。中国保监会是全国商业保险的主管部门，为国务院直属事业单位，根据国务院授权履行行政管理的职能，依法统一监管保险市场。

三、保险业监督管理的主要内容

（一）国务院保险监督管理机构对保险业监督管理的主要内容

国务院保险监督管理机构对保险业的监督管理遵循市场行为监管和偿付能力监管并重的原则，对保险机构及保险中介机构的监督检查采取现场检查与非现场检查相结合的方式。其主要内容如下：

1. 保险机构及保险中介机构的监管。是指对保险机构及保险中介机构的合法性进行审查、监督，主要对以下内容进行审查、监督：（1）保险公司设立的条件，如资本金、申请文件等；

（2）保险公司的组织形式；（3）保险公司的经营范围；（4）保险公司设立、变更、终止的程序；（5）保险代理人、保险经纪人的资格；（6）专业人才的配备等。

2. 财务状况与偿付能力监管。重点是监督、管理保险公司资本的充足性，主要内容是监督保险公司各项准备金、公积金的提存，保险保障基金的管理以及资金运用，目的是要增强保险公司的偿付能力，保障被保险人的利益。对保险公司偿付能力的监督管理是保险业监督管理的核心。《保险法》第138条规定，对偿付能力不足的保险公司，国务院保险监督管理机构应当将其列为重点监管对象，并可以根据具体情况采取相应的措施：（1）责令增加资本金、办理再保险；（2）限制业务范围；（3）限制向股东分红；（4）限制固定资产购置或者经营费用规模；（5）限制资金运用的形式、比例；（6）限制增设分支机构；（7）责令拍卖不良资产、转让保险业务；（8）限制董事、监事、高级管理人员的薪酬水平；（9）限制商业性广告；（10）责令停止接受新业务。

3. 保险业务和市场行为监管。重点是对保险行为进行监督管理，主要内容包括：（1）中国保监会制定和修订商业保险主要险种的基本保险条款与保险费率。中国保监会可以委托保险行业协会或保险公司拟定主要险种的基本保险条款和保险费率，保险公司拟定的其他险种的保险条款和保险费率，应由总公司报中国保监会备案。中国保监会对报备的条款和费率自收到备案申请文件之日起30日内未提出异议的，保险公司可以使用该条款和费率。（2）国务院保险监督管理机构有权检查保险公司的业务状况、财务状况及资金运用状况，保险公司应当依法接受监督检查。（3）保险公司按规定安排再保险。（4）禁止保险公司及其工作人员在保险业务经营活动中的不公正做法和不正当竞争的行为。（5）对保险代理人、保险经纪人的业务经营及收支情况进行监督检查。

4. 报表账簿监管。主要包括：（1）各保险公司及保险代理人、保险经纪人应当在规定的期限内向国务院保险监督管理机构提供有关业务状况、财务状况及资金运用状况的书面报告和资料；（2）各保险公司及保险代理人、保险经纪人应当于每一会计年度终了后3个月内，将上一年度的营业报告、财务会计报告及有关报表报送国务院保险监督管理机构并依法公布；（3）保险公司应当于每月月底前将上一月的营业统计报表报送国务院保险监督管理机构；（4）保险公司应当妥善保管有关业务经营活动的完整账簿、原始凭证及有关资料，其保管期限自保险合同终止之日起计算，不得少于10年。

（二）国务院保险监督管理机构对保险公司的整顿和接管

1. 整顿。整顿，是指在保险公司有违反保险法规定的某些行为，并且在国务院保险监督管理机构规定的期限内未改正的情况下，国务院保险监督管理机构采取必要的措施对该保险公司进行整治、监督的行为。保险公司未按照保险法规定提取或者结转各项责任准备金，或者未按照保险法规定办理再保险，或者严重违反保险法关于资金运用规定的，由国务院保险监督管理机构责令限期改正，并可以责令调整负责人及有关管理人员。国务院保险监督管理机构依法作出限期改正的决定后，保险公司逾期未改正的，国务院保险监督管理机构可以决定选派保险专业人员和指定该保险公司的有关人员组成整顿组，对公司进行整顿。整顿过程中，被整顿保险公司的原有业务继续进行。但是，国务院保险监督管理机构可以责令被整顿公司停止部分原有业务，停止接受新业务，调整资金运用。被整顿保险公司经整顿已纠正其违反保险法规定的行为，恢复正常经营状况的，由整顿组提出报告，经国务院保险监督管理机构批准，结束整顿，并由国务院保险监督管理机构予以公告。

2. 接管。接管，是指在保险公司实施了违反保险法规定的某些行为，并且造成了比较严重后果的情况下，国务院保险监督管理机构采取必要的措施，代为行使该保险公司的经营管理权力，以保护被保险人的利益，恢复保险公司的正常经营的行为。

保险公司违反保险法规定，损害社会公共利益，可能严重危及或者已经危及保险公司的偿付能力的，或者公司的偿付能力严重不足的，国务院保险监督管理机构可以对该保险公司实行接管。接管的目的是对被接管的保险公司采取必要措施，以保护被保险人的利益，恢复保险公司的正常经营。被接管的保险公司的债权债务关系不因接管而变化。接管期限届满，国务院保险监督管理机构可以决定延期，但接管期限最长不得超过2年。接管组织的组成和接管的实施办法，由国务院保险监督管理机构决定，并予公告。接管期限届满，被接管的保险公司已恢复正常经营能力的，由国务院保险监督管理机构决定终止接管，并予以公告。

被整顿、被接管的保险公司有《中华人民共和国企业破产法》第2条规定情形的，国务院保险监督管理机构可以依法向人民法院申请对该保险公司进行重整或者破产清算。

法律应用

1. 保险业主体作为非银行类金融机构，在我国属于从事特殊行业的组织，非经特殊批准程序，保险业主体不得成立和从事保险业务活动。因此，保险业主体除了要取得工商登记管理机关颁发的营业执照之外，还要取得保险主管机关颁发的特业许可证。

2. 我国对保险公司实行的是专业经营和分业经营。所谓专业经营主要有两层含义：其一是指保险业务只能由依法取得保险主体资格的保险公司经营，其他金融企业组织和非金融企业组织不得从事保险业务；其二是指保险公司只能从事保险业务，不得从事其他行业的业务活动。所谓分业经营，是指目前我国将保险分为财产险和人寿险两大类，并规定应当分别由不同的保险公司进行分业经营，即经营财产险的保险公司不得经营人寿险业务，同样，经营人寿险的保险公司也不得经营财产险业务。

课后复习

1. 请简要说明我国保险公司的组织形式有哪几种。
2. 试述保险公司的业务范围。保险公司资金运用应遵循哪些原则？
3. 国务院保险监督管理机构对保险业有哪些监督职能？
4. 保险代理人与保险经纪人有何区别？

第六编

破产法

第二十四章 破产法概述

提 要

破产是商品经济发展到一定阶段的必然产物，破产法是程序法和实体法的统一，对商品经济的发展具有举足轻重的作用。本章重点阐述了破产的概念及与法人清算、公司重整的区别，破产法的概念与作用，我国破产法的特点，破产条件等内容，介绍了破产法与其他法律部门的关系，破产法的效力，破产法的立法沿革。

重点问题

1. 破产的含义，破产与强制执行、法人清算、公司重整的区别
2. 破产法的作用
3. 我国破产法的特点
4. 破产原因

第一节 破产制度与破产法

一、破产的概念

“破产”一词有多种含义，通常可以从两个方面理解：一是指客观状态，即债务人不能清偿到期债务的客观事实状态；二是指法律程序，即当债务人不能清偿到期债务时，法院根据当事人的申请或依职权，以债务人的所有财产公平清偿全体债权人的一种概括性执行程序。破产法上的破产是指第二种含义。从破产的法律含义可以看出，破产具有以下特点：

(1) 破产是一种特殊的偿债手段。债务到期后，债务人必须偿还债权人的债务。与一般的偿债不同，破产还债是通过消灭债务人的主体资格实现的，而一般的债务履行行为则不会导致债务人主体资格的消灭。

(2) 破产适用的前提即破产原因是债务人不能清偿到期债务。在此种情况下，只有通过宣告债务人破产，才能维护多数债权人的利益。如果没有这一前提存在，就不得适用破产程序。

(3) 破产的主要目的在于使债权人获得公平清偿。债务人不能清偿到期债务，如仅有一个债权人，适用民事诉讼的强制执行程序就可以达到实现债权人债权的目的。但如果有多个债权人，特别是当债务人的资产不足以实现全体债权人的债权要求时，则需要适用破产程序，按一定的顺序和比例将债务人的所有财产公平、合理地分配给债权人。

（4）破产是一种概括性执行程序。债务人不能清偿到期债务时，一旦适用破产程序，就必须受人民法院的概括性执行程序的支配。破产的申请、受理、审理和执行都必须在人民法院的介入与主持下进行。

二、破产与其他类似行为的区别

（一）破产与强制执行

破产与民事诉讼中的强制执行，都是在债务人不能清偿到期债务的情况下适用的执行程序，均以债务人的财产为清偿对象，并具有强制性。两者的区别主要表现在以下四个方面：

（1）适用的前提不同。破产的适用除必须有债务人不能清偿到期债务的事实外，通常还必须有多个债权人存在；而强制执行程序则不需要此前提条件。

（2）执行的客体不同。破产以债务人的所有财产为执行对象；而强制执行并不以债务人的所有财产为执行对象，其执行对象一般是债务人的部分财产。

（3）法律后果不同。破产程序的实施将导致债务人主体资格的消灭，而强制执行不会产生此种法律后果。

（4）破产是一个完整的司法程序；而强制执行只是民事诉讼程序的一个环节，并不是所有的案件都要经过这一环节。

（二）破产与法人清算

法人清算，是指法人在其设立目的已经达到，或由于其他法定原因解散时，由清算人所进行的了结法人对外、对内债权债务关系的活动。破产与法人清算均具有清结债权、债务并消灭法人资格的内容，但两者的区别是明显的：

（1）发生的原因不同。破产发生的原因是债务人不能清偿到期债务，而法人清算的发生一般是由于破产之外的解散事由出现。

（2）目的不同。破产程序的目的是使全体债权人公平受偿，至于债务人主体资格的消灭则是其附带后果；而法人清算的目的就是消灭法人资格。

（3）法院是否介入不同。破产程序自始至终都在法院的主持下进行，而法人清算既可以基于债权人与债务人的自愿，由债权人与债务人自行实施，也可以在解散事由出现后由清算组负责清算。

（三）破产与公司重整

公司重整，是指对已陷入困境而有再生希望的公司实施的旨在挽救其生存的积极程序。公司重整与破产都属于特别程序，均体现了债权人待遇公平原则。债务人均丧失对其财产的管理处分权。两者的区别是：

（1）宗旨不同。破产程序的宗旨在于使所有债权人公平受偿，而公司重整的宗旨在于挽救处于困境的公司。

（2）适用范围不尽相同。破产程序的适用范围较公司重整为宽；公司重整仅适用于公司法人，而破产程序既适用于法人，也适用于自然人。

（3）自治机关不同。破产程序的自治机关是债权人会议，公司重整程序的自治机关则是关系人会议。

（4）程序的效力不同。破产程序开始后将导致债务人主体资格的消灭，而公司重整程序的开始则是公司走向新生的起点。

三、破产法的概念和性质

1. 破产法的概念。破产法，是指规范破产程序的各种法律规范的总称。它有广义和狭义之分：广义的破产法，即实质意义上的破产法，既包括专门规范破产程序的法律，也包括民法、商法、刑法、诉讼法等法律中有关破产程序的规定；狭义的破产法即形式意义上的破产法，仅指专门规范破产程序的法律。通常所称的破产法是指狭义的破产法。

破产法虽然是规范破产程序的法律，但其内容包含程序性规范和实体性规范两个方面。前者如破产案件的管辖、破产的申请与受理、破产原因、债权申报、债权人会议、破产宣告、和解程序、重整程序、清算分配、程序的终结等制度；后者如债务人的破产能力、破产债权、破产财产、破产费用、共益债务、免责制度、破产宣告的效力，以及破产法上的撤销权、取回权、别除权、抵销权等制度。其中，程序性规范是破产法的主要内容，实体性规范是为了程序性规范而设定的，是附属于程序性规范而存在的。

从境外破产立法体例来看，有的国家，如美国、德国等，均将破产清算程序、和解程序与重整程序三种程序统一规定于破产法之中。有的国家，如日本等，则将破产法、和解法、公司更生法分别立法。英国和我国台湾地区的破产立法则是将破产程序与和解程序规定于破产法中，而将重整程序规定于公司法之中。

依据我国《企业破产法》第7条的规定，作为债务人的企业法人不能清偿到期债务，并且资产不足以清偿全部债务或者明显缺乏清偿能力的，可以向人民法院提出重整、和解或者破产清算申请。债务人不能清偿到期债务，债权人可以向人民法院提出对债务人进行重整或者破产清算的申请。破产申请人可以直接提出破产申请，启动破产程序，也可以在破产程序启动后，提出申请转换破产程序。可见，我国《企业破产法》所指的破产程序包括破产清算、重整与和解三种。

2. 破产法的性质。破产法的内容包括程序性规范和实体性规范，因此，破产法究竟属于何种法律，即破产法的性质如何，各国理论和立法不一，大致可以分为三种情况：一是认为破产法属于程序法。例如，英国、美国、葡萄牙等国家都将破产法视为程序法，破产法主要由有关破产程序的规范构成，有关破产的实体性规范大都纳入民法、商法中。二是认为破产法为商事特别法。在实行商人破产主义的国家，一般都将破产法规定于商法典之中。三是认为多数大陆法系国家均实行民商合一，破产法当属民事特别法。但一般认为，破产法应属于一种独立的程序法，而不应归入民事诉讼法的范畴。这是因为：首先，破产程序的开始有债务人或者债权人自行申请者，有法院依职权开始者，此种程序的开始方法与民事诉讼程序不合。其次，破产程序可以准用民事诉讼法的有关规定，主要是出于破产立法的技术考虑：一方面可以减少立法上的重复，另一方面可以弥补破产法上的不足，且这种准用并不构成破产法的主要内容。最后，破产法上有许多特有的制度，如破产申请、破产案件的受理、债权申报、债权人自治、破产管理人、破产财产、破产债权、破产分配等，这些都是民事诉讼程序、非诉讼程序和民事执行程序所不能包容的。

四、破产法与其他法律部门的关系

1. 破产法与民商法。破产法中有许多涉及实体法的规定，如别除权、取回权、撤销权、抵销权、破产财产、破产债权、共益债务等内容，这些内容都是民商法律制度的延伸，因此，破产法的这些规定实际上属于民商法的特别法，应当优先适用。如果破产法对此无特别规定，则应适用民商法的有关规定。

2. 破产法与民事诉讼法。虽然破产法属于独立的程序法，不属于民事诉讼法的范畴，但两者之间存在许多相似之处，如在破产程序下，债权人申报债权无异于提起诉讼；债权经调查并加以确认有相当于民事判决的同等效力；债权人提出破产申请，相当于诉讼中的财产保全；对破产人全部财产的执行，与民事诉讼中的个别执行程序相当；破产债权人相互之间的关系类似于诉讼中的共同当事人等。此外，许多国家的破产法还规定，破产法未规定之事项可以准用民事诉讼程序的规定。所有这些表明，破产法与民事诉讼法是一种相互补充关系：破产程序中的许多制度都是民事诉讼制度的具体展开，破产程序中的某些活动都直接遵循民事诉讼法的基本规定。同时，破产法的实施，使得民事强制执行力更加充分。

3. 破产法与刑法。破产行为涉及众多利益主体的利益冲突，有关主体为谋取自身利益或规避自身责任，不可避免地要进行各种违法行为。当这些行为严重损害刑法所保护的社会利益和其他合法利益时，就需要运用刑法来保障破产法的贯彻实施，并通过对破产责任人的刑事制裁来体现刑法特殊预防的效果，杜绝违法行为的发生。为此，一些国家的破产法专门设有破产犯罪的规定，或者在刑法典中设立专门的罪名，对危害社会、妨害破产程序的行为以及严重失职而导致企业破产的行为实施刑事制裁。这些规定具有特别刑法的性质。

五、破产法的效力

破产法的效力，又称破产法的适用范围，包括破产法在时间上的效力、对地的效力、对人的效力三个方面。

1. 破产法在时间上的效力。破产法在时间上的效力，是指破产法的生效与失效时间。我国《企业破产法》第136条规定："本法自2007年6月1日起施行，《中华人民共和国企业破产法（试行）》同时废止。"《企业破产法》关于破产时间的规定不具有溯及力。但是鉴于我国市场经济尚在建立和完善阶段，在《企业破产法》未颁布施行之前，依据1986年《破产法》以及相关法律规定而实施破产的企业仍然适用原先的法律规定，不得按照《企业破产法》规定而进行破产清偿。

2. 破产法对地的效力。法律对地的效力，也就是法律所适用的空间范围。一般地说，法律应适用于一国的全部领域。就破产法而言，其对地的效力主要是指破产宣告的效力及于债务人在何地的财产。对此，各国立法有三种做法：一是属地主义，即破产宣告的效力仅及于破产人在国内所有的财产，不及于国外。美国、德国、日本等国家采用属地主义。二是普及主义，即破产宣告的效力及于债务人在国内、国外的所有财产。法国、意大利、荷兰等国家采用普及主义。三是折中主义，即对债务人的动产采用普及主义，对债务人的不动产采用属地主义。我国《企业破产法》第5条规定："依照本法开始的破产程序，对债务人在中华人民共和国领域外的财产发生效力。对外国法院作出的发生法律效力的破产案件的判决、裁定，涉及债务人在中华人民共和国领域内的财产，申请或者请求人民法院承认和执行的，人民法院依照中华人民共和国缔结或者参加的国际条约，或者按照互惠原则进行审查，认为不违反中华人民共和国法律的基本原则，不损害国家主权、安全和社会公共利益，不损害中华人民共和国领域内债权人的合法权益的，裁定承认和执行。"根据该规定，我国破产法具有普及主义的域外效力。

3. 破产法对人的效力。破产法对人的效力，是指破产法适用于哪些主体，也就是谁可以被宣告破产。对此，不同时期不同国家的破产法的规定不尽相同：有仅适用于商人者；有仅适用于法人者；亦有既适用于法人，也适用于自然人者。我国现行破产法规定，企业法人可以被宣告破产，商业银行、证券公司、保险公司等金融机构，国务院金融监督管理机构可以向人民法院提出对该金融机构进行重整或者破产清算的申请。此外，其他法律规定了企业法人以外的组织的清算的，也可以依照破产程序进行清算。

六、破产法的作用

现代破产法具有以下三个方面的作用：

1. 公平保护债权人的利益。当债务人不能清偿到期债务时，如果适用一般强制执行程序，各债权人之间难免发生争先恐后行使债权的局面。特别是在债务人资不抵债时，易发生部分债权人获得全部清偿，而另一部分债权人只能获得部分清偿或完全不能受偿的情形。这就违背了债权平等原则，造成了债权人之间的不公平现象。为杜绝这一现象发生，使债权人公平受偿，应依破产法规定的破产程序，按一定比例将债务人的全部财产在债权人之间公平分配；未受清偿的债权，其损失亦由各债权人公平分担。因此，破产是保护债权最有效的手段，没有破产，债权就得不到充分、有效的保护。具体而言，破产法对债权人利益的保护主要体现在以下四个方面：一是破产终止了债务的拖延，促使债务现实地得到清偿；二是破产迫使债务人以最大清偿能力满足债权人的债权；三是破产使各种不同性质的债权获得不同的清偿效果；四是破产使同一性质的若干债权按相同比例得到满足。

2. 赋予债务人重新开始的机会。破产法在保护债权人利益的同时，亦兼顾了对债务人利益的保护。现代各国破产法大都采用非惩罚主义的立法原则，不再将破产视为犯罪行为。当债务人不能清偿到期债务时，只需将其全部财产依破产法规定的程序，公平分配给债权人即可，不必再受任何惩罚；而且，在符合一定条件时，可以就未清偿部分免责。这就赋予了债务人在经济上东山再起的机会，并可以减免债务人多次应诉及负担费用之繁。此外，当破产人为自然人时，依破产法的规定，破产人及其所扶养的人的生活必需费用和必要的生活用品不属于破产财产，破产人经破产管理人同意，有权取回。

3. 保障社会经济秩序的良好运行。现代社会中的交易是一条相互联系的锁链，各交易主体均是这条锁链上的一环。如果一个主体已濒临倒闭边缘而对其置之不理，则其负债必定日益增多，结果必然使该主体的债权人遭受的损害增多。此时，如果任其互为因果连锁反应，则会导致社会经济的恐慌。所以，对不能清偿到期债务的债务人及时宣告破产，以防止其与更多的主体发生交易，切断其债务的膨胀，有利于保障社会经济秩序的良好运行。长期困扰我国企业的“三角债”的处理教训，从反面说明了破产法的这一作用。

必须指出的是，破产法在发挥其作用的同时，亦会带来一些负面影响，如工人失业、加剧不正当竞争等。但总的说来，实行破产利大于弊。

第二节　破产法的历史沿革

一、破产法的萌芽

破产法的起源最早可以追溯到古罗马的财产执行制度。在古罗马早期，当债务人不能清偿债务时，根据《十二铜表法》的债务执行规则，债权人可以自力救济：不仅可以扣押债务人的财产，而且可以以债务人的人身作为执行标的，或卖为奴隶，或加以杀害。随着社会的发展，罗马法上残酷的对人执行逐渐受到限制。凡是债务人提供全部财产供债权人分配的，债权人不得以任何方式扣押债务人，唯有债务人的财产不足以清偿债务时，债权人方可申请裁判官以执行判决之诉扣禁债务人，但不能杀死债务人或出卖债务人。到了罗马法后期，对债务人财产的各种执行方式都必须经过裁判官的谕令，否则不得执行。其中，最有代表性的财产执行制度是财产委付制度。依该制度，债务人不能清偿债务时，经二人以上有执行名义的债权人的申请，或者经债务人本人作出委付全部财产供债权人分配的意思表示，裁判官谕令扣押债务人的全部财产，交由财产管理人变卖后，以价金公平分配给各债权人。财产委付制度虽然不能与现代意义上的破产制度相提并论，却是欧洲中世纪后期商事破产制度产生的基石。

二、破产法的产生

破产法产生于欧洲中世纪的商业城市国家。11、12 世纪，随着西欧城市和商业的复兴，罗马法开始复兴。意大利作为罗马法的适用地，在中世纪以后，伴随手工业的迅速发展和商人商事活动的活跃，产生了历史上最早的成文破产法，这就是 1244 年《威尼斯条例》、1341 年《米兰条例》和 1415 年《佛罗伦萨条例》。这三个条例只适用于商人，奉行商人破产主义。意大利实行的这种商事破产制度，到中世纪后期很快为欧洲大陆各国法律所接受，同时也为英国习惯法所吸收。

三、近现代资本主义各国破产法的形成和发展

1. 大陆法系破产法的形成和发展。大陆法系各国继承古罗马法的传统，其破产法形成于 19 世纪。自 19 世纪中叶后，欧洲大陆各国，如意大利、西班牙、奥地利、荷兰、比利时、瑞士、丹麦、芬兰、挪威、瑞典、葡萄牙、希腊等国家，都以法国、德国破产法为蓝本，制定了自己的破产法。至 20 世纪上半叶，罗马尼亚、南斯拉夫、匈牙利、波兰、保加利亚、日本等国家也仿效法国或德国破产法制定了自己的破产法。此外，泰国、埃及、摩洛哥、智利、巴西、哥伦比亚等国家也采用了法国、德国破产法的立法模式。

法国在 1538 年和 1629 年曾颁布法律，规定对欺诈破产施以刑罚，但当时并无正式的破产法。1667 年制定的《里昂破产法》是法国最早的成文破产法，该法主要继受了罗马法和意大利破产法。1673 年，法国国王路易十四发布了著名的《商事条例》，其中第十一章为破产制度的规定。这一条例的颁行，标志着法国统一成文破产法的产生，并奠定了法国近现代商人破产主义的立法基础。1807 年《法国商法典》正是在此基础上制定的，其第三编“破产编”全面规定了商事破产制度，确立了商人破产不免责主义，成为近代大陆法系最早、最完备的破产法。此法分别于 1838 年、1848 年、1871 年和 1899 年作了 4 次较大的修订。第二次世界大战后，法国又对其破产法进行了修改。1967 年，法国废除了商法典的“破产编”，将破产法全面修订后，以单行法的形式公布，把商人破产主义改为一般破产主义。法国现行破产法是在修订 1967 年破产法的基础上于 1986 年颁布的。

德国破产制度源于 13 世纪中叶以后盛行于北部商业城市的一种财产清偿制度，其主要内容是：当债务人逃亡或死亡时，其财产由各债权人全体平等受偿。15、16 世纪，罗马法和意大利法传入德国，与德国的固有法相结合，产生了德国普通法。至 17 世纪，德国在吸收罗马法和意大利商人习惯法的基础上，引进了西班牙的公力救济原则和一般破产原则。19 世纪中叶，在法国立法的影响下，普鲁士等地相继颁布了破产法。1877 年，德国颁布了帝国破产法，并于 1879 年施行。该法突破了法国商人破产主义传统，奉行一般破产主义。1916 年，德国发布了暂行和解法，创立了和解法独立于破产法的立法例。第二次世界大战后，德国对破产法进行了多次修正，1976 年将破产法中有关破产犯罪的罚则全部移至刑法典，使德国破产法纯民

事化。1994年10月，德国颁布了新的破产法，于1999年生效施行。

2. 英美法系破产法的形成和发展。英美法系以不成文的判例法著称，但破产法由于其形成过程的特殊性，始终为成文法并优先于判例法。英美法系破产法以英国破产法为基础，而英国破产法则是引进欧洲大陆中世纪商事破产制度的结果。1542年，英国国王亨利八世制定了适用于商人和非商人的《破产条例》，凡不能清偿债务而有欺诈行为者，都适用该法。1571年，伊丽莎白颁布的破产法又改采商人破产主义，非商人破产适用民事禁锢的规定。这种只适用于商人并用刑罚手段惩罚破产人的破产立法，统治英国长达二百余年之久。至1861年改革破产法，才恢复到亨利八世时代的一般破产主义。1914年，英国国会将亨利八世以来的破产法规整理成一部破产法，于次年1月1日颁布，后经多次修改。该法仅适用于自然人破产，法人破产适用公司法的规定。1986年，英国颁布了《无力偿债法》，将破产法中的自然人破产和1985年公司法中的法人破产合为一体，并建立了重整制度。

1776年，美国独立之前，完全适用英国破产法。1800年，美国国会颁布了第一部联邦破产法。该法仅适用于商人，并实行惩罚主义，1803年该法被废止。1841年，美国国会又颁布了第二部联邦破产法，确立了一般破产主义和破产免责主义，1843年，该法被废止。1867年，美国颁布了第三部联邦破产法，设自愿申请和非自愿申请两种程序，并设立和解制度与破产财产管理制度，1878年，该法被废止。1898年，美国颁布了第四部联邦破产法，经过1938年全面修正，一直沿用至1978年。1978年，卡特总统签署并颁布了《破产改革法》，即美国现行破产法，该法后来被称为“破产法典”。

四、我国破产法的立法沿革

我国现代破产法的采用始于清末光绪三十二年（公元1906年）的《破产律》。由于该法的适用多遭非议，这部我国历史上第一部的破产法遂于1908年被光绪皇帝明令废止。中华民国成立后，曾于民国四年（1915年）由北京法律修订馆，以德国、日本破产法为蓝本，草拟了破产法草案，分实体法、程序法和罚则三编，计337条。此草案因脱离中国实际，且错误之处较多，一直未能实施。1934年，国民党政府公布施行了《商人债务清理暂行条例》，采取强制和解制度。1935年7月17日公布了破产法，次日公布了《破产法施行法》，这两部法律于同年10月1日起施行，前述《商人债务清理暂行条例》因此失效。该法分总则、和解、破产、罚则四章，共159条。我国台湾地区现行“破产法”就是在此基础上经修订而成的。

中华人民共和国成立后，废除了前政府颁布的所有法律。但在之后的几十年中，由于实行高度集中的计划经济管理体制，破产制度既无产生的必要，亦无存在的可能。1979年以后，中国走上了改革开放的道路。随着企业亏损和不能偿还债务的情况日益突出，制定破产法的任务便提上了议事日程。1980年，民事诉讼法起草小组提出在《民事诉讼法（草案）》第三稿中增加破产程序的建议。1984年12月，在国务院的指示下成立了企业破产法起草小组。1985年9月，起草小组拟出《企业破产法征求意见稿》，在广泛征求意见的基础上，形成《企业破产法（草案）》。1986年12月2日，第六届全国人民代表大会常务委员会第十八次会议通过了《企业破产法（试行）》，其适用对象为全民所有制企业。该法于1988年11月1日（《全民所有制工业企业法》实施满3个月之日）正式生效试行。1991年颁布的《民事诉讼法》第十九章设“企业法人破产还债程序”，共有8条，适用于非全民所有制的企业法人。1994年3月，全国人民代表大会财经委员会根据第八届全国人民代表大会常务委员会立法规划的要求，着手起草新的破产法。1995年9月，草案提交全国人民代表大会常务委员会，但由于种种原因长期未能通过。随后，该草案经多次修订，反复论证，《中华人民共和国企业破产法》（以下简称《企业破产法》）终于由第十届全国人民代表大会常务委员会第二十三次会议于2006年8月27日通过，并于2007年6月1日起施行。

《企业破产法》实施之后，针对实践中出现的问题，最高人民法院也出台了一大批相关的司法解释，如最高人民法院《关于适用〈中华人民共和国企业破产法〉若干问题的规定（二）》（法释［2013］22号），最高人民法院《关于适用〈中华人民共和国企业破产法〉若干问题的规定（一）》（法释［2011］22号），最高人民法院《关于对因资不抵债无法继续办学被终止的民办学校如何组织清算问题的批复》（法释［2010］20号），最高人民法院《关于受理借用国际金融组织和外国政府贷款偿还任务尚未落实的企业破产申请问题的通知》（法［2009］389号），最高人民法院《关于正确审理企业破产案件为维护市场经济秩序提供司法保障若干问题的意见》（法发［2009］36号），最高人民法院《关于债权人对人员下落不明或者财产状况不清的债务人申请破产清算案件如何处理的批复》（法释［2008］10号），最高人民法院《关于〈中华人民共和国企业破产法〉施行时尚未审结的企业破产案件适用法律若干问题的规定》（法释［2007］10号），最高人民法院《关于审理企业破产案件确定管理人报酬的规定》（法释［2007］9号），最高人民法院《关于审理企业破产案件指定管理人的规定》（法释［2007］8号），最高人民法院《执行关于〈中华人民共和国企业破产法〉施行时尚未审结的企业破产案件适用法律若干问题的规定的通知》（法［2007］81号）。

第三节　我国破产法的基本原则和主要内容

一、我国破产法的基本原则

破产法的基本原则，是指贯穿于整个破产立法，对各项破产制度和破产规范起统率和指导作用的一般准则。我国破产法有以下两项基本原则：

（一）国家干预原则

国家干预原则，是指为确保破产程序公正、有序进行，维护社会公共利益，国家行政机关和司法机关通过行政、司法行为干预破产程序。这一原则主要体现为：

1. 行政机关对破产程序的干预。相对原来的《企业破产法（试行）》而言，现行破产法弱化了行政干预色彩，尊重当事人主体的自由意志，但是在某些特定的领域，为了保证市场的秩序和债权人的利益，破产法结合其他相关的法律规定，突出了行政监控在破产程序中的地位。如《企业破产法》第134条规定，商业银行、证券公司、保险公司等金融机构有本法第2条规定情形的，国务院金融监督管理机构可以向人民法院提出对该金融机构进行重整或者破产清算的申请。国务院金融监督管理机构依法对出现重大经营风险的金融机构采取接管、托管等措施的，可以向人民法院申请中止以该金融机构为被告或者被执行人的民事诉讼程序或者执行程序。《商业银行法》第71条中也明确规定："商业银行不能支付到期债务，经国务院银行业监督管理机构同意，由人民法院依法宣告其破产。"行政干预的目的就是维持特定领域的市场交易秩序和安全，保证经济的持续、健康和稳定发展。

2. 人民法院对破产程序的干预。人民法院对破产程序的全面干预是国家干预原则的最主要体现。无论是破产案件的受理、破产的和解与重整，还是破产宣告、清算组成员的选任、破产清算以及破产程序的终结，都是在人民法院的介入和主持下进行的。

（二）公平原则

公平原则，是指破产法在保证债权人公平受偿的同时，亦兼顾债务人利益的保护。破产制度之所以产生，就是为了避免在债务人不能清偿到期债务时，适用一般强制执行程序所带来的不公正受偿的结果。通过破产程序，可以确保债权人平等、公平受偿。这是因为，破产法不仅对破产债权、破产财产、破产分配方案的通过与实施等作了详细、具体的规定，而且根据破产债权的不同性质规定了破产分配的顺序。依我国现行破产法的规定，破产分配的顺序为：第一，破产企业所欠职工工资和劳动保险费用；第二，破产企业所欠税款；第三，破产债权。同一顺序的请求权，受偿地位平等，当破产财产不足以清偿同一顺序的请求权要求时，按照比例予以分配。在债务人利益保护方面，如我国现行破产法明确地规定，除依法可以进行追加分配的之外，破产程序终结后，未得到清偿的债权，不再清偿。

二、我国破产法的主要特点

相对于旧的破产法律和法规而言，我国现行破产法比较全面地考虑了破产立法的价值目标、经济性原则和破产法的适用性，使相关规定契合中国的国情，为企业提供了一个有效和适当的市场退出机制。其主要表现为：

1. 法律适用范围扩大。旧的企业破产法只适用于全民所有制企业法人，原《民事诉讼法》第十九章“企业法人破产还债程序”适用于非全民之企业法人。尽管上述两部法律涵盖了所有企业法人的破产，但由于不同性质的企业法人适用不同的法律依据，整个破产程序规则混乱，相互之间难以协调。现行破产法则统一了关于企业法人破产的适用依据。《企业破产法》第2条规定，该法的适用范围为企业法人，即适用于所有的企业法人，包括全民所有制企业与法人型的三资企业、私营企业，以及上市公司和非上市公司、有限责任公司和股份有限公司等。此外，为缓解其他非法人型企业和社会组织的破产无法可依的问题，破产法规定了企业法人之外的其他组织的清算，如果属于破产清算的，可以参照适用破产法。

2. 弱化行政干预，强化当事人意思自治。对破产程序实行国家干预是多数国家破产立法的共同做法。其中通过行政机关干预破产程序各国规定不一，相比之下，原来的破产法在这方面更为突出。无论是破产程序的开始，还是破产程序的进行，以至于破产程序的终止，都体现出行政干预的内容。例如，债务企业申请破产的，应经过行政主管部门的同意；清算组成员由人民法院从企业上级主管部门、政府财政部门等有关部门和专业人员中指定等。现行破产法弱化了行政干预色彩，强化了当事人意思自治。现行破产法规定了多项充分尊重当事人意思自治的条款，例如，第22条第2款规定：“债权人会议认为管理人不能依法、公正执行职务或者有其他不能胜任职务情形的，可以申请人民法院予以更换。”第68条第2款规定：“债权人委员会执行职务时，有权要求管理人、债务人的有关人员对其职权范围内的事务作出说明或者提供有关文件。”此外，在重整程序中，当事人意思自治也发挥着重要的作用。

3. 引入破产管理人制度。破产管理人制度是现行破产法中引入的全新制度，它使得破产程序更加市场化和专业化。原破产法规定主要由政府组成的清算组来承担各种破产事宜，这种机制缺乏市场化和专业化，带有比较强的政府干预色彩。现行破产法引入了国际通行的破产管理人制度，并把它放到比较突出的位置，足以体现其重要性。这项制度直接关涉各方债权人和债务人的利益。破产法在第三章对管理人的选任作出了具体规定，即管理人由人民法院指定，向人民法院报告工作，并接受债权人会议和债权人委员会的监督。另外，还明确规定了管理人的任职资格、禁止情况以及应当承担的职责，并规定由个人担任管理人的，应当参加执业责任保险。

4. 强化破产责任。在旧的破产法中，虽然对破产企业高层管理人员规定了行政责任和刑事责任，但以行政责任为主，有很深的计划经济烙印。现行破产法在法律责任方面，取消了行政责任，增加了民事责任的承担，分别规定了失职赔偿责任和不履行资料移交义务的责任，并且加大了刑事责任的惩罚力度。这些规定与《公司法》和《证券法》规定的董事、监事、高管人员应尽的注意义务、勤勉尽责义务实现了对接。如《企业破产法》第6条规定："人民法院审理破产案件，应当依法保障企业职工的合法权益，依法追究破产企业经营管理人员的法律责任。"第125条规定："企业董事、监事或者高级管理人员违反忠实义务、勤勉义务，致使所在企业破产的，依法承担民事责任。"根据上述规定，企业的董事、监事等经营管理人员因为失职而致使企业破产的，将被追究刑事责任、民事责任和行政责任，从而进一步强化了破产责任。

5. 完善了破产预防制度。适用破产清算程序，使债务人沦为破产人，不利于债务人的复苏，对债权人也有损失，同时还会给社会经济和生活带来消极影响。现代企业破产法已不是单纯的破产清算法，破产预防也是现代破产法律制度的一项重要内容。为此，各国都采取了一定措施防止或避免破产，其主要表现是设立破产和解制度与破产重整制度。我国《企业破产法》引入了重整制度。重整程序是为了拯救出现债务危机的企业，通过相应的措施加以调整和救济，避免企业破产，把对社会经济的损害减少到最低限度，尽可能避免因破产清算带来的大量职工失业、社会财富损失等社会震荡。此外，与旧法相比，《企业破产法》在第九章进一步完善了和解制度，使之与重整制度一起，构成了体系比较完备的破产预防制度。

三、我国破产法的主要内容

我国现行《企业破产法》共有12章，136条。第一章"总则"，主要是有关立法目的、适用范围、管辖、适用范围等规定；第二章"申请和受理"，包括破产申请人、破产申请的形式要件与提出的期间、破产申请的受理与审查、受理破产案件的通知与公告等内容；第三章"管理人"，主要规定了管理人的组成、权利与义务、指定和更换；第四章"债务人财产"，主要规定管理人的追回权、债权人的抵销权；第五章"破产费用和共益债务"，主要规定破产费用和共益债务；第六章"债权申报"，主要规定申报的期限、提交的材料；第七章"债权人会议"，主要规定债权人会议的组成、职权，债权人委员会的职权；第八章"重整"，主要规定重整的申请、重整计划的制订和批准、重整计划的执行；第九章"和解"，主要规定和解协议的通过、中止和执行；第十章"破产清算"，主要规定破产宣告、变价和分配以及破产程序的终结；第十一章"法律责任"，主要规定了债务人、管理人的责任；第十二章"附则"，规定破产法的生效、失效，以及金融机构和其他组织的破产申请。

此外，最高人民法院发布实施的《关于审理企业破产案件指定管理人的规定》《关于审理企业破产案件确定管理人报酬的规定》、最高人民法院《关于适用〈中华人民共和国企业破产法〉若干问题的规定（二）》等司法解释也是破产法的组成部分。

第四节　破产条件

一、破产条件概述

破产条件，又称破产程序开始的实质要件，是指开始破产程序的根本原因。对于破产条件的内容，各国立法规定不尽相同，学理上亦颇多争议，主要有三种观点：一是认为只需债务人有破产能力和存在破产原因两个要件。二是认为除需具备破产能力和存在破产原因外，还需要无破产障碍。所谓破产障碍，是指具备破产能力和破产原因的条件下，阻碍破产程序开始的事由。三是认为开始破产程序需债务人有破产能力、存在破产原因、无破产障碍及存在多数债权人四个要件。我们认为，多数债权人的存在不应作为破产程序开始的要件，因为保护债务人的利益也是现代破产法的立法目的。在只有一个债权人的情况下，诚实的债务人完全可以通过破产免责来摆脱债务危机，以图东山再起。至于破产障碍事由在我国原来的《企业破产法》（试行）中有所规定，但在现行《企业破产法》中已被取消。所以，破产条件应包括债务人有破产能力与存在破产原因。

二、破产原因

破产原因，是指法院据以宣告债务人破产的特定法律事实。破产原因是开始破产程序和宣告破产的必要条件之一，因为其是划分是否破产的界限，故又可以称为破产界限。关于破产原因的立法，尽管英美法曾采取列举主义，如 1914 年《英国破产法》第 1 条就列举了 8 种破产行为（1986 年《英国无力偿债法》改采概括主义），1898 年《美国破产法》第 3 条列举了 5 种破产行为（1978 年《美国破产改革法》改采概括主义），但现代各国基本上都是采取概括主义，即以债务人不能清偿到期债务作为唯一的破产原因。所谓不能清偿到期债务，是指债务人以其财产、信用及劳动技能等客观原因不能偿还已届清偿期的债务。构成不能清偿到期债务，必须符合以下条件：（1）债务人缺乏清偿能力。缺乏清偿能力并非仅指债务人的财产而言，债务人的信用、知识财产等亦应加以考虑；（2）不能清偿是一种客观的、持续的状态；（3）不能清偿的债务须为到期债务。停止支付，是指债务人向债权人明示或默示地表示不能清偿到期债务的行为。

由于停止支付是债务人的主观行为，所以，它与债务人客观上缺乏清偿能力不同，只能推定或视为不能清偿债务。这就是说，如果债务人停止支付，债权人可以向法院申请宣告其破产，而债务人欲对此进行抗辩，必须举证证明其有偿债能力。

我国《企业破产法》第 2 条规定："企业法人不能清偿到期债务，并且资产不足以清偿全部债务或者明显缺乏清偿能力的，依照本法规定清理债务。"依照该条规定，破产原因包括两种情况：

一是企业法人不能清偿到期债务并且资产不足以清偿全部债务。这里的"不能清偿到期债务"，是指企业法人债务的清偿期已经届至，债权人要求清偿，但作为债务人的企业法人无力清偿。"资产不足以清偿全部债务"，是指企业法人的全部资产之和小于其对外的全部债务之和，即资不抵债。最高人民法院《关于适用〈中华人民共和国企业破产法〉若干问题的规定（一）》第 2 条规定，人民法院应当认定债务人不能清偿到期债务的三大要件且必须同时存在，即债权债务关系依法成立，债务履行期限已经届满，债务人未完全清偿债务。第 3 条规定，债务人的资产负债表，或者审计报告、资产评估报告等显示其全部资产不足以偿付全部负债的，人民法院应当认定债务人资产不足以清偿全部债务，但有相反证据足以证明债务人资产能够偿付全部负债的除外。

二是企业法人不能清偿到期债务并且明显缺乏清偿能力。根据这一限制，一时不能支付但仍有偿付能力的企业不适用破产程序。这充分体现了《企业破产法》鼓励适用再建型的破产程序（重整、和解），以积极清理债务，避免社会中的大量债务积淀和资产闲置。对于明显缺乏清偿能力这一问题，最高人民法院《关于适用〈中华人民共和国企业破产法〉若干问题的规定（一）》第 4 条作出了进一步的规定："债务人账面资产虽大于负债，但存在下列情形之一的，人民法院应当认定其明显缺乏清偿能力：（一）因资金严重不足或者财产不能变现等原因，无法清偿债务；（二）法定代表人下落不明且无其他人员负责管理财产，无法清偿债务；（三）经人民法院强制执行，无法清偿债务；（四）长期亏损且经营扭亏困难，无法清偿债务；（五）导致债务人丧失清偿能力的其他情形。”

三、破产能力

破产能力，是指债务人得以被宣告破产的资格。破产能力的意义在于，它不仅是破产程序开始的必要条件之一，而且是构成法院宣告债务人破产的必要条件。没有破产能力的债务人，法院不得宣告其破产。因此，民事主体的破产能力与其权利能力并非一回事，有权利能力的自然人和法人不一定有破产能力。

值得注意的是，虽然我国现行破产法没有特别确定企业法人之外组织的破产能力，只规定了上述组织的破产能力由其他法律予以确定，但是《合伙企业法》第92条规定：“合伙企业不能清偿到期债务的，债权人可以依法向人民法院提出破产清算申请，也可以要求普通合伙人清偿。合伙企业依法被宣告破产的，普通合伙人对合伙企业债务仍应承担无限连带责任。”所以，立法已确认了合伙企业的破产能力，但仍不承认个人的破产能力，包括自然人、个人独资企业及个体工商户的破产能力。

法律应用

1. 在我国，唯有企业法人与合伙企业才能被宣告破产，自然人及个人独资企业等均不得被宣告破产，因而它们均不得提出破产申请。

2. 不同的企业法人，其破产原因不同。全民所有制企业法人，其破产原因是“因经营管理不善造成严重亏损，不能清偿到期债务”；其他企业法人则为“因严重亏损不能清偿到期债务”；商业银行的破产原因则为“不能清偿到期债务”。

课后复习

1. 试述破产的概念及法律特征。
2. 比较破产与强制执行、法人清算和公司重整的异同。
3. 试述破产法的作用。
4. 我国破产法有哪些特点？
5. 如何理解“不能清偿到期债务”？

第二十五章 破产程序法

提 要

破产程序规范在破产法中占有半壁江山，且地位较实体规范更为重要。本章就破产程序的开始、债权人会议、和解与重整、破产宣告、清算组、破产清算以及破产程序的终结作出全面、系统阐述。其中，破产程序的开始、债权人会议、和解与重整、破产宣告是重点内容，必须掌握；清算组、破产清算、破产程序的终结等内容应重点了解。

重点问题

1. 破产开始的效力
2. 债权人会议的法律地位
3. 和解与重整的特点
4. 破产宣告的效力
5. 清算组的权利与义务

第一节 破产开始

一、破产申请

（一）破产申请概述

破产申请，是指破产申请人请求人民法院受理破产案件的意思表示。根据我国法律的规定，破产程序的开始不以申请为准而以受理为准。所以，破产申请不是破产程序开始的标志，而是破产程序开始的形式要件。

破产申请分为债权人申请和债务人申请两类。在某些特别法律规定的场合，可能是其他主体，例如，在公司清算过程中提出破产申请的主体是公司的清算组。另外，最高人民法院《关于适用〈中华人民共和国企业破产法〉若干问题的规定（一）》第5条也规定了企业法人已解散但未清算或者未在合理期限内清算完毕时债权人的破产清算申请权。同时，无论是谁提出破产申请，都应当采用书面形式。申请人除递交书面申请外，还应依照法律的要求提交有关证明材料。其中，债权人向人民法院提出破产申请时，应当提供破产申请书和有关证据。破产申请书应当载明申请人、被申请人的基本情况，申请目的，申请的事实和理由以及人民法院认为应当载明的其他事项；债务人提出破产申请时，应当提交财产情况说明、债务清册、债权清册、有关财务会计报告、职工安置预案以及职工工资的支付和社会保险费用的缴纳情况。此外，根据《公司法》第187条的规定，清算组在清理公司财产、编制资产负债表和财产清单后，发现公司财产不足清偿债务的，应当依法向人民法院申请宣告破产。最高人民法院《关于适用〈中华人民共和国企业破产法〉若干问题的规定（一）》第7条规定，人民法院收到破产申请时，应当向申请人出具收到申请及所附证据的书面凭证。

（二）破产申请的法律后果

当事人向人民法院提出破产申请后，产生以下两个方面的效果：第一，撤回破产申请的限制。在法院受理破产案件前请求撤回破产申请的，由法院决定是否准许。经法院准许撤回的，申请人可以再次提出破产申请。但是，在法院受理破产案件后，申请人不得撤回破产申请，否则，法院应予以驳回。第二，中断诉讼时效。

债权人申请破产时，时效中断的效力只能及于申请人的请求权。而债务人申请破产的时效中断的效力，及于申请人当时已有的所有债权人的请求权。

二、破产案件的管辖

破产案件的管辖分为地域管辖和级别管辖：

1. 地域管辖。依我国破产法的规定，企业破产案件由债务人住所地人民法院管辖。债务人住所地，是指企业主要办事机构所在地。债务人无办事机构的，由注册地人民法院管辖。

2. 级别管辖。依最高人民法院《关于审理企业破产案件若干问题的规定》，县、县级市或区的工商行政管理机关核准登记企业的破产案件，由基层人民法院管辖；地区、地级市（含本级）以上工商行政管理机关核准登记企业的破产案件，由中级人民法院管辖；纳入国家计划调整的企业破产案件，由中级人民法院管辖；上级人民法院审理下级人民法院管辖的破产案件，或者将本院管辖的破产案件移交下级人民法院审理，以及下级人民法院需要将自己管辖的破产案件交由上级人民法院审理的，依照《民事诉讼法》第38条的规定办理。

三、破产案件的受理

破产案件的受理，又称立案，是指法院经审查认为破产申请符合法定条件而予以接受，并因此开始破产程序的司法行为。破产案件的受理是破产程序开始的标志。法院在受理破产申请前，应当对破产申请进行形式审查和实质审查。

（1）形式审查，是指判断破产申请是否具备法律规定的破产申请形式要件的工作程序。其审查的主要事项包括申请人是否有申请权、人民法院是否有管辖权、申请材料是否符合法律规定等。

（2）实质审查，是指判断破产申请是否具备法律规定的破产申请实质要件的工作程序。实质审查主要是审查债务人是否具有破产能力和破产原因。经审查，法院认为破产申请符合破产法规定的形式要件和实质要件的，应以裁定的形式受理破产申请，并及时通知债务人和破产申请人；反之，经审查认为不符合破产法规定的要件的，应以裁定的形式驳回申请，并向破产申请人说明理由。对于下落不明或者财产状况不清的债务人，最高人民法院《关于债权人对人员下落不明或者财产状况不清的债务人申请破产清算案件如何处理的批复》中规定，债权人对人员下落不明或者财产状况不清的债务人申请破产清算，符合企业破产法规定的，人民法院应依法予以受理。债务人能否依据企业破产法第11条第2款的规定向人民法院提交财产状况说明、债权债务清册等相关材料，并不影响对债权人申请的受理。

四、破产开始的效力

法院受理破产申请，标志着破产程序的开始。破产程序一旦开始，对债务人和债权人均产生一定的法律效果。具体而言，其法律效果如下：

1. 对债务人的约束。破产程序开始后，债务人及其法定代表人必须承担以下义务：(1) 财产保全义务、说明义务和提交义务。就是说，债务人应当妥善保管企业财产，未经法院许可，不得处理企业的财产、账册、文书、资料和印章等，破产宣告后，应及时向清算组办理移交；在人民法院要求其说明有关情况或提交有关材料时，债务人及其法定代表人和其他工作人员应当负责说明或提交，债务人的法定代表人应列席债权人会议，如实回答债权人的询问。(2) 不对个别债权人清偿的义务。未经人民法院许可，债务人不得对个别债权人清偿债务，也不得以其财产设立新的担保。但债务人正常生产经营所必需偿付的费用，如水电费、电话费等，经人民法院许可，可以支付。

2. 对债权人的约束。主要表现在：(1) 破产案件受理后，债权人只能通过破产程序行使权利。债权人不得个别追索债务，也不得向法院提起新的民事诉讼。(2) 有财产担保的债权人，在破产案件受理后至破产宣告前，未经人民法院准许，不得行使优先受偿权。(3) 债务人的开户银行不得扣划债务人的既存款和汇入款以抵还贷款，违反者，扣划无效。

3. 对其他人的约束。包括：(1) 债务人开户银行的协助义务。破产案件受理后，债务人的开户银行应当遵照人民法院的通知，停止办理债务人清偿债务的结算业务。支付债务人正常生产经营所必需的费用时，须经法院许可。(2) 债务人企业职工保护企业财产的义务。债务人企业职工在破产案件受理后，应当保管好企业财产，不得非法处理企业的财产和账册、文书、印章等物品。

4. 对其他民事程序的影响。包括：(1) 民事诉讼程序的中止。人民法院受理破产案件后，已经开始而尚未终结的有关债务人的民事诉讼或者仲裁程序，应当中止。(2) 民事执行程序的中止。法院受理破产案件后，一切有关债务人财产的其他民事执行程序，应当中止。这里所说的“其他民事执行程序”，是指非依破产程序所发生的法律文书的个别执行程序。(3) 财产保全的中止。破产案件受理后，一切有关债务人财产的其他保全措施，应当中止。

第二节　破产管理人

一、管理人的概念和特征

(一) 管理人的概念

破产程序开始后，无论是进行重整、清算还是和解，都需要对企业法人进行持续的管理，其中包括必要的财产清理、营业维持、权利行使和财产处分。由于在破产清算的预期下，债务人及其管理层存在着较高的道德风险，各种当事人之间也存在着尖锐的利益冲突，有必要设立中立的专门机构来执行破产程序，特别是破产财产和事务的管理。这种专门机构就是国际上普遍设立的破产管理人或管理人。

管理人有广义与狭义之分：狭义上的管理人是指法院受理破产申请后，接管债务人的财产，并在破产清算程序中负责破产财产的管理和其他事务的个人或者组织。广义上的管理人，是指在破产和解、重整、清算等整个破产程序中负责管理、处分债务人财产和其他事务的个人或者组织。我国破产法中的管理人属于广义上的破产管理人。

（二）管理人的特征

1. 独立性。管理人的独立性是指管理人独立于破产程序中的其他当事人或关系人而不受影响。具体体现为：(1) 名义上的独立性，管理人是以自己的名义进行管理，具有身份上的独立性；(2) 意思表示的独立性，管理人完全根据自己的意志进行管理，只需服从法律的规定；(3) 职责上的独立性，破产管理人以自己的财产独立承担民事责任；(4) 利益获取上的独立性，其获取的报酬完全根据自己职责的履行情况加以确定。

2. 中立性。中立性是指管理人并不代表任何一方当事人，而是处于客观、中立的立场管理和处分债务人财产。管理人保持中立，是在破产程序中利益主体的多元性和对立性的情况下保障公平实现的重要条件。

3. 专业性。专业性是指管理人是具有一定专业知识和技能，具备相应资格的人。破产管理人一般是由律师事务所、会计师事务所、破产清算事务所等专业性中介机构或具备相关专业知识并取得执业资格的人担任。

4. 法定性。法定性是指破产管理人的职责都是法律明确规定的，不是由法院或者债权人会议、债务人确定的。

（三）管理人和清算组的区别

破产管理人是现行破产法设置的制度，旧破产法只是规定了与之类似的清算组制度。二者的区别主要表现在以下方面：

1. 机构成立时间不同。清算组成立于人民法院宣告企业破产之日起 15 日内；破产管理人成立于人民法院裁定受理破产申请之时。

2. 机构功能不同。清算组仅仅关注破产清算功能；破产管理人不仅关注破产清算功能，还关注破产重整与和解等程序功能。

3. 组成成员不同。清算组的组成人员必须是两人以上，且主要是政府机构人员；破产管理人的组成人员可以是一人，且以社会中介机构或中介机构的人员为主。

4. 成员工作报酬不同。一般而言，清算组工作人员的工作是无偿的，他们没有权利要求支付报酬；破产管理人有权要求支付报酬。

5. 法律责任承担不同。清算组违反法律规定，造成当事人利益损害的，一般仅承担被解任的责任，不承担损害赔偿责任；破产管理人违反法律规定，造成当事人利益损害的，应当以自己的财产承担赔偿责任。

二、管理人的资格

（一）管理人的积极资格

1. 由机构担任管理人。我国破产法规定，管理人可以由依法设立的社会中介机构或者依法组成的清算组担任。社会中介机构担任管理人的，由人民法院在受理申请案件时，在管理人名册中的社会中介机构范围内指定管理人。这里的“社会中介机构”主要是指律师事务所、会计师事务所和破产清算事务所。由清算组担任管理人，是指在破产程序开始前已经依照其他法律成立的清算组担任管理人。如公司根据《公司法》的规定成立清算组以后，发现债务人资产不足以清偿全部债务，向人民法院申请宣告破产的，人民法院受理申请后，可以指定该清算组为管理人。

2. 由个人担任管理人。对于一些规模较小、债权债务关系比较清楚的破产案件，人民法院可以根据债务人的实际情况，在征询有关社会中介机构的意见后，指定该机构具备相关专业知识并取得执业资格的人员担任管理人。为了降低管理人的职业风险，《企业破产法》第 24 条第 4 款规定："个人担任管理人的，应当参加执业责任保险。"

（二）管理人的消极资格

机构或者个人有以下情形之一的，不得担任管理人：(1) 因故意犯罪受过刑事处罚；(2) 曾被吊销相关专业执业证书；(3) 与本案有利害关系；(4) 人民法院认为不宜担任管理人的其他情形。

三、管理人的职责

1. 管理人的一般职责。包括：接管债务人的财产、印章和账簿、文书等资料；调查债务人财产状况，制作财产状况报告；决定债务人的内部管理事务；决定债务人的日常开支和其他必要开支；在第一次债权人会议召开之前，决定继续或者停止债务人的营业；管理和处分债务人的财产；代表债务人参加诉讼、仲裁或者其他法律程序；提议召开债权人会议；人民法院认为管理人应当履行的其他职责。

2. 管理人的特别职责。其中主要有：决定待履行合同的解除或继续履行；对债务人在破产程序前的不正当财产处分行使撤销权和追回权；接受债权申报、调查职工债权和编制债权表；重整期间主持债务人营业或者对债务人自行营业进行监督；制备重整计划草案；申请人民法院批准重整计划草案；监督重整计划的执行；在破产宣告后，拟定破产变价方案；拟定和执行破产分配方案；破产程序终结时，办理破产人的注销登记。

四、管理人的义务

（一）忠实义务和勤勉义务

忠实义务又称诚信义务、忠诚义务，是指管理人在执行职务时，应当最大限度地维护债务人财产和全体债权人的利益，不欺瞒，不谋私利。

勤勉义务，又称善管义务，是指管理人在履行职务过程中，应当尽善良管理人的注意义务，认真、谨慎、合理、高效地处理事务，不疏忽，不懈怠。

（二）报告义务

1. 一般报告义务。现行破产法规定：管理人应适时向人民法院报告工作，并接受债权人会议和债权人委员会的监督；管理人应当列席债权人会议，向债权人会议报告职务执行情况，并回答询问。

2. 特殊报告义务。管理人实施下列行为，应当及时报告债权人委员会：涉及土地、房屋等不动产权益的转让；探矿权、采矿权、知识产权等财产权的转让；全部库存或者营业的转让；借款；设定财产担保；债权和有价证券的转让；履行债务人和对方当事人均未履行完毕的合同；放弃权利；担保物的取回；对债权人利益有重大影响的其他财产处分行为。

（三）不辞任义务

为了保证破产管理人的稳定和连续，《企业破产法》第 29 条规定，管理人没有正当理由不得辞去职务，管理人辞去职务应当经人民法院许可。

第三节　债权人会议

一、债权人会议的法律地位

债权人会议，是指由依法申报债权的债权人组成的，代表全体债权人参加破产程序的意思表示机关。这一概念包括以下两层含义：一是债权人会议代表的是债权人的团体利益，而不是个别或部分债权人的利益；二是债权人会议是全体债权人的意思表示机关，即债权人会议是债权人参加破产程序的基本形式、表达意愿的场所、行使权利的机关。债权人会议虽然不是民法上的权利主体或者非法人团体，也不具有诉讼法上的诉讼能力，但在破产程序中，它有独立的意思表示能力。因此，从本质上讲，债权人会议是一个组织体，而不是临时的集会活动。

二、债权人会议的召集与参加

1. 债权人会议的组成。成立债权人会议是债权人参加破产程序的一项重要权利，故全体债权人，不论其享有的债权的性质如何、债权额为多少，均为债权人会议的成员，均可以出席债权人会议并发表意见，或者委托代理人出席债权人会议并发表意见，以维护本人的利益或者全体债权人的一般利益。因债权人会议是债权人参加破产程序、行使权利的基本形式，凡不能依破产程序行使权利的债权人，自然难以组成债权人会议，所以，债权人会议的成员应以依法申报债权者为限，即只有在法定期限内申报了债权的债权人，才能取得破产程序当事人的地位，成为债权人会议的成员。债权人会议成员分为有表决权的债权人和无表决权的债权人两种：前者如无财产担保的债权人，后者如未放弃优先受偿权利的有财产担保的债权人。

债权人会议主席是负责主持和召集债权人会议的人。根据《企业破产法》第60条的规定，债权人会议主席由人民法院从有表决权的债权人中指定，债权人会议主席的职权为主持和召集债权人会议。

2. 债权人会议的召集。于第一次债权人会议，各国立法一般规定由法院召集。根据我国《企业破产法》第62条，第一次债权人会议由人民法院召集，自债权申报期限届满之日起15日内召开。人民法院召集第一次债权人会议时，应当宣布债权人资格审查结果，指定并宣布债权人会议主席，宣布债权人会议的职权及其他有关事项，并通报债务人的生产、经营、财产、债务的基本情况。如果有重大事由不能在法定期间或者已确定的期日召开第一次债权人会议，人民法院可以推迟会议召开的日期，但应当及时通知债务人，并发布公告。

以后的债权人会议只在必要时召开。所谓“必要”，一般是指人民法院决定，或者管理人、债权人委员会、占债权总额1/4以上的债权人向债权人会议主席提议时召开等情况。召开债权人会议，管理人应当提前15日通知已知的债权人。对于第一次债权人会议以后的召集者，立法中没有明确规定，但根据有权提议召集的提议权人应向会议主席提议的规则，可以推断出会议主席拥有召集权。

3. 债权人会议的参加。债权人会议召开时，所有已申报权利的债权人，不论其是否享有表决权，均可以出席并发表意见。债权人不能出席债权人会议的，可以委托代理人出席，行使表决权。债权人委托代理人出席债权人会议的，应向人民法院或者债权人会议主席提交由委托人签名或盖章的授权委托书。因债权人出席债权人会议是其权利而非义务，所以，个别债权人不出席会议时，既不能强制其出席，更不能视为其放弃债权。债权尚未确定的债权人，经人民法院为其行使表决权而临时确定债权额，可以行使表决权。

除债权人会议的成员可以出席会议外，非债权人会议的成员，如破产取回权人、债务人的上级主管部门等亦可列席会议。不过，下列两种人有义务列席债权人会议：一是债务人。债务人应出席债权人会议，并就债权人的询问作出如实回答。如果无故不出席债权人会议，或者对债权人的询问不作回答或作虚假回答，法院可以对其采取强制措施。二是法院受理破产案件后指定的债务人财产的管理人或者破产管理人。他们也应出席债权人会议，向债权人会议报告职务执行情况，并就有关债务人财产的事项回答债权人的提问。此外，根据《企业破产法》第59条第5款，债权人会议应当有债务人的职工和工会的代表参加，对有关事项发表意见。

三、债权人会议的职权

关于债权人会议的职权，各国立法均以明文规定，一般来说，主要包括选任和撤换管理人、调查债权、决定继续或者停止债务人的营业、通过和解与重整计划、通过破产财产的变价和分配方案等内容。根据我国《企业破产法》第61条的规定，债权人会议的职权是：核查债权；申请人民法院更换管理人，审查管理人的费用和报酬；监督管理人；选任和更换债权人委员会委员；决定继续或者停止债务人的营业；通过重整计划；通过和解协议；通过债务人财产的管理方案；通过破产财产的变价方案；通过破产财产的分配方案；人民法院认为应当由债权人会议行使的其他职权。债权人会议应当对所议事项的决议作成会议记录。

四、债权人会议的决议及其效力

1. 决议方式。债权人会议的决议，由出席会议的有表决权的债权人过半数通过，并且其所代表的债权额必须占无财产担保债权总额的半数以上。但是，通过和解协议的决议，应由出席会议的有表决权的债权人过半数同意，并且其所代表的债权额应占无财产担保债权总额的2/3以上。对重整计划草案的表决，出席会议的同一表决组的债权人过半数同意，并且其所代表的债权额占该组债权总额的2/3以上的，即为该组通过重整计划草案。除法律规定的特殊情形之外，只有各表决组均通过重整计划草案时，重整计划才视为通过。

2. 决议的效力。债权人会议的决议，对全体债权人均具有法律约束力。无论债权人是否出席会议、是否享有表决权，也不论对会议决议是持肯定态度还是否定态度，只要决议一经合法通过，全体债权人均应受其约束。

3. 对决议的异议。《企业破产法》第64条第2款规定，债权人认为债权人会议的决议违反法律规定，而且损害其利益的，可以自债权人会议作出决议之日起15日内，请求人民法院裁定撤销该决议，责令债权人会议重新作出决议。这里的“违反法律规定”，既包括决议内容违法，也包括决议及会议程序违法。

五、债权人委员会的设立及职权

债权人会议可以决定设立债权人委员会。债权人委员会由债权人会议选任的债权人代表和一名债务人的职工代表或者工会代表组成。债权人委员会成员不得超过9人，且应当经人民法院书面决定认可。

债权人委员会行使的职权包括：监督债务人财产的管理和处分；监督破产财产分配；提议召开债权人会议；债权人会议委托的其他职权。债权人委员会执行职务时，有权要求管理人、债务人的相关人员对其职权范围内的事务作出说明或者提供相关文件。管理人、债务人的相关人员违反破产法规定拒绝接受监督的，债权人委员会有权就监督事项请求人民法院作出决定，人民法院应当在5日内作出决定。

第四节 和解制度

一、和解制度概述

（一）和解的意义

和解，是指具备破产原因的债务人，为避免破产清算而与债权人会议达成以让步方法了结债务的协议，协议经法院认可后生效的法律程序。

破产程序虽然可以实现债权人之间的公平受偿，弥补民事执行程序之不足，但它本身具有无法克服的缺陷：首先，适用破产程序不仅费用高昂，而且出售破产人的财产系以静态而非动态的方式，无形中降低了其价值。因此，债权人实际上获得的清偿率很低，于债权人不利。其次，破产分配消灭了债务人赖以经营的经济基础，不利于债务人的复苏。最后，破产往往造成工人失业、生产力浪费，从而引起连锁反应，对社会不利。破产制度本身的不足，使得和解制度应运而生。1883年，英国首先将和解制度引入破产程序，并规定当事人在申请开始破产程序前，必须先进行和解。后世学者称之为“和解前置主义”。1886年，比利时颁布了以预防破产为目的的和解法，开创了和解分离主义的立法例。现代各国破产立法一般将和解程序、重整程序和破产程序统一于一部法律之中。

（二）和解的特征

破产法上的和解，具有以下特征：

（1）和解的目的是避免破产清算。债务人与债权人会议达成的减少、延缓债务或者第三人承担清偿的和解协议生效后，破产程序即予以中止。只要债务人履行和解协议约定的义务，就可以避免破产清算，并可以终结破产程序。

（2）和解的适用以债务人已具备破产原因为条件。如果债务人不具备破产原因，破产清算程序即无法开始，自然也就没有适用和解制度的必要。

（3）和解的成立必须由债务人向法院提出申请并经债权人会议同意。和解的成立，首先，须由债务人向有管辖权的法院提出申请，债权人以及其他利害关系人不能申请和解。其次，须经债权人会议表决同意。债权人会议通过和解协议的决议，由出席会议的有表决权的债权人过半数通过，且其所代表的债权额必须占无财产担保债权总额的2/3以上。

（4）和解协议须经法院裁定认可后才能生效。由于和解协议能够产生阻止破产程序开始、中止破产程序或者终结破产程序的效果，为防止和解协议违反法律，尤其是损害少数债权人的利益，在债务人与债权人会议达成和解协议后，必须报请法院裁定认可。经法院裁定认可后，和解协议始生效力。

（5）和解协议无强制执行力。经法院裁定认可的和解协议，在破产程序终结前，如债务人不履行和解协议，法院不得强制执行，而应当依职权宣告债务人破产；已宣告债务人破产的，继续进行破产清算程序。

（三）我国现行破产法规定的和解制度

《企业破产法》第九章对和解程序作了规定。从现行《破产法》的规定来看，和解程序和重整程序相比较，有以下特点：和解申请的主体单一，即只能由债务人提出；适用和解程序的条件较简单，即具备破产原因；和解制度的结构简单，即仅规定和解协议的成立、生效和履行；和解协议的内容单纯，即仅涉及债务清偿关系；参加和解协议的债权人单一，即仅为无财产担保的债权人；和解协议未获债权人会议通过时，法院不加干涉；和解一经法院认可，破产程序即告终结。

二、和解的程序

（一）和解申请

和解程序基于债务人向法院提出申请而开始，是各国破产立法的一致做法。《企业破产法》第 95 条规定，债务人可以依照法律规定，直接向人民法院申请和解；也可以在人民法院受理破产申请后、宣告债务人破产前，向人民法院申请和解；债务人申请和解，应当提出和解协议草案。申请和解必须符合以下三个条件：（1）和解的申请人必须是已经具备破产原因的债务人。（2）申请和解的债务人应当遵守有关破产申请的一般规定，向人民法院提交相应的证据和文件。（3）债务人在申请和解时必须提交和解协议草案。和解协议草案，又称和解方案，是指债务人向法院提交的、供债权人会议讨论和采纳的具体和解办法。和解协议草案是和解程序中的基本法律文件，一般应包括债务人财产状况的说明、债务承认、清偿债务的方式与期限、确保执行和解协议的措施等内容。

法院对债务人提出的和解申请经审查认为合法的，应当裁定许可进行和解，并召集债权人会议讨论和解协议草案。对债务人的特定财产享有担保权的权利人，自人民法院裁定和解之日起可以行使权利。和解协议草案经债权人会议表决未获通过，或者已经债权人会议通过的和解协议未获人民法院认可的，人民法院应当裁定终止和解程序，并宣告债务人破产。

（二）和解协议的成立与生效

1. 和解协议的成立。和解申请经法院裁定许可后，应将和解协议草案提交债权人会议讨论。如果债权人会议经讨论决定接受和解条件，则达成和解协议。债权人会议通过和解协议的决议，由出席会议有表决权的债权人的过半数通过，并且其所代表的债权额必须占无财产担保债权总额的 2/3 以上。

2. 和解协议的生效。债权人会议通过和解协议的决议，必须经人民法院认可方能生效。如果债权人会议通过的和解协议违反法律，法院则不予认可。人民法院裁定认可和解协议，应当发布公告，和解协议自公告之日起具有法律效力。生效的和解协议，具有以下法律效果：（1）终止破产程序。债权人会议通过的和解协议经法院裁定认可后，是中止破产程序还是终止破产程序，各国立法规定不尽相同。德国、日本、英国、意大利、韩国等国家均认为，和解协议经法院认可后，已开始的破产程序应当终止。我国破产法采用多数国家的做法，认为法院裁定认可和解协议后，破产案件应当终止。（2）对债务人的效力。和解协议生效后，债务人虽然免受破产程序的约束，但应当按照和解协议规定的条件清偿债务。在未完全执行和解协议前，不得违反和解协议规定的条件，给予个别和解债权人以额外利益而损害其他和解债权人。（3）对和解债权人的效力。和解债权人是指法院受理破产案件前对债务人享有债权的人。和解债权人应依和解协议规定的数额、时间和方式请求与接受清偿；不得超出和解协议的范围进行个别追索；不得违反集体受偿原则，在和解协议以外接受债务人的清偿，需注意的是，和解协议对产生于和解协议生效后的新债权不发生效力。

（三）和解的终结

根据破产法的规定，和解的终结存在以下几种情形：

1. 和解协议执行完毕。和解协议执行完毕，以和解协议规定的清偿已完全履行为标志。和解协议执行完毕的法律效果就是剩余债务的自动免除。按照和解协议减免的债务，自和解协议执行完毕时起，债务人不再承担清偿责任。

2. 和解协议不成立、不生效。和解协议草案经债权人会议表决未获得通过，或者已经债权人会议通过的和解协议未获得人民法院认可的，人民法院应当裁定终止和解程序，并宣告债务人破产。

3. 和解协议无效。因债务人的欺诈或者其他违法行为而成立的和解协议，人民法院应当裁定无效，并宣告债务人破产。有前述规定情形的，和解债权人因执行和解协议所受的清偿，在其他债权人所受清偿同等比例的范围内，不予返还。

4. 和解协议执行不能。债务人不能执行或者不执行和解协议的，人民法院经和解债权人请求，应当裁定终止和解协议的执行，并宣告债务人破产。

人民法院裁定终止和解协议执行的，和解债权人在和解协议中作出的债权调整的承诺失去效力。和解债权人因执行和解协议所受的清偿仍然有效，和解债权未受清偿的部分作为破产债权。

第五节　破产重整制度

一、重整的概念和特征

1. 重整的概念。破产法中的重整，是指对于已濒于破产又有再生希望的债务人实施的旨在挽救其生存的积极程序。重整程序的目的不在于公平分配债务人的财产，而在于拯救那些值得拯救和能够拯救的债务人，使其摆脱困境，走向复兴。

2. 重整的特征。与破产、和解程序相比，重整程序具有以下特征：（1）重整的对象一般为大型企业。重整虽然可以积极拯救企业，但其程序比较复杂、费用较高、社会代价较大，因此，多数国家（地区）的破产立法均将其对象限制在较小的范围之内，即一般适用于大型企业。例如，根据《日本公司更生法》第 2 条的规定，重整仅适用于股份有限公司；我国台湾地区现行“公司法”第 202 条则将其限定为公开发行股票或公司债的股份有限公司。而对和解与破产程序来说，并无此对象限制。（2）重整的原因较破产、和解的原因为宽。破产与和解的原因都是债务人不能清偿到期债务。而重整的原因并不以此为限，对于那些因经营或财务困难将要无力偿债的企业，亦可以适用重整程序。（3）重整的措施具有多样性。重整的措施除包括债权人对债务人的妥协让步外，还包括企业的部分或整体出让、合并与分立、追加投资、租赁经营等。这些措施在和解程序中是不存在的。（4）参与重整程序的主体具有广泛性。破产程序与和解程序的主体仅限于债权人和债务人。而在重整程序中，其参加者不仅包括债权人和债务人，而且包括股东（出资人）。股东不仅可以申请企业重整，而且对重整计划草案的通过有表决权。（5）重整程序优先于破产程序与和解程序。重整程序一旦开始，不但正在进行的一般民事执行程序应当中止，而且正在进行的破产程序或和解程序也应当中止。当破产申请、和解申请与重整申请同时并存时，法院应当优先受理重整申请。

二、重整程序的开始

1. 开始的条件。根据破产法的规定，重整程序开始的条件包括两个：（1）主体合格，即债务人是企业法人。(2) 债务人具备重整原因，即不能清偿到期债务并且资产不足以清偿全部债务或者明显缺乏清偿能力，或者有明显丧失清偿能力的可能。

2. 申请和受理。依多数国家破产法或重整法的规定，重整程序的开始由申请和受理构成。

申请是重整程序开始的唯一依据，除此之外，法院不得依职权裁定对债务人开始重整程序。对于有资格申请重整的当事人的范围，各国规定不一。我国破产法规定，债务人或者债权人可以依照法律规定，直接向人民法院申请对债务人进行重整。债权人申请对债务人进行破产清算的，在人民法院受理破产申请后、宣告债务人破产前，债务人或者出资额占债务人注册资本 1/10 以上的出资人，可以向人民法院申请重整。人民法院经审查认为重整申请符合法律规定的，应当裁定债务人重整，并予以公告。自人民法院裁定债务人重整之日起至重整程序终止，为重整期间。

三、重整期间的营业

(一) 重整期间的概念

重整期间，是指法院裁定债务人重整之日起至重整程序终止之日的时间段。需要强调的是，重整期间仅指重整申请受理至重整计划草案得到债权人会议分组表决通过及人民法院审查批准，或重整计划草案未能得到债权人会议分组表决通过或人民法院不予批准的期间，不包括重整计划得到批准后的执行期间。债务人或者管理人应当自人民法院裁定债务人重整之日起 6 个月内，同时向人民法院和债权人会议提交重整计划草案。前述期限届满，经债务人或者管理人请求，有正当理由的，人民法院可以裁定延期 3 个月。债务人或者管理人未按期提出重整计划草案的，人民法院应当裁定终止重整程序，并宣告债务人破产。

(二) 自动停止

自动停止是重整期间对债务人营运价值的保护措施。所谓营运价值，就是企业作为营运实体的财产价值，或者说企业在持续营业状态下的价值。依据破产法的规定，这些保护措施主要有：(1) 在破产案件受理后，应当中止一切有关债务人的其他民事执行程序和其他保全措施，已开始尚未审结的有关债务人的民事诉讼也应中止。(2) 在重整期间，债务人的抵押权人、质权人和留置权人，不得对担保物行使处分权利。但是，担保物有损坏或者价值明显减少的可能，足以危害担保权人权利的，担保权人可以向人民法院请求恢复行使担保权。在重整期间，债务人或者管理人为继续营业而借款的，可以为该借款设定担保。(3) 在重整期间，债务人的出资人不得请求投资收益分配。在重整期间，债务人的董事、监事、高级管理人员不得向第三人转让其持有的债务人的股权，但是，经人民法院同意的除外。

(三) 重整期间的营业保护

依破产法的规定，破产案件受理后，即由管理人接管债务人的全部财产和事务。就重整程序而言，有两种运营模式：第一种模式是管理人监督下的债务人自行营业。采用这种模式必须由债务人申请，经人民法院批准。《企业破产法》第 73 条规定："在重整期间，经债务人申请，人民法院批准，债务人可以在管理人的监督下自行管理财产和营业事务。有前款规定情形的，依照本法规定已接管债务人财产和营业事务的管理人应当向债务人移交财产和营业事务，本法规定的管理人的职权由债务人行使。"第二种模式是管理人主持营业并可辅之以聘任管理。在债务人没有提出自行营业的申请，或者其自行营业申请未获法院批准的情形下，管理人当然地负责重整期间债务人的财产管理和营业事务。但是，为了提高经营效率，管理人可以以聘任的方式委托债务人的经营管理人员负责办理。这些聘任的人员，在签订重要合同和实施重大财产处分行为时，应当征得管理人的同意。

（四）重整程序的终止

根据破产法的规定，重整程序可以因下列情况终止：（1）重整程序开始至重整计划被批准前，如果债务人的经营状况和财产状况继续恶化，缺乏复兴的可能性，或者债务人有欺诈、恶意减少企业财产、无理拖延或者其他显著不利于债权人的行为，或者由于债务人的法人机关及其他工作人员的行为，致使管理人无法执行职务，经利害关系人请求，人民法院审理确认后，可以裁定终止重整程序。（2）在通过和批准重整计划的过程中，如果债权人会议没有通过重整计划草案，管理人与未通过重整计划的表决组协商后再行表决仍未通过，向法院提请批准法院未予以批准的，应当终止重整程序。（3）在重整计划执行阶段，重整企业不能执行或者不执行重整计划的，人民法院经利害关系人申请，应当裁定终止重整计划的执行。此时，如果债务人具备破产原因，应宣告其破产。

四、重整计划

（一）重整计划的概念

重整计划，是指以维持债务人的继续营业，谋求债务人的复兴并清理债权债务关系为内容的协议。它类似于和解程序中的和解协议，是重整程序中最为重要的法定文件。重整计划以拯救企业和公平清偿债务为目的，由管理人或法律规定的其他机构负责制定，一般需要经债权人会议同意，并经法院批准方能生效。

（二）重整计划的制订

管理人在债务人协助下制作重整计划草案时，应当听取债权人、出资人和职工代表的意见。重整计划草案应当包括以下内容：（1）债务人的经营方案；（2）债权分类；（3）债权调整方案；（4）债权受偿方案；（5）重整计划的执行期限；（6）重整计划执行的监督期限；（7）有利于企业重整的其他方案。

（三）重整计划的通过和批准

破产法对重整计划的通过和批准设立了一系列的程序规则，这些规则大体上包括两个环节，即表决程序和批准程序。

1. 表决程序。（1）提交程序。《企业破产法》第 79 条规定："债务人或者管理人应当自人民法院裁定债务人重整之日起六个月内，同时向人民法院和债权人会议提交重整计划草案。前款规定的期限届满，经债务人或者管理人请求，有正当理由的，人民法院可以裁定延期三个月。债务人或者管理人未按期提出重整计划草案的，人民法院应当裁定终止重整程序，并宣告债务人破产。"（2）召集程序。《企业破产法》第 84 条第 1 款规定："人民法院应当自收到重整计划草案之日起三十日内召开债权人会议，对重整计划草案进行表决。"（3）审议程序。参加表决的主体实行分组表决制。依照下列债权分类，分组对重整计划草案进行表决：对债务人的特定财产享有担保权的债权；债务人所欠职工的工资和医疗、伤残补助、抚恤费用，所欠的应当划入职工个人账户的基本养老保险、基本医疗保险费用，以及法律、行政法规规定应当支付给职工的补偿金；债务人所欠税款；普通债权。人民法院在必要时可以决定在普通债权组中设小额债权组对重整计划草案进行表决。出席会议的同一表决组的债权人过半数同意重整计划草案，并且其所代表的债权额占该组债权总额的 2/3 以上的，即为该组通过重整计划草案。债务人或者管理人应当向债权人会议就重整计划草案作出说明，并回答询问。

2. 批准程序。批准程序是人民法院行使司法审查权的过程，主要包括两种情形：

(1) 通过后的审查批准。对于已获通过并提请批准的重整计划，人民法院应该审查。《企业破产法》第 86 条第 2 款规定："自重整计划通过之日起十日内，债务人或者管理人应当向人民法院提出批准重整计划的申请。人民法院经审查认为符合本法规定的，应当自收到申请之日起三十日内裁定批准，终止重整程序，并予以公告。"如果人民法院审查后认为重整计划不符合规定，应当裁定不予批准，同时终止重整程序，并宣告债务人破产。

(2) 未通过时的再表决。《企业破产法》第 87 条规定：部分表决组未通过重整计划草案的，债务人或者管理人可以同未通过重整计划草案的表决组协商。该表决组可以在协商后再表决一次。双方协商的结果不得损害其他表决组的利益。未通过重整计划草案的表决组拒绝再次表决或者再次表决仍未通过重整计划草案，但重整计划草案符合《企业破产法》第 87 条第 2 款规定的特殊条件的，债务人或者管理人可以申请人民法院批准重整计划草案。

(四) 重整计划的效力和执行

经人民法院裁定批准的重整计划，对债务人和全体债权人均有约束力。债权人未依照破产法规定申报债权的，在重整计划执行期间不得行使权利；在重整计划执行完毕后，可以按照重整计划规定的同类债权的清偿条件行使权利。债权人对债务人的保证人和其他连带债务人所享有的权利，不受重整计划的影响。

重整计划由债务人负责执行。人民法院裁定批准重整计划后，已接管财产和营业事务的管理人应当向债务人移交财产和营业事务。重整计划的执行过程由管理人进行监督。自人民法院裁定批准重整计划之日起，在重整计划规定的监督期内，由管理人监督重整计划的执行。在监督期内，债务人应当向管理人报告重整计划执行情况和债务人财务状况。监督期届满时，管理人应当向人民法院提交监督报告。自监督报告提交之日起，管理人的监督职责终止。管理人向人民法院提交的监督报告，重整计划的利害关系人有权查阅。经管理人申请，人民法院可以裁定延长重整计划执行的监督期限。

(五) 重整计划的终止

债务人不能执行或者不执行重整计划的，人民法院经管理人或者利害关系人请求，应当裁定终止重整计划的执行，并宣告债务人破产。在此种情形下，担保人为重幣计划的执行提供的担保继续有效。人民法院裁定终止重整计划执行的，债权人在重整计划中作出的债权调整的承诺失去效力。债权人因执行重整计划所受的清偿仍然有效，债权未受清偿的部分作为破产债权。

第六节 破产宣告

一、破产宣告概述

(一) 破产宣告的概念和特征

破产宣告，是指法院对已具备破产条件的债务人所作出的宣告其为破产人的司法行为。法院宣告债务人破产，以申请主义为原则，以职权主义为例外。

破产宣告作为一种司法审判行为，具有以下特征：(1) 破产宣告的基本依据和必要条件是债务人已具备破产原因。如果债务人没有破产原因的事实存在，则不得宣告其破产。(2) 破产宣告只能由法院依法作出。破产宣告事关债权人、债务人和社会利益，因此，只能由法院依法进行。法院以外的任何机关和个人都无权宣告债务人破产。(3) 破产宣告是破产清算开始的标志。法院一旦作出破产宣告的裁定，破产程序就进入实质性阶段，债务人正式成为破产人，债权人则依清算、分配程序受偿。

（二）我国现行破产法上宣告破产的具体情形

根据现行破产法的规定，引起企业被宣告破产的情形可以分为直接破产和间接破产。直接破产宣告是指债务人没有经过破产预防程序，直接由法院宣告其破产。没有经过破产预防程序是指既没有和解协议的达成，又没有实施重整。间接破产宣告是指债务人经过破产预防程序而没有达到破产预防的目的，破产原因仍然存在，而由法院进行的破产宣告。

二、破产宣告的程序

1. 破产宣告的裁定。破产宣告的裁定，是法院宣告债务人破产的法定方式。人民法院宣告债务人破产，应当作出书面裁定，并由审判员、书记员署名，加盖法院印章。法院裁定宣告债务人破产，应当公开进行，并应通知债权人、债务人到庭，当庭宣布裁定；拒不到庭的，不影响裁定的效力。法院作出破产宣告裁定后，应当自裁定作出之日起5日内送达债务人和管理人，自裁定作出之日起10日内通知已知债权人，并予以公告。

2. 破产宣告的公告。人民法院在作出宣告债务人破产的裁定后，应在法定期间内发布公告。公告应载明以下事项：(1) 破产宣告裁定书的主文及破产宣告的日期；(2) 已指定破产管理人的，破产管理人的姓名及处理事务的地址和联系电话；(3) 破产人的债务人或者财产持有人向破产管理人清偿债务或者交付财产；(4) 人民法院认为应当公告的其他事项。

三、破产宣告的效力

破产宣告的效力，是指破产宣告对债务人、债权人以及第三人所产生的法律后果。

（一）对债务人的效力

破产宣告对债务人产生身份上、财产上的一系列法律后果。具体地说，主要有以下四项：

(1) 债务人成为破产人。破产人即民事权利受破产程序拘束的人。当破产人为法人时，该法人应予以解散，但仍可以在清算范围内进行活动；当破产人为自然人时，其身份地位将受到限制。在我国现行破产法中，被申请破产的企业，在破产宣告前称为债务人，在破产宣告后称为破产人。

(2) 债务人财产成为破产财产。破产宣告后，债务人的财产成为破产财产，由破产管理人占有、支配并用于破产分配。

(3) 债务人丧失对财产和事务的管理处分权。破产宣告后，债务人的财产和事务都由破产管理人全面接管，因此，债务人已丧失对财产和事务的管理处分权，同时，自然也丧失了有关财产和事务的诉讼权利。

(4) 债务人的法定代表人承担与清算有关的义务。依我国现行破产法的规定，破产企业的法定代表人在破产宣告后，负有保管好破产财产、办理财产移交、随时回答询问、不得擅离职守、列席债权人会议、按法院的要求进行工作等义务。

（二）对债权人的效力

破产宣告对债权人的效力主要体现在：

(1) 无财产担保的债权人成为破产债权人。破产债权人非依破产程序，不得行使其对破产财产的权利。

(2) 有财产担保的债权人，无须征得法院的同意，即可直接通过破产人就担保物行使优先受偿的权利。

(3) 债权人所拥有的未到期债权在减去未到期的利息后，视为已到期。

(4) 计息的债权，其利息计算至破产宣告之日止。

(5) 同时对破产企业负有债务的债权人享有破产抵销权。

(三) 对第三人的效力

破产宣告对第三人的效力主要体现在：(1) 破产人占有的属于他人的财产，其权利人有权通过管理人取回。(2) 破产人的债务人或者财产持有人，应当向管理人清偿债务和交付财产。(3) 破产人的开户银行应当将破产人的银行账户供管理人专用。(4) 待履行合同解除或继续履行时，相对人享有相应的权利。对于破产人在破产宣告前订立但未履行或未履行完毕的双务合同，管理人有权决定解除或继续履行。如果管理人决定继续履行，应当向对方提供充分的对待给付或者提供担保，否则视为解除合同。管理人解除合同的，由此所产生的相对人的损害赔偿请求权，作为破产债权。(5) 破产无效行为的受益人，应当返还其受领的利益。

第七节　破产清算与破产程序的终结

一、破产财产的管理

破产财产的管理，是指破产管理人接管、收集、清理和保管破产财产的活动。接管，是指将破产财产全面置于管理人的掌管之下。未经管理人同意，任何人不得管理和处分破产财产。收集，是指管理人通过行使否认权、请求清偿债务或交付财产、依法解除未履行合同中的财产义务等手段，收回为第三人占有的破产财产。清理，是指管理人对所接管和收集的破产财产予以清点和核实，清理时，管理人应将破产财产诸项登记造册，记明破产财产的种类、原价值、估价、坐落地点等。保管，是指维持破产财产的完好和价值。管理人管理破产财产的目的在于维护破产财产的完整性，使其免受毁损、灭失。依照我国现行破产法的规定，破产财产的管理由清算组负责进行。

破产管理人对破产财产的管理必须以债权人会议的决定或法院的决定为依据。对破产财产的管理方案必须经由出席债权人会议的有表决权的债权人过半数通过，并且其所代表的债权额占无财产担保债权总额的1/2以上。

二、破产财产的变价

破产财产的变价，是指管理人将非金钱的破产财产，以合法的方式出让，使之转化为金钱形态的行为。各国破产法对破产财产分配均以金钱分配为原则，以实物分配为例外，我国破产法亦是如此，因此，破产财产变价也就成为破产财产分配的前提。

破产财产变价的方法主要包括：(1) 破产财产的估价。破产财产在变价前有必要进行估价的，应当由具有合法资格的评估机构或评估师进行估价。(2) 破产财产变价方案。破产管理人应当适时准备破产财产变价方案，并提交债权人会议讨论。债权人会议讨论通过破产财产的变价方案，在报请法院裁定后执行。(3) 公开变卖原则。变卖破产财产，原则上应当采用拍卖、招标出售、标价出售等公开方式进行。依照国家规定不能公开拍卖或者出售的财产，应当依照国家规定的方式变卖。(4) 破产财产的整体变卖。破产财产中的成套设备应当整体变卖，确实不能整体变卖的，可以分散变卖。破产财产变价应当遵循债权人利益最大化原则及适时原则。

（5）破产企业的变卖。破产企业可以全部或者部分变卖。企业变卖时，可以将其中的个别财产另行单独变卖。

三、破产财产的分配

1. 破产财产的分配概念。破产财产的分配，是指管理人将变价后的破产财产，依法定顺序和程序分配给债权人的过程。根据现行破产法的规定，破产财产优先拨付破产费用后，按以下顺序清偿：（1）破产人所欠职工的工资和医疗、伤残补助、抚恤费用，所欠的应当划入职工个人账户的基本养老保险、基本医疗保险费用，以及法律、行政法规规定应当支付给职工的补偿金；（2）破产人欠缴的除前项规定以外的社会保险费用和破产人所欠税款；（3）普通破产债权。破产财产不足以清偿同一顺序的清偿要求的，按照比例分配。

2. 破产财产分配方案。破产财产分配方案由破产管理人制定，其主要内容包括：（1）参加破产财产分配的债权人姓名（名称）、住所；（2）参加分配的债权额；（3）可供分配的财产数额；（4）破产财产分配的顺序、比例及数额；（5）实施破产财产分配的方法。由于破产财产分配与债权人的利益密切相关，所以，管理人制作破产财产分配方案后，应提交债权人会议讨论通过。债权人会议通过破产财产分配方案的决议，由出席会议的有表决权的债权人过半数通过，并且其所代表的债权额必须占无财产担保债权总额的半数以上。经债权人会议通过的破产财产分配方案，必须报请人民法院裁定后才能执行。

3. 破产财产分配方案的执行。破产财产分配方案生效后，由管理人负责执行。管理人在分配破产财产时，必须按照分配顺序进行，只有在前一顺序的债权人得到全部清偿后，才能进行后一顺序的清偿。管理人可以根据财产的种类和数量，一次完成分配或者多次分配。多次分配分为初次分配、中间分配和最后分配。管理人实施多次分配的，应当公告本次分配的财产额和债权额。实施最后分配的，应当在公告中指明，并说明逾期仍不领取者，视为放弃受领分配的权利。此外，在破产财产分配完成，破产程序终结以后，如果发现还有可供分配的破产财产，依国外破产法的规定，经法院许可，可以追加分配。对此，我国《企业破产法》第123条作了相应的规定，即由于破产债务人无财产可供分配而导致破产程序终结的情况下，自破产程序终结之日起2年内，若债务人出现以下情形：（1）无偿转让财产；（2）以明显不合理的价格进行交易；（3）对没有财产担保的债务提供财产担保；（4）对未到期的债务提前清偿和放弃债权；（5）为逃避债务而隐匿、转移财产；（6）虚构债务或者承认不真实的债务；（7）债务人的董事、监事和高级管理人员利用职权从企业获取的非正常收入和侵占的企业财产；（8）仍有应当供分配的其他财产，债权人可以请求人民法院按照破产财产分配方案进行追加分配。但是，财产数量不足以支付分配费用的，不再进行追加分配，由人民法院将其上缴国库。

四、破产程序的终结

破产程序的终结，又称破产程序的终止，是指在破产程序进行中因法定事由的发生，由法院裁定结束破产程序。一般地说，如果破产财产已分配完毕，或者虽然未分配完毕但债权人已获全额清偿，或者债务人与债权人会议达成和解协议且已执行和解协议完毕，法院应裁定终结破产程序。根据我国现行破产法的规定，破产程序终结的法定事由有四个：（1）债务人已无财产可供分配；（2）破产财产已不足以支付破产费用；（3）债务人与全体债权人就债务人履行自行达成和解；（4）第三人为债务人提供足额担保或者为债务人清偿全部到期债务。

破产程序一旦终结，即产生以下三个方面的法律效力：（1）对于破产人的效力。破产程序因分配完毕和破产财产不足支付破产费用而终结后，法人的主体资格归于消灭，其所负剩余债务当然免除。(2) 对于破产债权人的效力。由于破产程序终结后破产企业的主体资格归于消灭，债权人未得到分配的债权，于破产终结裁定作出后视为消灭。破产债权人不能于程序结束后向债务人另行主张权利。和解协议实现后，和解债权人于达成和解协议时所免除的部分债权，在整顿成功后亦不得向债务企业再行索要。(3) 对破产机构的效力。破产程序终结后，债权人会议和债权人委员会等破产机构宣布解散，破产管理人于办理破产人注销登记完毕的次日终止执行职务。但是，破产管理人如有关于破产财产的未完结的诉讼、债权确认诉讼或者对债权分配表等的异议之诉等遗留事务时，仍需对破产财产进行管理和处分。

法律应用

1. 破产申请可以由债权人提出，也可以由债务人提出。债务人如系国有企业，其破产申请应事先经过其上级主管部门同意。由于未放弃优先受偿权的有财产担保的债权人的债权的实现是独立于破产程序之外的，破产程序是否启动与其债权的实现没有太大关系，所以，申请破产的债权人只能是无财产担保的普通债权人和已放弃优先受偿权的有财产担保的债权人。

2. 人民法院受理破产案件后，所有破产债权人均应向法院申报债权，债务人不得对债权人进行清偿。对债务人财产的民事执行程序，尚未开始的，不得开始；已经开始但尚未执行完毕的，不得继续执行。有关债务人的民事诉讼或者仲裁程序也应中止，但当管理人接管债务人的财产后，仍可以继续执行。

3. 债务人自破产宣告之日起即成为破产人，不得进行生产经营活动。为债权人的利益确有必要继续生产经营的，必须经人民法院许可。

4. 管理人应依法履行职责，因故意或过失给破产人或债权人造成损失的，应承担赔偿责任。

课后复习

1. 试述破产开始的效力。
2. 试述债权人会议的法律地位。
3. 简述债权人会议的职权。
4. 简述和解的特点。
5. 简述重整的特点。
6. 简述破产管理人的职责。

第二十六章
破产实体法

提 要

破产实体规范是为程序规范服务而设的，其对破产程序的进行，特别是对破产债权的清偿意义重大。本章重点阐述了债务人财产与破产债权两大实体问题，对与破产有关的取回权、别除权、抵销权、否认权等权利的含义及行使亦作了论述。学习本章应重点掌握债务人财产和破产债权的范围与例外、破产债权的申报与清偿顺序、和破产有关的权利的概念与特征等内容。

重点问题

1. 债务人财产的特征、范围与例外
2. 破产债权的特点、范围与例外、申报及清偿顺序
3. 特殊取回权
4. 抵销权的禁止
5. 否认权的构成条件

第一节　债务人财产

一、债务人财产的概念与特征

（一）债务人财产的概念

我国旧时的破产法使用的破产财产一词，是对被宣告破产后的债务人财产的定义，而我国破产法中新确立的债务人财产一词，则是对在破产案件受理后到破产宣告前这一期间债务人财产的定义。从财产角度出发，二者没有实质的区别，区别仅在两个概念对划定作为财产主体的债务人在破产案件程序中不同时期的法律地位不同。其他国家惯常使用的概念多为破产财产，本书为避免混乱，在不改变原文献使用破产财产概念的基础上，令后文中破产财产一词的使用与债务人财产概念的使用意义相同。

债务人财产，在大陆法系国家破产法中又称破产财团，有形式意义和实质意义之分。形式意义上的债务人财产，是指属于债务人所有，由管理人接管并依破产程序分配给债权人的财产之集合体。这一般只有学理上的意义，法律实践中不一定运用。实质意义上的债务人财产，是指在破产过程中所有可扣押的债务人财产的总称。可见，债务人财产并不局限于破产宣告时债务人人所有的财产及将来行使的财产请求权，破产宣告后至破产程序终结前债务人取得的财

产，以至于破产程序终结后追回的原属于债务人的财产，除专属于债务人本身的权利及禁止扣押的财产外，均属于债务人财产。

（二）债务人财产的特征

债务人财产具有以下特征：

(1) 债务人财产必须是债务人享有财产权的财产。债务人享有的财产权通常是指财产所有权。债务人不享有所有权而占有的属于他人的财产，他人有权取回，因而不能作为债务人财产。债务人虽然不享有所有权但在破产宣告时有权处分的财产，如我国国有企业的财产，也属于债务人财产。

(2) 债务人财产是可以用于破产分配的财产。债务人财产的目的就在于通过破产程序公平分配给破产债权人。因此，不能分配给破产债权人的财产，就不属于债务人财产。

(3) 债务人财产是一种集合财产。债务人财产并非以单个财产的面目出现，也不是债务人单项财产的简单相加，而是作为由管理人管理处分，以公平清偿破产债权为目的的集合财产。正是基于此，大陆法系国家有“破产财团”这一概念。

(4) 债务人财产是由破产管理人占有和支配的财产。破产宣告后，债务人财产的管理处分权交由破产管理人行使。其他任何人未经管理人同意，不得对债务人财产进行占有、使用和处分。因此，不由管理人占有和支配的财产，如法律规定用于债务人生计的豁免财产，就不属于债务人财产。

(5) 债务人财产具有一定的地域效力。在实行属地主义的国家，债务人财产仅限于债务人在国内的财产。在实行普及主义的国家，债务人财产则既包括债务人在国内的财产，也包括债务人在国外的财产。

二、债务人财产的范围

（一）关于债务人财产范围的立法准则

关于债务人财产的范围，传统破产法上曾有固定主义和膨胀主义两种立法准则。固定主义认为，债务人财产以债务人在破产宣告时的所有财产为限，其本意在于帮助债务人自然人重新开始。膨胀主义认为，债务人财产不以破产宣告时债务人所拥有的财产为限，破产宣告后至破产程序终结前债务人取得的财产，亦应包括在内，其目的则是加强对债权人的保护。现代破产法在将企业破产与自然人破产统一立法时，一般采用膨胀主义。至于自然人破产方面，有免责主义和财产豁免制度予以保护。根据我国《企业破产法》第30条的规定，我国关于债务人财产采用的是膨胀主义的立法准则。

（二）我国现行破产法规定的债务人财产的范围

我国现行破产法规定的债务人财产的范围，除债务人所有的货币、实物外，债务人依法享有的可以用货币估价并可以依法转让的债权、股权、知识产权、用益物权等财产和财产权益，人民法院均应认定为债务人财产，具体由以下三部分组成：

1. 破产申请受理时破产企业所有的或者经营管理的全部财产，大体可以分为四类：(1) 有形财产；(2) 无形财产；(3) 货币和有价证券；(4) 投资权益。

2. 破产企业在破产申请受理后至破产程序终结前所取得的财产。其主要包括：(1) 因破产企业的债务人清偿债务而取得的财产；(2) 因管理人决定继续履行破产企业未履行的合同所取得的财产；(3) 因破产申请受理前的投资行为而取得的收益；(4) 债务人财产所产生的孳息；(5) 因继续破产企业的营业所取得的财产；(6) 因其他原因而合法取得的财产，如接受赠与、遗赠等所取得的财产。

3. 应当由破产企业行使的其他财产权利。所谓其他财产权利，是指以上所列财产之外具有金钱价值的请求权。主要包括：(1) 应当由破产企业行使的合同债权；(2) 应当由破产企业行使的非合同债权；(3) 应当由破产企业行使的票据权利；(4) 应当由破产企业行使的股东权；(5) 应当由破产企业行使的其他财产请求权。

三、债务人财产的例外

债务人财产的例外，又称自由财产，是指归属作为债务人的自然人所有的、不受破产分配的财产。由于我国现行破产法不适用于自然人，故不存在自由财产问题。法律设立自由财产是为了债务人的生存和发展，且自由财产制度在固定主义与膨胀主义的立法体系中均有体现。

第二节　破产债权

一、破产债权的概念与特征

（一）破产债权的概念

破产债权，是指人民法院受理破产申请前成立的、对破产人享有的、必须通过破产程序受偿的财产请求权。我国《企业破产法》第 107 条规定，法院受理破产申请时对债务人享有的债权称为破产债权。

（二）破产债权的特征

破产债权具有以下法律特征：

(1) 破产债权是一种财产请求权。财产请求权，是指直接以金钱为给付内容或者虽然不直接表现为金钱但可以以金钱计算的请求权。破产债权的本质特征仍是债权，即一种财产请求权。破产债权人行使权利，应向破产管理人提出请求。

(2) 破产债权成立于人民法院受理破产申请之前。成立于破产宣告前，是指破产债权成立的原因在破产宣告前已有效存在，而不论该债权在破产宣告时是否已发生效力。故不论债权是否附条件、是否附期限以及是否实际生效于破产宣告后，均构成破产债权。

(3) 破产债权是可以强制执行的债权。不能进行强制执行的财产请求权，如基于不法原因产生的债权、时效已完成的债权等，不得作为破产债权。

(4) 破产债权包括有财产担保债权和无财产担保债权。根据我国《破产法》第 107 条第 2 款的规定，债务人被宣告破产后，债务人称为破产人，债务人财产称为破产财产，人民法院受理破产申请时对债务人享有的债权称为破产债权。

二、破产债权的范围

根据我国现行破产法及有关司法解释的规定，破产债权的范围包括：

1. 无财产担保的债权。凡是破产宣告前成立、以财产给付为内容、以破产财产为义务主体的无财产担保的请求权，在破产宣告时尚未终止的，均可以成为破产债权。这是一般状态下的破产债权，也是最常见的破产债权。

2. 有财产担保的债权。但破产宣告前成立的有财产担保的债权，可以不通过破产清算程序优先受偿。

3. 因票据关系所产生的债权。被追索人受破产宣告，持票人有权以其追索权申报债权并参加破产分配。票据的出票人或背书人受破产宣告，如果付款人或承兑人在不知情的情况下进行了付款或承兑，由此产生的债权应列入破产债权。

4. 连带债务人及保证人的求偿权。破产人的保证人和其他连带债务人，在代替破产人向债权人清偿债务后，取得对破产财产的追偿权。在债权人不参加破产程序的情况下，破产人的保证人和其他连带债务人有权以将来承担连带清偿义务后的追偿权申报债权并参加破产分配。

5. 因解除合同而产生的债权。破产管理人决定解除破产案件受理前成立但尚未履行的合同时，对方当事人依法或依照合同约定产生的对债务人的可以用货币计算的债权，应作为破产债权。

此外，债务人在破产宣告前因侵权、违约给他人造成财产损失而产生的赔偿责任；债务人为保证人的在破产宣告前已经被生效的法律文书确定承担的保证责任，债务人的受托人在债务人破产前为债务人的利益处理委托事务所发生的债权，债务人发行债券形成的债权等，也属于破产债权。

三、破产债权的例外

破产债权的例外，是指不属于破产债权的债权。根据各国破产立法，以下债权不得作为破产债权：

1. 债权人参加破产程序的费用。债权人参加破产程序所支出的债权申报费用、邮电送达费用、出席债权人会议的交通住宿费用等，均发生在破产申请受理之后，且系为个人行使债权而支付，故不应列为破产债权。这样规定，可以促使债权人节约破产费用，并可以避免因个别债权人恶意扩大费用支出而损害其他债权人利益的情况发生。

2. 破产申请受理后的利息。依破产法的规定，于破产申请受理时未到期的债权，均视为已到期。因此，如果债权系计息债权，破产申请受理后的利息不得作为破产债权。

3. 对破产人科处的罚金、罚款和没收财产。破产宣告前，司法机关、行政机关对破产人作出的罚金、罚款和没收财产等处罚决定，如果没有执行，在破产宣告受理后即不得再执行。因为如果再执行，实际上是处罚破产债权人，未达到处罚的目的。

4. 因破产宣告受理后合同不履行而产生的违约金。破产宣告受理后，债务人即丧失了对其财产的管理与处分权。此时，管理人有权决定解除未履行的合同，由此产生的违约金，不应作为破产债权。

5. 其他不得作为破产债权的情形。如超过诉讼时效期间的请求权、未按法定期间申报的债权等，不得作为破产债权。

四、破产债权的申报及其确认

（一）破产债权的申报

1. 申报的意义。债权申报，是指债权人在破产案件受理后，依法定程序主张并证明其债权，以便参加破产程序的行为。债权人申报债权，是其参加破产程序的必要条件。未申报债权的债权人，不得参加破产程序。无论是无财产担保的债权，还是有财产担保的债权，都必须申报。

2. 申报的期限。关于债权申报期限，有法定主义和酌定主义两种立法例。多数国家采用酌定主义，即由法院根据具体情况加以确定。我国破产法采用法定主义。《企业破产法》第45

条规定，人民法院受理破产申请后，应当确定债权人申报债权的期限。债权申报期限自人民法院发布受理破产申请公告之日起计算，最短不得少于30日，最长不得超过3个月。

3. 申报的范围。破产案件受理前成立的对债务人的债权，均为可以申报的债权。如果债权在案件受理时未到期，则视为已到期。有财产担保的债权和无财产担保的债权，均应申报。附条件的债权，以该债权的全额申报。连带债权人可以由其中一人代表全体连带债权人申报债权，也可以共同申报债权。债务人的保证人及其他连带债务人，可以就其承担连带清偿义务而享有的追偿权，向管理人申报债权。债务人所欠职工的工资和医疗、伤残补助、抚恤费用，所欠的应当划入职工个人账户的基本养老保险、基本医疗保险费用，以及法律、行政法规规定应当支付给职工的补偿金，不必申报，由管理人调查后列出清单并予以公示。职工对清单记载有异议的，可以要求管理人更正；管理人不予更正的，职工可以向人民法院提起诉讼。

4. 申报的方式。债权人申报债权时，应向管理人提供以下材料：（1）债权发生的事实及有关证据；（2）债权性质、数额；（3）有无财产担保，有担保的，应提供有关证据。申报债权是连带债权的，应当说明。

5. 登记造册。管理人收到债权申报材料后，应当登记造册，对申报的债权进行审查，编制债权表。编制债权表时，对于非金钱的债权，应按受理案件裁定之日债务履行地的平均市场价格计算债权额。对于以外币表示的金钱债权，应按受理案件裁定之日人民币市场汇价的中间价计算债权额。登记造册时，对有财产担保的债权和无财产担保的债权，应分别登记。

6. 逾期未申报的后果。依《企业破产法》第56条的规定，债权人虽然未在法定期间申报债权，但可在破产财产最后分配前补充申报。但是，此前已进行的分配，不再对其补充分配。为审查和确认补充申报债权的费用由补充申报人承担。

（二）破产债权的审查和确认

债权人申报债权后，对于债权是否成立、债权额的多少、债权的性质，应当经债权人会议审查和确认方为确定。只有经过审查确定的债权人，才能取得破产程序当事人的地位，享有参加破产程序和接受破产财产分配的一切权利。债权的调查由债权人会议进行。但是，已经过仲裁或者人民法院判决确定的债权，以及诉讼未决或者仲裁未决的债权，不在债权人会议调查之列。对于经调查无异议的债权，由人民法院裁定后，即为确定的债权。债权因异议不能确定的，债权人可以向受理破产案件的人民法院提起确认债权的诉讼。

五、破产债权的清偿顺序

1. 破产债权的算定。破产债权的算定，是指依法将数额不确定的债权和未到期的债权，以破产申请受理为界换算为数额确定的已到期债权。在破产程序中，除有数额确定的、以本国货币表示的、已到期的金钱债权外，还有非金钱债权、数额未定的债权、外币债权和未到期债权。为使破产债权人公平受偿，就必须进行破产债权的算定，将它们换算为数额确定的、以本国货币表示的、已到期的金钱债权。

2. 破产债权的清偿顺序。破产债权的清偿顺序，是法律根据各种债权的性质和地位而规定的债权受偿序列。依照该序列，顺序在先的债权可以优先于顺序在后的债权而获得清偿。当破产财产不足以清偿同一顺序的债权时，按照比例清偿。根据我国《企业破产法》第113条，破产财产在优先清偿破产费用和共益债务后，依照下列顺序清偿：（1）破产人所欠职工的工资和医疗、伤残补助、抚恤费用，所欠的应当划入职工个人账户的基本养老保险、基本医疗保险费用，以及法律、行政法规规定应当支付给职工的补偿金；（2）破产人欠缴的除前项规定以外的社会保险费用和破产人所欠税款；（3）普通破产债权。另外，有财产担保的债权即享有优先受偿权的担保债权同样也属于破产债权，但其既不同于破产费用，共益债务从债务人无担保财产中的优先随时受偿，也不同于《企业破产法》第113条对于债务清偿顺序的安排。有财产担保的债权的实现仅针对特定担保财产优先受偿，可优先于其他债权人单独并及时受偿，即可个别执行；但这种优先受偿权根据《企业破产法》第75条的规定在重整程序中受到了限制。

第三节　破产费用与共益债务

一、破产费用的概念和特点

（一）破产费用的概念

破产费用，是指破产程序开始后，为破产程序的顺利进行以及破产财产的管理、变价和分配而发生的费用。简言之，就是为全体债权人的共同利益所支出的费用。

（二）破产费用的特点

破产费用具有下列特点：

1. 产生于破产程序中。破产费用是法院受理破产案件后至破产程序终结前，为债权人的共同利益而支出的费用。这就使之和主要发生于破产程序开始前的破产债权以及别除权、取回权等与破产有关的财产权区别开来。

2. 为全体债权人的共同利益而产生。在破产程序中，破产管理人因管理、变价和分配破产财产所支出的费用，目的在于维护全体债权人的共同利益。因此，不是为了债权人的共同利益而产生的费用，如债权人参加破产程序的费用、取回权人行使取回权的费用等，不构成破产费用。这一点是破产费用的核心与实质特征，也是法律规定破产费用的基本出发点。

3. 应从破产财产中优先支付。破产费用与破产债权都是用破产财产清偿，但破产费用较破产债权优先。当破产财产不足以清偿破产费用时，法院应终结破产程序。

二、破产费用的范围

关于破产费用和共益债务，各国（地区）立法规定不一。有的国家，如日本、美国、法国等国家采用合并制，将两者统一规定，平等清偿。有的国家（地区），如德国、我国台湾地区则采用分别制，将两者分别加以规定。根据我国《企业破产法》第41条，人民法院受理破产申请后发生的下列费用，为破产费用：（1）破产案件的诉讼费用；（2）管理、变价和分配债务人财产的费用；（3）管理人执行职务的费用、报酬和聘用工作人员的费用。

三、共益债务的概念和范围

所谓共益债务，是指为了债权人和债务人的共同利益而发生的债务。此项债务，应在债务人的财产中优先支付。《企业破产法》第42条规定了共益债务的范围，人民法院受理破产申请后发生的下列债务，为共益债务：（1）因管理人或者债务人请求对方当事人履行双方均未履行完毕的合同所产生的债务；（2）债务人财产受无因管理所产生的债务；（3）因债务人不当得利所产生的债务；（4）为债务人继续营业而应支付的劳动报酬和社会保险费用以及由此产生的其他债务；（5）管理人或者相关人员执行职务致人损害所产生的债务；（6）债务人财产致人损害所产生的债务。

四、破产费用和共益债务的清偿

破产费用和共益债务由债务人财产随时清偿。债务人财产不足以清偿所有破产费用和共益债务的，先行清偿破产费用。债务人财产不足以清偿所有破产费用或者共益债务的，按照比例清偿。债务人财产不足以清偿破产费用的，管理人应当提请人民法院终结破产程序。人民法院应当自收到请求之日起15日内裁定终结破产程序，并予以公告。

第四节 取回权

一、取回权的概念与特征

（一）取回权的概念

取回权是指当破产管理人接管的破产人的财产中有不属于破产财产的他人财产时，该财产的权利人所享有的不依破产程序而取回的权利。破产取回权是一种民事实体法上的请求权，其基础是财产所有权及其他物权。

（二）取回权的法律特征

第一，取回权的标的物非属破产人所有。取回权的标的物不属于破产人的财产，而是取回权人自己的财产。这是取回权与别除权的区别所在。

第二，取回权是对特定物的返还请求权。就是说，取回权须以被请求人占有其财产的事实为前提，以特定物为请求标的，以该物的原物返还为请求内容。如果该物已经灭失或毁损，或者已有效地转让于他人，则只能请求损害赔偿。

第三，取回权以所有权及其他物权为基础。取回权的发生依据是物权关系而非债的关系，故对管理人占有的财产不享有所有权及其他物权的人，不得主张取回权。

第四，取回权是破产清算程序中行使的特别请求权。取回权人行使取回权，虽然无须依破产程序申报，但必须于破产宣告后对破产管理人为之。

二、一般取回权

一般取回权，是指财产权利人基于破产法以外的原因而行使的取回权。我国《企业破产法》第38条规定，人民法院受理破产申请后，债务人占有的不属于债务人的财产，该财产的权利人可以通过管理人取回。但是，本法另有规定的除外。这里所指的“不属于债务人的财产”，主要包括两项：(1) 合法占有的他人的财产，如因共有、委托、租赁、借用、加工承揽、寄存、寄售等法律关系交由破产人占有，未转移所有权的他人财产；(2) 非法占有的他人财产，如非法侵占的财产、破产人据为己有的他人遗失的财产等。

三、特殊取回权

特殊取回权，是指财产权利人基于破产法规定的原因而行使的取回权。在国外，特殊取回权主要有三种形式：一是出卖人取回权；二是行纪人取回权；三是代偿取回权。出卖人取回权，是指在异地买卖中，当出卖人已将买卖标的物发送，而买受人尚未收到，也未付清全价而受破产宣告时，出卖人可以解除合同并取回该财产的权利。行纪人取回权，是指行纪人接受委托人的委托购入物品，当货物已经发运而委托人尚未收到货物，又未付清全部价款而被宣告破产时，行纪人可以取回已发送的货物的权利。代偿取回权，是指财产权利人在取回权标的物被破产人在破产宣告前或破产管理人于破产宣告后转让于他人时，所享有的请求受让人对待给付或返还原物的权利。其中，出卖人取回权是最为典型的一种，行纪人取回权实际上是出卖人取回权的扩张适用。而代偿取回权作为一般取回权行使不能的补救，只有德国、日本等少数国家的破产法有规定。

我国现行破产法只规定了出卖人取回权。根据《企业破产法》第 39 条，人民法院受理破产申请时，出卖人已将买卖标的物向作为买受人的债务人发运，债务人尚未收到且未付清全部价款的，出卖人可以取回在运途中的标的物。但是，管理人可以支付全部价款，请求出卖人交付标的物。

第五节　别除权

一、别除权的概念与特征

1. 别除权的概念。别除权，是指债权人不依破产程序，就破产人的特定财产单独优先受偿的权利。它是基于破产宣告前已存在于破产人特定财产上的担保物权而产生的一种权利。我国现行破产法并未使用“别除权”这一概念，而是使用“对债务人和特定财产享有担保权的债权”。

2. 别除权的法律特征。第一，别除权以破产人的特定财产为标的物。首先，别除权的标的物必须是属于破产人所有的财产，不属于破产人所有而由其占有的财产，其财产权利人可以对其行使取回权。其次，别除权的标的物还必须是破产人的特定财产。这就使得其与以破产人的不特定破产财产为受偿对象的破产费用请求权、共益债权等先于破产债权受偿的请求权相区别。也正是基于此，当别除权标的物不足以清偿被担保的全部债权时，别除权人不得就未清偿部分请求由破产财产优先清偿，而只能作为普通破产债权参加集体清偿。第二，别除权以担保物权为基础权利。依我国担保法的规定，担保物权包括抵押权、质权和留置权三种。只有对破产人的财产或者权利享有抵押权、质权和留置权的债权人，才能作为别除权人。第三，别除权是不依破产程序行使的权利。别除权的内容，就是别除权人有权就担保物优先受偿。不依破产程序优先受偿，是针对别除权的物权性而言的。也就是说，别除权的行使仍依一般民事程序进行，而不受破产程序开始后债权人不得个别行使权利的限制。第四，别除权的标的物应计入债务人财产。《企业破产法》第 30 条规定，“破产申请受理时属于债务人的全部财产，以及破产申请受理后至破产程序终结前债务人取得的财产，为债务人财产”，据此可以确定别除权的标的物亦应计入债务人财产。如果别除权的标的物直到宣告破产时还没有被清偿的话，其自然也就变为了破产财产。

二、别除权的基础权利

关于别除权的基础权利，英美法系和大陆法系的规定不同。大陆法系的规定较为广泛，除包括一般担保物权外，还包括典权、让与担保所有权、共有物产生的共有债权以及民事特别法或行政法所规定的优越于抵押权的优先权等；英美法系的规定则主要是指担保物权。我国现行破产法的规定与英美法系的规定相似，主要包括抵押权、质权和留置权三种。

三、别除权的行使

1. 别除权行使的条件。债权人在破产程序中享有和行使别除权，必须具备以下条件：(1) 债权和担保物权均合法成立和生效；(2) 债权和担保物权符合破产法的规定，即必须成立于破产申请受理之前，债权必须是以破产人为债务人的债权，担保物权必须是以破产人的财产为标的物的担保物权，且债权和担保物权的成立不得违反破产法的禁止性规定；(3) 债权已依法申报并获得确认。

2. 别除权行使的方法。别除权人行使其权利不受破产清算程序的约束。在别除权人占有标的物，如为质权人、留置权人时，可以不经管理人同意，直接依担保法的规定，以标的物折价抵偿债务，或者将标的物拍卖、变卖后以价款偿还债务。如果别除权人未占有标的物，如为抵押权人时，其别除权的行使首先要向管理人主张，并经管理人同意，取得对抵押物的占有，然后才能按担保法的规定，行使其权利。

3. 别除权行使的效力。别除权行使后，如果标的物的价值大于其所担保的债权，剩余部分应当交回，作为破产财产；如果标的物的价值小于被担保的债权，则剩余的债权额可以作为破产债权，依破产程序行使。

第六节　抵销权

一、抵销权的概念与特征

1. 抵销权的概念。抵销权，是指破产债权人在破产申请受理前对破产人负有债务的，不论其债权与所负债务的种类是否相同、债权是否已到清偿期，均可以于破产财产分配前以破产债权抵销其所负债务的权利。我国《企业破产法》第 40 条规定，债权人在破产申请受理前对债务人负有债务的，可以向管理人主张抵销。

2. 抵销权的法律特征。破产法上的抵销权并非破产法新创设的权利，而是民法上的抵销权制度在破产程序中的扩张适用。与民法上的抵销权相比，破产法上的抵销权具有以下特征：

第一，享有抵销权的人只能是破产债权人。在破产程序中，破产管理人不得主动抵销债务人与债权人的互负债务，但抵销使债务人财产受益的除外。因为如果允许管理人主张抵销权，实际就是用破产财产优先清偿对破产人负有债务的债权人，这势必减少破产财产，损害破产债权人的共同利益。而依民法的规定，互负债务的双方都有主张抵销的权利。

第二，与破产债权相抵销的债务须为破产债权人于破产申请受理前对债务人所负的债务。民法对可以抵销的债务的形成时间并无限制。在破产法上，可以用于抵销的债务被限定为破产债权人于破产申请受理前对破产人所负的债务。破产申请受理后，破产债权人对破产财产所负的债务，必须全部履行，不得与破产债权相抵销。

第三，用于抵销的债权和债务不受种类与期限的限制。民法上的抵销权，以债务种类相同且均已届履行期为条件，种类不同或者未到期的债务均不得抵销。破产法上的抵销权，则不论债权人对破产人所负债务的种类和履行期限如何，均可以主张抵销。之所以如此，是因为在破产申请受理后，所有的债务都须转化为金钱债务，且都视为已到期。

二、抵销权的适用范围

根据各国破产法的规定，除一般破产债权可以抵销外，以下三种特殊的破产债权也可以抵销：

1. 给付种类不同的债权的抵销。给付种类不同的债权在抵销前，应换算为货币债权或债务。

2. 附期限的债权的抵销。附期限的债权或未到期的债权进行抵销时，如果附有利息，只能计算至破产申请受理时，破产申请受理后的利息不应计算在内；如果没有附利息，则应扣除未到期的法定利息。

3. 附条件的债权的抵销。附条件的债权分为附停止条件的债权和附解除条件的债权。对于附停止条件的债权，由于其条件成就前尚未生效，条件是否成就不确定，所以，债权人主张抵销时，破产管理人应将抵销额提存，在破产财产最终分配前视条件成就与否再行处理。对于附解除条件的债权，虽然已合法成立并生效，但可以因条件的成就而消灭，因此，债权人在行使抵销权时，应提供相应的担保，或由管理人提存抵销额，视所附解除条件在破产财产最终分配前是否成就而作相应的处理。

三、抵销权的行使

抵销权的行使，由破产债权人以抵销的单方意思表示，向破产管理人为之。如果破产管理人承认债权人的抵销请求，即发生抵销的效果。管理人收到债权人提出的主张债务抵销的通知后，经审查无异议的，抵销自管理人收到通知之日起生效。如果破产管理人对债权人的抵销权有异议，则应通过诉讼予以解决。破产债权人除应向破产管理人行使抵销权外，还应在法定期限内，即应在破产申请受理后至破产财产最终分配前行使抵销权。由于债权申报是债权人参加破产程序的必要条件，所以，享有破产抵销权的债权也应当进行申报，否则不得主张抵销。抵销后的差额，如果属于破产债权大于债务的部分，仍应作为破产债权，债权人可以以此参加破产分配；如果属于破产债权小于债务的部分，则属于破产财产，管理人有权就此请求该破产债权人清偿。

四、抵销权的禁止

抵销权不仅涉及抵销权人和破产人之间的权利义务关系的消灭，而且关系到其他债权人受偿数额的多少，因此，为维护破产债权人的共同利益，各国破产法对破产债权人行使抵销权的范围，都作出了相应的限制。根据《企业破产法》和相关司法解释的规定，以下五种情形不适用破产抵销：

（1）破产债权人在破产申请受理后对破产人负有债务的。破产申请受理后，破产债权人对破产人所负的债务，如因侵占、毁损破产财产所产生的债务，应作为破产财产，由全体债权人公平受偿。如果允许破产债权人以此债务抵销其债权，无疑会纵容破产债权人对破产人负债，这不仅不利于破产程序的顺利进行，而且会损害其他破产债权人的利益。

（2）破产人的债务人在破产申请受理后取得他人破产债权的。法律禁止此种情况下债权人主张抵销权，主要是为了防止破产人的债务人以低价收买他人的破产债权，以与自己对破产人所负的债务相抵销，从而损害其他债权人的利益。

（3）破产债权人已知破产人有停止支付或者破产申请的事实，对破产人负担债务的。此时法律如果不限制抵销，则债权人可以通过对债务人负债的方式取得债务人的财产。如按市价赊购债务人的财产，从而形成对破产财产的债务，然后通过破产抵销，免除该笔债务。这样做实际上是以实物形式使自己的破产债权抢先得到满足，从而逃避破产清算程序。但是，债权人因为法律规定或者破产申请1年前所发生的原因而负担债务的，不在此限。

（4）破产人的债务人已知破产人有停止支付或者破产申请的事实，对破产人取得债权的。此种情况下，债务人取得债权存在恶意之嫌，且有损于善意破产债权人的公平受偿利益，故除依法无效或依法可撤销外，不得抵销。但是，债务人因为法律规定或者破产申请1年前所发生的原因而取得债权的，不在此限。

（5）债务人的股东主张以下列债务与债务人对其负有的债务抵销：第一，债务人股东因欠缴债务人的出资或者抽逃出资对债务人所负的债务；第二，债务人股东滥用股东权利或者关联关系损害公司利益对债务人所负的债务。

第七节　否认权

一、否认权的概念与特征

1. 否认权的概念。否认权，又称撤销权，是指破产管理人对于破产人在破产申请受理前一定期限内所为的有害于破产债权人利益的行为所享有的，请求人民法院予以撤销的权利。否认权是破产宣告无溯及主义立法的产物。在德国、日本、美国等多数国家，破产宣告剥夺破产人管理和处分其财产的效力，只能及于破产人在破产宣告后所为的行为。为弥补破产人在破产宣告前所为的不正当行为可能或已经给破产财产造成的损害，法律特别设立了否认权制度。在采用破产宣告溯及主义的国家，如英国、法国等，因破产宣告的效力及于破产宣告前法律规定的期间，所以，债务人在该期间内所为的有关财产的行为应归于无效。故这些国家只有破产无效行为，而无否认权制度。

2. 否认权的法律特征。破产法上的否认权是民法上的撤销权制度在破产程序中的延伸。尽管两者具有相同的性质、相同的成立基础，但与民法上的撤销权相比，破产法上的否认权具有自己的特征：

第一，否认权的主体是破产管理人。破产申请受理后，破产人即丧失对破产财产的管理处分权，破产财产的管理和处分交由破产管理人进行，因而否认权自然应归破产管理人行使。而民法上的撤销权的行使主体是债权人。

第二，否认权所撤销的行为只能发生在破产程序开始前法律规定的期间内。民法上的可撤销行为必须产生于债权成立之后，在债权成立之前减少债务人财产的行为，债权人无权主张撤销。

二、否认权的构成条件

破产法上否认权的构成，必须具备以下四个条件：

（1）得以撤销的行为必须是破产人在破产申请受理前所为。在破产申请受理后，破产人丧失了处分其财产的权利，所以，其处分财产的任何行为都绝对无效，不存在撤销的问题。

（2）得以撤销的行为必须是有害于债权人利益的行为。所谓有害于债权人利益的行为，是指该行为减少了破产人的现有财产或者增加了破产人的负债，从而使债权人的受偿比例受到减损的行为，如非正常压价出售财产、放弃财产权利、赠与等。

（3）得以撤销的行为必须发生在法律规定的期间内。法律规定的可撤销行为发生的期间，法理上称为否认权行使的临界期间。临界期间对否认权的行使具有绝对意义，如果破产人的行为发生在临界期间之外，即使损害了债权人的利益，破产管理人也不得主张撤销。

（4）必须有基于撤销行为而实际获益的人存在。否认权行使的主要作用在于恢复原状，追回被破产人不当处置的财产。因此，只有实际存在行为获益人的情况下，破产管理人才能实际找到被追偿的主体，以达到追回破产财产的目的。如果不存在实际的行为获益人，则无法行使否认权。如破产人实际毁损、灭失了财产，抛弃了自己的财产，就无法行使否认权。

三、否认权的适用范围

我国现行破产法强调对欺诈性破产的预防和打击，在第四章“债务人财产”中特别规定了可撤销的行为和无效行为，并且对这两种行为的构成要件分别进行了规定。其中，第 33 条规定的两种行为属于破产无效行为，不是否认权行使的对象。这两种行为是：（1）为逃避债务而隐匿、转移财产的；（2）虚构债务或者承认不真实的债务的。因债务人实施的无效行为而取得的债务人的财产，管理人有权追回。

否认权的适用范围限于可撤销的行为，即《企业破产法》第 31 条所规定的：人民法院受理破产申请前 1 年内，涉及债务人财产的下列行为，管理人有权请求人民法院予以撤销：（1）无偿转让财产的；（2）以明显不合理的价格进行交易的；（3）对没有财产担保的债务提供财产担保的；（4）对未到期的债务提前清偿的；（5）放弃债权的。此外，根据《企业破产法》第 32 条的规定，人民法院受理破产申请前 6 个月内，债务人在已停止清偿债务，并且其资产不足以清偿全部债务或者明显缺乏清偿能力的情况下，仍对个别债务人进行清偿的，管理人有权请求人民法院予以撤销。当然，个别清偿使债务人财产受益的除外。但是以下情形人民法院不予支持：（1）债务人为维系基本生产需要而支付水费、电费等的；（2）债务人支付劳动报酬、人身损害赔偿金的；（3）使债务人财产受益的其他个别清偿；（4）债务人对以自有财产设定担保物权的债权进行的个别清偿，但是债务清偿时担保财产的价值低于债权额的除外；（5）债务人经诉讼、仲裁、执行程序对债权人进行的个别清偿，但是债务人与债权人恶意串通损害其他债权人利益的除外。

四、否认权的行使及其效力

1. 行使的方式。撤销权由破产管理人以诉讼的方式向法院为之。至于何人充当被告，应依可撤销行为的性质而定。如果可撤销行为系债务人的单方行为，则以债务人为被告；如果系双方行为，则以行为的相对人为被告，不必以债务人和行为相对人为共同被告。若同时请求返还利益而另有受益人的，应以受益人为被告。

2. 行使的效力。否认权行使的直接法律后果是使债务人于破产申请受理前临界期间内所为的害及债权人的行为归于无效，债务人同行为相对人之间的法律关系恢复至行为成立前的状态。具体地说，即债务人未为给付的，不再给付；相对人已取得利益或财产的，由破产管理人取回，并入破产财产；如果相对人已将受领的财产转让给第三人，该第三人为善意时，原则上不能请求返还，只能请求相对人返还因转让财产取得的对价；第三人如果为恶意，则可以要求返还。破产管理人在行使否认权时，对返还财产的行为相对人或第三人因此遭受的损失或已经支付的价金，负有返还或予以适当补偿的义务。破产管理人因过错未依法行使撤销权导致债务人财产不当减损，管理人对债权人的损失应当承担相应的赔偿责任。

法律应用

1. 债务人财产是破产程序得以进行的基础，也是破产债权人得以通过破产程序接受清偿的物质保证，当债务人财产不足以支付破产费用时，法院应当终结破产程序。

2. 破产财产不包括消极财产（即负债）和专属于破产人的人身权利；债务人的幼儿园、学校、医院等公益福利性设施及企业工会所有的财产，不得作为破产财产。破产企业在境外的财产，应作为债务人财产，由破产管理人予以收回。

3. 债权人逾期申报债权的，视为自动放弃债权，并不是说债权人的实体债权消灭，而是自动放弃依破产程序受偿的权利，即债权人逾期未申报债权的，实体债权并不消灭，只是不得参与破产财产的分配而已。如果逾期是因不可抗拒的事由所致或者有其他正当理由，在破产财产分配前仍可以向破产管理人申报债权。

4. 附停止条件的债权其条件在分配除斥期间仍未成就的，债权人即不得行使权利，已提存的分配额，应重新分配给其他债权人；附解除条件的债权其解除条件在分配除斥期间仍未成就的，可以与其他破产债权人一样享受正常分配，其原为分配额所提供的担保予以解除，对其原分配额的提存也应交还债权人自由支配。

课后复习

1. 简述债务人财产的法律特征。
2. 试述破产债权的范围与例外。
3. 简述破产债权的清偿顺序。
4. 特殊取回权有哪些？
5. 行使别除权应具备哪些条件？
6. 简述破产法上的否认权与民法上的撤销权的区别。

第七编

海商法

第二十七章 海商法概述

提要

海商法是商法的重要组成部分，传统商法就是以海商法为基础发展起来的。海商法对于促进海上贸易的发展、维护海上运输当事人的合法权益、维护国家主权和尊严具有重要的作用。海商法的内容既涉及实体法，也涉及程序法。

重点问题

1. 海商法的概念和特点
2. 海商法的作用
3. 海商法律冲突

第一节 海商法概述

一、海商法的概念与特征

(一) 海商法的概念

“海商”一词，古代就有，中世纪起被广泛使用。在17世纪以前，欧洲还没有专门经营海上运输的职业船东，船东与货主往往是同一个人。他们从事海上运输是为了到海外开展商品交换，属于自运自销性质。当时欧洲把这种驾着航船到海外进行贸易的活动叫做航海贸易，在亚洲则称为“海商”。

至18世纪末19世纪初，西欧完成了产业革命，国际贸易和航运事业蓬勃发展，轮船在远洋运输中取代了帆船，贸易和航海互为一体的状态逐渐被改变，直至船货分家、船东与货主相互独立。货主通过向船东托运的方式从事海外贸易，船东则专门从事海上运输，开办独立的海上运输企业。货主托运货物，旅客搭乘海船，必然要同船东发生一系列的民事、商事法律关系。况且，海运途中风险大，容易发生这样或那样的事故，导致纠纷。为了调整这些关系、处理这些纠纷，各国先后制定了有关海商的法规，进而形成专门的海商法。

我国为了促进海上运输和经济贸易的发展，维护海上运输当事人的合法权益，于1992年11月7日由第七届全国人民代表大会常务委员会通过了《海商法》，自1993年7月1日起施行。

在传统的海商法学里，通常将海商法定义为调整在海上运输中与船舶有关的各种关系的法律规范的总称。根据我国《海商法》第1条的规定，也可以将海商法定义为调整海上运输关系和船舶关系的法律规范的总称。所谓“海上运输关系”，是指海上货物运输关系和海上旅客运输关系，包括海江之间、江海之间的直达运输关系。所谓“船舶关系”，主要是指船舶所有权关系以及船舶抵押权、船舶优先权、船舶碰撞等关系。

海商法的概念有狭义和广义之分。在我国，狭义的海商法是指1992年11月7日第七届全国人民代表大会常务委员会第二十八次会议通过的《海商法》，其内容主要有船舶与船员、海上货物运输、海上旅客运输、船舶租用、海上拖航、船舶碰撞、海难救助、共同海损、海事赔偿责任限制、海上保险等。广义的海商法，除前述内容外，还包括有关船舶修建、丈量、检验、管理、救生、信号、港口管理、船舶登记、水污染、引水等法律、法规及国际公约。

（二）海商法的特征

海商法是一个古老的法律部门，更是一个特殊的法律部门。较之于公司法、票据法、保险法等商事法，海商法具有显著的特征：

1. 海商法具有综合性。虽然海商法属于商法范畴，但其调整对象的复杂性，使其内容错综复杂，甚至远远超出了商法的范畴，而成为具有多个法律部门内容的综合法。如船舶登记由行政法规范，船舶所有权和抵押权由民法物权规范，船员的任用及权利与义务由劳动法规范，海上运输由合同法规范，船舶碰撞由侵权责任法规范，海上保险由保险法规范，涉外关系的法律适用由国际私法规范。

2. 海商法具有国际性。一国制定的海商法属于该国的国内法，这是各国所公认的。但是，只要深入理解，就不难发现海商法具有很强的国际性。首先，海商法的调整对象具有国际性，特别是其中的海上货物运输关系、海上旅客运输关系、船舶碰撞关系、船舶救助关系等，往往具有国际因素或涉外因素，本就属于国际民事法律关系。其次，海商法的具体规范具有国际性，即各国在制定海商法时往往直接吸取有关国际法律规范，将其转化为本国的海商法规范，从而使这些国内法规范具有先天的国际性。以我国《海商法》为例，关于承运人的责任及免责范围的规定，就借鉴了《海牙规则》《维斯比规则》《汉堡规则》等国际公约的有关规定；关于海事赔偿责任的规定，则吸收了《海事赔偿责任限制公约》的多项内容。

3. 海商法具有习惯性。从海商法的产生、发展来讲，海商法不但具有国际性，而且具有习惯性。首先，追根溯源，海商法上的很多制度、规则往往始于早年航海贸易中的习惯做法。例如，各国海商法普遍规定的“共同海损”就来源于航海贸易中的海上抛货做法。其次，近代各国的海商法很大程度上是中世纪时期海事习惯法发展的产物。例如，著名的奥列隆海法、康苏拉度海法、维斯比海法等海事习惯法，对欧洲各国的海商法产生了深远的影响。再次，在一定条件下，某些习惯（国际惯例）可以作为海商法规范予以适用。例如，《海商法》规定，中华人民共和国法律与中华人民共和国缔结或参加的国际条约没有规定的，可以适用国际惯例。

除了上述三个特征以外，海商法的某些制度也具有特殊性，如“海事赔偿责任限制”“共同海损”等。由于海上运输的风险很大，为保护船舶所有人的正当权益，促进航运业的发展，各国海商法都对海事赔偿责任予以限制，只要求责任人赔偿限额以内的损失，而对超过限额的损失可以不赔，这明显区别于一般的损害赔偿制度。至于“共同海损”，更是海商法上特有的制度。总之，海商法在很多方面有别于公司法、保险法、票据法等商事法，以至于有人说海商法是“特别商法”或者商法的特别法。

二、海商法的调整对象

前面已经指明，海商法是调整海上运输关系和船舶关系的法律规范的总称。由此概念可以看出，海商法的调整对象就是海上运输关系和船舶关系。对此，我国《海商法》第 1 条也予以肯定。值得注意的是，这里所说的“海上运输关系和船舶关系”，不仅是指纯粹的海上运输关系和船舶关系，还应包括与海上运输关系或船舶关系密切相关的其他关系。具体地说，海商法的调整对象包括以下三个方面的关系：

1. 海上运输关系。“海商”的最初含义就是指海上运输以及与海上运输有关的海上贸易活动，因此，海商法理所当然地要调整海上运输关系。这里讲的“海上运输关系”，包括：海上货物运输中承运人与托运人、收货人之间的关系，海上旅客运输中承运人与旅客的关系，航次租船中出租人与承租人的关系等。另外，根据我国《海商法》第 2 条的规定，所谓“海上运输”，除了在海上进行的运输以外，还包括海江之间、江海之间的直达运输。因此，在海江之间、江海之间进行的旅客或货物直达运输，也属于我国海商法的调整范围。

2. 船舶关系。海上运输少不了船舶，而且，在海上运输过程中，围绕船舶会发生种种关系，而这些关系又会反过来直接或间接地影响海上运输关系。海商法要调整好海上运输关系，就不能不调整这些围绕船舶而发生的关系（即船舶关系）。这些关系包括船舶所有权关系、船舶登记与管理关系、船舶租赁关系、船舶抵押权关系、船舶留置权关系、船舶优先权关系等。

3. 与海上运输关系和船舶关系有密切联系的其他关系。除了海上运输关系和船舶关系，另有一些关系虽然不属于海上运输关系和船舶关系，但是与海上运输关系或船舶关系有密切的联系，也属于海商法的调整范围，例如，船舶碰撞、油污损害、共同海损、海上拖航、海难救助、海上保险等关系。严格说来，这些关系并不是海上运输关系和船舶关系，但是，这些关系与海上运输关系或船舶关系具有密切的关系，各国海商法普遍把它们作为自己的调整对象，我国海商法也是如此。

三、海商法的作用

无论是从商法还是从涉外经济法的角度来看，海商法都是一个极其重要的法律部门，在国际经济贸易与合作中发挥着重要的作用。海商法作为我国社会主义市场经济法律体系中一部重要的法律，对我国社会主义市场经济的发育、发展具有重要的意义。概括起来，海商法的作用表现为以下三个方面：

1. 维护当事人的合法权益。任何一部法律，其最直接的意义就在于维护有关法律关系的当事人的合法权益。海商法也是如此，它的作用首先在于维护海上运输关系和船舶关系的当事人的合法权益，例如，有关船舶所有权、船舶抵押权、船舶优先权的规定，分别保护船舶所有人、船舶抵押权人和船舶优先权人的合法权益；有关海上货物运输合同的规定，保护托运人、承运人及收货人的合法权益；有关海难救助的规定，有利于保护救助方和被救助方的合法权益等。在我国颁布《海商法》之前，由于没有相应的法律依据，一些海运当事人的正当权益难以得到有效的保护；而在《海商法》出台之后，各种海上运输关系和船舶关系的当事人都可以从中找到相应的依据来保护自己的合法权益，从而极大地促进了我国海上运输事业和对外贸易的发展。

2. 推动海运业的发展。海上运输是一个风险很大的行业，在海上运输过程中可能出现种种意外，发生这样或那样的纠纷，产生这样或那样的责任。如果没有海商法对海上运输关系及船舶关系予以调整，没有海商法对各方当事人的正当权益予以保护，将很少有人愿意投资海运业而承运货物和旅客，也不会有多少人愿意搭乘海船或者通过海运方式来运送货物，从而制约海运业的发展。而海商法的出现，由于其规定了各方当事人的权利与义务，使各方当事人的正当权益受到了法律保护，因而为承运人、托运人、收货人等解除了诸多后顾之忧。

有了海商法的保护，商人敢于投资海运业而承运货物及旅客，其他人敢于搭乘海船或者通过海运来运输货物，从而推动海运业的发展。以我国为例，海商法出台后的短短时间里，我国的海运业获得了蓬勃发展，并很快成为一个海运大国。

3. 促进对外贸易。经济贸易离不开交通运输，反过来说，发达的交通运输将有力地促进经济贸易的发展。从历史上看，早年海事习惯法的形成促进了海上贸易的发展；而近代各国海商法的制定，更是极大地推动了国际贸易的发展。我国《海商法》出台以前，海运业难以获得大的发展，对外贸易也受到影响；相反，《海商法》实施以来，随着海运业的蓬勃发展，我国的对外贸易也获得了突飞猛进的增长，并在全球贸易中占有越来越重要的地位。

第二节　海商法的法律冲突与统一

一、海商法律冲突概述

（一）海商法律冲突的概念

海商法律冲突的概念有广义和狭义之分：广义上的海商法律冲突，是指调整或解决同一海事法律关系的不同法律制度，由于各自内容的差异和位阶的高低而导致相互在效力上的抵触。例如，我国海商法中船舶的定义与我国《船舶登记条例》中所指的船舶之间的冲突。狭义的海商法律冲突仅指国际海商法律冲突，即同一海事法律关系因所涉各国民商事法律规定的不同而发生的法律适用上的冲突。例如，对船舶抵押权标的的规定，有的国家的海商法规定建造中的船舶不能作为船舶抵押权的标的，而有的国家的海商法明确地规定建造中的船舶可以作为船舶抵押权的标的。由于各国海商法对建造中的船舶是否可以作为船舶抵押权标的的规定不同，因而适用不同的法律，将导致就建造中的船舶所设定的抵押权法律关系效力的差异。

广义的海商法律冲突不仅包括一国范围内不同法律体系的冲突，而且包括不同国家之间调整海事法律关系的公法冲突与私法冲突。对于一国范围内不同法律体系之间的冲突，由该国规定不同的法律在法律体系中的位阶解决。在公法领域，由于公法涉及国家的公共利益并具有严格的属地性，各国原则上并不承认公法的域外效力，所以解决公法冲突的冲突规范一般都是单边的，即公法冲突只涉及内国法的适用而不涉及外国法的适用。但是，在私法领域，内国法在外国的域外效力或外国法在内国的效力在一定条件下得到承认，由于这种承认，各国之间的民商事法律冲突成为一种实在的冲突，即外国法律的域外效力与内国法律的域内效力之间的冲突，或外国法律的域内效力与内国法律的域外效力之间的冲突。在解决这种冲突时，不仅会涉及国内法的适用，而且更重要的是会涉及外国法的适用。公法领域内的法律冲突与私法领域内的法律冲突的区别，决定了我们在研究海商法律冲突时只限于私法冲突，即本节对海商法律冲突的概念持狭义观点。

（二）海商法律冲突产生的原因

1. 各国海商法律制度不同。社会制度、经济发展状况、历史文化传统及自然环境不同，造成各国海商法律制度不同，如前所述的在建船舶能否作为船舶抵押权标的的规定。由于各国海商法律规定不同，对同一海事法律关系，往往因适用不同国家的法律而导致不同的结果。这便产生应适用何国法来确定当事人的权利和义务问题。

2. 各国之间存在着正常的海商交往，并形成国际海事法律关系。如果内国人及财产不会通过海上运输到外国，而外国人及其财产也不会通过海上运输到内国，就不会产生海商法律冲突。一旦各国之间进行正常的海商事交往，必然会产生依哪个国家的海商法形成海事法律关系的问题，以及在海商事交往中产生纠纷时应适用哪个国家的法律加以解决的问题。

3. 各国承认外国人在内国享有平等海事法律关系主体的法律地位。在实际生活中，凡内国法不允许外国人享有某项海事权利，外国人就不能参加有关海事活动，也就不会出现有外国人作为主体的海事法律关系，当然也就不会产生涉及外国法适用的海事法律冲突。另外，如果外国人在内国享有凌驾于内国人之上的特权，也无海事法律冲突可言。

4. 各国在一定条件下承认各国海商法在内国的域外效力。各国出于公正、合理地处理相互之间海事法律关系的实际需要，都在一定的条件下或在一定的程度上承认外国海商法律在内国的效力，如承认某人依据外国海商法而取得的对船舶的所有权，或承认依外国法建立的海上运输合同等。正是由于各国在一定的条件下相互承认对方的海商法同时具有域内效力和域外效力，因而才产生法律冲突。

（三）海商法律冲突的特点

1. 海商法律冲突是一种跨国法律冲突。海商法律冲突产生于国际社会，是不同主权国家之间的法律冲突。

2. 海商法律冲突是一种法律在空间上的冲突。海商法律冲突是适用于不同国家领域内的海商法之间的冲突，是与国家的地域相联系的。

3. 海商法律冲突是一种私法冲突。海商法律冲突是不同国家的海商法律之间的冲突，由于海商法的内容大多属于民商法范畴，而且传统上一般将民事法律和商事法律视为私法，故海商法律冲突是私法冲突。

4. 海商法律冲突是一种平面冲突。在海商法律领域，各国为了进行正常的国际海商往来，往往对法律的属地主义进行限制，即在一定条件下承认外国海商法在内国的域外效力。这就使得在一定的范围内，内、外国海商法律处于平等的地位，对国际海事法律关系的调整便需要在内、外国法律之间进行选择。因此，海商法律冲突是处于平等地位的不同国家的海商法律之间的冲突。

二、解决海商法律冲突的一般方法

海商法律冲突直接影响国际贸易和海上运输市场的发展。为了解决这一矛盾，各国自 19 世纪起就已开始了统一海商法的努力，特别是第二次世界大战后，随着第三世界国家经济的发展，船运国与货主国之间的利益冲突更加突出，使得消除各国海商法之间的冲突成了迫切需求，从而掀起了一股统一各国海商法的潮流。具体的做法是：

（1）经过各国政府和有关国际组织的努力与协调，在国际上制定一系列有关海商活动的国际公约，例如，调整海上货物运输的《海牙规则》（1924 年）、《维斯比规则》（1968 年）和《汉堡规则》（1978 年）；有关海上旅客运送的《雅典公约》（1974 年）；有关海上航行安全的《国际海上人命安全公约》（1974 年）、《国际船舶载重线公约》（1966 年）、《国际船舶吨位丈量公约》（1969 年）、《国际海上避碰规则》（1972 年）、《国际集装箱安全公约》（1972 年）、《船员培训、发证和值班标准公约》等；至于海上运输活动的法律责任，则制定了《船东责任限制公约》（1957 年）、《国际海事索赔责任限制公约》（1976 年）和《国际海上油污损害民事责任公约》（1969 年）等。上述公约经各缔约国或参加国接受而生效后，可以把这些方面的海商法律统一起来，直接适用于有关当事人之间的海事法律关系，从而在所涉问题上避免和消除有关海事法律冲突。

（2）在各国的海商法中设定双边冲突规范，作为确定准据法的法律根据。冲突规范本来是国际私法上特有的概念，用以在解决国际民事纠纷时确定适用何国法律来解决法律冲突。现在，这一冲突规范被逐渐地引入海商法。我国《海商法》就在第十四章中专门规定了涉外关系的法律适用的若干冲突规范，例如，船舶所有权的取得、转让和消灭适用船旗国法律；船舶优先权适用受理案件的法院所在地法律；船舶碰撞的损害赔偿，适用侵权行为地的法律；共同海损理算，适用理算地法律。

(3) 由民间机构制定相应的国际惯例或格式合同，供海上运输活动的参加者予以选择适用。当事人一旦选定了某一国际惯例或格式合同，便要受其约束，这已成为各国公认的法律规则。例如，用于处理共同海损理算关系的《约克—安特卫普规则》（现有 1924 年、1950 年、1974 年、1994 年、2004 年五个规则），对于协调各国的共同海损理算业务，平衡各方当事人的利益冲突具有积极的作用；而英国劳合社制订的“劳氏救助合同格式”和“劳氏船货保险合同格式”分别在海难救助与海上保险领域中，为各国的法律普遍认可，并得到广泛的适用。这些国际惯例或格式合同起到了消除多国海商法律冲突的作用，因而也成为统一各国海商法律冲突的一种有效方法。

三、我国海商法中的冲突规范

我国海商法针对不同的海事法律关系规定了不同的冲突规范。

（一）涉外海（商）事合同关系的冲突规范

我国《海商法》第 269 条规定：“合同当事人可以选择合同适用的法律，法律另有规定的除外。合同当事人没有选择的，适用与合同有最密切联系的国家的法律。”据此，我国涉外海（商）事合同关系或合同纠纷的冲突规则实行的是“当事人协议选择原则”与“最密切联系原则”。

1. 当事人协议选择法律。是指涉外海（商）事合同关系中的当事人协商选择某一国法律或国际公约、国际惯例作为解决合同争议的准据法。允许当事人协议选择合同适用的法律，能使调整合同的法律具有可预见性、确定性，从而增强合同关系的稳定性，有利于合同的履行和争议的解决。但随着世界各国对经济活动的干预不断加强，各国法律又普遍对当事人的意思自治进行了相应的限制。这些限制表现在：(1) 关于合同当事人选择法律的形式方面的限制。协议选择有明示选择与默示选择之分。各国一般都支持以明示的形式选择法律，但以英国为代表的一些国家认可依据案件中的相关情况推定合同当事人默示选择法律的形式。我国法律虽然未明确当事人选择法律应采用何种形式，但我国《合同法》规定合同必须双方协商一致才能成立，所以，当事人选择法律适用不论是作为涉外海（商）事合同的条款还是作为一个新的合同，都必须以明示的方法进行。(2) 关于当事人选择法律的内容方面的限制。现代大多数国家的法律都规定了选择法律作为涉外海（商）事合同关系的准据法时，所选择的法律不得与本应作为准据法的某国法律的公共政策相抵触。我国的法律也作出了类似的规定，主要表现在：当事人选择法律不得违反我国的公共秩序或法律的基本原则，《海商法》第 276 条即含有此意；当事人选择法律不得违反我国法律的强制性规定，《海商法》第 269 条作出了类似规定；当事人所选择的法律需要与其合同之间有一定的联系，虽然我国法律、司法解释无这方面的明文规定，但是，这种限制可以防止当事人规避与其海事合同有密切联系的法律的强制性规定。(3) 关于当事人选择法律的时间方面的限制。对此，我国立法无明文规定，其他国家的立法或相关国际公约允许当事人在合同订立之后选择、变更所选择的法律，但同时规定当事人的行为不应对第三人的权利造成影响，也不得有损于合同形式的效力。我国可以借鉴此规定。

2. 适用“与合同有最密切联系”的国家的法律。合同当事人未能有效地选择法律时，应如何决定合同的准据法？大多数国家采用了适用“与合同有最密切联系”的国家的法律的方法，我国也采用了这种方式。涉外海事合同关系复杂，涉及的因素很多，在运用“最密切联系原则”确定合同准据法时，以下因素是法院必须综合考虑的：(1) 合同签订地。由于涉外海(商) 事合同大多数是当事人通过函、电异地签订的，关于合同成立的形式要件和实质要件就有可能因双方所在国的法律规定不同而产生分歧。合同签订地法无疑是衡量合同在形式上是否有效的依据。(2) 合同履行地。根据国际私法的一般原理，确定法律关系的场所，从而决定应适用的法律，一般是根据一系列表现于外部空间的连结点。在涉外海（商）事合同中，使其合同特定化的最有意义的行为就是履行行为，它弥补了异地合同所产生的缔约地难以确定的缺陷。(3) 当事人所属国。当事人是签订和履行合同的主体，当事人的缔约能力与履约行为都要受其所属国法律支配，故必须把当事人所属国作为确定涉外海（商）事合同准据法的因素加以考虑。(4) 法院地。法院地往往与涉外海（商）事合同纠纷有相当密切的联系，法院地往往就是合同纠纷产生地，它体现了与合同密切联系的场所关系。(5) 船旗国。这是涉外海（商）事合同关系准据法的选择的特殊因素。对于由于船舶航行的必要而订立的合同，当事人没有选择准据法时，法院可以依国际习惯做法适用船旗国法。

（二）涉外船舶物权关系的冲突规范

根据我国《海商法》第 270 条至第 272 条，我国涉外船舶物权关系包括涉外船舶所有权关系、船舶抵押权关系、船舶优先权关系等。

1. 国际社会关于船舶物权关系冲突规范的立法例。主要包括：(1) 认为船舶所有权、抵押权和优先权都具有共同的物权基本性质，在选择准据法时从其共同性质出发，把三者有机地联系起来，规定了普遍适用的船舶物权的准据法，即以船旗国法为其准据法。(2) 认为船舶所有权、抵押权和优先权并不属于同一性质的权利，特别是优先权属于程序性的权利，三者没有必然的联系，因此，分别规定了不同的准据法。采用这种立法例的国家一般规定船舶所有权和抵押权的准据法为船旗国法，而船舶优先权的准据法为法院地法。(3) 虽然认为船舶所有权、抵押权和优先权的基本性质相同，但在确定准据法时，并不从权利本身的性质出发，而是以产生这些权利的原因为根据确定准据法。例如，当有关船舶所有权、抵押权和优先权的争议是因合同引起时，应考虑当事人选择的法律作为准据法；若当事人之间没有选择法律的协议，则法院以与合同最密切联系的法律为准据法。

对照以上国际社会有关船舶物权关系冲突规范的三种立法例，可以将我国海商法关于船舶物权关系冲突规范的立法归入第二类，即规定了船舶所有权、抵押权适用船旗国法，船舶优先权适用受理案件的法院地法。同时规定，船舶在光船租赁以前或光船租赁期间设立船舶抵押权的，适用原船舶登记国的法律。

2. 涉外船舶物权关系的准据法——船旗国法与法院地法的适用范围。其主要适用原则为：(1) 船旗国法对涉外船舶所有权关系的适用范围。作为涉外船舶所有权关系准据法的船旗国法的适用范围，应包括船舶所有权的取得、转让和消灭的全部条件与效力。(2) 船旗国法对涉外船舶抵押权关系的适用范围。作为涉外船舶抵押权关系准据法的船旗国法的适用范围，应包括船舶抵押权的设定条件、抵押权标的的范围、抵押权的转移及内容、效力、受偿顺序等。(3) 法院地法对涉外船舶优先权关系的适用范围。作为涉外船舶优先权关系准据法的法院地法的适用范围，应包括船舶优先权所担保的优先债权的项目、受偿顺序、船舶优先权的效力、行使方式、时效等有关船舶优先权的全部问题。

（三）涉外船舶碰撞损害赔偿关系的冲突规范

船舶碰撞多为通航水域的突发事故，有的可能发生在一国的内水、港口，有的可能发生在一国的领海，还有的可能发生在公海。碰撞船舶可能均系内国船舶，也可能是内国船舶与外籍船舶，还有可能均系外籍船舶。因此，就船舶碰撞引起的涉外损害赔偿的准据法选择，无论依据何种连结点或系属公式，都难得出一个令人完全信服的、公平的结论。国际社会大都选择了下列连结点或系属公式来选择船舶碰撞损害赔偿的准据法：（1）侵权行为地；（2）法院地；（3）侵权行为地与法院地；（4）船旗国；（5）最密切联系地等。由于船舶碰撞的可变因素太多，仅依其中一种连结点确定准据法往往难以取得理想的效果，故许多国家采用了兼采几种连结点的方法。我国海商法也采用了这种方法，《海商法》第 273 条明确规定：船舶碰撞的损害赔偿，适用侵权行为地法律；船舶在公海上发生碰撞的损害赔偿，适用受理案件的法院所在地法律；同一国籍的船舶，不论碰撞发生于何地，碰撞船舶之间的损害赔偿适用船旗国法律，即在采用侵权行为地法的同时，也兼采法院地法与船旗国法。

（四）涉外共同海损理算关系的冲突规范

关于涉外共同海损理算关系的法律适用，以当事人事先指定准据法的场合居多。我国《海商法》第 203 条规定："共同海损理算，适用合同约定的理算规则；合同未约定的，适用本章的规定。"我国海商法未就涉外共同海损关系的法律适用作出规定，而仅就涉外共同海损理算关系的法律适用作出规定，即《海商法》第 274 条规定："共同海损理算，适用理算地法律。"因而，如果确定我国法律为某涉外共同海损理算关系的准据法时，其基本的法律适用顺序如下：当事人约定了共同海损理算规则时，适用当事人约定的理算规则；当事人未约定理算规则时，适用我国《海商法》第十章有关"共同海损"的规定。

（五）涉外海事赔偿责任限制关系的冲突规范

海事赔偿责任限制问题的提出是以责任事故的存在为前提的，因而，在确定海事赔偿责任限制的准据法时，以是否对其与责任事故关系的准据法采用同一原则为标准，分为同则主义与异则主义两种对立主张。同则主义主张对产生海事赔偿责任的原因关系即责任事故与责任人可以享有的海事赔偿责任限制关系均采用同一的准据法；异则主义主张对产生海事赔偿责任的原因关系与海事赔偿责任限制关系，应分别适用不同的准据法。我国《海商法》第 275 条规定："海事赔偿责任限制，适用受理案件的法院所在地法律。"由此可见，我国采取了"异则主义"的立场。

法律应用

1. 与商法的其他内容相比，海商法具有特殊性，因此，现代海商法通常独立于商法之外而成为一个单独的法律部门。

2. 各国有关海商立法既有许多相同的方面，也有一些不同的规定。这些在学习中应严格区分。

3. 涉外海事关系既涉及国与国之间的关系，也涉及国家的主权，因此，各国都非常注重对这方面的立法。

课后复习

1. 简述海商法的概念与特征。
2. 简述海事冲突规范产生的原因。
3. 简述我国有关涉外海事冲突规范的主要内容。

第二十八章 船舶与船员

提要

船舶是海上运输的重要工具，在海上运输中占有非常重要的地位。船舶的法律地位非常特殊，其法律要求也不同于一般的动产。船员是海上运输的主要参与人，享有广泛的权利和义务。船长作为船舶上的负责人，其职责的有效行使对于保证船舶的安全航行具有非常重要的意义。

重点问题

1. 船舶的法律地位
2. 船舶所有权和船舶抵押权
3. 船舶优先权以及船员的权利和义务
4. 船长的职责

第一节 船舶

一、船舶的概念及法律地位

海商法上的“船舶”，与日常所说的船舶概念有所不同。我国《海商法》第3条第1款规定：“本法所称船舶，是指海船和其他海上移动式装置，但是用于军事的、政府公务的船舶和20总吨以下的小型船艇除外。”据此，海商法上的船舶必须具备以下条件：(1) 必须是“装置”，不具备装置属性的筏子、滑行器等，不属于船舶；(2) 必须是“可移动”，不能移动的船坞、灯船等，不属于船舶；(3) 必须在“海上”，以空中飞行为主的水上飞机或飞艇，不属于船舶；(4) 必须用于“商务”，并且吨位在20总吨以上，若是用于军事或政府公务的船舶，以及20总吨以下的小型船舶，则不适用海商法（但20总吨以下的商务船艇发生船舶碰撞或海难救助，应适用海商法）。此外，海商法上的船舶不仅指船体及其设施，还应包括船舶属具，即附属于船舶的各种用具和配备，也是船舶的组成部分，也应适用海商法。

船舶作为一种物，本不具有法律人格，也就无所谓法律地位。但是，鉴于海事关系的特殊性，各国海商法往往对船舶作拟人化处理，即把船舶当做人来对待，从而使船舶具有类似于自然人或法人的法律地位，甚至可以作为某些法律关系的主体直接享有权利或承担义务。具体地说，船舶的法律地位表现在以下四个方面：(1) 船舶有自己的名称。船舶名称由船舶所有人自定，但是不得与其他船舶的名称相同；船舶名称须经船舶主管部门核准登记，并不得擅自更改；船舶名称应在船体的显著位置标明。(2) 船舶有自己的国籍。船舶经有关国家的船舶主管部门登记注册，可以取得该国国籍，有权悬挂该国国旗航行，并受该国保护。船舶国籍还对船舶的航运权有直接影响。如我国海商法规定，非经国务院交通主管部门批准，外国籍船舶不得经营中华人民共和国港口之间的海上运输和拖航。(3) 船舶有自己的船籍。船舶的船籍类似于自然人的户籍。船舶的取得、转让和消灭，应向船舶登记机关分别办理入户登记、过户登记和注销登记。船舶登记的港口即为船舶的船籍港，船籍是船籍港法院对有关船舶案件行使管辖权的依据。(4) 船舶在一定条件下可以作为法律关系的主体直接享有权利或承担义务。如我国《海商法》第 168 条规定："船舶发生碰撞，是由于一船的过失造成的，由有过失的船舶负赔偿责任。"第 169 条第 1 款规定："船舶发生碰撞，碰撞的船舶互有过失的，各船按照过失程度的比例负赔偿责任；过失程度相当或者过失程度的比例无法判定的，平均负赔偿责任。"第 169 条第 3 款规定："互有过失的船舶，对造成的第三人的人身伤亡，负连带赔偿责任。一船连带支付的赔偿超过本条第 1 款规定的比例的，有权向其他有过失的船舶追偿。"上述规定显然肯定了船舶的主体资格，即船舶可以作为船舶碰撞损害赔偿关系的主体，承担赔偿责任或者行使追偿权。这是船舶拟人化的结果，更是船舶法律地位的突出表现。

二、船舶登记

按照民法原理，船舶应属于动产，但是，各国海商法都把船舶当做不动产来管理，由此引出船舶登记制度。根据我国海商法的规定，船舶登记主要是指船舶所有权登记和船舶抵押权登记。至于某些国家的海商法规定的船舶租赁权登记，我国海商法未作要求。

1. 船舶所有权登记。《海商法》第 9 条规定："船舶所有权的取得、转让和消灭，应当向船舶登记机关登记；未经登记的，不得对抗第三人。"具体地说，取得船舶所有权应到船舶登记主管机关办理入户登记，转让船舶所有权应到船舶登记主管机关办理过户登记，船舶所有权消灭应到船舶登记主管机关办理注销登记。根据交通部颁布的海船登记规则，我国受理船舶登记的机关为各港口的港务监督机关。至于在哪一个港口登记，由船舶所有人自行选择，登记的港口即为船籍港。登记的事项包括船舶的名称、种类、用途、造船时间和地点、下水日期、主要营运性能（包括尺度、吨位、主机型和马力大小）以及船舶所有人的有关情况。登记后，由登记主管机关报请交通部核发船舶国籍证书；领到国籍证书，船舶才可以悬挂国旗航行。

2. 船舶抵押权登记。根据我国海商法的规定，设定船舶抵押权，应由抵押权人和抵押人共同向船舶登记主管机关办理抵押权登记。登记的事项包括：(1) 船舶抵押权人和抵押人的姓名或名称、地址；(2) 被抵押船舶的名称、国籍、船舶所有权证书的颁发机关和证书号码；(3) 所担保的债权数额、利息率和受偿期限。至于船舶抵押权登记的效力，《海商法》第 13 条只规定"未经登记的，不得对抗第三人"，也就是说，不办理登记并不否认抵押权的效力，而仅仅不能对抗第三人。

三、船舶所有权

船舶所有权，是指船舶所有人对其船舶享有的占有、使用、收益和处分的权利。船舶可以归一人单独所有，也可以由两个以上的法人或个人共有。国家所有的船舶由国家授予具有法人资格的全民所有制企业经营管理，海商法有关船舶所有人的规定适用于该企业法人。

1. 船舶所有权的取得。船舶所有权可以因捕获、没收、征用等公法原因而取得，也可以因建造、买卖、受赠、继承、公司合并、委付等私法原因而取得。无论通过何种方式取得船舶所有权，船舶所有人都应当向船舶登记主管机关登记，否则不能对抗第三人。

2. 船舶所有权的转让。船舶所有权可以通过买卖、赠与等方式转让。但是，不管通过买卖还是赠与方式转让，转让方和受让方都应当签订书面合同，并凭该合同向船舶登记主管机关办理过户登记；非经登记的船舶转让行为，不能对抗第三人。

3. 船舶所有权的消灭。船舶所有权可以因船舶所有人抛弃、转让等自愿行为而消灭，也可以因被没收、征用等强制行为而消灭，还可以因船舶沉没、拆船等原因而消灭。船舶所有权消灭的，原所有人应向船舶登记主管机关办理注销登记，否则不能对抗第三人。

四、船舶抵押权

船舶抵押权，是指抵押权人对于抵押人提供的作为债务担保的船舶，在抵押人不履行债务时，依法予以拍卖，并从拍卖所得的价款中优先受偿的权利。

1. 船舶抵押权的设立。用作抵押担保的船舶可以是建造完毕的船舶，也可以是正在建造中的船舶。就船舶设定抵押权的人应当是船舶所有人或者船舶所有人授权的人，其他人无权就船舶设定抵押权。就共有船舶设定抵押权，应取得持有2/3以上份额的共有人同意，但是共有人另有约定的除外。设定船舶抵押权，抵押人和抵押权人应当签订书面合同，并向船舶登记主管机关办理抵押权登记，否则不得对抗第三人（若依《担保法》，不经登记，则抵押无效）。除非抵押合同另有约定，抵押人应对被抵押船舶进行保险；抵押人未予以保险的，抵押权人有权对该船舶进行保险，保险费由抵押人负担。

2. 船舶抵押权的转移和消灭。船舶抵押权可以因担保债权的转移而转移，即抵押权人将被抵押船舶所担保的债权全部或部分转让给他人，其抵押权也随之全部或部分转移给债权受让人。被抵押船舶灭失，抵押权随之消灭，但是对于抵押人因船舶灭失而得到的保险赔偿金，抵押权人有权优先于其他债权人受偿。

3. 船舶抵押权的实现。船舶抵押权设定后，未经抵押权人同意，抵押人不得将被抵押船舶转让给他人；经抵押权人同意而转让被抵押船舶的，不影响抵押权的存在。债务履行期限届满，债务人不履行债务的，抵押权人可以依法拍卖被抵押船舶，并从拍卖所得的价款中优先受偿。如果同一船舶上设定了两个以上抵押权，各抵押权人的受偿顺序以抵押权登记的先后为准，即按登记的先后顺序从船舶拍卖所得价款中依次受偿；若为同日登记，则按照同一顺序受偿。

五、船舶优先权

船舶优先权，也称船舶先行请求权，是指权利人依照海商法的规定，向船舶所有人、光船承租人、船舶经营人提出海事请求，并对产生该海事请求的船舶具有优先受偿的权利。船舶优先权具有法定性，什么海事请求享有船舶优先权，由法律直接规定，而不以当事人的意志为转移。船舶优先权还享有优先性，享有船舶优先权的海事请求不仅先于一般债权受偿，而且先于船舶留置权、船舶抵押权受偿，堪称优先权中的优先权。

1. 享有船舶优先权的海事请求。根据我国《海商法》第22条的规定，下列海事请求具有船舶优先权：（1）船长、船员和在船上工作的其他在编人员根据劳动法或者劳动合同，而产生的工资、其他劳动报酬、船员遣返费用和社会保险费用的给付请求；（2）在船舶营运中发生的人身伤亡的赔偿请求；（3）船舶吨税、引航费、港务费和其他港口规费的缴付请求；（4）海难救助的救助款项的给付请求；（5）船舶在营运中因侵权行为产生的财产赔偿请求（但是，载运 2 000 吨以上的散装货油的船舶持有有效的证书，证明已经进行油污损害民事责任保险或者具有相应的财产保证的，对其造成的油污损害的赔偿请求除外）。

2. 船舶优先权的受偿顺序。前述各项海事请求，应依照前列顺序依次受偿，但是，在某些情况下会有所变动：第一，前述第 4 项请求后于第 1 项至第 3 项发生的，应当先于第 1 项至第 3 项受偿。第二，前述第 1 项、第 2 项、第 3 项、第 5 项中有两个以上请求的，不分先后，同时受偿；不足受偿的，按债权比例受偿。第三，前述第 4 项中有两个以上请求的，后发生的先受偿。

3. 船舶优先权的实现。我国海商法规定，船舶优先权应当通过法院扣押产生优先权的船舶行使，而不允许当事人擅自处分产生优先权的船舶。法院拍卖船舶所得的价款，应先行拨付因行使船舶优先权而产生的诉讼费用、保存及拍卖船舶和分配价款而产生的费用以及为海事请求人的共同利益而支付的其他费用，余款由海事请求人按照前述受偿顺序受偿。

4. 船舶优先权的转移和消灭。船舶优先权与海事请求权同在，海事请求权发生转移，其船舶优先权也随之转移：海事请求权消灭，其船舶优先权也随之消灭。此外，船舶优先权还可以因为下列原因之一而消灭：（1）船舶转让时，自法院应受让人申请予以公告之日起满 60 日不行使优先权；（2）具有船舶优先权的海事请求，自优先权产生之日起满 1 年不行使；（3）产生海事请求的船舶经由法院强制出售；（4）产生海事请求的船舶灭失。

第二节　船员

一、船员的概念

船员，也称海员，泛指在船舶上进行指挥、管理及服务的全体工作人员。根据我国海商法的规定，船员是指包括船长在内的船上一切任职人员。按照各国通行的做法，包括船长在内的所有职员都是受雇于船东开设的船舶公司，因此，就把与船舶所有人订立雇佣合同而在船舶上服务并领取工资的人员统称为船员。

船员一般由高级船员和普通船员组成。所谓高级船员，是指船长、驾驶员（即大副、二副、三副），轮机长、轮机员（即大管轮、二管轮、三管轮）、电机员，报务员、话务员，客船上的客运主任、事务长、船医等。在我国的船舶上，还设有政治委员（即政委），他与船长分工合作，负责全体船员的思想政治工作。普通船员包括正、副水手长及水手、木匠、机匠、加油员、生火工、炊事员、服务员等。

二、船员的资格与配备

1. 船员的资格。船员须经考试才能任用。按照我国 2004 年《海船船员适任考试、评估和发证规则》，水手在船上工作 1 年，可以考三副；三副在船上工作 1 年，不经过考试就可以提为二副；二副工作 1 年，可以考大副；大副任职 1 年半后，经过更为严格的考试，才有可能提升为船长。我国《海商法》第 32 条规定："船长、驾驶员、轮机长、轮机员、电机员、报务员，必须由持有相应适任证书的人担任。"第 33 条规定："从事国际航行的船舶的中国籍船员，必须持有中华人民共和国港务监督机构颁发的海员证和有关证书。"所谓从事国际航行的船舶的船员，也就是通常所说的远洋船船员，须经严格考试并取得相应的船员证书后，方能上船出航。

为了提高船员的专业技能，保障航海中的生命和财产安全，1978年《海员培训、发证和值班标准国际公约》规定，凡在200总吨以上的船舶工作的海员，必须经过海上求生、救生艇筏操纵、船舶消防、海上急救4项训练，只有考试合格，领取上述4个证书，才能上船工作；对于无限航区的船长、驾驶员，还应通过无线电通讯、雷达观测与模拟、自动雷达标绘等专业训练，并经考试合格，领取证书，才能登船任职；对于在槽管轮上工作的甲板部和轮机部船员，还须经过油轮、液化气体船、化学品船的特殊培训；对于装有原油洗舱设施的船舶的船长、大副等船员，还须经原油洗舱的训练。

2. 船员的配备。配足合格的船员是保证船舶安全航行的必要条件。我国各类船舶配备船员的最低定额标准由港务监督规定，以能保证三班制工作为原则，昼夜工作，每次4小时。只有在特殊情况下，经国家安全监督部门批准，才能在仅配足两班制船员的情况下获准开航。以中国远洋运输总公司的"远洋船员职务规则"为例，船员计有31个职称：船长、政委、大副、二副、三副、助理驾驶员、水手长、木匠、一级水手、二级水手、三级水手、主任无线电员、无线电员、报务员、轮机长、大管轮、二管轮、三管轮、助理轮机员、电机员、电工、冷藏员、事务员、大厨、二厨、一级服务员、二级服务员、船医、政治干事等。其中，船长、政工人员、驾驶员、轮机长、电机员、报务员、事务员、船医属于高级船员，其余的是一般船员。船上的工作机构大体上分为驾驶、轮机、事务三个部门；较大的船舶，可以将报务设为一个独立的部门。

三、船员的权利与义务

1. 船员的权利。从各国船员法的规定看，船员的权利主要有以下6项：(1) 工资报酬请求权，其中包括不得克扣工资、船员工资优先受偿、加班加薪、缩短航程不减薪、伤病不扣薪、被辞退时加发3个月工资的安家费等；(2) 病残补助请求权，其中包括伤病时治疗费用请求权、上岸休养必要费用请求权、残废补助金请求权等；(3) 被辞退时请求送回原港的权利；(4) 保险费请求权；(5) 退休金请求权；(6) 丧葬费和抚恤金请求权。

我国没有制定船员法，也就没有关于船员权利及义务的专门规定。但是，我国《海商法》第34条规定："船员的任用和劳动方面的权利、义务，本法没有规定的，适用有关法律、行政法规的规定。"据此，船员应享有劳动法规定的取得劳动报酬、休息休假、获得劳动安全卫生保护、接受职业技能培训、享受社会保险和福利以及提请劳动争议处理等权利。

2. 船员的义务。在各国船员法中，一般把船员的义务概括为两项：(1) 忠于职守，服从命令听指挥；(2) 禁止私载，严禁夹带违禁品。但是，如果船舶不适航，船员有权拒绝开航，并可以自行离船；如果有关事项超出船员的职责范围，船员有权拒绝执行命令。

根据前述我国《海商法》第34条的规定，我国船员的义务也应当适用劳动法关于劳动者义务的规定。因此，船员应按照劳动法的要求，遵守劳动纪律和职业道德，执行劳动安全卫生规程，并不断提高职业技能，完成劳动任务。

四、船长

作为一船之长，船长肩负着确保船舶本身、船上人员及货物安全的重任。由于船长受雇于（或受命于）船舶所有人（即船东），同时又是船东的职务代理人，所以，他具有船东委托而形成的职责、职权。另外，船长又是一种行政职务，所以，他又具有法定的职责、职权。由于船舶在航海时往往航离于本国之外，在船上形成一个封闭的临时“小社会”，为了维持这个“小社会”的秩序，法律赋予船长一定程度的行政乃至司法的职责、职权。根据我国海商法的规定，船长的职责、职权表现为以下三个方面：

1. 船长负责船舶的管理和驾驶。这是船长最根本的职责、职权。船长由船东任命或雇用，代表船东直接占有船舶进行航海通商，船舶由船长负责管理和驾驶也就是理所当然的了。航运公司确定了航次任务后，货物的装卸、航线的设计、航行命令的发布等，均由船长决定。船上发生的事件，船长有权予以及时、正确的处理，总的目的是领导全体船员尽职尽责地完成海运任务，维护国家、船东和货主的合法利益。船长应当采取必要的措施，保护船舶和在船人员、文件、邮件、货物及其他财产的安全。当船舶发生事故危及在船人员和财产的安全时，船长应组织船员和其他在船人员尽力施救。在船舶遇难不得不弃船时，船长必须采取一切措施，首先组织旅客安全离船，然后安排船员离船，船长自己应当最后离船。在离船之前，船长应当指挥船员尽力抢救航海日志、机舱日志、油类记录簿、无线电台日志、本航次使用过的海图和文件，以及其他贵重物品、邮件和现金等。

在平时，船长应当恪尽职守，监督全船的日常工作，经常检查船舶，使其达到适航的标准；完善、置备所需的各类船舶文书证件；按时申请船舶检验；按预定的航线和港口及时开航或停靠；在航海中得知他船遇难时，有义务给予救助；在船舶发生碰撞时应当相互救助并相互通报船名及船籍港；发生海上事故应当及时向主管机关提交海事报告，同时报告船东等。

2. 船长对船方和货方的代理权。船方，包括船舶所有人、光船承租人和船舶经营人。在没有船方和货方代表的航行中，船长可以作为船方和货方的代表，处理有关船舶和货物的事宜：(1) 船长可以代船方签发提单，向收货人交付货物；(2) 船长可以代船方签订引水、拖带、救助和必需的修船合同；(3) 在航海途中，为航海的需要，船长可以决定将货方的货物作借贷或出卖的处理，甚至可以将货物作为船上的燃料和食品使用；(4) 在特殊情况下，还允许船长代船方雇用或解雇船员；(5) 为了支付修船和救助等为继续航海所必需的费用，还允许船长将船舶代为抵押；(6) 在船舶遇难，其沉没或毁灭不可避免的情况下，船长可以作出弃船的决定。

3. 船长在行政和司法方面的职责、职权。主要包括：(1) 船长在其职权范围内发布的命令，船员、旅客和其他在船人员都必须执行，不得违抗或者自行修改；凡由船长作出的决定，其责任由船长承担。(2) 为保障在船人员和船舶的安全，船长有权对在船上进行违法或犯罪活动的人采取禁闭或其他必要措施，并防止其隐匿、毁灭、伪造证据；采取措施时，应当制作案情报告书，并由船长本人及两个以上在船人员签字；待船靠岸时，移交有关当局处理。(3) 船长应当将在船上发生的出生事件或死亡事件记入航海日志，并制作出生证明书或死亡证明书，该证明书须有2名在船人员作为证人签字。(4) 在船人员发生死亡，死者有遗嘱的，船长应当对该遗嘱的内容和形式予以证明，遗嘱应由船长亲自负责保管，待船舶靠岸之后，送交死者家属或者其他有关当局。

法律应用

1. 船舶虽然在性质上属于动产的范畴，但对船舶的法律规定主要适用的是关于不动产的有关规则。

2. 船舶国籍的取得以登记为条件，非经登记不能取得船舶国籍。但对船舶登记的条件，各国规定宽严不一；有的国家要求船舶必须与船旗国之间有真正的联系，有的国家则不要求有这种联系。

3. 由于海上航行的特殊性，船长在船舶上具有绝对的权威性。

课后复习

1. 简述船舶的法律地位。
2. 简述船舶登记的内容和意义。
3. 简述船舶抵押权的设定条件及受偿顺序。
4. 简述船员的权利和义务。
5. 简述船长的主要职责、职权。

第二十九章 海事合同

提要

海事合同是海商法的重要组成部分，海事合同主要有海上运输合同、船舶租用合同和海上拖航合同。海上运输合同包括海上货物运输合同和海上旅客运输合同。海上货物运输合同的内容包括海上货物运输合同承运人、托运人的责任，航次租船合同，多式联运合同。海上旅客运输合同主要涉及承运人对旅客及其行李的责任。提单是海上货物运输合同的重要单证，内容包括提单的种类、提单的条款。船舶租用合同包括定期租船合同和光船租船合同。海上拖航合同的内容包括海上拖航合同当事人的权利与义务以及海上拖航中的损害赔偿。

重点问题

1. 海上货物运输合同承运人的责任
2. 海上货物运输合同托运人的责任
3. 航次租船合同
4. 多式联运合同
5. 海上旅客运输合同承运人的责任
6. 提单
7. 定期租船合同的内容
8. 光船租赁合同的内容
9. 海上拖航合同当事人的权利与义务
10. 海上拖航中的损害赔偿

第一节　海上运输合同

一、海上运输合同的概念

海上运输合同，是指承运人有偿地将货物或者旅客经海路由一港运至另一港的合同。海上运输合同可以分为海上货物运输合同和海上旅客运输合同。

二、海上运输合同的种类

（一）海上货物运输合同

1. 海上货物运输合同的概念。海上货物运输合同，是指承运人收取运费，负责将托运人托运的货物经海路由一港运至另一港的合同。海上货物运输合同运送的货物包括一般货物、活动物和由托运人提供的用于集装货物的集装箱、货盘或者类似的装运器具。

2. 海上货物运输合同的订立和解除。海上货物运输合同的订立包括要约和承诺两个阶段。承运人或者托运人可以要求书面确认海上货物运输合同的成立。电报、电传和传真具有书面效力。

海上货物运输合同的解除规则主要包括：(1) 船舶在装货港开航前，托运人可以要求解除合同。除合同另有约定外，托运人应当向承运人支付约定运费的一半；货物已经装船的，托运人应当负担装货、卸货和其他与此有关的费用。(2) 船舶在装货港开航前，因不可抗力或者其他不能归责于承运人和托运人的原因致使合同不能履行的，双方均可以解除合同，并互相不负赔偿责任。除合同另有约定外，运费已经支付的，承运人应当将运费退还给托运人；货物已经装船的，托运人应当承担装卸费用；已经签发提单的，托运人应当将提单退还承运人。(3) 因不可抗力或者其他不能归责于承运人和托运人的原因致使船舶不能在合同约定的目的港卸货的，除合同另有约定外，船长有权将货物在目的港邻近的安全港口或者地点卸载，视为已经履行合同，但应及时通知托运人或者收货人，并考虑托运人或者收货人的利益。

3. 承运人。承运人，是指本人或者委托他人以本人名义与托运人订立海上货物运输合同的人。接受承运人委托，从事货物运输或者部分运输的人，包括接受转委托，从事此项运输的其他人是实际承运人。

(1) 承运人的义务。承运人的义务主要包括：1) 承运人对货物的责任期间。首先，承运人对集装箱装运的货物的责任期间，是指从装货港接收货物时起至卸货港交付货物时止，货物处于承运人掌管之下的全部期间。其次，承运人对非集装箱装运的货物的责任期间，是指从货物装上船时起至卸下船时止，货物处于承运人掌管之下的全部期间。在承运人的责任期间，货物发生灭失或者损坏，除法律另有规定外，承运人应当负赔偿责任。承运人可以就非集装箱装运的货物，在装船前和卸船后所承担的责任，与托运人达成任何协议。2) 承运人在船舶开航前和开航当时，应当谨慎处理，使船舶处于适航状态，妥善配备船员、装备船舶和配备供应品，并使货舱、冷藏舱、冷气和其他载货处所适于并能安全收受、载运和保管货物。3) 承运人应当妥善地、谨慎地装载、搬移、积载、运输、保管、照料和卸载所运货物。4) 承运人应当按照约定的、习惯的、地理上的航线将货物运往卸货港。船舶在海上为救助或者企图救助人命或者财产而发生的绕航或者其他合理绕航，不属于违反该义务的行为。5) 迟延交付的责任。货物未能在明确约定的时间内，在约定的卸货港交付的，为迟延交付；承运人未能在该约定的时间届满 60 日内交付货物的，有权对货物灭失提出赔偿请求的人可以认为货物已经灭失。除法律规定承运人不负赔偿责任的情形外，由于承运人的过失，致使货物因迟延交付而灭失或者损坏的，承运人应当负赔偿责任。除法律规定承运人不负赔偿责任的情形外，由于承运人的过失，致使货物因迟延交付而遭受经济损失的，即使货物没有灭失或者损坏，承运人仍然应当负赔偿责任。6) 货物的灭失、损坏或者迟延交付是由于承运人或者承运人的受雇人、代理人的不能免除赔偿责任的原因和其他原因共同造成的，承运人仅在不能免除赔偿责任的范围内负赔偿责任；但是，承运人对其他原因造成灭失、损坏或者迟延交付应当负举证责任。7) 承运人将货物运输或者部分运输委托给实际承运人履行的，承运人仍然应当依法对全部运输负责。对实际承运人承担的运输，承运人应当对实际承运人的行为或者实际承运人的受雇人、代理人在受雇或者受委托的范围内的行为负责。如果在海上运输合同中明确约定合同所包括的特定的部分运输由承运人以外的指定的实际承运人履行的，合同可以同时约定，货物在指定的实际承运人掌管期间发生的灭失、损坏或者迟延交付，承运人不负赔偿责任，该约定有效。

（2）承运人的一般免责情形。在责任期间货物发生的灭失或者损坏是由于下列原因之一造成的，承运人不负赔偿责任：1）船长、船员、引航员或者承运人的其他受雇人在驾驶船舶或者管理船舶中的过失；2）火灾，但是由于承运人本人的过失所造成的除外；3）天灾，海上或者其他可航水域的危险或者意外事故；4）战争或者武装冲突，政府或者主管部门的行为、检疫限制或者司法扣押，罢工、停工或者劳动受到限制；5）在海上救助或者企图救助人命或者财产；6）托运人、货物所有人或者他们的代理人的行为；7）货物的自然特性或者固有缺陷，货物包装不良或者标志欠缺、不清；8）经谨慎处理仍未发现的船舶潜在缺陷；9）非由于承运人或者承运人的受雇人、代理人的过失造成的其他原因。除以上第2项规定的原因外，承运人主张免除赔偿责任的，应当负举证责任。

（3）承运人的特殊免责情形。1）因运输活动物的固有的特殊风险造成活动物灭失或者损害的，承运人不负赔偿责任。但是，承运人应当证明业已履行托运人关于运输活动物的特别要求，并证明根据实际情况，灭失或者损害是由于此种固有的特殊风险造成的。2）承运人在舱面上装载货物，应当同托运人达成协议，或者符合航运惯例，或者符合有关法律、行政法规的规定。承运人依约将货物装载在舱面上，对由于此种装载的特殊风险造成的货物灭失或者损坏，不负赔偿责任。承运人违约将货物装载在舱面上，致使货物遭受灭失或者损坏的，应当负赔偿责任。

（4）承运人赔偿额的确定。1）货物的灭失或者损坏的赔偿额。货物灭失的赔偿额，按照货物的实际价值计算；货物损坏的赔偿额，按照货物受损前后实际价值的差额或者货物的修复费用计算。货物的实际价值，按照货物装船时的价值加保险费加运费计算，具体确定赔偿额时应当减去因货物灭失或者损坏而少付或者免付的有关费用。2）限制赔偿责任的规定。包括：一是货物灭失或者损坏的赔偿限额。赔偿限额按照货物件数或者其他货运单位数计算，每件或者每个其他货运单位为666.67计算单位，或者按照货物毛重计算，每千克为2计算单位，以两者中赔偿限额较高的为准。二是承运人对货物因迟延交付造成经济损失的赔偿限额，为所迟延交付的货物的运费数额。货物的灭失或者损坏和迟延交付同时发生的，承运人赔偿责任限额适用货物灭失或者损坏的赔偿限额。三是限制赔偿责任规定的适用。就海上货物运输合同所涉及的货物灭失、损坏或者迟延交付对承运人（包括承运人的受雇人或者代理人在其受雇或者受委托的范围之内的行为）提起的任何诉讼，不论海事请求人是否为合同的一方，也不论是根据合同或者是根据侵权行为提起的，均可以援用承运人对货物灭失或者损坏的赔偿限额以及货物因迟延交付造成经济损失的赔偿限额。四是限制赔偿责任的规定的排除。经证明，货物的灭失、损坏或者迟延交付是由于承运人的故意或者明知可能造成损失而轻率地作为或者不作为造成的，承运人不得援用对货物灭失或者损坏的赔偿限额以及货物因迟延交付造成经济损失的赔偿限额。经证明，货物的灭失、损坏或者迟延交付是由于承运人的受雇人、代理人的故意或者明知可能造成损失而轻率地作为或者不作为造成的，承运人的受雇人或者代理人不得援用限制赔偿责任的规定。

4. 托运人。托运人包括两类：本人或者委托他人以本人名义或者委托他人为本人与承运人订立海上货物运输合同的人；本人或者委托他人以本人名义或者委托他人为本人将货物交给与海上货物运输合同有关的承运人的人。（1）托运人应当妥善包装托运的货物，并向承运人保证，货物装船时所提供的货物的品名、标志、包数或者件数、重量或者体积的正确性。(2) 托运人应当及时向港口、海关、检疫、检验和其他主管机关办理货物运输所需要的各项手续，并将已办理各项手续的单证送交承运人。(3) 托运人托运危险货物，应当依照有关海上危险货物运输的规定，妥善包装，作出危险品标志和标签，并将其正式名称和性质以及应当采取的防危害措施书面通知承运人。托运人未通知或者通知有误的，承运人可以在任何时间、任何地点根据情况需要将货物卸下、销毁或者使之不能为害，而不负赔偿责任。托运人对承运人因运输此类货物所受到的损害，应当负赔偿责任。(4) 托运人应当按照约定向承运人支付运费。托运人也可以与承运人约定并在运输单证中载明运费由收货人支付。(5) 托运人对因自己或者受雇人、代理人的过失造成的承运人、实际承运人的损失或船舶的损坏，负赔偿责任。托运人的受雇人、代理人对由于自己的过失造成的承运人、实际承运人的损失或船舶的损坏，负赔偿责任。

5. 货物交付。(1) 承运人应当依约向收货人交付货物。在卸货港无人提取货物或者收货人迟延、拒绝提取货物的，船长可以将货物卸在仓库或者其他适当场所，由此产生的费用和风险由收货人承担。(2) 收货人的异议。收货人接收承运人交付的货物时，除已经会同承运人对货物进行联合检查或者检验的情形外，对货物灭失或者损坏的情况应及时书面通知承运人；如果货物灭失或者损坏的情况并非显而易见的，收货人应当在货物交付的次日起连续 7 日内、集装箱货物交付的次日起连续 15 日内书面通知承运人。承运人自向收货人交付货物的次日起连续 60 日内，未收到收货人就货物因迟延交付造成经济损失而提交的书面通知的，不再负赔偿责任。(3) 承运人的留置权。应当向承运人支付的运费、共同海损分摊、滞期费和承运人为货物垫付的必要费用，以及应当向承运人支付的其他费用没有付清，又没有提供担保的，承运人可以在合理的限度内留置其货物。

6. 航次租船合同。航次租船合同，是指船舶出租人向承租人提供船舶或者船舶的部分舱位，装运约定的货物，从一港运至另一港，由承租人支付约定运费的合同。

航次租船合同当事人可以约定彼此之间的权利、义务，在航次租船合同没有约定或者没有不同约定时，我国海商法有关海上货物运输合同承运人和托运人的权利、义务的规定可以适用于航次租船合同的出租人和承租人。对按照航次租船合同运输的货物签发的提单，提单持有人不是承租人的，除提单中载明适用航次租船合同条款外，承运人与该提单持有人之间的权利、义务关系适用提单的约定。

航次租船合同应当以书面形式订立。航次租船合同的内容包括：(1) 出租人和承租人的名称。(2) 船名、船籍、载货重量、容积。出租人应当提供约定的船舶。因出租人过失未提供约定的船舶致使承租人遭受损失的，出租人应当负赔偿责任。出租人在船舶开航前和开航当时，应当谨慎处理，使船舶处于适航状态，妥善配备船员、装备船舶和配备供应品，并使货舱、冷藏舱、冷气和其他载货处所适于并能安全收受、载运和保管货物。(3) 货名。承租人应当提供约定的货物。经出租人同意，可以更换货物。但是，更换的货物对出租人不利的，出租人有权拒绝或者解除合同。因未提供约定的货物致使出租人遭受损失的，承租人应当负赔偿责任。(4) 卸货港和目的港。出租人应当按照约定的或者习惯的或者地理上的航线将货物运往卸货港。出租人应当在合同约定的卸货港卸货。合同订有承租人选择卸货港条款的，在承租人未按照合同约定及时通知确定的卸货港时，船长可以在约定的选卸港中自行选定一港卸货。承租人未按照合同约定及时通知确定的卸货港，致使出租人遭受损失的，应当负赔偿责任。出租人未按照合同约定，擅自选定港口卸货致使承租人遭受损失的，应当负赔偿责任。(5) 受载期限、装卸期限。出租人在约定的受载期限内未能提供船舶的，承租人有权解除合同。但是，出租人将船舶延误情况和船舶预期抵达装货港的日期通知承租人后，承租人应当自收到通知时起 48 小时内，将是否解除合同的决定通知出租人。出租人应当赔偿因过失延误提供船舶给承租人造成的损失。(6) 运费、滞期费、速遣费以及其他有关事项。航次租船合同的装货、卸货期限及其计算办法，超过装货、卸货期限后的滞期费和提前完成装货、卸货的速遣费，由双方约定。

7. 多式联运合同。多式联运合同，是指多式联运经营人以两种以上的不同运输方式，其中一种是海上运输方式，负责将货物从接收地运至目的地交收货人，并收取全程运费的合同。多式联运经营人，是指本人或者委托他人以本人名义与托运人订立多式联运合同的人。

多式联运经营人对多式联运货物的责任期间，自接收货物时起至交付货物时止。多式联运经营人负责履行或者组织履行多式联运合同，并对全程运输负责。多式联运经营人与参加多式联运的各区段承运人，可以就多式联运合同的各区段运输，另以合同约定相互之间的责任。此项合同不得影响多式联运经营人对全程运输所承担的责任。货物的灭失或者损坏发生于多式联运的某一运输区段的，多式联运经营人的赔偿责任和责任限额，适用调整该区段运输方式的有关法律规定。货物的灭失或者损坏发生的运输区段不能确定的，多式联运经营人应当按照法律有关承运人赔偿责任和责任限额的规定负赔偿责任。

（二）海上旅客运输合同

1. 海上旅客运输合同的概念。海上旅客运输合同，是指承运人以适合运送旅客的船舶经海路将旅客及其行李从一港运送至另一港，由旅客支付票款的合同。

2. 海上旅客运输合同的订立和解除。海上旅客运输合同的订立包括要约和承诺两个阶段。

旅客客票是海上旅客运输合同成立的凭证。合同中含有下列内容之一的条款无效：(1) 免除承运人对旅客应当承担的法定责任；(2) 降低我国海商法规定的承运人责任限额；(3) 对法律规定的举证责任作出相反的约定；(4) 限制旅客提出赔偿请求的权利。

3. 承运人。承运人，是指本人或者委托他人以本人名义与旅客订立海上旅客运输合同的人。

(1) 承运人的责任期间。承运人的责任期间是海上旅客及其行李的运送期间。1) 海上旅客以及自带行李运输的运送期间，自旅客登船时起至旅客离船时止。客票票价含接送费用的，运送期间包括承运人经水路将旅客从岸上接到船上和从船上送到岸上的时间，但是不包括旅客在港站内、码头上或者在港口其他设施内的时间。2) 旅客自带行李以外的其他行李的运送期间，自旅客将行李交付承运人或者承运人的受雇人、代理人时起至承运人或者承运人的受雇人、代理人交还旅客时止。

(2) 承运人的赔偿责任。在规定的旅客及其行李的运送期间，因承运人或者承运人的受雇人、代理人在受雇或者受委托的范围内的过失引起事故，造成旅客人身伤亡或者行李灭失、损坏的，承运人应当负赔偿责任。请求人对承运人或者承运人的受雇人、代理人的过失，应当负举证责任，但是，下列情形除外：旅客的人身伤亡或者自带行李的灭失、损坏，是由于船舶的沉没、碰撞、搁浅、爆炸、火灾所引起或者是由于船舶的缺陷所引起的，承运人或者承运人的受雇人、代理人除非提出反证，应当视为其有过失。旅客自带行李以外的其他行李的灭失或者损坏，不论由于何种事故所引起，承运人或者承运人的受雇人、代理人除非提出反证，应当视为其有过失。

(3) 承运人赔偿责任的减轻和免除。经承运人证明，旅客的人身伤亡或者行李的灭失、损坏，是由于旅客本人的过失或者旅客和承运人的共同过失造成的，可以免除或者减轻承运人的赔偿责任。经承运人证明，旅客的人身伤亡或者行李的灭失、损坏，是由于旅客本人的故意造成的，或者旅客的人身伤亡是由于旅客本人健康状况造成的，承运人不负赔偿责任。承运人对旅客的货币、金银、珠宝、有价证券或者其他贵重物品所发生的灭失、损坏，不负赔偿责任；但是，经证明此类物品是由于承运人的故意或者明知可能造成损害而轻率地作为或者不作为造成的，或者旅客与承运人约定将此类物品交由承运人保管的除外。

(4) 承运人赔偿责任限额。承运人在每次海上旅客运输中的赔偿责任限额，除承运人和旅客书面约定更高的赔偿责任限额外，依照下列规定执行：1）旅客人身伤亡的，每名旅客不超过 46 666 计算单位；2）旅客自带行李灭失或者损坏的，每名旅客不超过 833 计算单位；3）旅客车辆包括该车辆所载行李灭失或者损坏的，每一车辆不超过 3 333 计算单位；4）旅客自带行李、旅客车辆以外的其他行李灭失或者损坏的，每名旅客不超过 1 200 计算单位。

(5) 承运人与实际承运人的关系。实际承运人，是指接受承运人委托，从事旅客运送或者部分运送的人，包括接受转委托，从事此项运送的其他人。法律有关承运人责任的规定，适用于实际承运人。法律有关承运人的受雇人、代理人责任的规定，适用于实际承运人的受雇人、代理人。承运人将旅客运送或者部分运送委托给实际承运人履行的，仍然应当依法对全程运送负责。实际承运人履行运送的，承运人应当对实际承运人的行为或者实际承运人的受雇人、代理人在受雇或者受委托的范围内的行为负责。承运人与实际承运人对旅客的人身伤亡或者行李的灭失、损坏均负有赔偿责任的，应当在法律规定的责任限度内负连带责任。承运人与实际承运人对请求人承担赔偿责任，不影响承运人和实际承运人之间相互追偿。

4. 旅客及行李。旅客，是指根据海上旅客运输合同被运送的人；经承运人同意，根据海上货物运输合同，随船护送货物的人，视为旅客。行李，是指根据海上旅客运输合同由承运人载运的任何物品和车辆，但活动物除外。自带行李，是指旅客自行携带、保管或者放置在客舱中的行李。

旅客应当依约支付票款。旅客无票乘船、越级乘船或者超程乘船，应当按照规定补足票款，承运人可以按照规定加收票款；拒不交付的，船长有权在适当地点令其离船，承运人有权向其追偿。

旅客不得随身携带或者在行李中夹带违禁品或者易燃、易爆、有毒、有腐蚀性、有放射性以及有可能危及船上人身和财产安全的其他危险品，否则，应赔偿因此造成的损害。承运人可以在任何时间、任何地点将旅客违反前述规定随身携带或者在行李中夹带的违禁品、危险品卸下、销毁或者使之不能为害，或者送交有关部门，而不负赔偿责任。

旅客因为行李发生损坏而提出索赔时，除行李交还时已经会同承运人对行李进行联合检查或者检验的以外，应当及时向承运人提交书面通知，否则，除非提出反证，视为已经完整无损地收到行李。行李发生明显损坏的，应当依照下列规定向承运人或者承运人的受雇人、代理人提交书面通知：自带行李，应当在旅客离船前或者离船时提交；其他行李，应当在行李交还前或者交还时提交。行李的损坏不明显，旅客在离船时或者行李交还时难以发现的，以及行李发生灭失的，旅客应当在离船或者行李交还或应当交还之日起 15 日内，向承运人或者承运人的受雇人、代理人提交书面通知。

三、提单

（一）提单的概念

提单，是指用以证明海上货物运输合同和货物已经由承运人接收或者装船，以及承运人保证据以交付货物的单证。

（二）提单的法律特征

提单具有以下法律特征：(1) 提单是海上货物运输合同的证明。(2) 提单是承运人接收货物的收据。货物由承运人接收或者装船后，承运人应当应托运人的要求签发提单。提单可以由承运人授权的人签发。提单由载货船舶的船长签发的，视为代表承运人签发。(3) 提单是承运人据以向收货人交付货物的物权凭证。提单中载明的向记名人交付货物，或者按照指示人的指示交付货物，或者向提单持有人交付货物的条款，构成承运人据以交付货物的保证。

（三）提单的种类

按照不同的标准，可以将提单分为以下类型：

(1) 按提单上收货人的抬头，可以分为记名提单、不记名提单和指示提单。记名提单不得转让；指示提单经过记名背书或者空白背书转让；不记名提单无须背书，即可转让。

(2) 按承运人在提单上对货物的外表状况有无批注，可以分为清洁提单和不清洁提单。承运人或者代其签发提单的人，知道或者有合理根据怀疑提单记载的货物的品名、标志、包数或者件数、重量或者体积与实际接收的货物不符，在签发已装船提单的情况下怀疑与已装船的货物不符，或者没有适当的方法核对提单记载的，可以在提单上批注，说明不符之处、怀疑的根据或者说明无法核对。承运人或代其签发提单的人未在提单上批注货物表面状况的，视为货物的表面状况良好。除依法在提单上批注作出保留外，承运人或者代其签发提单的人签发的提单，是承运人已经按照提单所载状况收到货物或者货物已装船的初步证据；承运人向善意受让提单的包括收货人在内的第三人提出的与提单所载状况不同的证据，不予以承认。

(3) 按货物是否已装船，可以分为已装船提单和收货待运提单。货物装船前，承运人已经应托运人的要求签发收货待运提单或者其他单证的，货物装船完毕，托运人可以将收货待运提单或者其他单证退还承运人，以换取已装船提单；承运人也可以在收货待运提单上加注承运船舶的船名和装船日期，加注后的收货待运提单视为已装船提单。

（四）提单的内容

1. 提单正面条款。提单正面是提单记载的事项及一些声明性的条款。根据我国《海商法》第 73 条的规定，提单正面条款的内容有：(1) 货物的品名、标志、包数或者件数、重量或者体积，以及运输危险货物时对危险性的说明。(2) 承运人的名称和主营业所，承运人的主营业所是确定承运人属人法的依据。(3) 船舶名称（收货待运提单不记载船舶名称)。(4) 托运人名称。提单是承运人签发给托运人的，以确定提单背书转让的效力。(5) 收货人名称。(6) 装货港和在装货港接收货物的日期。(7) 卸货港。(8) 多式联运提单增列接收货物的地点和交付货物地点。(9) 提单的签发日期、地点和份数。签发提单日期应与实际接收货物或货物装船日期一致，倒签提单要承担法律责任。(10) 运费的支付。(11) 承运人或其代表签字。提单可以由承运人自己签字，也可以委托代理人签字，船长的签字代表承运人。我国《海商法》第 73 条第 2 款规定："提单缺少前款规定的一项或者几项的，不影响提单的性质；但是，提单应当符合本法第七十一条的规定。"

2. 提单背面条款。提单的背面通常载有关于双方当事人权利与义务的条款。一般包括：首要条款，指明提单适用法律的条款；管辖权，规定与提单有关的争议的法院管辖或者仲裁；责任期间，规定承运人对货物承担责任的起止时间；装货、卸货和交货；驳船费；运费和其他费用，收货人、提单持有人不承担在装货港发生的滞期费、亏舱费和其他与装货有关的费用，但是提单中明确载明上述费用由收货人、提单持有人承担的除外；迟延；活动物、甲板货；冷藏货物；集装箱货物；危险货物；换船、转船或转运；选港；共同海损；双方有责碰撞；战争、传染病、冰冻、罢工等条款。

（五）运单

运单，又称海运单，是证明海上货物运输合同以及承运人已将货物接管或装船并保证交给指定的收货人的一种不可转让的运输单证。1990 年《国际海事委员会海运单统一规则》，就海运单的作用、效力，承运人、托运人和收货人的权利与责任等作了明确的规定。我国《海商法》第 80 条规定，承运人签发提单以外的单证用以证明收到待运货物的，此项单证即为订立海上货物运输合同和承运人接收该单证中所列货物的初步证据，承运人签发的此类单证不得转让。

第二节　船舶租用合同

一、船舶租用合同的概念

船舶租用合同，是指船舶出租人将其船舶的全部或部分租给承租人运输货物，由承租人支付租金的合同。

船舶租用合同一般由双方当事人在协商的基础上签订，合同内容只要不违反强制性法规、公共秩序以及其他法律禁止的事项，当事人可以通过协商自由订立。船舶租用合同，包括定期租船合同和光船租赁合同，均应当以书面形式订立。目前，在国际航运中，大多数采用一些标准格式，如波罗的海国际航运公会制定的统一期租合同、纽约土产交易所制定的定期租船合同。

二、定期租船合同

（一）定期租船合同的概念和特征

定期租船合同，是指船舶出租人向承租人提供约定的由出租人配备船员的船舶，由承租人在约定的期间内按照约定的用途使用，并支付租金的合同。

定期租船合同具有船舶租赁合同和运输合同的双重属性，有以下法律特点：（1）出租人提供配备船员的船舶，负责船舶航行，负责船员的工资、给养、船舶的维修保养、物料以及船舶的保险等费用；（2）承租人按约定租期支付租金，租金根据租期的长短和船舶状况确定；（3）承租人按约定用途使用船舶，享有船舶的调动权和经营权，负责船舶燃油、物料、淡水、港口使用、货物装卸等营运费用；（4）出租人按租约要求提供整船出租，而不是租用部分舱位。

（二）定期租船合同与航次租船合同的异同

（1）两种合同都属于租船合同。航次租船合同是以租用一个或数个航次为限，在租期内，出租人控制船舶；定期租船合同以租用一个固定期间为限，在租用期内，船舶由承租人经营。

（2）航次租船合同中的出租人应对承租人的运输负责，实践中，出租人实质上就是承运人；定期租船合同的出租人只需提供适航船舶，运输的安排或责任均由承租人负责。

（3）航次租船合同按租用的舱位、货物吨位等计算运费，一般要规定货物的装卸期限；定期租船合同按租船时间支付租金，租期内不计算货物装卸的快慢。

（4）航次租船合同的承租人一般是货主或托运人；定期租船合同的承租人可以是货主，也可以是运输经营者。

（5）航次租船合同的出租人向承运人提供的是船舶或者船舶的部分舱位；定期租船合同的出租人向承运人提供的是整条船舶。

（三）定期租船合同的内容

定期租船合同以书面形式订立，大多数采用标准格式，其内容主要包括出租人和承租人的名称、船名、船籍、船级、吨位、容积、船速、燃料消耗、航区、用途、租船期间、交船和还船的时间和地点，以及条件、租金及其支付、其他有关事项。

1. 船舶说明。合同中要规定船舶名称、船舶国籍、船级、吨位、容积，有时还要约定船龄。出租人应当确保出租的船舶能够符合约定的适航状态或者其他状态。出租人交付船舶时，就应当做到谨慎处理，使船舶适航，交付的船舶也应当适于约定的用途，否则，承租人有权解除合同，并有权要求赔偿因此遭受的损失。

2. 船速与燃料消耗。承租人按使用船舶的时间支付租金，船速直接影响承租人的承租成本，同时，船速和燃料消耗也是判断船舶营运潜力的根本要素。因此，双方当事人应在合同中明确约定船速与燃料消耗量，出租人应据此提供适当的船舶。

3. 航区与用途。双方应明确规定船舶的航区和用途。承租人对船舶享有调度权和使用权，承租人有权就船舶的营运向船长发出指示，但是不得违反定期租船合同的约定。承租人应当保证船舶在约定航区内的安全港口或者地点之间从事约定的海上运输，否则出租人有权解除合同，并有权要求赔偿因此遭受的损失。承租人应当保证船舶用于运输合同约定的合法的货物，将船舶用于运输活动物或者危险货物的，应当事先征得出租人的同意，否则，由此致使出租人遭受损失的，应当负赔偿责任。

4. 租船期限。租期是指承租人租用船舶的期限，由双方在合同中约定，可长可短。船舶所有人在租船期限内转让已经租出的船舶的所有权的，定期租船合同约定的当事人的权利和义务不受影响，但是应当及时通知承租人。船舶所有权转让后，原租船合同由受让人和承租人继续履行。

5. 交船。定期租船合同的履行始于出租人交船，止于承租人还船。合同中要约定交船和还船的时间和地点以及条件。出租人应当按照合同约定的时间交付船舶，如果超过这一期限，承租人有权要求赔偿损失或解除合同；出租人将船舶延误情况和船舶预期抵达交船港的日期通知承租人的，承租人应当自接到通知时起 48 小时内，将解除合同或者继续租用船舶的决定通知出租人；因出租人过失延误提供船舶致使承租人遭受损失的，出租人应当负赔偿责任。

6. 还船。合同中要约定还船的时间和地点以及条件。承租人向出租人交还船舶时，该船舶应当具有与出租人交船时相同的良好状态，但是船舶本身的自然磨损除外。船舶未能保持与交船时相同的良好状态的，承租人应当负责修复或者给予赔偿。

7. 租金及其支付。承租人应在租期内准时支付租金，租金一般按船舶载重吨位、每月的费率计算，或按船舶每月的租金率计算。承租人应当按照合同约定支付租金。承租人未按照合同约定支付租金的，出租人有权解除合同，并有权要求赔偿因此遭受的损失。承租人未向出租人支付租金或者合同约定的其他款项的，出租人对船上属于承租人的货物和财产以及转租船舶的收入有留置权。

8. 转租。承租人可以将租用的船舶转租，但是应当将转租的情况及时通知出租人。租用的船舶转租后，原租船合同约定的权利和义务不受影响。

9. 其他条款。如法律适用、争议解决、共同海损、海难救助报酬的分享等。我国海商法规定，在合同期间，船舶进行海难救助的，承租人有权获得扣除救助费用、损失赔偿、船员应得部分以及其他费用后的救助款项的一半。

三、光船租赁合同

（一）光船租赁合同的概念和特征

光船租赁合同，是指船舶出租人向承租人提供不配备船员的船舶，在约定的期间内由承租人占有、使用和营运，并向出租人支付租金的合同。光船租赁实质是一种财产租赁合同，具有以下法律特征：(1) 在租期内，承租人享有船舶的占有权和使用权，出租人仅保留对船舶的处分权和收取租金的权利；(2) 承租人直接控制船舶，自配船员和负责船舶的营运，承担在营运中发生的风险和责任，并支付相关的费用。

（二）光船租赁合同的内容

光船租赁合同的内容，主要包括出租人和承租人的名称、船名、船籍、船级、吨位、容积、航区、用途、租船期间、交船和还船的时间地点以及条件、船舶检验、船舶的保养维修、租金及其支付、船舶保险、合同解除的时间和条件，以及其他有关事项。光船租赁合同要求以书面形式订立，目前国际上广泛采用的标准格式是波罗的海国际航运公会 1974 年制定的《标准光船租赁合同》。

其内容主要包括：

1. 交船以及船舶证书。出租人应当按照合同向承租人交付符合约定的适航的船舶及船舶证书。

2. 船舶检验。双方应约定交船或者还船时对船舶的检验，明确检验费用和时间损失的承担等事项。

3. 船舶的保养、维修。在光船租赁期间，承租人负责船舶的保养、维修。

4. 船舶保险。在光船租赁期间，承租人应当按照合同约定的船舶价值，以出租人同意的保险方式为船舶进行保险，并负担保险费用。

5. 合理使用。承租人应当按照约定的用途合理、合法地使用租赁的船舶。未经出租人书面同意，承租人不得转让合同的权利和义务或者以光船租赁的方式将船舶进行转租。未经承租人事先书面同意，出租人不得在光船租赁期间对船舶设定抵押权，否则应当负赔偿由此使承租人遭受的损失的责任。

6. 租金的支付。承租人应当按照合同约定支付租金，逾期支付租金连续超过 7 日的，出租人有权解除合同，并有权索赔。船舶发生灭失或者失踪的，租金自船舶灭失或者得知其最后消息之日起停止支付，预付租金按比例退还。

（三）船舶租购合同

船舶租购合同，是指船舶出租人向船舶承租人提供不配备船员的船舶，在约定的期间内交由承租人占有、使用，当承租人按约定向出租人付足租购费时，即取得船舶所有权。我国《海商法》第 154 条规定，订有租购条款的光船租赁合同，承租人按照合同约定向出租人付清租购费时，船舶所有权即归于承租人。

第三节　海上拖航合同

一、海上拖航合同概述

海上拖航合同，是指承拖方用拖轮将被拖物经海路从一地拖至另一地，而由被拖方支付拖航费的合同，但不包括在港区内对船舶提供的拖轮服务。

海上拖航合同应当以书面形式订立。海上拖航合同的内容，主要包括承拖方与被拖方的名称和住所、拖轮和被拖物的名称与主要尺度、拖轮马力、起拖地和目的地、起拖日期、拖航费及其支付方式以及其他有关事项。

二、海上拖航合同当事人的权利与义务

（一）承拖方的权利与义务

1. 承拖方的权利。承拖方的权利主要包括：（1）费用请求权。有权要求被拖方按照约定支付拖航费和其他合理费用。（2）对被拖物的留置权。被拖方未按照约定支付费用的，承拖方有权将被拖物留置。（3）合同解除权。因不可抗力或者其他不能归责于双方的原因致使合同不能履行的，可以解除合同，并不负赔偿责任。起拖前解除的，除另有约定外，承拖方应当退还已付拖航费。（4）拖航合同一般都约定，承拖方（以拖轮船长为代表）有指挥航行的权利。

2. 承拖方的义务。承拖方的义务主要包括：（1）提供适航、适拖拖轮。承拖方在起拖前和起拖当时，应当谨慎处理，使拖轮处于适航、适拖状态，妥善配备船员、配置拖航索具和配备供应品以及该航次必备的其他装置、设备。（2）依约对被拖物接拖、拖带航行，将被拖物拖至目的地。因不可抗力或者其他不能归责于双方的原因致使被拖物不能拖至目的地的，除合同另有约定外，承拖方可以在目的地的邻近地点或者拖轮船长选定的安全的港口或者锚泊地，将被拖物移交给被拖方或者其代理人，视为已履行合同。

（二）被拖方的权利与义务

1. 被拖方的权利。被拖方的权利主要有：（1）要求承拖方按照拖航合同的约定将被拖物从一地拖至另一地。（2）合同解除权。与承拖方相同。

2. 被拖方的义务。被拖方的义务主要包括：（1）使被拖物适合拖航。被拖方在起拖前和起拖当时，应当做好被拖物的拖航准备，谨慎处理，使被拖物处于适拖状态，并向承拖方如实说明被拖物的情况，提供有关检验机构签发的被拖物适合拖航的证书和有关文件。（2）配合拖轮航行的义务。（3）保证其指定的起拖港、目的港和中间港为安全港口。（4）依约在目的港接受被拖物。

三、海上拖航中的损害赔偿

1. 承拖方与被拖方之间的损害赔偿。在海上拖航过程中，承拖方或者被拖方遭受的损失，由一方的过失造成的，有过失的一方应当负赔偿责任；由双方过失造成的，各方按过失程度的比例负赔偿责任。但是，在海上拖航合同没有约定或者没有不同的约定时，经承拖方证明，被拖方的损失是由于下列原因之一造成的，承拖方不负赔偿责任：（1）拖轮船长、船员、引航员或者承拖方的其他受雇人、代理人在驾驶拖轮或者管理拖轮中的过失；（2）拖轮在海上救助或者企图救助人命或者财产时的过失。

2. 承拖方、被拖方与第三人之间的损害赔偿。在海上拖航过程中，由于承拖方或者被拖方的过失，造成第三人人身伤亡或者财产损失的，承拖方和被拖方对第三人负连带赔偿责任。除合同另有约定外，一方连带支付的赔偿超过其应当承担的比例的，有权向另一方追偿。

法律应用

1. 正确区分海上货物运输合同承运人、托运人的责任是解决海上货物运输合同纠纷的关键。

2. 提单是海上货物运输合同中的重要单证，其记载的内容直接影响当事人的权利与义务。

不同种类的提单有不同的法律效果。提单可以有多份，承运人只能在目的港向持有正本提单的人交付货物。

3. 航次租船合同与定期租赁合同是相似但不同的合同，出租人、承租人在这两类合同中各自的、具体的权利与义务是有区别的。定期租船合同与光船租赁合同中承租人对船舶的管理权利和义务是不同的，光船租赁合同实质是财产租赁合同。

课后复习

1. 如何确定海上货物运输合同承运人和托运人的责任?
2. 海上旅客运输合同承运人应当承担哪些责任?
3. 简述提单的种类和内容。
4. 定期租船合同包括哪些内容?
5. 光船租赁合同包括哪些内容?
6. 简述海上拖航合同当事人的权利与义务。

第三十章 船舶碰撞

提要

船舶碰撞是造成海损的主要原因，既涉及有关责任的划分，也涉及诉讼的管辖和赔偿责任的承担。船舶碰撞在海事活动中具有相当的特殊性和复杂性。

重点问题

1. 船舶碰撞的成立条件
2. 船舶碰撞的责任划分
3. 船舶碰撞的责任承担

第一节 船舶碰撞概述

一、船舶碰撞的概念

根据1910年《统一船舶碰撞若干法律规定的国际公约》（以下简称1910年《碰撞公约》）的规定，船舶碰撞是指“海船与海船或海船与内河船发生碰撞，致使有关船舶或船上人身、财产遭受损害”。可见，船舶碰撞必须发生在船舶之间，而不包括船舶与非船舶的碰撞；而且，船舶必须发生接触，即碰撞限于直接碰撞。但是，1987年国际海事委员会起草的《船舶碰撞损害赔偿国际公约（草案）》（以下简称《里斯本规则草案》）对船舶碰撞下了新的定义：第一，“船舶碰撞指船舶间（哪怕没有实际接触）发生的造成灭失或损害的任何事故”；第二，“船舶碰撞指船或几船的过失造成两船或多船间的相互作用所引起的灭失或损害，而不论船舶间是否发生接触”。该定义不要求船舶有实际接触，但规定船舶碰撞以过失为要件。这与1910年《碰撞公约》的规定有很大的不同。

我国《海商法》第165条第1款规定：“船舶碰撞，是指船舶在海上或者与海相通的可航水域发生接触造成损害的事故。”可见，我国海商法中规定的船舶碰撞以船舶之间发生接触为要件，与1910年《碰撞公约》的要求一致。但是，我国《海商法》第170条同时规定，“船舶因操纵不当或者不遵守航行规章，虽然实际上没有同其他船舶发生碰撞，但是使其他船舶以及船上的人员、货物或者其他财产遭受损失的，适用本章的规定”，即有条件地承认没有实际接触的“船舶碰撞”。这一点与《里斯本规则草案》的规定相似。

二、船舶碰撞的成立条件

从我国海商法对船舶碰撞的规定可以看出，要构成船舶碰撞，必须具备以下条件：

1. 碰撞必须发生在船舶之间。碰撞的船舶，一方必须是除用于军事的或政府公务的船舶和20总吨以下的小型船艇以外的海船和其他移动装置，他方必须是除用于军事或政府公务的船舶以外的任何船艇，包括海船、内河船、20总吨以下的小型船艇。这一要件排除了下列碰撞：(1) 用于军事的或政府公务的船舶与任何其他船舶的碰撞；(2) 20总吨以下的小型船艇之间的碰撞；(3) 任何船舶与固定建筑物或设施之间的碰撞；(4) 非海商法所规定船舶之间的碰撞。例如，内河上的内河船之间的碰撞不属于海商法中规定的船舶碰撞。

2. 碰撞必须发生在海上或与海相通的可航水域。“与海相通的可航水域”，应指可供20总吨以上海船自由航行的通海水域。在那些虽然与海相通但不可航的水域发生的船舶碰撞，不适用海商法关于船舶碰撞的规定。

3. 碰撞须有损害结果。船舶碰撞没有造成船舶及船上人员、货物或者其他财产损失的，不构成船舶碰撞。

4. 间接碰撞须因过失所致。在我国，直接碰撞不以过失为要件。而间接碰撞虽然也被视为船舶碰撞，但它必须系操纵不当或违反航行规章所致，而且损害后果与过失之间存在因果关系。

三、碰撞船舶的义务

（一）船舶碰撞后当事船船长的义务

船长的义务主要为：

1. 施救义务。船舶发生碰撞，当事船舶的船长在不严重危及本船和船上人员安全的情况下，对于相碰的船舶和船上人员必须尽力施救。

2. 通知义务。船舶发生碰撞，当事船舶的船长应当尽可能将其船舶名称、船籍港、出发港和目的港通知对方。

应该指出的是，船长的上述义务与船舶碰撞责任的归属无关，即使对船舶碰撞没有任何责任的当事船舶的船长，也应履行上述义务。

（二）船舶碰撞后船东的义务

船东的义务主要为：

1. 损害赔偿义务。对于过失导致的船舶碰撞，过失船舶的所有人应承担船舶碰撞所产生的损失的赔偿义务。我国《海商法》第168条和第169条对此作出了规定。

2. 采取合理、谨慎措施的义务。船舶碰撞发生后，当事船应采取合理、谨慎的措施以避免或减少损失的扩大，如果当事船未尽到此项义务，对扩大的损失不得进行索赔。

第二节　船舶碰撞的责任及赔偿

一、船舶碰撞的责任

船舶碰撞是一种责任事故，这类事故引起他方的人身或财产损害，从而属于一种侵权行为，行为人承担的责任是侵权责任。以碰撞船舶是否有过失为标准，可以将船舶碰撞责任分为双方无过失碰撞责任和有过失碰撞责任。

（一）双方无过失碰撞责任

双方无过失碰撞责任，又称不负责任的碰撞，是指船舶碰撞不存在人为的因素，完全是因为客观原因或不明原因造成的事故。其处理原则是不负赔偿责任，损失自负。在海上运输中发生的无过失碰撞责任通常有以下三种：

1. 不可抗力造成的碰撞。不可抗力是指不能预见、不能克服、不能避免的客观情况。由于不可抗力所造成的船舶碰撞，通常是自然灾害所致，如因为海上恶劣天气或台风等，致使船舶发生碰撞。不可抗力造成的船舶碰撞损失，由受损方自己承担。

2. 意外事故造成的碰撞。意外事故造成的碰撞是指船方已做到了恪尽职责，以通常航行或防范措施仍不能避免的船舶碰撞。意外事故造成船舶碰撞的原因是不可预见的，如船舶舵机失灵、发电系统故障、船舶机械的潜在缺陷等。发生这类事故，当事人的举证责任与不可抗力引起的碰撞责任基本相似。船舶碰撞被确认是意外事故造成的，当事人不负赔偿责任。

3. 原因不明的碰撞。原因不明是指船舶碰撞原因无法查清。船舶发生碰撞后，当事人无法提出任何证据证明一方有过失，碰撞又不属于不可抗力或意外事故造成的，即被视为原因不明的碰撞。对于这类事故的处理，应采取损失自负原则，而不能以推定方式处理事故。对此，1910 年《碰撞公约》第 6 条规定："关于在碰撞责任方面的过失问题的一切法律推定，均应废除。"

对于上述三种碰撞，均采取损失自负的原则，当事人不需要承担责任。1910 年《碰撞公约》第 2 条规定："如果碰撞的发生是出于意外，或者出于不可抗力，或者碰撞原因不明，其损害应由遭受者自己承担。"我国《海商法》第 167 条也规定："船舶发生碰撞，是由于不可抗力或者其他不能归责于任何一方的原因或者无法查明的原因造成的，碰撞各方互相不负赔偿责任。"

（二）有过失碰撞责任

有过失碰撞责任，是指由于一方或多方过失造成的船舶碰撞。这种碰撞通常是船员没有遵守航海避碰规则所引起的事故。过失碰撞责任又分以下两种：

1. 单方过失碰撞责任。单方过失碰撞责任，是指由一方的过失所造成的船舶碰撞，这类碰撞所引起的损害赔偿责任由过失船舶承担。1910 年《碰撞公约》第 3 条规定："如果碰撞是由于一艘船舶的过失所引起，损害赔偿的责任应由该艘过失船承担。"我国《海商法》第 168 条则规定："船舶发生碰撞，是由于一船的过失造成的，由有过失的船舶负赔偿责任。"

2. 双方互有过失的碰撞责任。双方互有过失的碰撞责任，是指船舶碰撞的双方都有不同程度的过失而导致碰撞事故发生。它通常表现为以下情形：一是双方船舶都违章行驶造成的碰撞；二是双方的判断失误所造成的碰撞；三是一方违章行驶，另一方虽按航行规则行驶，但对他方的违章掉以轻心，没有按照规定采取措施，导致船舶碰撞。对于双方互有过失的船舶碰撞造成的损失，各方应按过失程度的比例划分赔偿责任。由于双方过失造成第三方损失的，双方应对第三方负连带责任。

我国海商法规定，船舶发生碰撞，碰撞的船舶互有过失的，各船按照过失程度的比例负赔偿责任；过失程度相当或者过失程度的比例无法判定的，平均负赔偿责任。互有过失的船舶，对碰撞造成的船舶以及船上货物和其他财产的损失，依照过失程度的比例负赔偿责任。碰撞造成第三方损失的，各船的赔偿责任均不超过其应承担的比例，但是，互有过失的船舶，对造成的第三人的人身伤亡，负连带赔偿责任。一船连带支付的赔偿超过过失程度的比例的，有权向其他有过失的船舶追偿。

二、船舶碰撞的损害赔偿

船舶碰撞事故发生后，最终要确定过失方损害赔偿问题，即过失方赔偿金额。由于海商法未明确地规定赔偿的原则、范围、计算方法等，故应适用民法以及海事法规、司法解释的规定。

（一）船舶碰撞损害赔偿的原则

1. 恢复原状原则。最高人民法院于 1995 年 8 月 18 日发布的《关于审理船舶碰撞和触碰案件财产损害赔偿的规定》（以下简称《碰撞损害赔偿规定》）第 2 条规定："赔偿应当尽量达到恢复原状，不能恢复原状的折价赔偿。"恢复原状就是损害赔偿应使受害方尽量接近损害事故发生前的状况。但是，对碰撞造成的人身伤亡不适用该原则。

2. 直接损失赔偿原则。《碰撞损害赔偿规定》第 1 条第 1 款确定了该项原则，并明确地规定了直接损失的范围。据此原则，受害方只能追偿碰撞造成的立即的直接损害，包括可以合理预见的损失，如因船舶碰撞导致航次租船合同解除而损失的本可赚得的运费、渔船错过捕捞季节而损失的收益等。但是，受害方不能追偿因失去投资、投标、贷款等机会而产生的营利损失。

3. 受害方尽力减少损失的原则。根据《碰撞损害赔偿规定》第 1 条第 2 款的规定，受害方不得要求赔偿因自己的过错而扩大的损失。换言之，受害方采取合理措施就可以避免或减少的损害，不得追偿。因此，当船舶发生碰撞后，受害船舶应尽力采取合理措施，将损失控制在最小范围内。

（二）船舶碰撞损害赔偿的范围

船舶碰撞的损害赔偿，不仅包括船舶本身的损害赔偿，而且包括船上所载货物及其他财产的损害赔偿，还包括船上旅客和船员的人身伤亡损害以及污染损失。

1. 船舶损失。可以具体分为：

第一，船舶全损的赔偿。船舶全损分为实际全损与推定全损两种情况。在实际全损时，损害方向责任方的索赔额为：船舶价值＋滞期损失＋支付给第三方的赔偿＋船员工资和遣返费用＋其他费用。其中，在确定船舶价值时应考虑船舶类型、船龄、条件和操纵性能及碰撞时所具有的价值等诸项因素。如果有可能取得类似船舶，则应参照该类似船舶价格确定。如果无法找到可以参照的市场价格，则以造价减去折旧确定其价格。在确定船舶价值时，应以船舶灭失之日为准，而且受害方支付的船舶保险费不应计入船舶价值以内。根据《碰撞损害赔偿规定》，船舶全损的赔偿范围包括船舶价值损失以及未包括在船舶价值内的船舶上的燃料、物资、备件、供应品，渔船上的捕捞设备、网具、渔具等损失。船舶价值损失的计算，应以船舶碰撞发生地当时类似船舶的市价确定；碰撞发生地无类似船舶市价的，以船舶船籍港类似船舶的市价确定或以其他地区类似船舶市价的平均价确定；没有市价的，以原船舶的造价或购置价，扣除折旧计算；折旧后没有价值的，按残值计算。船舶被打捞后尚有残值的，船舶价值应扣除残值。

滞期损失又包括货船的滞期损失和渔船的滞期损失。货船的滞期损失为运费损失。货船营运本可赚取运费，但碰撞后致使其无法赚取该部分收入，由此遭受的损失亦属于碰撞的直接后果，可以索赔。在受害船舶为班轮时，因航线固定，运费收入可以事先预料，因此，在全损后船舶丧失使用价值的合理期限内，可追偿的运费损失容易确定。在受害船舶为航次租船时，受害方必须证明在船舶丧失使用价值的合理期限内确有另外的航次租船合同存在时，才可以索赔。在受害船舶为定期租船时，出租方有权根据租船合同向责任方追偿租金损失。所谓“船舶丧失使用价值的合理期限”，是一个事实问题，一般以受害方可以找到替代船舶的合理时间为准。《碰撞损害赔偿规定》第10条规定，在船舶全损时，滞期损失以找到替代船所需的合理期间为限（最长不超过2个月），滞期损失一般以船舶碰撞前后两个航次的平均净盈利计算。如果碰撞导致期租合同承租人停租或不付租金的，船舶所有人的索赔额以租金额扣除可节省的费用计算。因货物灭失或损坏导致运费损失的，以尚未收取的运费金额扣除可节省的费用计算。渔船的滞期损失为鱼汛损失，以该渔船前3年的同期鱼汛平均净收益计算，或以本年内同期同类渔船的平均净收益计算，计算期限以找到替代渔船的合理期限（最长不超过2个月）扣除休渔期为限，或以一个鱼汛期为限。

支付给第三方的赔偿，主要指受害船舶需要对外承担的财产赔偿责任，如由于加害船舶的过失致使受害船舶碰撞码头，以及在造成第三人人身伤亡的情况下必须承担的连带赔偿责任。受害方在对外赔付之后，可以向加害方索赔。

对于船员工资和遣返费用，根据1925年《国际劳工公约》的规定，船员因船舶失事或灭失而被解雇时，船员对解雇期间的工资享有权利，期限为2个月，除非船舶所有人证明该船员能够马上获得适当雇用。这一原则已为各国所普遍接受。此外，如果船舶碰撞发生在国外，还会发生将船员遣返回国的遣返费。上述两笔费用均可以由受害方索赔。

船舶价值的利息从碰撞之日起算，直至赔付之日终止。如果船舶所有人索赔了运费损失，则利息从运费损失终止计算之日起算，因为索赔运费损失已意味着船舶所有人对无法利用船舶使用价值的损失进行了索赔。对运费利息的计算，从运费应支付之日起，至实际赔付之日止；支付给第三人的费用，从实际垫付之日起，至实际获偿为止。

《碰撞损害赔偿规定》第13条规定，船舶价值的损失利息从船期损失停止计算之日起至判决或调解确定的应付之日止，其他各项损失则从损失发生之日或费用产生之日起计算至判决或调解确定的应付之日止。

受害方可以索赔的其他费用包括合理的救助费，沉船的勘察、打捞和清除费用，设立沉船标志的费用，共同海损公摊、拖航费用，以及杂费（如诉讼费、通信费等）。《碰撞损害赔偿规定》亦有类似规定。

第二，船舶推定全损的赔偿。推定全损是指船舶实际全损已无法避免，或者虽然未达到全损，但其恢复、修理、救助的费用将超过船舶价值。船舶推定全损的损失计算方法与实际全损时相似，但亦有若干特别的费用。比如，在确定船舶是否推定全损之前，船舶所有人往往会打捞、检验该船，由此产生的打捞费、检验费亦可索赔。

第三，船舶部分损失的赔偿。在船舶部分损失的情况下，赔偿范围包括三部分：修理费及附带费；支付第三方的费用；滞期损失。船舶未发生全损时，索赔方有权追偿临时修理和永久修理费用以及附带费用，附带费用包括船舶检验费、进坞费、码头税、监督费等。根据《碰撞损害赔偿规定》，船舶部分损害的赔偿包括合理的船舶临时修理费、永久修理费及辅助费用和维持费用。辅助费是指为进行修理而产生的合理费用，包括必要的进坞费、港口费、检验费、住坞费、清仓除气费等。维持费用是指在船舶修理期间，船舶和船员日常消耗的费用，包括燃料、物料、淡水及代用品的消耗和船员工资等。支付第三人的费用主要包括救助费用、拖船费用、打捞费用、赔偿人身伤亡或个人财产的损失以及杂费等。滞期损失是指在船舶修理期间，由于船舶所有人不能正常使用该船而遭受的损失。有关计算方法与船舶全损时的计算方法相似。

2. 货物损失。船舶碰撞中货物损失金额的计算，主要取决于货主向承运人索赔时所依据的法律原则。由于货主可能分布于世界各国，所以，具体的法律规定存在差异。一般而言，在货物损坏时，应按其实际价值计算，扣除因此而减付或免付的有关运输费用。在货物损坏的情况下，赔偿金额应为货物到达时的完好价值减去损坏后的价值金额。《碰撞损害赔偿规定》第9条规定，货物灭失时，应按其实际价值，即以货物装船时的价值加运费加请求人已支付的货物保险费计算，扣除可节省的费用；货物损坏时，以修复所需的费用，或以货物的实际价值扣除残值和可节省的费用计算。在受害船舶为渔船时，船上捕捞的鱼货价值应参照事故发生时的当地市价，扣除可节省的费用：网具的价值，应按原购置价或造价扣除折旧费用和残值计算。

3. 人身伤亡损失。人身伤亡分为人身伤害和人身死亡两种情况。船舶碰撞中责任方应承担的人身伤亡赔偿责任，主要取决于审理案件时适用的准据法以及有关雇佣契约。根据我国最高人民法院于1991年11月8日公布的《关于审理涉外海上人身伤亡案件损害赔偿的具体规定(试行)》，人身伤亡的赔偿范围如下：在伤残赔偿时，赔偿范围包括收入损失、医疗护理费、安抚费及其他必要的费用。需要注意的是，安抚费是指对伤残者的精神损失给予补偿，可按伤势轻重、伤痛情况、残废程度，并考虑年龄、职业等因素作一次性赔付。安抚费实际上具有精神损害赔偿金的性质。

在死亡赔偿时，赔偿范围包括收入损失、医疗护理费、安抚费、丧葬费（以死者生前6个月的收入总额为限）以及其他必要费用。其中收入损失的计算公式为：收入损失＝（年收入－年个人生活费）×死亡时起至退休止的年数＋退休收入×10。该规定同时限定海上伤亡赔偿的最高限额为每人80万元人民币。

第三节 船舶碰撞管辖权

一、船舶碰撞管辖权的概念

船舶碰撞管辖权，是指对于船舶碰撞引起的纠纷，哪个国家的哪一级法院享有审判权。

从船舶碰撞纠纷由哪个国家的法院行使审判权的角度看，船舶碰撞管辖权体现了国家的主权；从船舶碰撞纠纷由享有审判权的国家哪一级法院管辖的角度看，船舶碰撞管辖权是一国的司法审判权在一国领域内的划分。

我国《海事诉讼特别程序法》第4条规定，海事法院受理当事人因海事侵权纠纷、海商合同纠纷以及法律规定的其他海事纠纷提起的诉讼。该条是关于海事侵权纠纷的专属管辖的规定，即确立了海事侵权纠纷由海事法院专属管辖。船舶碰撞纠纷属于海事侵权纠纷的一种，因此，在我国，船舶碰撞案件由海事法院专属管辖。

我国《海事诉讼特别程序》第4条仅确立了船舶碰撞的专属管辖法院，要使该项审判权得到实现，还必须进一步规定哪个地方的海事法院对船舶碰撞案件享有管辖权。《海事诉讼特别程序法》第6条第2款第1项规定，因海事侵权行为提起的诉讼，除依照《民事诉讼法》第29条至第31条的规定外，还可以由船籍港所在地海事法院管辖。而我国《民事诉讼法》第30条规定，因船舶碰撞或者其他海事损害事故请求损害赔偿提起的诉讼，由碰撞发生地、碰撞船舶最先到达地、加害船舶被扣留地或者被告住所地人民法院管辖。另外，《海事诉讼特别程序法》第5条规定，海事法院及其所在地的高级人民法院和最高人民法院审理海事案件的，适用本法。由此可见，在我国，享有船舶碰撞管辖权的法院是碰撞发生地、碰撞船舶最先到达地、加害船舶被扣留地、被告住所地和船籍港所在地的海事法院及其所在地的高级人民法院和最高人民法院。

二、船舶碰撞的法律适用

船舶碰撞纠纷的法律适用通常是根据国际私法的最密切联系原则来确定的。依据这一原则，各国往往以下列法律作为船舶碰撞损害赔偿的准据法：

1. 侵权行为地法

船舶碰撞由于引起一国领海水域或内水的损害，构成侵权行为。为了维护受损国的利益，受损国会以侵权行为地的法律为准据法，处理碰撞事故。侵权行为地法已被各国海商法普遍承认。

2. 法院地法

如果船舶碰撞发生在公海，根本没有“侵权行为地法”，也就无法确定船舶碰撞的准据法。为了确定应适用的法律，受理案件的法院往往以本国法律为准据法，即以法院地法为依据处理船舶碰撞纠纷。

3. 船旗国法。船舶悬挂一国国旗是代表该国主权的象征，并受该国法律的管辖。当船舶碰撞发生在公海上，该事故不受任何国家管辖时，或者碰撞船舶属于开放登记船，船舶的国籍与登记国不一致时，往往适用船旗国法处理船舶碰撞纠纷。

我国《海商法》第 273 条规定：“船舶碰撞的损害赔偿，适用侵权行为地法律。船舶在公海上发生碰撞的损害赔偿，适用受理案件的法院所在地法律。同一国籍的船舶，不论碰撞发生于何地，碰撞船舶之间的损害赔偿适用船旗国法律。”由此可见，我国海商法的规定与国际上处理船舶碰撞事故适用的准据法相同。

三、有关船舶碰撞的国际公约

为了用统一的法律规则处理因船舶碰撞而发生的法律问题，国际上制定了 4 个有关船舶碰撞的国际公约，它们是：1910 年《碰撞公约》、1952 年《船舶碰撞中民事管辖权方面若干规定的国际公约》（以下简称《民事管辖权公约》）、1952 年《统一船舶碰撞或其他航行事故中刑事管辖权方面若干规定的国际公约》（以下简称《刑事管辖权公约》）、1972 年《国际海上避碰规则》（以下简称《避碰规则》）。

（一）1910 年《碰撞公约》

该公约共有 16 条规定，主要规定了适用范围、确定船舶碰撞责任原则、诉讼时效及其他规定。该公约适用于海船之间或者海船与内河船舶之间发生的碰撞，只要是船舶或船上财物、人员遭受损害所引起的赔偿，不论碰撞发生在任何水域，都应按该公约的规定处理。

根据 1910 年《碰撞公约》的规定，船舶发生碰撞后，必须依实际情况客观地划分碰撞各方的责任。如果船舶碰撞是由意外事故、不可抗力或原因不明的情况引起的，损害由受害人自行负担。

船舶碰撞是由于一艘船舶的过失所引起的，损害赔偿的责任应由这艘有过失的船舶承担。对于两艘或两艘以上船舶的过失引起的碰撞，每艘船应按照各自的过失程度的比例分担责任。另外，该公约规定相碰船舶的船长在船舶碰撞后负有救助义务和通知义务，并规定，船舶碰撞损害赔偿请求权时效为 2 年，自事故发生之日起算。

（二）1952 年《民事管辖权公约》

该公约共有 8 条规定，主要内容是起诉与反诉的管辖及适用范围。该公约规定，海船与海船或海船与内河船舶发生的碰撞，只能向以下法院起诉：

被告经常居住地或营业所在地的法院；扣留过失船舶的法院，或本可进行扣留并已提出保全地点的法院；碰撞发生于港口或内河水域以内时，碰撞发生地的法院。原告对上述有民事管辖权的法院享有选择权，但在任何情况下都不妨碍当事人双方向其一致选定的法院就碰撞事件提起诉讼或将该案件提交仲裁的权利。原告不得在未撤销原有诉讼之前，就同一事实对同一被告在另一管辖区内提起诉讼。如果有几个请求人，任何一个请求人都可以将其案件向受理同一碰撞案件，控告同一当事人的法院提起诉讼。对同一碰撞事件的反诉，应向对本诉具有管辖权的法院提出。该公约的适用范围限于海船与海船或海船与内河船舶发生碰撞的案件，对于军用船舶或由国家所有或为国家使用的船舶发生碰撞的案件，交由各国国内法解决。

（三）1952年《刑事管辖权公约》

该公约共有12条规定，主要内容有：（1）船舶在公海上发生碰撞或其他航行事故，以致船长或船上其他船员涉及刑事诉讼或纪律处分的案件，只能交由当事船的船旗国司法机关或行政机关处理，除船旗国外，任何其他国家的有关当局无权扣押当事船，即使是为了调查；（2）一国有权对在其领海内因船舶碰撞或其他航海事故而发生的刑事案件采取措施，或对其本国人在他国船上的违法行为提出控告；（3）该公约不适用于在港口内河水域发生的碰撞或其他航行事故。

（四）1972年《避碰规则》

该公约由5章、38条规定组成，另外包括4个附录，适用于在公海和连接公海而可供海船航行的一切水域中的任何船舶。主要内容包括：（1）保持正规瞭望；（2）使用安全航速；（3）正确显示号灯和号型；（4）正确使用声响和灯光信号。

法律应用

1. 船舶碰撞作为损害赔偿的一种，其法律机理和普通民事损害是一样的，只不过在赔偿数额和诉讼时效上有一定的特殊性。

2. 船舶碰撞的管辖问题比较复杂，根据国际公约的有关规定，被告所在地、船舶扣押地和碰撞发生地等地区的法院均享有管辖权，但选择权一般在原告。

课后复习

1. 简述船舶碰撞的成立条件。
2. 简述船舶碰撞损害赔偿的确定。

第三十一章

海难救助与共同海损

提 要

本章内容包括海难救助、共同海损以及海事赔偿责任限制。海难救助的内容包括海难救助的概念与特征、海难救助的成立条件、海难救助合同、海难救助款项和海难救助的国际公约。共同海损涉及共同海损的概念与特征、共同海损的成立条件、共同海损与过失、共同海损的范围、共同海损的理算等。海事赔偿责任限制的内容包括海事赔偿责任限制的概念与意义、海事赔偿责任限制的法律适用、海事赔偿责任限制的内容以及海事赔偿责任限制基金。

重点问题

1. 海难救助的成立条件
2. 海难救助款项
3. 共同海损的成立条件
4. 共同海损的范围、理算
5. 海事赔偿责任限制的内容
6. 海事赔偿责任限制基金

第一节　海难救助

一、海难救助的概念和分类

海难救助，是指在海上或与海相通的可航水域，对遇险的船舶和其他财产实施救助的行为。

海难救助的形式有：(1) 救助拖带。对遇难船舶进行拖带、引领、拖至安全地点，使其从危险状态转变为安全状态。(2) 守护救助。应遇难船舶的请求而等候在遇难船舶附近，一旦需要立即施救。(3) 搁浅救助。使用各种方法使搁浅船舶脱浅，包括卸载或抛货、开挖航槽或炸礁开辟航道等。(4) 抢险救助。当船舶遇险即将沉没时，任何船舶或主管机关获悉后，应立即进行救助和组织救助。(5) 提供船员和供给。(6) 救火。遇难船舶发生火灾时代为灭火，并抢救船上人命和货物，或者搬移遇难船舱内的货物，避免扩大火势。此外，为遇难船舶指出正确的航向、为其提出合理建议或为其提供情报等行为，通常也被视为海难救助。

海难救助依救助人的性质可以分为强制救助、义务救助、契约救助和自愿救助，依救助的内容可以分为救助拖带、搁浅救助、抢险救助、守护救助、提供船员和供给、救火，依遇难财产是否被所有人占有可以分为救助和捞救。

二、海难救助的成立条件

海难救助的成立必须具备以下要件：(1) 救助标的必须符合法律规定。一般包括船舶和其他财产，军舰和政府公务船舶不构成海难救助关系的客体。(2) 救助标的处于真实危险中。真实危险是海难救助的前提，判断真实危险的标准一般包括：救助对象已进入危险状态，如船舶触礁、搁浅、船体碰裂等；该种危险已不可避免，如果不及时予以救助，则救助对象会遭受更大的损失。(3) 救助的提供和接受必须是自愿的。被救助方拒绝救助，即使取得救助效果，也不构成有效的海难救助，无权请求救助报酬。(4) 救助行为必须有效果。救助报酬的多少，取决于救助效果的大小。救助"无效果，无报酬"原则为各国法律和救助公约采纳。

三、海难救助合同

1. 海难救助合同的订立。救助方与被救助方就海难救助达成协议，救助合同成立。遇险船舶的船长有权代表船舶所有人订立救助合同。遇险船舶的船长或者船舶所有人有权代表船上财产所有人订立救助合同。

2. 海难救助合同的变更。海难救助合同依法成立，即具有法律约束力。但是，有下列情形之一，经一方当事人起诉或者双方当事人协议仲裁的，受理争议的法院或者仲裁机构可以判决或者裁决变更救助合同：(1) 合同在不正当的或者危险情况的影响下订立，合同条款显失公平的；(2) 根据合同支付的救助款项明显过高或者过低于实际提供的救助服务的。

3. 海难救助标准合同格式。目前，使用最广、对各国海事立法有重要影响的合同救助标准格式是英国"劳氏救助合同格式"。它首创于1891年，1908年第一次正式出版，后经多次修订，其"1995年劳氏救助合同格式"被广泛使用。该格式的主要内容有：(1) 由遇险船舶船长代表船舶、货物或运费所有人签订救助合同；(2) 采用"无效果，无报酬"原则，争议应提交英国劳氏委员会仲裁；(3) 除双方明确约定外，救助方将获救财产拖带至某一安全地点，即视为履行了救助义务；(4) 救助方可以免费使用被救船舶的设备，但不应使其遭受不必要的损害；(5) 救助作业结束后，救助方应立即或尽快通知劳氏委员会收取担保金，此前，救助方对获救财产享有留置权；(6) 在救助满载或部分装载油类货物的油轮场合，只要救助方无过失，油轮所有人的责任保赔协会都应单独向救助方支付为此而发生的合理费用和不超过该费用的15%的附加费；(7) 救助合同的当事人，有权就合同内容及履行提交劳氏委员会仲裁，以英国法为准据法；(8) 因救助方的过失，给被救助方造成财产损失的，有权依英国法主张限制赔偿责任。

四、海难救助款项

海难救助款项，是指被救助方依照法律规定或合同约定，应当向救助方支付的任何救助报酬、酬金或者补偿。

(一) 救助报酬的确定

1. 救助报酬的确定原则。包括：(1)"无效果，无报酬"原则。救助方对遇险的船舶和其他财产的救助，取得效果的，有权获得救助报酬；救助未取得效果的，除法律特别规定或者救助合同另有约定外，无权获得救助款项。(2) 特别补偿原则。对构成环境污染损害危险的船舶或者船上货物进行的救助，救助方有权依法从船舶所有人处获得相当于救助费用的特别补偿。(3) 鼓励救助。确定救助报酬，应当体现对救助作业的鼓励。

2. 救助报酬额的确定。确定救助报酬额，应当体现对救助作业的鼓励，并综合考虑下列各项因素，但不得超过船舶和其他财产的获救价值：(1) 船舶和其他财产的获救的价值，即船舶和其他财产获救后的估计价值或者实际出卖的收入，扣除有关税款和海关、检疫、检验费用以及因卸载、保管、估价、出卖而产生的费用后的价值，但不包括船员的获救的私人物品和旅客的获救的自带行李的价值；(2) 救助方在防止或者减少环境污染损害方面的技能和努力；(3) 救助方的救助成效；(4) 危险的性质和程度；(5) 救助方在救助船舶、其他财产和人命方面的技能与努力；(6) 救助方所用的时间、支出的费用和遭受的损失；(7) 救助方或者救助设备所冒的责任风险和其他风险；(8) 救助方提供救助服务的及时性；(9) 用于救助作业的船舶与其他设备的可用性和使用情况；(10) 救助设备的备用状况、效能和设备的价值。

3. 救助报酬额的分担。救助报酬的金额，应当由获救的船舶和其他财产的各所有人，按照船舶和其他各项财产各自的获救价值占全部获救价值的比例承担。

4. 救助报酬额的分配。参加同一救助作业的各救助方的救助报酬，应当根据法律规定的确定救助报酬额的考虑因素和标准，由各方协商确定；协商不成的，可以提请受理争议法院判决或者经各方协议提请仲裁机构裁决。

（二）特别补偿

特别补偿是对构成环境污染损害危险的船舶或者船上货物进行救助的救助方依法从船舶所有人处获得的补偿。救助方对构成环境污染损害危险的船舶或者船上货物进行救助的，有权从船舶所有人处获得相当于救助费用的特别补偿；救助作业取得防止或者减少环境污染损害效果的，船舶所有人向救助方支付的特别补偿可以另行增加，增加的数额可以达到救助费用的30%；受理争议的法院或者仲裁机构认为适当的，可以在不超过救助费用100%的前提下判决或者裁决进一步增加特别补偿数额。由于救助方的过失未能防止或者减少环境污染损害的，可以全部或者部分地剥夺救助方获得特别补偿的权利。特别补偿的支付金额为特别补偿超过救助报酬的差额部分。

救助费用，是指救助方在救助作业中直接支付的合理费用以及实际使用救助设备、投入救助人员的合理费用。确定救助费用时应当考虑救助方提供救助服务的及时性，用于救助作业的船舶和其他设备的可用性和使用情况，救助设备的备用状况、效能和设备的价值。

（三）救助款项的减少、取消、担保和先行支付

1. 救助款项的减少和取消。由于救助方的过失致使救助作业成为必需或者更加困难的，或者救助方有欺诈或者其他不诚实行为的，应当取消或者减少向救助方支付救助款项。

2. 救助款项的担保。被救助方在救助作业结束后，应当根据救助方的要求，对救助款项提供满意的担保；获救船舶的船舶所有人应当在获救的货物交还前，尽力使货物的所有人对其应当承担的救助款项提供满意的担保。在未根据救助人的要求对获救的船舶或者其他财产提供满意的担保以前，未经救助方同意，不得将获救的船舶和其他财产从救助作业完成后最初到达的港口或者地点移走。

3. 救助款项的先行支付。受理救助款项请求的法院或者仲裁机构，根据具体情况，在合理的条件下，可以裁定或者裁决被救助方向救助方先行支付适当的金额。

第二节 共同海损

一、共同海损的概念与特征

（一）共同海损的概念

共同海损（generalaverage），是指在同一海上航程中，船舶、货物和其他财产遭遇共同危

险，为了共同安全，有意地、合理地采取措施所直接造成的特殊牺牲以及支付的特殊费用。

（二）共同海损的特征

共同海损具有以下特征：(1) 共同海损是船舶、货物和其他财产遭遇共同危险时有意采取措施造成的损失；(2) 共同海损是为船舶、货物和其他财产各方的共同利益所遭受的损失；(3) 共同海损造成的特殊牺牲以及支付的特殊费用由受益方分摊。

二、共同海损的成立条件

构成共同海损必须具备以下条件：(1) 处于同一航程中的船舶、货物和其他财产必须遭遇真实的和急迫的共同危险。(2) 为了船舶、货物和其他财产的共同安全所采取的措施必须是有意的、合理的。(3) 牺牲、费用必须是特殊的，且是共同海损行为的直接后果。无论是在航程中还是在航程结束后发生的船舶或者货物因迟延所遭受的损失，包括船期损失和行市损失以及其他间接损失，均不得列入共同海损。(4) 采取的措施必须取得了效果。船方采用特殊措施，达到了全部或部分保全船舶、货物和其他财产的目的。

三、共同海损与过失

共同海损既可能是由于不可归责于任何当事人的不可抗力或意外事件造成的，也可能是由于一方当事人的过失造成的。在由于一方当事人的过失造成共同海损的情况下，共同海损如何分摊成为一个容易引起争议的问题。

（一）一方当事人可以免责的过失所致的共同海损

一方当事人可以免责的过失是指承运人可以免责的过失。承运人可以免责的过失引起共同海损的，其他受益方应当参与分摊共同海损，如同该共同海损是由于不能归责于当事人的其他原因引起的。

（二）一方当事人不能免责的过失引起的共同海损

因一方当事人不能免责的过失引起共同海损时，关于该过失方是否有权要求分摊共同海损，我国海商法采取了“先理算，后分摊”或者“先分摊，后追偿”的原则，与1974年《约克安特卫普规则》规则D的规定完全一致。《海商法》第197条规定：“引起共同海损特殊牺牲、特殊费用的事故，可能是由航程中一方的过失造成的，不影响该方要求分摊共同海损的权利；但是，非过失方或者过失方可以就此项过失提出赔偿请求或者进行抗辩。”1974年《约克安特卫普规则》规则D规定：“即使引起牺牲或费用的事故，是由于航程中某一方的过失所造成的，也不影响要求分摊共同海损的权利，但这不妨碍非过失方与过失方之间就此项过失提出索赔或答辩。”

四、共同海损的范围

（一）共同海损的宣布

共同海损出现后，船方（一般由船长）应当在事故发生后到达的第一个港口宣布共同海损。共同海损的宣布是共同海损理算的必经程序，必须在一定时限内完成。《北京理算规则》规定应在到达第一个港口后的48小时内宣布共同海损。宣布共同海损实际上是船方通知有关当局和当事人已经发生共同海损，要求其他利益方分摊损失。根据“谁分摊，谁举证”的原则，船方应当收集所采取的措施，引起的每一项损失或支付的费用等证明材料。

（二）共同海损的担保

共同海损的担保是为了确保共同海损分摊，经利益关系人要求，由各受益方或分摊方作出的保证行为。如果不采取一定的保证性措施，待船方将货物放行后，货方一旦拒绝分摊，则船方的利益将得不到保证，所以，经利益关系人要求，各分摊方应当提供共同海损担保。实践中，共同海损担保方式有：(1) 提供保证金。以提供保证金方式进行共同海损担保的，保证金应当交由海损理算师以保管人名义存入银行。保证金的提供、使用或者退还，不影响各方最终的分摊责任。(2) 由货方保险人提供共同海损担保函。根据担保函，货物保险人向船舶所有人保证支付恰当、合理的有关共同海损损失和费用。担保函又分为限额担保函和无限额担保函。目前各保险公司一般都出具无限额担保函。(3) 由船、货双方签署海损协议书，按协议负责分摊共同海损。(4) 船、货双方签署船货不可分离协议。

共同海损发生后，在货物需要转船运输的情况下，为了防止货方拒绝分摊共同海损损失，在货物转船前，船、货双方须签署不可分离协议，以保护船方利益。根据协议货物离开原船舶后，仍有义务继续分摊船东所支付的属于共同海损性质的费用。当各受益方拒绝参加共同海损分摊并拒绝提供担保时，船方有权留置其掌管下的货物，并用拍卖留置物所得的价款抵偿其应承担的共同海损分摊金额。

（三）共同海损的具体范围

1. 共同海损损失。共同海损损失，是指在船、货面临共同危险的情况下，为了船舶及货物的共同安全而采取措施所导致的船舶或货物的损失。包括：(1) 船舶损失。有意采取挽救措施而给船舶造成的损失有：开舱或在舱面或舱边打洞，以便抛弃而造成的船损；有意搁浅，船底被浅滩上的礁石撞破造成的船损；灭火、凿沉；为使船舶脱浅过度使用推进、锅炉所致其本身的损坏；舍弃船舶属具。船舶共同海损牺牲的金额，按照实际支付的修理费，减除合理的以新换旧的扣减额计算。船舶尚未修理的，按照牺牲造成的合理贬值计算，但是不得超过估计的修理费。船舶发生实际全损或者修理费用超过修复后的船舶价值的，共同海损牺牲金额按照该船舶在完好状态下的估计价值，减除不属于共同海损的估计的修理费和该船舶受损后的价值的余额计算。(2) 货物损失。例如，抛弃货物，因抛弃货物而使部分未抛货物遭受的湿损，其他共同海损措施使货物所遭受的损失等。货物共同海损牺牲的金额，于货物灭失时，按照货物在装船时的价值加保险费加运费，减除由于牺牲无须支付的运费计算；于货物损坏时，在就损坏程度达成协议前售出的，按照货物在装船时的价值加保险费加运费，与出售货物净得的差额计算。不正当地以低于货物实际价值作为申报价值的，在发生共同海损牺牲时，按照申报价值计算牺牲金额。未申报的货物或者谎报的货物，其遭受的特殊牺牲，不得列入共同海损。(3) 运费损失。运费共同海损牺牲的金额，按照货物遭受牺牲造成的运费的损失金额，减除为取得这笔运费本应支付，但是由于牺牲而无须支付的营运费用计算。根据 1974 年《约克安特卫普规则》的规定和航运惯例，下列损失不得列为共同海损：承运人未在开航前和开航当时提供适航船舶造成的船货损失；船上发生火灾，船舶或货物因烟熏或因火烤所造成的损失；抛弃受损货物或切除船舶残留部分所遭受的损失；船舶在浮动状态下，因使用推进器和锅炉所造成的损失；托运人装运时故意谎报的货物所遭受的损失；因采取共同海损行为而发生的滞期损失、行市损失或任何因迟延所遭受的损失或支付的费用以及间接损失等。

2. 共同海损费用。共同海损费用，是指船舶和货物在遭遇共同危险时，为了共同安全，采取有意的措施而额外支付的费用。共同海损费用一般包括：(1) 港口费、修理费、运营费等费用。船舶因发生意外、牺牲或者其他特殊情况而损坏时，为了安全完成本航程，驶入避难港口、避难地点或者驶回装货港口、装货地点进行必要的修理，在该港口或者地点额外停留期间所支付的港口费，船员工资、给养，船舶所消耗的燃料、物料，为修理而卸载、储存、重装或者搬移船上货物、燃料、物料以及其他财产所造成的损失、支付的费用，应当列入共同海损。(2) 救助费。船、货陷入共同危险时不得不请求他船救助而支付的救助费。(3) 代替费用。为代替可以列为共同海损的特殊费用而支付的额外费用，可以作为代替费用列入共同海损：但是，列入共同海损的代替费用的金额，不得超过被代替的共同海损的特殊费用。(4) 垫付款利息和手续费。对共同海损特殊牺牲和垫付的共同海损特殊费用，应当计算利息。对垫付的共同海损特殊费用，除船员工资、给养和船舶消耗的燃料、物料外，应当计算手续费。(5) 理算费用。列入共同海损的费用只限于直接损失，以下费用一般不得作为共同海损损失的费用：根据1989年《国际救助公约》或其他类似规定由船东付给救助人的特别补偿；船舶的损坏是在装货港或挂靠港发生的，在修理该损坏期间所产生的船长、船员的工资、给养和消耗的燃料、物料；只是为了重新积载在航程中移动的货物而产生的在船上搬移或卸下货物、燃料或物料的费用；船舶在进入避难港停留之前实际已有污染物漏出或排放，为此而产生的防污费用。

五、共同海损的理算

(一) 共同海损理算的概念

共同海损理算是由具有一定资格的专业机构或人员，按照共同海损理算规则，对共同海损的损失和费用、各受益方的分摊价值，以及各方应分摊的金额进行的调查研究和审核计算，编制共同海损理算书的工作。从事共同海损理算的专门机构和人员统称为共同海损理算人。

(二) 共同海损分摊价值的确定

船舶、货物和运费的共同海损分摊价值，分别依照下列规定确定：

(1) 船舶共同海损分摊价值，按照船舶在航程终止时的完好价值，减除不属于共同海损的损失金额计算，或者按照船舶在航程终止时的实际价值，加上共同海损牺牲的金额计算。

(2) 货物共同海损分摊价值，按照货物在装船时的价值加保险费加运费，减除不属于共同海损的损失金额和承运人承担风险的运费计算。货物在抵达目的港以前售出的，按照出售净得金额，加上共同海损牺牲的金额计算。不正当地以低于货物实际价值作为申报价值的，按照实际价值分摊共同海损。未申报的货物或者谎报的货物，应当参加共同海损分摊。旅客的行李和私人物品，不分摊共同海损。

(3) 运费分摊价值，按照承运人承担风险并于航程终止时有权收取的运费，减除为取得该项运费而在共同海损事故发生后，为完成本航程所支付的营运费用，加上共同海损牺牲的金额计算。

(三) 共同海损的分摊金额

共同海损分摊金额应当由受益方按照各自的分摊价值的比例分摊。分摊金额的确定按以下步骤进行：

(1) 计算共同海损损失率：共同海损损失率＝共同海损总金额/共同海损分摊价值总额×100％。

(2) 计算各受益方应分摊的共同海损金额：

各受益方的分摊金额＝各受益方的分摊价值×共同海损损失率。

(四) 共同海损理算规则

共同海损理算规则是据以对共同海损的损失和费用、各受益方的分摊价值，以及各方应分摊的金额进行调查研究和审核、计算，以编制共同海损理算书的重要规则。目前，为国际海运界广泛采用的是《约克安特卫普规则》。

1.《约克安特卫普规则》。为了统一各国国内法对共同海损理算规定的不一致，1860 年，由英国社会科学促进会发起，欧洲各主要海运国家的航运、保险和理算界代表在英国格拉斯哥举行会议，制定了关于共同海损理算的格拉斯哥决议。1864 年和 1877 年，又分别在英国约克郡和比利时安特卫普召开会议，对原规则进行修改和补充，并正式定名为《1877 年约克安特卫普规则》。后经过多次修改，形成了 1890 年、1924 年、1950 年、1974 年、1994 年和 2004 年六个文本。《约克安特卫普规则》经过长期实践运用，已为国际航运界、保险界普遍接受。

2.《北京理算规则》。《北京理算规则》是《中国国际贸易促进委员会共同海损理算暂行规则》的简称。该规则于 1975 年 1 月 1 日起施行，后经 1994 年修订，一直是我国开展共同海损理算的主要依据。1994 年《北京理算规则》的内容包括前言和 12 条规定，前言规定了制定规则的宗旨，12 条规定涉及共同海损的定义、牺牲和费用、代替费用、不可分离、牺牲金额、分摊价值、利息和手续费、分摊的担保、共同海损的宣布、举证责任、过失与共同海损分摊的关系、理算的简化等。

第三节　海事赔偿责任限制

一、海事赔偿责任限制的概念与意义

海事赔偿责任限制，是指发生海损事故，造成人身伤亡或财产损失时，责任方可以根据法律的规定将其赔偿责任限制在一定范围内的法律制度。

该项制度始于中世纪，最初仅为保护船舶所有人的利益而设立，因而称为“船舶所有人责任限制”。随着航运业发展的需要，享有责任限制的责任主体扩大至船舶经营人、承租人、救助人和保险人等，从而演变为“海事赔偿责任限制”，其发展经历了委付制度、执行制度、船价制度和金额制度。由于世界各主要海运国家对船舶所有人和其他责任主体的责任限制采用不同的制度，所规定的海事赔偿责任限额大不相同，一旦发生海难事故，船舶所有人承担的赔偿责任难于确定。为此，进入 20 世纪后，国际上先后制定并通过了 3 个关于责任限制的国际公约，即 1924 年《关于统一海运船舶所有人责任限制若干法律规定的国际公约》、1957 年《海船船舶所有人责任限制的国际公约》和 1976 年《海事赔偿责任限制公约》。我国海商法中的海事赔偿责任限制制度参照 1976 年《海事赔偿责任限制公约》采用了金额制度。

海事赔偿责任限制限制了船舶所有人、船舶经营人、承租人、救助人和保险人因为海上事故引发的各种赔偿责任，弱化了对受害人利益的保护。但是这种制度对航运事业的发展具有特别重要的意义。海上运输是一项投资大、风险大的项目，运输中造成人身伤亡或财产损失时引起的赔偿金额往往非常高，有时甚至超过船舶本身的价值，如果要求船舶所有人、船舶经营人、承租人、救助人和保险人全额赔偿，他们的风险责任太大，会严重影响航运业以及航海贸易的发展。实践证明，海事赔偿责任限制为航运业的发展创造了积极条件，对于保障、鼓励国际航运业的稳步发展极为必要。

二、海事赔偿责任限制的内容

（一）能够适用海事赔偿责任限制的主体

主要包括：（1）船舶所有人，包括船舶承租人和船舶经营人；（2）救助人；（3）船舶所有

人、救助人对其行为、过失负有责任的人员；(4) 保险人，如果被保险人依法可以限制赔偿责任，对该海事赔偿请求承担责任的保险人有权依法享受相同的赔偿责任限制。

（二）海事赔偿限制性债权

海事赔偿限制性债权，是指有关责任主体根据海事赔偿责任限制的法律，可以进行责任限制的海事债权。我国海商法规定，下列海事赔偿请求，除属于海事赔偿非限制性债权或者引起赔偿请求的损失是由于责任人的故意或者明知可能造成损失而轻率地作为或者不作为造成的外，无论赔偿责任的基础有何不同，无论提出的方式有何不同，责任人均可以依法限制赔偿责任：(1) 在船上发生的或者与船舶营运、救助作业直接相关的人身伤亡或者财产的灭失、损坏，包括对港口工程、港池、航道和助航设施造成的损坏，以及由此引起的相应损失的赔偿请求。(2) 海上货物运输因迟延交付或者旅客及其行李运输因迟延到达造成损失的赔偿请求。(3) 与船舶营运或者救助作业直接相关的，侵犯非合同权利的行为造成其他损失的赔偿请求。(4) 责任人以外的其他人，为避免或者减少责任人依法可以限制赔偿责任的损失而采取措施的赔偿请求，以及因此项措施造成进一步损害的赔偿请求。但是如果涉及责任人以合同约定支付的报酬，责任人的支付责任不得援用赔偿责任限制的规定。

（三）海事赔偿非限制性债权

海事赔偿非限制性债权，是指责任主体根据海事赔偿责任限制的法律规定不能享有责任限制利益的债权，它是限制性债权的例外。国际公约和各国海商法一般都规定，救助报酬、船方共同海损分摊、船员工资、因油污及核能损害引起的索赔都属于非限制性债权。我国海商法规定的非限制性债权有：(1) 对救助款项或共同海损分摊的请求；(2) 我国参加的国际油污损害民事责任公约（如 1969 年《国际油污损害民事责任公约》及其 1976 年议定书）规定的油污损害的赔偿请求；(3) 我国参加的国际核能损害责任限制公约规定的核能损害赔偿请求；(4) 动力船舶造成的核能损害的赔偿请求；(5) 船舶所有人或者救助人的受雇人提出的赔偿请求，根据调整劳务合同的法律，船舶所有人或者救助人对该类赔偿请求无权限制赔偿责任，或该项法律规定了高于海商法规定的赔偿限额。

（四）海事赔偿责任限额

海事赔偿责任限额，是指责任主体依法享有的对所有限制性债权的最高赔偿额。确定海事赔偿责任限额的方式有金额制、船价制、委付制和执行制等。我国海商法采用金额制，即按照船舶总吨位的大小计算责任限额。在责任限额的计算上分三种情况：

(1) 300 总吨以上的船舶的责任限额，人身伤亡分为 5 个等级，非人身伤亡分为 4 个等级。

1) 关于人身伤亡的赔偿请求

a. 总吨位 300 吨至 500 吨的船舶，赔偿限额为 333 000 计算单位；

b. 总吨位超过 500 吨的船舶，500 吨以下部分适用本项第 1 目的规定，500 吨以上的部分，应当增加下列数额；

501 吨至 3 000 吨的部分，每吨增加 500 计算单位；

3 001 吨至 30 000 吨的部分，每吨增加 333 计算单位；

30 001 吨至 70 000 吨的部分，每吨增加 250 计算单位；

超过 70 000 吨的部分，每吨增加 167 计算单位。

2) 关于非人身伤亡的赔偿请求

a. 总吨位 300 吨至 500 吨的船舶，赔偿限额为 167 000 计算单位；

b. 总吨位超过 500 吨的船舶，500 吨以下部分适用本项第 1 目的规定，500 吨以上的部分，应当增加下列数额；

501吨至30 000吨的部分，每吨增加167计算单位；

30 001吨至70 000吨的部分，每吨增加125计算单位；

超过70 000吨的部分，每吨增加83计算单位。

不以船舶进行救助作业或者在被救船舶上进行救助作业的救助人，其责任限额按照总吨位为1 500吨的船舶计算。

依照人身伤亡的赔偿请求规定的限额，不足以支付全部人身伤亡的赔偿请求的，其差额部分应当与非人身伤亡的赔偿请求并列，从非人身伤亡的赔偿数额中按照比例受偿；在不影响该人身伤亡赔偿请求的情况下，就港口工程、港池、航道和助航设施的损害提出的赔偿请求，应当较非人身伤亡中的其他赔偿请求优先受偿。

（2）300总吨以下的船舶按照《关于不满300总吨船舶及沿海运输、沿海作业船舶海事赔偿限额的规定》计算责任限额。

（3）海上旅客运输的旅客人身伤亡赔偿责任限制，按照46 666计算单位乘以船舶证书规定的载客定额计算赔偿限额，但是最高不超过25 000 000计算单位。我国港口之间海上旅客运输的旅客人身伤亡赔偿限额，按照我国《港口间海上旅客运输赔偿责任限额规定》计算。

以上赔偿限额适用于特定场合发生的事故引起的，向船舶所有人、救助人本人和他们对其行为过失负有责任的人员提出的请求的总额。享受法律规定的责任限制的人，就同一事故向请求人提出反请求的，双方的请求金额应当相互抵销，赔偿限额仅适用于两个请求金额之间的差额。

三、海事赔偿责任限制基金

海事赔偿责任限制基金，是指船舶发生重大海损事故后，被初步认定负有责任并申请责任限制的人，向有权受理责任限制索赔诉讼的法院或其他主管当局申请设立的一项基金。

根据规定，责任人要求依我国海商法的规定限制赔偿责任的，可以在有管辖权的法院设立责任限制基金。在有人身伤亡、非人身伤亡、海上旅客运输的旅客人身伤亡赔偿责任时，一般应当分别设立人身基金、财产基金、旅客人身伤亡赔偿基金，基金数额分别为我国海商法规定的一般人身伤亡、非人身伤亡、海上旅客运输的旅客人身伤亡赔偿责任规定的限额，加上自责任产生之日起至基金设立之日止的相应利息。基金应该在索赔人之间依其对该基金数额确立的索赔款按比例分配。旅客人身伤亡赔偿基金用于清偿海上旅客运输的旅客人身伤亡赔偿；在人身伤亡与非人身伤亡的赔偿请求同时发生时，如果人身伤亡赔偿基金不足以赔偿实际发生的人身伤亡的索赔总额，则不足部分应当与非人身伤亡的赔偿请求并列，从非人身伤亡赔偿基金中按比例受偿。

责任人设立责任限制基金后，向责任人提出请求的任何人，不得对责任人的任何财产行使任何权利；已设立责任限制基金的责任人的船舶或者其他财产已经被扣押，或者基金设立人已经提交抵押物的，法院应当及时下令释放或者责令退还。

法律应用

1. 海难救助强调“无效果，无报酬”。救助人命的救助方，对获救人员不得请求酬金，但有权从救助船舶或其他财产、防止或者减少环境污染损害的救助方得到的救助款项中，获得合理的份额。

2. 单独海损不存在损失分摊，只有成立共同海损，才存在损失分摊。

3. 只有海事赔偿限制性债权才适用海事赔偿责任限制，非限制性债权不适用海事赔偿责任限制。同时应当注意一般人身伤亡、非人身伤亡、海上旅客运输的旅客人身伤亡赔偿时的顺序。

课后复习

1. 简述海难救助的成立条件。
2. 如何确定海难救助款项?
3. 试述共同海损的范围。
4. 如何确定共同海损分摊价值和分摊金额?
5. 简述海事赔偿责任限制的内容。
6. 试述海事赔偿责任限制基金的设立及其法律后果。

参考书目

1. 王保树主编．中国商事法．北京：法律出版社，2001
2. 覃有土主编．商法学．北京：中国政法大学出版社，2015
3. 范健主编．商法．北京：高等教育出版社，北京大学出版社，2001
4. 赵万一主编．商法学．北京：中国法制出版社，2006
5. 赵万一．商法基本问题研究．北京：法律出版社，2013
6. 赵万一．商法独立与独立的商法：商法精神与商法制度管窥．北京：法律出版社，2013
7. 江平主编．新编公司法教程．北京：法律出版社，2004
8. 石少侠．公司法学．北京：中国政法大学出版社，2012
9. 石慧荣．公司法新论．北京：群众出版社，2001
10. 蒋大兴．公司法的展开与评判．北京：法律出版社，2001
11. 叶林主编．证券法．北京：中国人民大学出版社，2013
12. 谢怀栻．票据法概论．北京：法律出版社，2006
13. 王小能．中国票据法法律制度研究．北京：北京大学出版社，2001
14. 董安生主编．票据法．北京：中国人民大学出版社，2009
15. 李玉泉．保险法．北京：法律出版社，2004
16. 王欣新．破产法．北京：中国人民大学出版社，2011

《　　　　　　　》※任课教师调查问卷

为了能更好地为您提供优秀的教材及良好的服务，也为了进一步提高我社法学教材出版的质量，希望您能协助我们完成本次小问卷，完成后您可以在我社网站中选择与您教学相关的 1 本教材作为今后的备选教材，我们会及时为您邮寄送达！如果您不方便邮寄，也可以申请加入我社的**法学教师 QQ 群：83961183（申请时请注明法学教师）**，然后下载本问卷填写，并发往我们指定的邮箱（cruplaw@163.com）。

邮寄地址：北京市海淀区中关村大街 31 号中国人民大学出版社 411 室收

邮　　编：100080

再次感谢您在百忙中抽出时间为我们填写这份调查问卷，您的举手之劳，将使我们获益匪浅！

基本信息及联系方式：※

姓名：________ 性别：________ 课程：________

任教学校：________ 院系（所）：________

邮寄地址：________ 邮编：________

电话（办公）：________ 手机：________ 电子邮件：________

调查问卷：※

1. 您认为图书的哪类特性对您使用教材最有影响力？（　　）（可多选，按重要性排序）
   A. 各级规划教材、获奖教材　　B. 知名作者教材
   C. 完善的配套资源　　D. 自编教材
   E. 行政命令
2. 在教材配套资源中，您最需要哪些？（　　）（可多选，按重要性排序）
   A. 电子教案　　B. 教学案例
   C. 教学视频　　D. 配套习题、模拟试卷
3. 您对于本书的评价如何？（　　）
   A. 该书目前仍符合教学要求，表现不错将继续采用。
   B. 该书的配套资源需要改进，才会继续使用。
   C. 该书需要在内容或实例更新再版后才能满足我的教学，才会继续使用。
   D. 该书与同类教材差距很大，不准备继续采用了。
4. 从您的教学出发，谈谈对本书的改进建议：________

选题征集：如果您有好的选题或出版需求，欢迎您联系我们：

联系人：黄　强　联系电话：010-62515955

索取样书：书名：________

书号：________

备注：※ 为必填项。

21世纪高等院校法学系列精品教材

书名	ISBN	作者	定价
经济法学（第二版）	978-7-300-16089-4	张守文 著	45.00
判例刑法学（教学版）	978-7-300-14059-9	陈兴良 著	39.80
商法学（第三版）	978-7-300-13955-5	徐学鹿 主编	49.80
刑法总论（第二版）	978-7-300-14090-2	周光权 著	45.00
刑法各论（第二版）	978-7-300-14202-9	周光权 著	55.00
财税法学（第三版）	978-7-300-14098-8	张守文 著	46.00
民事诉讼法	978-7-300-13632-5	张卫平 著	39.80
侵权法学	978-7-300-13533-5	周友军 著	49.80
法律解释学	978-7-300-13251-8	王利明 著	32.00
物权法（第二版）	978-7-300-13040-8	崔建远 著	59.00
证据学（第四版）	978-7-300-12740-8	陈一云 主编	32.00
刑事诉讼法学（第三版）	978-7-300-16432-8	郑旭 著	45.00
刑事疑案演习（二）	978-7-300-12454-4	张明楷 著	39.00
中国宪法（第四版）	978-7-300-12301-1	许崇德 主编	29.80
普通公司法	978-7-300-11227-5	邓峰 著	68.00
网络法学	978-7-300-11004-2	刘品新 著	25.00
人格权法	978-7-300-10990-9	王利明 著	35.00
民法总论	978-7-300-10961-9	王利明 著	35.00
刑事疑案演习（一）	978-7-300-10576-5	张明楷 著	38.00
物权法原理	978-7-300-09459-5	申卫星 著	39.00
民事诉讼法学	978-7-300-08377-3	邵明 著	45.00

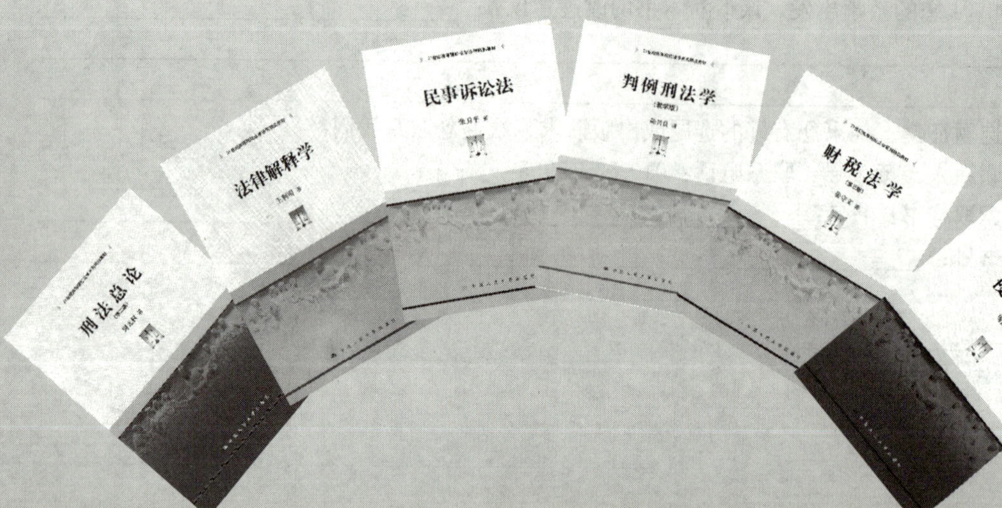